权威·前沿·原创

皮书系列为
“十二五”“十三五”国家重点图书出版规划项目

BLUE BOOK

智库成果出版与传播平台

新媒体社会责任蓝皮书

**BLUE BOOK** OF
NEW MEDIA SOCIAL RESPONSIBILITY

# 中国新媒体社会责任研究报告（2019）

REPORT ON THE CHINA'S NEW MEDIA SOCIAL RESPONSIBILITY (2019)

主　编／钟　瑛　芦何秋
副主编／余　红　李亚玲　孙　亮

社会科学文献出版社
SOCIAL SCIENCES ACADEMIC PRESS (CHINA)

图书在版编目(CIP)数据

中国新媒体社会责任研究报告. 2019 / 钟瑛，芦何秋主编. -- 北京：社会科学文献出版社，2020.5
（新媒体社会责任蓝皮书）
ISBN 978-7-5201-6463-4

Ⅰ.①中… Ⅱ.①钟… ②芦… Ⅲ.①媒体（新闻）-社会责任-研究报告-中国-2019 Ⅳ.①G219.2

中国版本图书馆 CIP 数据核字（2020）第 051643 号

新媒体社会责任蓝皮书
中国新媒体社会责任研究报告（2019）

主　　编 / 钟　瑛　芦何秋
副 主 编 / 余　红　李亚玲　孙　亮

出 版 人 / 谢寿光
责任编辑 / 薛铭洁
文稿编辑 / 陈晴钰　陈　颖　桂　芳　薛铭洁

出　　版 / 社会科学文献出版社 · 皮书出版分社（010）59367127
地址：北京市北三环中路甲 29 号院华龙大厦　邮编：100029
网址：www.ssap.com.cn
发　　行 / 市场营销中心（010）59367081　59367083
印　　装 / 天津千鹤文化传播有限公司

规　　格 / 开　本：787mm × 1092mm　1/16
印　张：27.75　字　数：418 千字
版　　次 / 2020 年 5 月第 1 版　2020 年 5 月第 1 次印刷
书　　号 / ISBN 978-7-5201-6463-4
定　　价 / 158.00 元

本书如有印装质量问题，请与读者服务中心（010-59367028）联系

# 新媒体社会责任蓝皮书

**主办机构**

华中科技大学新闻与信息传播学院

中国网络传播学会（CNMCA）

**顾问委员**

| | |
|---|---|
| 巢乃鹏（南京大学） | 董天策（重庆大学） |
| 杜骏飞（南京大学） | 金兼斌（清华大学） |
| 李双龙（复旦大学） | 刘丽群（武汉大学） |
| 彭　兰（清华大学） | 韦　路（浙江大学） |
| 谢耘耕（上海交通大学） | 熊澄宇（清华大学） |
| 杨伯溆（北京大学） | |

# 新媒体社会责任蓝皮书

# 主要编撰者简介

**钟　瑛**　华中科技大学新闻与信息传播学院教授，华中科技大学新媒体实验室主任。华中师范大学汉语言学院本科、硕士，华中师范大学历史文化学院博士，复旦大学新闻学院博士后。1997 年英国北伦敦大学信息传播学院访问学者，2008 年美国密苏里大学新闻学院访问学者。涉猎的专业有中文、历史、信息管理、新闻传播，现在主要从事网络传播、媒体政策、传播史等领域的教学与研究工作。在权威及核心期刊上发表论文百余篇。出版独著、合著等学术著作 10 余部。主持和主要负责不同类型的科研课题 10 余项，2007 年主持国家社会科学基金重大项目“互联网管理与中国特色网络文化建设研究”，结题成果《网络传播管理研究》入选 2013 年度国家哲学社会科学成果文库。

**芦何秋**　新闻学博士，华中科技大学新闻与信息传播学院博士后，湖北大学新闻传播学院副教授。主要研究领域为新媒体与社会、新媒体意见领袖。先后在《新闻与传播研究》《国际新闻界》《当代传播》《新闻与传播评论》等刊物上发表论文 14 篇。主持国家社会科学基金项目、教育部人文社会科学研究青年基金项目、湖北省社会科学基金、中国博士后科学基金面上资助、中国博士后基金特别资助项目各 1 项。

**余　红**　博士，教授，博士生导师，华中科技大学新闻与信息传播学院传播系主任，兼任全国传播学暨网络传播与新媒体专业本科教育联席会议理事、副秘书长，2012 年入选湖北青年学者名录。研究领域为政治传播和网络传播，在《社会学研究》、《新闻与传播研究》、SSCI 等权威学术期刊发表论文30余篇，主持国家和省部级课题多项。

**李亚玲** 传播学博士，副教授，硕士生导师。任教于中南民族大学文学与新闻传播学院，曾赴中国台湾世新大学、美国威斯康星州立大学普拉特维尔分校短期访问。研究领域为新媒体研究和民族文化传播，在《国际新闻界》《当代传播》等期刊上发表多篇学术文章，主持国家社会科学基金项目及参与多项国家社会科学基金重大项目、国家民委科研项目和湖北省社会科学基金项目。

**孙 亮** 北京恺华科技有限公司CEO，从事智能化传播在新媒体领域的理论研究和实践转化。曾负责百度TV视频广告平台、天脉TV+融媒体互动平台、华彩指数新媒体监测平台的运营管理，目前致力于人工智能在法治传播领域的理论研究和产品服务。

# 摘　要

本报告是华中科技大学“新媒体社会责任”课题组 2019 年度分析报告，由华中科技大学新闻与信息传播学院同中国网络传播学会组织编撰。

本报告以“新媒体社会责任”为主题，通过“新媒体社会责任评价指标体系 3.0”对 2019 年国内主要的新媒体平台进行了全面考察。本报告的研究重点较为均衡，既关注 VR 新闻、区块链、算法监控、科学传播等前沿问题，同时也涉及健康传播、反转新闻、视听新媒体社会责任等传统研究重点，能够比较完整地呈现 2019 年新媒体发展现状及其社会责任问题。数据显示，2019 年新媒体社会责任履行情况属于中等水平，三级指标的微观表现上，目标对象平台的表现优于以往。

总报告对 2019 年中国新媒体发展的新现象、新问题和新趋势进行了梳理分析，通过平台评价、专题讨论、案例分析三个板块呈现了项目组对于新媒体社会责任的整体思考。

评价篇首次运用“新媒体社会责任评价指标体系 3.0”对 7 类典型的新媒体平台进行了社会责任评价，评价对象包括国家级新闻网站、省级主流新闻网站、新闻客户端、VR 新闻频道、媒体微博、网络视频直播平台、移动短视频平台。研究对象共涉及 121 个新媒体平台、客户端、新闻频道、微博账号等，文字图片样本量达到 39656 篇（条），视频样本量时长达到 5376 小时。评价结果呈现了 2019 年国内典型新媒体平台社会责任履行情况，并针对问题提出了解决方案。

专题篇对 2019 年新媒体行业中的典型现象、热点议题与重点人群进行了分析。典型现象方面，主要从新的角度对传统热点话题进行了讨论，在宏观上分析技术背景对新闻业的影响，在中观上总结归纳新媒体对社会行动和国家政策的影响，在微观上对典型新媒体平台社会责任情况进行内容和文本分析；热点议题方面，聚焦于前沿话题，对算法推荐、算法监控、数据治理、信息伦理、科学传播等前沿热点议题进行了分析讨论；重点人群方面，本报告共选择了微博意见领袖群体和短视频 App 用户两类互联网典型社群进行分析。

案例篇由 6 个典型个案分析构成，涉及用户个人信息安全、虚构写作边界和责任、新媒体传播伦理、版权保护、健康风险、新闻反转等问题，分析主要从两个维度展开：一是侧重以网络平台作为典型案例的中观维度，如移动阅读类 App、自媒体公众号、“两微一抖”社交媒体平台；二是侧重以突发热点事件作为典型案例的微观维度，如“基因编辑婴儿”事件、问题疫苗风险事件、“10·28”万州翻车事故等。

**关键词：** 新媒体　社会责任　评价指标体系　实证考察

# 目 录

## Ⅰ 总报告



## Ⅱ 评价篇

## Ⅲ 专题篇



## Ⅳ 案例篇

# 总 报 告

General Report

## B.1

# 技术背景下的新媒体社会责任（2019）：新形势、新挑战与多元治理

钟 瑛 芦何秋 朱 雪*

**摘 要：** 新媒体技术的日新月异使社会责任履行中不断面临新形势和新挑战，如技术伦理嵌入新媒体内容生产分发流程，新媒体的责任边界被消解和重构，新技术使得用户数据和隐私出现新问题。在此情况下，应发挥国家、行业、平台以及用户的能动性，从自身角度出发，推动新媒体更好地履行社会责任。研究对7类121个新媒体平台进行了社会责任评价，发现2019年新媒体社会责任履行情况属于中等水平。本报告在2019年对评价指标体系进行了调适，在三级指标的微观表现

* 钟瑛，博士，华中科技大学新闻与信息传播学院教授，博士生导师，主要研究方向为网络传播；芦何秋，新闻学博士，湖北大学新闻传播学院副教授，华中科技大学新闻与信息传播学院博士后，主要研究方向为网络传播；朱雪，华中科技大学新闻与信息传播学院博士。

上，目标对象平台的表现优于以往。

关键词： 新技术 新媒体 多元治理 社会责任

2019年以来，新媒体技术的快速发展重塑了参与主体、信息生产过程以及内容消费等各个领域。在此背景下，新媒体社会责任履行面临诸多新形势和新挑战。在对问题进行梳理和分析的基础上，本报告通过对2019年新媒体社会责任的履行状况做出系统、客观的评价，发现了新变化、新问题，并提供了建议参考。

## 一 技术迷思：新媒体社会责任面临新挑战

根据中国互联网络信息中心（CNNIC）第44次《中国互联网络发展状况统计报告》，截至2019年6月，国内手机网民规模达到8.47亿人，使用手机上网的网民占全部网民数量的99.1%，全民移动互联网时代已经到来。诸如大数据、人工智能、云计算及物联网等技术的蓬勃发展为新媒体提供了技术基础和载体，2019年国内5G技术元年的到来，为新媒体未来进路提供了更多想象空间。

但日新月异的技术发展背后，是新媒体责任的缺位和监管的滞后。2018年“Techlash”[①]（技术后冲）入围牛津词典年度热词，反映出受众对科技巨头越来越大的影响力、其对隐私保护不力的不满情绪。从技术角度出发，新媒体履行社会责任面临新的形势和挑战。

① “Techlash”由“Technology”（技术）和“backlash”（强烈抵制、集体反对）组合而成。“Techlash”最早出现在2013年《经济学人》的一篇文章标题中，文中猛烈抨击了Google和Facebook等科技巨头。随着2018年Facebook屡陷数据泄露丑闻以及大型互联网公司的市场垄断地位，“Techlash”成为年度热词。它反映了受众对于科技公司日益强大影响力的普遍抵制情绪。资料来源：https：//languages. oup. com/word - of - the - year/shortlist - 2018，最后访问时间：2019年11月14日。

## （一）技术伦理嵌入内容生产分发流程

“伦理”从属于人类行为道德准则的哲学范畴，对于道德理论的分析有助于论证有关伦理问题的争论。对道德理论的梳理，为新技术发展所带来的伦理问题提供了基本准则（见表1）。

**表1　道德理论**

| 来　源 | 基本原则 | 理　论 |
|---|---|---|
| Bentham(1825) | 基于结果导向的功利主义原则 | 任何行动都要为最多数人带来最大的幸福 |
| Kant(1797);Ross(1930) | 基于责任的道义论原则 | 道德建构在义务和人类交往责任之上 |
| Darwall(2003) | 基于利维坦的契约理论 | 要建立社会契约基础上的道德准则 |
| Aristotle(2003) | 个体的德行伦理 | 聚焦个体品质,即个体应成为什么样的人 |

自然语言生成系统（Natural Language Generation，NLG）、写稿机器人和算法推荐等新技术重塑了内容的生产和分发过程，在极大地提高效率和带来个性化内容的同时，也带来技术伦理隐忧。在数据的来源和采集、算法权威性、主观性和透明性以及代码背后所蕴含的逻辑和价值等方面，新技术传播带来的伦理挑战来自多个层面。

1. 内容采写过程的数据缺失

基于内容生产端，随着数据新闻和写稿机器人的发展，结构化数据的获取成为算法和NLG的技术前提，由此要求所采集的数据可靠准确①。例如，在财经报道中，美联社写稿机器人Wordsmith基于第三方研究机构的错误数据所生成的新闻稿件出现股价失实的案例②。此外，数据缺失同样会导致内容生产的偏见，因为算法处理只是数据库中不完整的信息。

2. 内容生产工具的算法偏见

在内容生成过程中，算法和编程软件在训练和设计时需要编辑语义结构

① Nicholas，K.，Hollnbuchner，K.，“Ethical Challenges of Algorithmic Journalism，” *Digital Journalism*，5（2017）：pp. 404－419.

② Fox News，2015. Correction：Earns-Graham Holdings Story. Available at：http：//www. foxnews. com/us/2015/08/07/correction－earns－graham－holdings－story/，accessed on July 17，2019.

和前设规则，所涉及的人为因素并不能做到技术的完全中立①。因此，在算法部分取代了个体新闻记者的情况下，新闻专业主义和新闻伦理价值势必要嵌入算法和编程中。在美联社尚且花费了一年时间训练算法以符合自身写作风格的背景下，算法又将如何进一步体现新闻产品的专业主义精神和伦理价值对中立、客观性的要求，还需要在技术层面上进一步解决。

3. 内容分发过程的算法伦理

随着新媒体技术的发展，内容的生产和分发逐渐分离，出现了很多新类型的新闻资讯分发平台②。分发平台一般都独立于传统媒体存在，如 2015 年 Facebook 发布的“即时新闻”系统、谷歌发布的“新闻实验室”系统以及今日头条的算法推荐机制，都是非媒体平台提供的分发工具。同时，这些平台日益成为受众新闻资讯来源，皮尤研究中心调查显示，有 67% 的美国用户会从社交媒体上获取新闻，而其中有近一半用户选择 Facebook③。然而算法推荐一直有着较大的争议，虽然技术在创新新闻信息分发形式、提高分发精准性和效率上有着很大优势，但算法推荐背后的“算法黑箱”、广告利益以及是否会带来“回音室效应”等问题，也引发社会对算法伦理的反思。

## （二）新媒体责任边界的消解与重构

1. 平台权力中心化趋势愈加明显

在新技术的加持下，新媒体的内涵不断扩展，呈现新的特征和表现形式。例如，从特征上看，现阶段技术和平台的深度融合使融媒体发展速度加快，融合性成为新媒体典型特征；从表现形式上看，媒体平台化趋势明显。

① Reiter, E. , “Natural Language Generation,” *The Handbook of Computational Linguistics and Natural Language Processing*; *ed. Alexander Clark, Chris Fox, Shalom Lappin*, (Oxford: Wiley – Blackwell, 2010), pp. 574 – 598.

② 彭兰：《智媒化：未来媒体浪潮——新媒体发展趋势报告（2016）》，《国际新闻界》2016 年第 11 期。

③ Shearer, E. , Gottfried, J. , 2017, News use across Social Media Platforms 2017, Pew Research Center, Available at: https: // www. journalism. org/2017/09/07/news – use – across – social – media – platforms – 2017/, accessed on July 17, 2019.

从社交、购物到日常生活的各方面，平台在记录保存用户使用习惯和行为偏好的同时，也聚合了大量功能，超级 App 由此诞生①，平台正逐渐获得功能性权力。由于平台在生活中的渗透，用户在享受其所带来的功能同时，也愈加受制于科技公司提供的功能而不是政府的管理②。技术赋权下的互联网呈现去中心化的用户赋权和中心化的平台集权的特征，平台拥有对内容审核的“强制性权力”、对规则建构的“建制性权力”以及对利益价值掌控的“价值性权力”③。在互联网治理的现实背景下，平台作为政府和用户之间的逻辑勾连，权力中心化趋势明显，权力的中心化客观上有利于平台更好地履行社会责任，一方面行政监管有其相对滞后性；另一方面平台赋权的力量以及主体责任内生性要求使得治理更有效率，但由此带来的权力和责任的边界问题成为互联网治理的新命题。政府监管和行业自律将如何在媒体技术和形态日新月异的今天更有效率和有针对性地发挥作用，更加考验平台管理者的智慧。

2. 新技术对社会责任的消解和转移

（1）UGC 内容要求平台承担更多的责任。当 Facebook CEO 扎克伯格在议会接受听证过程中，被问及 Facebook 的性质和定位是否为一家媒体公司或是科技公司时，他反复强调 Facebook 本质上是一家科技公司和信息分发平台，公司本身不生产和编辑用户分享的信息，尽管“会出于平台责任、安全以及减少不良内容的目的对信息进行把关”④。对于 Facebook 性质的争

① Meeker, M., 2019, Internet Trends 2019, Bond Capital, Available at: https://www.bondcap.com/report/itr19/, accessed on July 17, 2019.

② Pasquale, F., 2017, From Territorial to Functional Sovereignty: The Case of Amazon. Law and Political Economy, Available at: https://lpeblog.org/2017/12/06/from-territorial-to-functional-sovereignty-the-case-of-amazon/, accessed on July 17, 2019.

③ 易前良：《平台中心化：网络传播形态变迁中的权力聚集——兼论互联网赋权研究的“平台”视角》，《现代传播（中国传媒大学学报）》2019 年第 9 期。

④ Hearing: Facebook, Social Media Privacy, and the Use and Abuse of Data, 2018, Zuckerberg Responses to Commerce Committee Questions for The Record, Available at: https://www.judiciary.senate.gov/meetings/facebook-social-media-privacy-and-the-use-and-abuse-of-data, accessed on November 2, 2019.

议来自媒体和平台是否要对其 UGC 内容负责[1]。依据美国《通信规范法案》第230条[2]（Section 230 of the Communications Decency Act）规定，互联网平台对其用户所发表信息或言论不负有法律责任，由此平台的责任被消解[3]。尽管诸如 Facebook 等平台强调自身科技公司属性并竭力避免内容生产商定位，但作为内容载体，新媒体平台势必要承担负面内容所带来的消极影响的责任。

（2）算法把本属于人的责任转移给平台。如前文所述，算法技术正在渗透到信息生产和分发的各个流程中。在新闻资讯生产中，传统新闻采写流程已部分被机器取代，基于代码的数据收集、NLG 等内容生成技术，使本属于记者的内容真实性责任转移到算法工程师、程序员乃至背后的程序和软件上[4]。同样的，在信息分发过程中，协同过滤推荐算法和机器审查系统使平台的社会责任凸显。

3. 从“互联网”到“分裂网”——媒体责任边界被重构

互联网的成功得益于其广泛的接入性、匿名性、分享性以及自由无边界等特性。但受制于技术、商业、政治以及互联网管理等因素，全球开放、统一的互联网逐渐分化为代表国家利益的“分裂网”。“分裂网”一词诞生之初，仅指大型科技公司为建构自身商业生态所带来的技术壁垒和内容格式的不兼容[5]。而随着技术的发展，互联网的边界正被政治和商业的力量重塑，由于

① Apetrii, B., 2018, Is Facebook a Platform or a Publisher? Subsign, Available at: https://subsign.co/stories/facebook-platform-or-publisher/, accessed on November 2, 2019.

② 1996年，美国《通信规范法案》增加了第230条法条，初衷是保障言论自由和繁荣互联网发展。其核心条款是“No Provider or User of an Interactive Computer Service Shall be Treated as the Publisher or Speaker of Any Information Provided by Another Information Content Provider”，条款对免责的信息分发主体和条件进行要求，即满足互联网内容提供商、基于第三方的信息来源并且互联网平台没有做出传统出版商的编辑行为三种条件，就享受第230条法案条件。近年来，由于互联网的发展，该法案备受争议，在实际司法实践过程中，上诉法庭将其视为可以提供广泛但不是无限权利的法条，在判定中要基于更多条件为补充。

③ “Section 230 As First Amendment”, *Harvard Law Review*, 131 (2018): pp. 2027-2048.

④ Kraemer F., Overveld K. V., Peterson M. “Is there an Ethics of Algorithms?”. *Ethics & Information Technology*, 13 (2011): pp. 251-260.

⑤ Thompson, D., 2010, The Fall of the Internet and the Rise of the Splinternet, The Atlantic, Available at: https://www.theatlantic.com/business/archive/2010/03/the-fall-of-the-internet-and-the-rise-of-the-splinternet/37181/, accessed on November 2, 2019.

互联网产品、服务和设备所带来的用户数据急剧增长，网络割裂的趋势可能会进一步加剧。在大数据时代，用户数据正成为一种重要资产，平台的隐私数据泄露也上升为国家安全问题，由此带来“数字民族主义”的崛起①。在此背景下，各国正在研究和制定加强基于本国公民的隐私数据保护措施，例如，欧盟颁布的 GDPR（General Data Protection Regulation）数据保护法案，由此，Facebook、Twitter 以及 TikTok 等跨国新媒体平台要面临国家和地区性壁垒。但是，“分裂网”在客观上要求平台在收集、处理数据及隐私时要更加关注国家和用户的利益诉求，这就对平台履行社会责任提出了更高的要求。

## （三）用户数据和隐私呈现新问题

### 1. 对用户数据和隐私的掌控使平台失位

隐私问题在互联网时代属于老生常谈，但随着人工智能等技术的发展，用户隐私问题呈现新的形式。换脸软件 ZAO 事件的出现，让本已引起巨大争议的“Deepfake”“Deepnude”技术甚嚣尘上。在基于人工智能技术的换脸软件上，用户上传一张照片即可获得想要的效果，但是 ZAO 的用户协议要求使用者一经使用即授予平台全球范围内“完全免费、不可撤销、永久、可转授权和可再许可的权利”。上传数据可以给用户带来更好的体验，但由于平台和用户权利的不对等，数据保存和使用约定不明确会将使用者的隐私置于未知之地②。不仅如此，作为一种资产，数据获取后会被存储在云端并在平台之间进行分享或交易，进一步加剧了隐私泄露风险。例如，NBC News 在最近公布的一份将近 7000 页的文件中称，Facebook 为维护商业利益关系以及巩固垄断地位的需要，以用户数据作为筹码，准许合作伙伴通过特定方式获取数据，如给予广告主 Amazon

① Moran, R., 2015, The Rise of the “Splinternet”, Brunswick Review, Available at: https://www.brunswickgroup.com/the-rise-of-the-splinternet-i2221/, Accessed on November 2, 2019.

② Translated by Content Engine LLC, 2019, Chinese App that Generalizes “Deepfake” puts Users' Privacy at Risk, English Edn, Content Engine LLC.

特定权限；又因为社交软件 MessageMe 受欢迎乃至成为潜在竞争者，Facebook 便切断了其数据供应①。基于此，平台应如何存储和处理海量用户数据，底线在哪儿，成为值得关注的新议题。

2. 用户是否拥有“被遗忘权”

在互联网上，所有信息都可以被编码解码成数据保存下来，不同于其他存储介质，网络因强大的记忆存储功能，其用户数据作为公民言论自由、隐私权和名誉权在网络上的延伸，是否可以被删除和“忘记”成为讨论焦点。“被遗忘权”（*droit à l'oubli*）最早在 2010 年由法国以立法的形式第一次明确②。在欧盟于 2016 年 4 月 27 日通过的 GDPR 法案中，“被遗忘权”以第 17 条“Right to erasure”（“right to be forgotten”）的形式确立，并在 2018 年 5 月 25 日正式实施，因影响力巨大引起广泛讨论③。司法实践中，在 2014 年冈萨雷斯诉谷歌案中，欧盟法院基于《欧洲个人数据保护令》，判定互联网搜索引擎必须考虑来自个人的请求，即删除对其姓名进行搜索后可自由访问的网页链接④。在国内，首例“被遗忘权”司法实践是 2015 年任某诉百度有关侵扰式自动提示和联想的案例⑤，反映出其在本土化过程中要面临适应性的问题。

“被遗忘权”逐渐得到各国立法的承认，学界和业界对此产生了争

---

① Solon, O., Farivar C., 2019. Leaked Documents Show Facebook Leveraged user Data to Fight Rivals and Help Friends, NBC News, Available at: https://www.nbcnews.com/news/all/leaked-documents-show-facebook-leveraged-user-data-fight-rivals-help-n1076986, Accessed on November 2, 2019.

② Arthur, C., 2014. Explaining the "Right to be Forgotten" -The Newest Cultural Shibboleth, The Guardian, Available at: https://www.theguardian.com/technology/2014/may/14/explainer-right-to-be-forgotten-the-newest-cultural-shibboleth, Accessed on November 2, 2019.

③ Regulation, G. D. P., 2016, Regulation (EU) 2016/679 of the European Parliament and of the Council of 27 April 2016 on the Protection of Natural Persons with Regard to the Processing of Personal Data and on the Free Movement of such Data, and Repealing Directive 95/46. *Official Journal of the European Union (OJ)*, 59, 294.

④ Lynskey, O., "Control over Personal Data in a Digital Age: Google Spain v AEPD and Mario Costeja Gonzalez," *The Modern Law Review*, 78 (2015): pp. 522-534.

⑤ 韩旭至：《搜索引擎对侵扰性自动提示内容的责任——兼评北京市第一中级人民法院（2015）一中民终字第 09558 号民事判决》，《私法研究》2016 年第 2 期。

论："被遗忘权"虽然对用户隐私和数据提供了保护，但权力的滥用可能会对互联网信息的传播造成更大的影响；此外，"被遗忘权"更多是对个人权益的保护，但对于用户"黑历史"的保护可能是公众恰好所需要知晓的①。因此，私德和公德要怎么平衡，以及"被遗忘权"的使用限度等问题考验着立法者的智慧。而对平台来说，对链接的审查和删除使其成为信息或隐私的审查者，平台和用户权利的进一步不对等意味着数据不仅是一种资产，更是一种权力②。由此，平台要建构有关记忆伦理和数据伦理的责任意识。

## 二 多元治理：各主体发挥主观能动作用

技术进步使新媒体的责任边界和外延都发生了变化。针对新媒体社会责任履行中面临的新形势和新特点，政府、行业、平台以及受众各主体都要从自身角度出发，从工具理性和技术理性回归到公共理性，推动新媒体更好地履行社会责任。

### （一）国家监管治理体系日趋完善

面对短视频、网络直播等新媒体形式以及网络安全等问题，国家建立了以法律政策为框架、以约谈为主的行政手段和多部门联合集中整治的监管体系，以期达到事前规范、事后监管的目标，配合以约谈为主的行政手段，提高事后监管的响应速度，以适应互联网时代信息传播扩散规律。

1. 建立包括政策法规在内的制度体系

2017 年 9 月至 2019 年 11 月，主管部门颁布的政策法规共计 17 条，如表 2 所示。

---

① 令倩、王晓培：《尊严、言论与隐私：网络时代"被遗忘权"的多重维度》，《新闻界》2019 年第 7 期。

② Mantelero, A. , "The EU Proposal for a General Data Protection Regulation and the Roots of the 'Right to be Forgotten'," *Computer Law & Security Review*, 29 (2013): pp. 229 - 235.

**表2 2017～2019年互联网管理政策法规**

| 序号 | 政策法规名称 | 颁布主体 | 颁布时间 | 实施时间 | 性质 |
|---|---|---|---|---|---|
| 1 | 《互联网域名管理办法》 | 工信部 | 2017. 08. 24 | 2017. 11. 01 | 部门规章 |
| 2 | 《互联网新闻信息服务新技术新应用安全评估管理规定》 | 国家互联网信息办公室 | 2017. 10. 30 | 2017. 12. 01 | 规范性文件 |
| 3 | 《互联网新闻信息服务单位内容管理从业人员管理办法》 | 国家互联网信息办公室 | 2017. 10. 30 | 2017. 12. 01 | 规范性文件 |
| 4 | 《推进互联网协议第六版(IPv6)规模部署行动计划》 | 中共中央办公厅、国务院办公厅 | 2017. 11. 26 | 2017. 11. 26 | 政策文件 |
| 5 | 《微博客信息服务管理规定》 | 国家互联网信息办公室 | 2018. 02. 02 | 2018. 03. 20 | 政策文件 |
| 6 | 《关于进一步规范网络视听节目传播秩序的通知》 | 国家新闻出版广电总局 | 2018. 03. 16 | 2018. 03. 16 | 规范性文件 |
| 7 | 《关于推动资本市场服务网络强国建设的指导意见》 | 中央网信办、中国证监会 | 2018. 03. 30 | 2018. 03. 30 | 规范性文件 |
| 8 | 《关于规范促进网络安全竞赛活动的通知》 | 中央网信办 | 2018. 06. 05 | 2018. 06. 05 | 政策文件 |
| 9 | 《中华人民共和国电子商务法》 | 全国人大 | 2018. 08. 31 | 2019. 01. 01 | 法律 |
| 10 | 《关于进一步加强广播电视和网络视听文艺节目管理的通知》 | 国家广播电视总局 | 2018. 10. 31 | 2018. 10. 31 | 规范性文件 |
| 11 | 《区块链信息服务管理规定》 | 国家互联网信息办公室 | 2019. 01. 10 | 2019. 01. 10 | 部门规章 |
| 12 | 《云计算服务安全评估办法》 | 国家互联网信息办公室等 | 2019. 07. 02 | 2019. 09. 01 | 规范性文件 |
| 13 | 《关于不再指导企业主办的商业性网络安全会议、竞赛活动的通知》 | 中央网信办 | 2019. 07. 18 | 2019. 07. 18 | 政策文件 |
| 14 | 《儿童个人信息网络保护规定》 | 国家互联网信息办公室 | 2019. 08. 22 | 2019. 10. 01 | 部门规章 |

续表

| 序号 | 政策法规名称 | 颁布主体 | 颁布时间 | 实施时间 | 性质 |
|---|---|---|---|---|---|
| 15 | 《关于办理非法利用信息网络、帮助信息网络犯罪活动等刑事案件适用法律若干问题的解释》 | 最高人民法院、最高人民检察院 | 2019. 10. 21 | 2019. 11. 01 | 司法解释 |
| 16 | 《关于防止未成年人沉迷网络游戏的通知》 | 国家广播电视总局 | 2019. 10. 25 | 2019. 11. 01 | 规范性文件 |
| 17 | 《中华人民共和国密码法》 | 全国人大 | 2019. 10. 26 | 2020. 01. 01 | 法律 |

资料来源：颁布主体官方网站。

通过梳理可得，2017 年以来，颁布的互联网管理政策法规覆盖了媒体形式、互联网和媒体技术、参与主体以及网络安全等各个方面。从性质来看，包括了法律法规、政策规范、规章以及更具灵活性的司法解释和规范性文件；从具体的规定来看，2019 年后政策法规更多对区块链、云计算、短视频等新技术进行规范和指导，以适应不断发展变化的新媒体技术和形态。同时，聚焦未成年人的信息安全和游戏沉迷问题，针对网络犯罪做出进一步规范，体现了政策法规不断地进行补充和更新以应对现阶段互联网和新媒体出现的新问题。

2. 约谈和集中整治成为重要执法手段

纵观 2018 年和 2019 年，监管部门开展约谈和多部门集中整治成为行业治理的主旋律，体现了监管部门为解决政策制定和实施过程中的相对滞后采取了更为灵活、更具效率的执法手段。以国内互联网主管部门网信系统为例，2017 年 9 月至 2019 年 11 月（如表 3 和表 5 所示），国家网信办主要针对传播内容的违法违规开展约谈以及多部门联合监管工作，聚焦于自媒体和短视频等媒体平台，时间集中在 2018 年。2018 年网信系统通过密集开展约谈、联合各部门集中开展行动的方式，力求打造一片清朗的网络空间。如表 4 所示，各级网信办行政手段主要包括约谈、警告、暂停更新、取消违法网站许可/备案或关闭违法网站以及关闭各类违法违规账号群组、移送司法机关相关案件线索等，而经过富有成效的执法过程后，各类违法违规类型数量自2017年不断下降。

**表3　2017～2019年国家网信办主要约谈事件**

| 约谈对象 | 约谈原因 | 约谈时间 |
| --- | --- | --- |
| 支付宝、芝麻信用 | 收集使用个人信息的方式不符合《信息安全技术 个人信息安全规范》国家标准的精神，违背了《个人信息保护倡议书》的承诺 | 2018.01.06 |
| 新浪微博 | 对用户发布违法违规信息未尽到审查义务，持续传播炒作导向错误、低俗色情、民族歧视等违法违规有害信息 | 2018.01.27 |
| UC头条 | 持续传播炒作导向错误、低俗色情信息等 | 2018.01.31 |
| 快手、火山小视频 | 传播涉未成年人低俗不良信息 | 2018.04.04 |
| 美拍 | 整改不到位，传播涉未成年人低俗不良信息 | 2018.06.01 |
| 抖音、搜狗等5家公司 | 针对抖音在搜狗搜索引擎投放的广告中出现侮辱英烈的内容问题，要求五家公司自约谈之日起启动广告业务专项整改 | 2018.06.30 |
| 好奇心日报 | 未经许可擅自长期从事互联网新闻信息服务、开设原创新闻栏目、组建"新闻采编团队"等 | 2018.08.02 |
| 凤凰网 | 凤凰网部分频道、"凤凰新闻"客户端及WAP网站传播违法不良信息、歪曲篡改新闻标题原意、违规转载新闻信息等 | 2018.09.26 |
| 腾讯微信、新浪微博等自媒体 | 主体责任缺失，疏于管理，放任自媒体野蛮生长 | 2018.11.12 |
| 百度、腾讯、新浪、今日头条、搜狐、网易、UC头条、一点资讯、凤凰、知乎 | 自媒体乱象 | 2018.11.14 |
| 微信7.0版、聊天宝、马桶MT、多闪 | 未履行和完善安全机制程序，开展安全评估工作 | 2019.02.01 |

资料来源：国家互联网信息办公室官方网站。

**表 4　2017～2019 年全国网信系统行政执法情况**

| 执法措施 | 2017 年 | 2018 年 | 2019 年第一季度 | 2019 年第三季度 |
|---|---|---|---|---|
| 约谈网站（家） | 2003 | 1497 | 685 | 747 |
| 警告网站（家） | — | 738 | 248 | 701 |
| 暂停更新网站（家） | 1370 | 297 | 125 | 91 |
| 移送司法机关相关案件线索（件） | 2045 | 1177 | 286 | 450 |
| 取消违法网站许可/备案或关闭违法网站（家） | 22587 | 6417 | 2087 | 3933 |
| 关闭各类违法违规账号群组（万个） | 317 | 232 | 8.9 | 40 余 |

资料来源：国家互联网信息办公室官方网站。

**表 5　2017～2019 年国家网信办会同其他部委开展联合监管行动**

| 事　项 | 时间 | 参与部门 |
|---|---|---|
| “剑网 2018”专项行动 | 2018. 07. 16 | 国家版权局、国家网信办、工信部、公安部 |
| 网络短视频行业集中整治 | 2018. 07. 26 | 国家网信办、工信部、公安部、文化和旅游部、国家新闻出版广电总局、全国“扫黄打非”办公室 |
| 自媒体乱象集中清理整治专项行动 | 2018. 10. 20 | 国家网信办会同有关部门 |
| App 乱象专项整治行动 | 2018. 12 | 国家网信办会同有关部门 |

资料来源：国家互联网信息办公室官方网站。

## （二）中心化趋势下要求平台加强自律性

平台存在中心化趋势明显、权利义务不对等的问题，如何更好地履行社会责任、维护国家和公共利益，一方面考验着监管部门的智慧；另一方面需要平台加强自律。作为责任履行主体的平台，更要自发地将自律作为自身和行业发展的内生要求。所以，自律来自行业自律和平台自律两个方面，分别以行业规范和自我约束的形式体现。

1. 行业自律的实践

新技术的发展使得新媒体社会责任的边界逐渐消失，责任归属不断模糊，同时，网络打破了空间的界限，信息呈现裂变性的病毒式传播。由此，来自行政和法律的直接命令和管理有可能面临监管的时效性和滞后性问题。面对这一矛盾，行业规范或许可以有效补充。例如，短视频作为热门的新媒体类型，其内容失范引发广泛争议。针对其内容审核和管理，国家网信办和国家新闻出版广电总局颁布和实施了具有普适性的网络视听节目管理规范。基于此，作为行业组织的中国网络视听节目服务协会进一步提出了更具针对性的准则和规范（见表6）。

**表6　行业协会准则**

| 行业准则名称 | 颁布主体 | 颁布时间 | 实施时间 |
| --- | --- | --- | --- |
| 网络短视频内容审核标准细则 | 中国网络视听节目服务协会 | 2019. 01. 09 | 2019. 01. 09 |
| 网络短视频平台管理规范 | 中国网络视听节目服务协会 | 2019. 01. 09 | 2019. 01. 09 |

2. 科技向善的理念

“科技向善”是腾讯研究院2018年1月20日提出的“Tech for Social Good”项目口号①，口号的提出说明部分科技巨头已经主动公开技术的强大以及背后所蕴含的使用逻辑。本研究仅将其用作新媒体履行社会责任时所应持有的基本理念。技术的进步带来的是人工智能和算法伦理、用户数据和隐私等问题，新媒体在占据因掌握技术而带来的不平等地位时，更应该履行其因超权力所带来的更大的社会责任，科技向善，并用科技去解决因自身技术发展所带来的社会问题，而不是枉顾公众利益去攫取私利。

### （三）用户应注重自身在信息传播过程中的价值

美国学者尼古拉斯·尼葛洛庞帝在《数字化生存》指出，数字时代有四大特征：去中心化、全球化、协调和赋权。而作为数字化生存的本质，赋权可以带来前所未有的新希望和尊严，因此带来了积极的社会变迁②。技术

① 《看过这些之后，你再也无法忽略科技的善恶》，新华网，http：//www.xinhuanet.com/newmedia/2018－01/22/c_136915272.htm，最后检索时间：2019年1月22日。

② Negroponte，N.，*Being Digital*，1*st edn*（New York：Knopf，1995），pp. 228－231.

进步为新媒体传播过程中的“用户赋权”提供了载体，“以个人为基本单位的传播力量被激活”“人人参与社会表达的新闻生产具有价值多元、去中心化的特征”①。由此，传播主体逐渐泛化，用户在信息传播过程中的身份逐渐模糊，既成为内容的生产者，也是信息的消费者，要反思和警惕自身在信息传播过程中的价值。

1. 积极参与高质量信息的生产

当前，以 UGC 和 PUGC 为主的新媒体内容大受欢迎，在国内抖音、快手等短视频平台占据用户大量时间的同时，TikTok 的出海之路也颇为顺利。在主体泛化的背景下，用户成为内容的生产者，因此用户生成内容质量的高低，也在一定程度上决定了媒体平台内容的呈现，并影响着新媒体社会责任的履行。在本研究新媒体社会责任评价体系指标中，内容的真实优劣占据着较高的权重。虽然在内容的呈现过程中，平台作为主体应承担更大责任，但用户也应注重优质内容的生产，在收获良好传播效果的同时，推动媒体社会责任的履行。

2. 警惕新媒体技术所带来的弊端

如果说在 Web2. 0 时代，用户需要增强自身媒介素养的话，那么在智能互联时代，用户更应警惕在使用新媒体过程中所带来的问题，增强“算法素养”②。这里的算法素养泛指用户在应对算法推荐、数据和隐私等问题时所具备的识别、判断和理解能力。比如，识别和判断账号主体、理解算法推荐技术基本原理以及注重保护个人隐私等，将会倒逼新媒体更好地履行责任。今日头条算法推荐系统于 2012 年诞生后历经 4 次调整，并于 2018 年公布了推荐系统的原理。在基于商业利益考量和算法争议的情况下，今日头条分享其算法原理客观上提高了算法的透明度，同时也提高了用户的算法素养。

---

① 喻国明等：《“个人被激活”的时代：互联网逻辑下传播生态的重构——关于“互联网是一种高维媒介”观点的延伸探讨》，《现代传播（中国传媒大学学报）》2015 年第 5 期。

② 《算法推荐的伦理评价及反思》，虎嗅网，https：//www. huxiu. com/article/319833. html，最后检索时间：2019 年 8 月 27 日。

## 三　实证考察：新媒体社会责任的量化评价（2019）

2019年新媒体社会责任蓝皮书主要包括总报告、评价篇、专题篇与案例篇四个部分。

总报告对2019年中国新媒体发展的新趋势、新现象和新问题进行了梳理分析，通过平台评价、专题讨论、案例分析三个板块呈现了项目组关于新媒体社会责任的整体思考。与以往相比，本次报告的研究重点较为均衡，既关注VR新闻、区块链、算法推荐、科学传播等前沿问题，同时也涉及健康传播、反转新闻、视听新媒体社会责任等传统研究重点，能够比较完整地呈现2019年新媒体发展现状及其社会责任问题。

评价篇首次运用"新媒体社会责任评价指标体系3.0"对7类典型的新媒体平台进行了社会责任评价，评价对象包括国家级新闻网站、省级新闻网站、新闻客户端、VR新闻频道、媒体微博、网络视频直播平台、移动短视频平台。研究对象共涉及121个新媒体平台、客户端、新闻频道、微博账号等，文字图片样本量达到39656篇（条），视频样本量时长达到5376小时（见表7）。本部分评价结果呈现了2019年国内典型新媒体平台社会责任履行情况，并针对问题提出了解决方案。

**表7　评价对象与样本分布**

单位：个

| 序号 | 评价对象 | 平台数量 | 样本数量 |
|---|---|---|---|
| 1 | 国家级新闻网站 | 25 | 7235 |
| 2 | 省级新闻网站 | 10 | 636 |
| 3 | 新闻客户端 | 18 | 12600 |
| 4 | VR新闻频道 | 7 | 555 |
| 5 | 媒体微博 | 30 | 16530 |
| 6 | 移动短视频平台 | 15 | 2100 |
| 7 | 网络视频直播平台 | 16 | 5376小时 |
| 合计 | — | 121 | 39656篇(条)/5376小时 |

专题篇对2019年新媒体行业中的典型现象、热点议题与重点人群进行了分析，研究重点包括：典型现象方面，如区块链重构新闻业价值链及其风险治理；健康类微信公众号的传播现状、效果与策略等。热点议题方面，如移动短视频算法推荐的信息伦理与社会责任、中国新媒体科学传播的社会责任等。重点人群方面，如短视频 App 用户信息伦理认知、态度与使用行为；微博意见领袖的社会责任评价与治理等。

案例篇包含近年发生的6个典型案例，运用文献分析、文本分析、内容分析、话语分析、框架分析、数据挖掘等方法，对移动阅读 App、“基因编辑婴儿”事件、问题疫苗风险事件、“10·28”万州翻车事故、自媒体公众号虚构写作、“两微一抖”平台等案例进行分析，探讨了用户个人信息安全、新媒体传播伦理、健康风险、新闻反转、虚构写作边界和责任、版权保护等问题。

### （一）平台评价

评价篇使用“新媒体社会责任指标体系3.0”对7类主要新媒体平台进行社会责任评价。本部分根据新媒体指标体系的层次权重分别加权计算，具体步骤如下：一是通过公式1，对目标平台的三级指标统计值以5分为标准进行转换，得到三级指标相对值 $C_k$，将 $C_k$ 带入公式2得到三级指标的加权值 $C_j$；二是将 $C_j$ 带入公式3进行加权计算得到二级指标值 $B_i$；三是将 $B_i$ 带入公式4进行加权计算得到一级指标值 $A_h$；四是将4个一级指标值相加得到最终的目标平台社会责任分值。

公式1：$f(C_k) = C_k \times \left(\frac{5}{C_{max}}\right)$，其中 $C_{max}$ 为最高分值。

公式2：$f(C_j) = \sum P_j \times C_k$，其中 $P_j$ 为对应三级指标的权重值。

公式3：$f(B_i) = \sum P_i \times C_j$，其中 $P_i$ 为对应二级指标的权重值。

公式4：$f(A_h) = \sum P_h \times B_i$，其中 $P_h$ 为对应一级指标的权重值。

整体来看，2019年新媒体社会责任履行情况属于中等水平，如表8所示，7类平台社会责任的均分为2.496563（得分率49.93%）。除了网络视频直播平台外，其余6类平台社会责任均分为2.801674（得分率56.03%）①。虽然2019年对评价指标体系进行了调适，但在三级指标的微观表现上，目标对象平台的表现优于以往。四个一级指标得分率由高到低依次为信息生产（60.79%）、价值引导（43.90%）、文化教育（42.07%）和协调沟通（41.42%）。新媒体平台普遍重视信息生产的媒介功能及其社会责任，但在价值引导、文化教育和协调沟通方面还有可提升的空间。表9为7类平台的社会责任级指标得分。

**表8　2019年新媒体社会责任履行情况（整体）**

单位：分

| | | 信息生产 | 价值引导 | 文化教育 | 协调沟通 | 总分均值 |
|---|---|---|---|---|---|---|
| | 权重满分 | 2.506500 | 0.880000 | 0.588500 | 1.025000 | 5.000000 |
| 均值1 | 得分 | 1.523732 | 0.386401 | 0.247593 | 0.424639 | 2.496563 |
| | 得分率(%) | 60.79 | 43.90 | 42.07 | 41.42 | 49.93 |
| 均值2 | 得分 | 1.722088 | 0.442368 | 0.268592 | 0.468729 | 2.801674 |
| | 得分率(%) | 68.70 | 50.26 | 45.64 | 45.72 | 56.03 |

**表9　2019年新媒体社会责任履行情况（平台）**

单位：分

| 序号 | 评价对象 | 信息生产 | 价值引导 | 文化教育 | 协调沟通 | 总分均值 |
|---|---|---|---|---|---|---|
| | 权重满分 | 2.506500 | 0.880000 | 0.588500 | 1.025000 | 5.000000 |
| 1 | 国家级新闻网站 | 2.091184 | 0.296017 | 0.266465 | 0.387298 | 3.040965 |
| | 得分率(%) | 83.43 | 33.63 | 45.27 | 37.78 | 60.81 |
| 2 | 省级新闻网站 | 2.180000 | 0.720000 | 0.440000 | 0.750000 | 4.080000 |
| | 得分率(%) | 86.97 | 81.81 | 74.76 | 73.17 | 81.60 |

① 根据传播语境和平台特征，在网络视频直播平台评价过程中对新媒体社会责任评价指标体系3.0的各项指标进行了筛选，在信息生产、价值引导、文化教育、协调沟通4个一级指标，选取了流程管理、塑造共识、文化传承、传播科教、提供娱乐、沟通效能6个二级指标，其下共有15个三级指标：把关信息、规范广告、控制侵权、主流价值、社会风尚、传统文化、当代文化、教育传播、科技传播、内容丰富性、内容健康度、公众参与度、公众认同度、平台互动度、平台回复度。其他6类平台使用的是新媒体社会责任评价指标体系3.0的完整框架。

续表

| 序号 | 评价对象 | 信息生产 | 价值引导 | 文化教育 | 协调沟通 | 总分均值 |
|---|---|---|---|---|---|---|
| 3 | 新闻客户端 | 1.670186 | 0.230899 | 0.205252 | 0.40018 | 2.506517 |
| | 得分率(%) | 66.63 | 26.23 | 34.87 | 39.04 | 50.13 |
| 4 | VR 新闻频道 | 1.488000 | 0.176000 | 0.239600 | 0.338800 | 2.242442 |
| | 得分率(%) | 59.36 | 20.00 | 40.71 | 33.05 | 44.84 |
| 5 | 媒体微博 | 1.868260 | 0.283912 | 0.217238 | 0.512896 | 2.875620 |
| | 得分率(%) | 74.53 | 32.26 | 36.91 | 50.03 | 57.51 |
| 6 | 移动短视频平台 | 1.034900 | 0.363400 | 0.243000 | 0.423200 | 2.064500 |
| | 得分率(%) | 41.28 | 41.29 | 41.29 | 41.28 | 41.29 |
| 7 | 网络视频直播平台 | 0.333600 | 0.050600 | 0.121600 | 0.160100 | 0.665900 |
| | 得分率(%) | 13.30 | 5.75 | 20.66 | 15.61 | 13.31 |

1. 国家级新闻网站

本报告选择了我国25家国家级新闻门户网站作为观测对象，评价结果由高到低依次为：中国侨网（3.431107）、法制网（3.301084）、中国新闻网（3.243328）、中国经济网（3.23365）、未来网（3.224333）、中国青年网（3.200982）、光明网（3.156224）、央视网（3.130753）、人民网（3.12599）、海外网（3.11998）、新华网（3.116039）、中国网（3.103395）、党建网（3.030496）、中工网（3.027021）、中青在线（3.023261）、央广网（3.002114）、中国台湾网（2.937881）、参考消息网（2.934133）、国际在线（2.890753）、中国军网（2.849113）、中国西藏网（2.838987）、消费日报（2.827042）、环球网（2.815613）、中国警察网（2.778489）、中国日报网（2.682373）。研究显示：国家级新闻网站社会责任履行整体情况较好，发挥了示范和引领作用，但在具体指标构成上存在差异，如“信息生产”优势明显，但信息资源的深度展现上有待提高；在“价值引导”的文本生产上尚需提升，共识塑造有待加强；“文化教育”受到重视，但传播科技方面仍需加强；在“协调沟通”方面趋同存异，互动质量有待提升。新的传播格局和社会形态需要国家级新闻网站坚守优势，创新发展：发挥新媒体融合能力，提高信息生产的深度；探索议题“下沉”策略，提升价值引导效能；整合资源优势，服务科技与文化协同发展；转变传播观念，畅通沟通渠道。

2. 省级新闻网站

本报告选择了大陆地区 10 家省级新闻门户网站为观测对象，评价结果由高到低依次为：深圳新闻网（4.43）、荆楚网（4.39）、齐鲁网（4.29）、东方网（4.26）、河北新闻网（4.20）、南方网（4.05）、浙江在线（3.91）、南海网（3.90）、广西新闻网（3.71）、多彩贵州网（3.70）。研究显示：省级主流新闻门户网站社会责任履行整体情况良好，但仍存在需改进的问题。主要表现为：对于议程设置和舆论引导的方向与分寸掌控能力不足；在主流价值的引导方式上有较大的上升空间；对新闻内容的质量把关有待优化；需要进一步引导用户形成良好的互动氛围。以下几个方面值得重视：转型媒体定位，强化责任意识；顺应新传播生态，健全内容生产机制；重视社会服务功能，积极进行传受双方的互动；积极开展内外文化传播，在增强文化厚度的同时提高社会责任的广度。

3. 新闻客户端

本报告选择了 18 家新闻客户端为观测对象，评价结果由高到低依次为：人民日报（3.546054）、央视新闻（3.50756）、新华社（3.424527）、腾讯新闻（3.213202）、参考消息（2.933305）、澎湃新闻（2.865392）、今日头条（2.767896）、凤凰新闻（2.526659）、百度新闻（2.408798）、搜狐新闻（2.295597）、UC 头条（2.254545）、ZAKER（2.204118）、新浪新闻（2.144654）、天天快报（2.012841）、网易新闻（1.998086）、东方头条（1.820820）、一点资讯（1.796165）、趣头条（1.397217）。研究显示：新闻客户端发展格局趋于稳定，各新闻客户端特点凸显。新闻客户端整体社会责任评分有向好趋势，但优劣两极分化情况值得警惕，其中评分最高的为人民日报新闻客户端，最低为趣头条新闻客户端。新闻客户端履行社会责任各有偏重，在未来发展过程中可能存在不同风险问题。

4. VR 新闻频道

本报告选择了 7 家 VR 新闻频道为观测对象，评价结果由高到低依次为：中国经济网 VR（3.0192）、央视新闻客户端 VR（2.8630）、央视网 VR（2.4727）、津彩 VR（2.2821）、中国军网 VR（2.1181）、中国网 VR（1.4715）、新浪网 VR（1.4705）。研究显示：VR 新闻频道是伴随着 VR/AR 技术兴起而产生的信息传播渠道，我国 VR 新闻频道的发展参差不齐，主体社会责任履行状况较差，其中“信息生产”责任履行较好，“价值引导”“文化教育”责任履行欠佳，“协调沟通”责任履行较差。

5. 媒体微博

本报告选择了 30 家媒体微博为观测对象，评价结果由高到低依次为：人民网（4.1108）、环球时报（3.5164）、人民日报（3.4530）、中国新闻网（3.4250）、新华网（3.3632）、环球网（3.1988）、澎湃新闻（3.1986）、封面新闻（3.1582）、河北综合广播（3.1333）、中国之声（3.1171）、新京报（3.0367）、成都商报（3.0359）、齐鲁晚报（2.9083）、人民日报海外网（2.8874）、华商报（2.8633）、财经网（2.8300）、北京头条（2.8201）、大河报（2.7897）、钱江晚报（2.7157）、中国青年网（2.6476）、华商网（2.6274）、楚天交通广播（2.6139）、吉林乡村广播（2.6098）、河南交通广播（2.5388）、环球资讯广播（2.3852）、武汉新闻广播（2.3252）、中国交通广播（2.2979）、凤凰网（2.2801）、中央人民广播电台（2.2037）、中国乡村之声（2.1775）。研究显示：目前我国媒体微博履行社会责任的整体水平仍有待进一步提升。媒体微博在四个维度的责任履行情况从好到差依次为：信息生产、协调沟通、文化教育和价值引导。三类媒体微博中，媒体网站微博履行社会责任的整体水平最高，报纸微博次之，广播微博最低。与地方级媒体相比，中央级媒体具备更强的责任意识与担当。媒体微博应不断增强信息生产的针对性和不可替代性，树立“信息分享”与“协同传播”的理念，树立舆论阵地的使命意识与导向意识，同时平衡正负面报道比例，营造积极健康的舆论生态。

6. 网络视频直播平台

本报告选择了 16 家网络视频直播平台为观测对象，评价结果由高到低依次为：斗鱼（1.4045）、虎牙（1.1442）、YY（0.8496）、CCtalk

（0.7901）、网易 CC（0.6987）、映客（0.6326）、企鹅电竞（0.6020）、腾讯 NOW（0.5486）、六间房（0.5243）、一直播（0.5146）、花椒（0.5078）、触手（0.5057）、章鱼（0.4960）、淘宝直播（0.4852）、酷狗直播（0.4810）、企鹅体育（0.4681）。研究显示：除个别平台外，我国网络直播平台的社会责任履行情况并不理想。各平台社会责任四个一级指标的履行水平由高到低依次为：信息生产、协调沟通、文化教育、价值引导。针对现有问题，本研究提出，政府应完善法律规章，建立长效政策体系；建立技术监管体系，代码规制和算法规制相结合；建立平台战略联盟，完善平台自律监管体系；善用群众治理，唤起用户参与感与责任感；平台进行内容升级，履行好文化教育功能；平台协同经纪公司加强运营管理，把关直播间内容品质。

7. 移动短视频平台

本报告选择了 15 家移动短视频平台作为观测对象，评价结果由高到低依次为：梨视频（3.1000）、快手（2.5796）、抖音短视频（2.4835）、火山小视频（2.4389）、西瓜视频（2.3035）、秒拍（2.1848）、美拍（2.1781）、爱奇艺纳逗（2.1651）、微视（2.1495）、小影（1.8932）、土豆视频（1.8355）、好看视频（1.7571）、全民小视频（1.5921）、皮皮虾（1.3540）、波波视频（0.9884）。研究显示：除梨视频外其他 14 家短视频平台的得分都在 3 分以下，短视频平台整体得分偏低。其中，梨视频得分为 3.1 分，而波波视频得分不足 1 分，行业内平台的差距较大。各平台一级指标得分率偏低，体现了短视频平台在信息生产、价值引导、文化教育以及协调沟通等各项功能上表现得并不突出，且功能实现较弱。对策建议包括：主管部门应转变监管理念，不断探索更具效率的监管措施；视频平台应发挥主体职责，加强内容审核力度和价值引导；用户应提升媒介素养，生产和消费更优质的短视频内容。

## （二）专题讨论

1. 典型现象

典型现象方面，主要从新的角度对传统话题进行了讨论。在宏观上分析技术背景对新闻业的影响，如在区块链新技术背景下讨论新闻价值链的重构；在中观上总结归纳新媒体对社会行动和国家政策的影响，如脱贫攻坚行动中新媒体的作用；在微观上对典型的新媒体平台社会责任情况进行内容和文本分析，如健康类微信公众号的传播现状与社会责任。

《区块链重构新闻业价值链及其风险治理》认为，区块链技术对传统互联网进行了颠覆式革新，推进了新一代民主互联网、价值互联网、秩序互联网的形塑升级。当区块链运用于新闻业，将在新闻生产、内容审核、新闻分发、新闻营销、传播效果等价值链环节重构新闻业态。同时，在风险社会背景下，应保持技术理性，警惕区块链应用于新闻业带来的潜在风险，应通过多利益相关方模式加强区块链新闻的风险治理。

《新媒体在脱贫攻坚行动中的责任与评估》认为，新媒体是脱贫攻坚行动中一种能动的力量。该研究构建新媒体在脱贫攻坚行动中社会责任履行的四维路径和 9 个二级指标责任框架，以上游新闻作为案例进行评估。研究发现新媒体在“报道—传导型”和“引导—激发型”两大路径下具有良好的表现，在“连接—搭建型”和“行动—重构型”两大路径下存在较大提升空间。该研究建立了兼具共性与个性的媒体社会责任框架，揭示了脱贫攻坚行动中新媒体社会责任的作用机制，有助于明晰不同场景下新媒体的责任担当。

《健康类微信公众号的传播现状、效果与策略》认为，随着微信社交新媒体的发展，健康类微信公众号以一种全新的健康传播方式出现，满足了人们对健康信息的需求与渴望，逐渐成为健康信息传播的主要渠道。为了挖掘健康类微信公众号的信息传播潜力，改善健康传播微信公众平台建设，本研究以传统媒体类、医疗机构类、互联网类、草根类等为代表的共 12 家健康类微信公众号为例，结合相关问卷调查数据，分析健康类微信公众号的传播现状与传播效果，并将相关理论与调查数据相结合，总结健康类微信公众号的传播优势及不足之处，以期为健康类微信公众号在健康传播中的有效应用提供经验借鉴。

2. 热点议题

热点议题方面，本报告聚焦于前沿话题，对算法推荐、信息伦理、科学传播等前沿热点议题进行了分析讨论。

《移动短视频算法推荐的信息伦理与社会责任》认为，移动短视频的算法推荐是根据用户的相关信息进行算法设计，采取平台系统机器学习的方法智能地为用户推荐视频内容的一种内容整合推送方式。为了精准推送给用户喜欢的内容，各短视频平台广泛使用算法推荐。在为用户提供便利的同时，算法推荐也带来了一系列伦理问题。该研究通过定性研究和逻辑分析的方法，结合具体案例，阐释短视频平台算法推荐带来的伦理失范问题，并为短视频平台提供相关建议。该研究认为，针对短视频平台使用算法推荐导致的获取用户隐私、局限用户信息获取渠道、迫使用户成为免费劳工、内容低俗和知识产权不明等问题，平台应当保护用户个人信息、打破信息茧房、尊重用户价值、增加优质内容。

《中国新媒体科学传播与社会责任》认为，新媒体时期，更加广泛科学的传播活动走进了公众视野，分析新媒体科学传播活动的特点、检视新媒体科学传播的社会责任成为新媒体社会责任研究中重要的一部分。该研究以中国科学院官方微博“@中科院之声”、果壳网微博账号“@果壳”和《中国国家地理》旗下《博物》官方微博“@博物杂志”为研究对象，对三个微博账号自2019年2月15日至3月15日所发布的全部微博内容进行内容分析的量化统计，比较其科学传播主题、内容生产特征、微博互动，以及社会责任履行情况。研究发现：代表官方科研机构的“@中科院之声”在内容选择中更倾向于基础科学内容，科学程度高，趣味性低，科研语境居多，传播模型更偏向传统的单向模型；代表传统科普媒体的“@博物杂志”更关注生命/生物科学，代表科普自媒体的“@果壳”则更偏向公众关心的公共卫生医疗、食品农业科学；“@博物杂志”“@果壳”科学程度高，趣味性高，更倾向使用生活化语境进行科学传播，传播模型更加接近公众参与科学模型。同时，该研究也对新媒体社会责任评价体系进行了科学传播语境下的调整，并对研究对象的社会责任履行情况进行了分析。

3. 重点人群

重点人群方面，本报告选择了微博意见领袖群体和短视频 App 用户两类媒体中的典型社群进行分析。《微博意见领袖的社会责任评价与治理》认为，微博意见领袖的社会责任履行状况还有一定的提升空间，所抽样的意见领袖社会责任评价得分均值为 2. 33420（得分率为 46. 68%），未超过 50%。微博意见领袖“信息生产 A1”得分处于中等偏上水平，但在“价值引导 A2”、“文化教育 A3”和“协调沟通 A4”方面的社会责任履行效能还需要进一步提高。

《短视频 App 用户信息伦理认知、态度与回避行为研究》认为，目前短视频 App 出现了一些伦理失范问题，用户对此富有责任。要规范短视频行业的有序发展，关键在于用户应当对伦理失范问题保持警惕。研究发现：（1）短视频 App 用户认为虚假信息、版权侵犯、隐私侵犯、不良信息普遍存在于短视频 App 中，对这四类问题具有较高的宽容度，采取积极回避行为的概率较低；（2）当用户认为伦理失范问题越普遍时，其宽容度也越高，但态度并不会影响用户对伦理失范问题的回避行为，用户认为伦理失范问题存在越普遍时，越可能采取回避行为。

## （三）案例分析

本报告的案例篇共由 6 个典型个案分析构成，涉及用户个人信息安全、虚构写作边界与责任、新媒体传播伦理、版权保护、健康风险、新闻反转等问题。案例篇主要包含两个分析维度：第一是侧重以网络平台作为典型案例的中观维度，如移动阅读类 App、自媒体公众号、“两微一抖”社交媒体平台；第二是侧重以突发热点事件作为典型案例的微观维度，如“基因编辑婴儿”事件、问题疫苗风险事件、“10・28”万州翻车事故。

《移动阅读 App 用户个人信息安全研究》——基于 10 款移动阅读 App 的调查分析案例，分析其隐私保护政策文本，考察其设备权限获取和调用情况，并借助 360 网络安全实验室平台对各 App 安装包进行检测分析。研究发现：移动阅读 App 用户个人信息安全状况堪忧，在信息收集、信息使用环节以及 App 平台本身风险点频出。社会规范的缺失与局限性、数据价值属性凸显与权属不清以及企业违法违规成本过低和相关部门监管不力是上述现象产生的重要原因。

《自媒体公众号的虚构写作边界和责任问题研究》以公众号 M 为例，认为“以情动人”的文章写作手段成为备受追捧的传播策略。其中现象级情感自媒体号 M，在同质化日趋严重的公众号市场中脱颖而出，原因就在于其顺应拟剧理论的框架，从谈话的形式、运用仪式、关键边界等七个维度出发，探寻出一条独特的网络写作之路。该研究以公众号 M 四年（2015～2019）内发布的文章为研究样本，通过分析其虚构写作模式和情感运营模式的特点，来探讨自媒体虚构写作的边界意识与社会责任的承担问题。该研究认为自媒体人应承担起保证信息质量和守护意识形态的社会责任。

《传播学视域下的社交媒体版权问题与对策研究》——以“两微一抖”为例，采用文献分析法、案例分析法，并结合传播学理论作为基础，以国内最为火热的社交平台——“两微一抖”（即微信、微博、抖音）为案例分析，从传播学角度呈现在新媒体时代下社交媒体版权侵权的现状并分析其原因，分析社交媒体上版权保护的现状和问题，并为社交媒体的版权保护提出了相应的策略。

《科学传播中的新媒体呈现与伦理责任》——以“基因编辑婴儿”事件为例，认为信息技术与以社交化为主要特征的新媒介快速发展，为科学传播提供了新的契机与挑战。媒体作为科学传播中的关键主体及科学家、公众沟通交流的重要桥梁，对科学知识的传播普及、公众的科学认知态度、科学生产的规制监督起着重要作用。特别是在争议性科学事件中，新媒体空间开放、多元、互动的特征为公众参与科学事件讨论提供了平台，信息的快速传播、意见的动员聚合催生着网络空间到现实空间的公共议题形成，在信息层、传播层、价值层对新媒体提出了更高的要求。在新的媒介情境下，需要重新审视与具象科学传播中的媒体责任，以期更好地发挥媒体价值与实现公共服务。该研究以“基因编辑婴儿”事件为例，分析新媒体在这起争议性科学事件中的角色呈现、议题建构与舆论引导，探讨科学传播中的新媒体责任。

《新媒体时代公民突发健康风险传播参与特征》以“问题疫苗风险事件”为典型案例，对2018年问题疫苗事件的615篇新闻与1434条跟帖为样本进行分析。研究发现：主流媒体面对突发风险事件，仍未完成从“传达者”到“沟通者”的转型，其巨大影响力限制了社交媒体舆论场话语多元性。虽然公众接受官方科学话语，对疫苗风险有着广泛的正确认知，但这种单一的建构方式增加了公众的疑虑和不确定，他们恐慌风险事件再次发生，放大风险存在的概率。社会化媒体还有待真正发展成为弥合风险传播双方鸿沟的利器。

《反转新闻中关于自媒体新闻报道策略的思考》——以“10·28”万州公交车坠江事故为例，采用内容分析法对自媒体的新闻生产过程和报道进程展开研究。研究发现，自媒体在报道过程中无法保证新闻真实，采用了情绪化的叙事策略，对新闻做了标签化的处理，导致了反转新闻的产生。预防反转新闻、纠正行业乱象和维护风清气正的媒体环境需要媒体、政府部门和公众三方共同努力。

## 参考文献


钟瑛、芦何秋、刘利芳：《智能互联中的新媒体社会责任：现状回顾与框架调适（2015~2018）》，载钟瑛主编《中国新媒体社会责任研究报告（2018）》，社会科学文献出版社，2018。

钟瑛、邵晓：《新媒体社会责任实践的新形式：场景转换与治理升级》，载钟瑛主编《中国新媒体社会责任研究报告（2017）》，社会科学文献出版社，2017。

Aristotle. , 2003, *The Nicomachean Ethics*, In Virtue Ethics, edited by Darwall, S, 7 - 50. Malden: Blackwell.

Bentham, J. , 1825, *The Rationale of Reward*, London: Forgotten Books.

Darwall, S. , 2003, *Contractarianism/Contractualism*. Malden: Blackwell.

Kant, I. , 1797, *The Metaphysics of Morals*, In Deontology, edited by Darwall, S. , 21 - 27. Malden: Blackwell.

Ross, W. D. , 1930, *The Right and the Good*, In Deontology, edited by Darwall, S. , 55 - 79. Malden: Blackwell.

# 评 价 篇

**The Evaluation Part**

## B.2

# 国家级新闻网站社会责任的实证考察*

张军辉　宋 维　沈 宇　王 瑞**

**摘　要：** 本文以我国25家国家级新闻门户网站为观测对象，依据总报告的评价指标体系，通过持续观察，对7235条样本进行了计量统计和分析，结果显示，国家级新闻网站社会责任履行整体情况较好，发挥了示范和引领作用，但在具体指标构成上存在差异，如信息生产优势明显，但信息资源的深度展现上有待提高；在价值引导的文本生产上尚需提升，共识塑造有待加强；文化教育受到重视，但传播科技方面仍需加强；在协调沟通方面趋同存异，互动质量有待提升。新的传播格局

* 2019年度安徽高校人文社会科学研究项目重点项目“网络社会情绪共振机制与应对策略研究”，项目编号为SK2019A0256。

** 张军辉，安徽师范大学新闻与传播学院副教授，硕士生导师，主要研究方向为新媒体传播与管理；宋维、沈宇，安徽师范大学新闻与传播学院硕士研究生；王瑞，华中科技大学新闻与信息传播学院硕士研究生。

和社会形态需要国家级新闻网站坚守优势、创新发展：发挥新媒体融合能力，提高信息生产的深度；探索议题“下沉”策略，提升价值引导效能；整合资源优势，服务科技与文化协同发展；转变传播观念，畅通沟通渠道。

**关键词：** 新闻网站 社会责任 评价分析 传播管理

自1994年正式接入国际互联网以来，我国互联网已经走过了25个年头。中国互联网络信息中心（CNNIC）发布的第43次《中国互联网络发展状况统计报告》显示，我国网民规模已达8.29亿人，81.4%的网民通过网络获取新闻。互联网已经成为组织机构信息发布与民众获取信息的第一落点。

新闻网站是以呈现新闻内容为主要业务的网页集合。国家级新闻网站是新闻网站中的特殊群体，既是人们获取权威信息、了解社会变动的重要渠道，也是国家展示形象、发布重要信息、进行社会监督、开展文化教育、沟通社会成员的重要窗口。正如卡斯特所言，互联网重新建构了我们的世界、我们的生活，诱发了社会的新形式——网络社会，形成了普遍的、相互关联的和多样化的媒体系统构成的真实虚拟文化①。面对网民日益多元的新闻需求和不断丰富的网络平台，国家级新闻网站如何坚守媒体的社会责任，提升自身的传播力、引导力、影响力和公信力，成为新时期主流媒体面临的重要议题。

## 一 研究现状与问题提出

对于国家级新闻网站，目前并没有相对统一的概念厘定，学界业界经常将它与中央新闻网站、国家级重点新闻网站、国家主流新闻网站等概念交叉

① 〔美〕曼纽尔·卡斯特：《认同的力量》，曹荣湘译，社会科学文献出版社，2003。

使用。从相关研究的成果来看，与本文相关的议题主要集中在发展现状分析、功能与责任、效果评价与发展策略等方面。

### （一）国家级新闻网站的发展历程

自互联网诞生之初，我国就非常重视利用互联网开展新闻宣传工作，新闻网站的建设受到党和国家的重视。我国新闻网站的发展呈现两个特征：一是新闻网站与互联网建设呈现了同步发展的轨迹；二是国家级新闻网站始终发挥着引领和示范的作用。

我国新闻网站建设肇启于1995年。1995年1月12日，由教育部主管的第一家新闻信息服务网站“神州学人网站”上线。作为一家面向留学生的网络信息服务平台，其肩负着沟通我国在外留学生和进行国际传播的双重任务，为之后国内新闻网站建设的大开大合起到了很好的示范作用。

1996年12月，中央电视台开国家主流媒体入驻互联网之先河，建立了央视网的前身——中央电视台国际互联网站。囿于当时昂贵的入网代价和互联网基础建设的局限，网络新闻受众规模并不大，但央视网创立的意义却十分重大，其拓展了传统媒体履践社会责任的阵地。

1997年，CNNIC首次发布的《中国互联网络发展状况统计报告》指出：我国上网用户达62万。一批CN下的域名网站快速增长，“数字DNA”开始深层渗透至传统的原子社会。《人民日报》、《光明日报》、新华社、《中国青年报》、《科技日报》等一批“国字号”的媒体应势而为，纷纷进入网络传播领域，成为引领网络公序良俗的重要力量。2000年，为配合我国网络新闻事业建设，国务院新闻办认定了首批重点新闻网站，具体包括人民网、新华网、中国网、央视网、国际在线、中国日报网、中青网等国家级新闻网站。我国互联网新闻事业发展路径与架构开始明晰。

值得一提的是，2000年前后，《利用国际互联网络开展对外新闻宣传的注意事项》《中央宣传部、中央对外宣传办公室关于加强国际互联网络新闻宣传工作的意见》《国际互联网新闻宣传事业发展纲要（2000～2002年）》等文件的出台，对我国新闻网站建设的原则、功能和目标进行了详细的指导，为我国新闻网站建设的立体布局起到了保驾护航的作用。2015 年，国家互联网信息办公室、国家新闻出版广电总局向人民网、新华网、光明网等 14 家主要中央新闻网站颁发了网络记者证，不仅促进了网络新闻采编队伍的专业化发展，也为提升新闻网站发展的自主性提供了保障。

经过近 25 年的发展，我国新闻网站的中央、省级、市级三级格局已经形成，其中国家级新闻网站作为网络新闻矩阵中的“排头兵”和传递网络正能量的“清源地”，内容涵盖了政治、经济、社会、文化等各个领域，成为国家职能部门发布信息、沟通民意、引导舆论的重要互动平台。

### （二）国家级新闻网站的责任与功能研究

学界关于国家级新闻网站的研究多基于其特殊地位和功能，认为国家级新闻网站应该是权威的和领军的[①]，在国家稳定、经济发展和社会和谐方面有着举足轻重的作用[②]。因此，国家级新闻网站应该占据网络主阵地，发出正面声音，展示正面形象[③]。在新闻实践中，国家新闻网站应该在同类媒体（地方新闻网站、商业网站等）中发挥领军的作用[④]。国家级新闻网站作为网络问政和引导舆论的主要平台，在传递党和政府声音方面具有强大的优势[⑤]，在引导舆论和沟通政府与群众等方面发挥着主流作用[⑥]。

也有学者从微观视角出发，结合具体案例对国家级新闻网站的责任与功能进行分析。国家级新闻网站具有对内传播和对外传播的双重职能。对内传播方面，中央媒体在重大政治活动报道中具有较强的影响力，起到很好的引

---

① 武志勇：《打造中共中央核心新闻网站》，《社会科学文摘》2016 年第 11 期。

② 张敏：《增强社会责任感 传播网络正能量——重点新闻网站掌握新媒体话语权的实践与思考》，《新闻论坛》2014 年第 3 期。

③ 胡舜文：《让典型在网络中生辉——中央重点新闻网站参与马祖光宣传的实践》，《新闻界》2004 年第 5 期。

④ 曹滢、陈元、陶叶：《中央、地方重点新闻网站与商业网站联手“走转改”——“走进首都环卫一线”首次全媒体聚焦基层劳动者》，《中国记者》2012 年第 9 期。

⑤ 杨菲：《国家重点新闻网站发展现状》，《青年记者》2012 年第 27 期。

⑥ 陈凯、徐涛：《国内主流新闻网站发展状况及策略研究》，《新闻战线》2008 年第 3 期。

导作用[①]，这种作用在社会变迁和转型中的表现更为明显，能有效动员社会力量参与危机治理[②]。国家级新闻网站在通过跨文化传播建构中国良好的国际形象中起到积极的作用[③]。尤其是英文版的国家级新闻网站，通过报道的权威性和媒介公信力培养，在国际传播格局中塑造了良好的品牌形象，促进了我国参与国际传播的可持续发展[④]。

### （三）国家级新闻网站的评价与发展策略研究

针对国家级新闻网站的评价与发展策略，目前研究的议题涵盖了效能评价、发展困境和对策展望。

效能评价方面的研究成果多为面向新闻网站这一总体群体，少有针对国家级新闻网站的个性评价。业界评价主要以定期发布排行榜的形式呈现，如《网络传播》定期发布的新闻网站传播力排行榜，兼顾到新闻网站PC端和移动端的访问量、访问深度、用户黏度、发文量、互动质量等11项指标，偏重于对网站用户反馈质量的考察。2018年网络论坛发布了《中国新闻网站传播力榜》，将传播力这一指标丰富发展为Alexa值、China Rank值、原创量、发稿量和被转载量5个维度。以“站长之家”为代表的商业网站在对新闻网站进行排行时，主要依据Alexa周排名、百度权重、谷歌权重、反链数4个指标，偏重于依赖第三方网站反馈的质量考察。学界对于新闻网站的评价指标则更为系统，评价方法也较多元。如刘学义（2010）认为内容质量、受众差异和视觉设计是影响新闻网站可信度的重要因素；任明朝等（2011）认为对新闻网站的评价应涵盖网站内容、页面设计、互动性、技术运用以及影响力等要素。也有学者从题材类型、融合

---

① 廖圣清、方圆、李晗、高彦婷：《中国新闻网站的网络传播结构及其影响力研究》，《新闻大学》2019年第1期。

② 罗宜虹：《我国官方新闻网站的公共危机传播研究》，武汉大学博士学位论文，2010。

③ 梁晓波、张晓琳、谭桔玲：《国家形象主流新闻网站跨文化认知建构与传播》，《浙江传媒学院学报》2016年第1期。

④ 刘东、王蕊：《国内英文新闻网站的品牌个性评价与改进——以六大中央级英文新闻网站为例》，《传媒》2018年第13期。

形态、专业性三层指标对商业网站和重点新闻网站的新闻质量进行了实证对比分析①。

发展困境与优化路径是该研究领域的焦点话题，相关文献数量较为丰富，涉及网站架构设计、内容生产、经营管理等方面。媒介技术的日新月异、公众获取新闻的渠道开始向移动端转移、公众对新闻产品的需求日益多元都为新闻网站的发展带来了挑战，海量信息与新闻大量同质，新闻时效性与真实性，互动性与传播价值等议题开始受到学者们的关注②③。因此，在理念上，新闻网站应突破传统媒体的体制性约束，积极拥抱融媒体时代的新要求，主动融入舆论引导和市场竞争的新格局④。在内容建设上，新闻网站需要继续革新采编思维、更新采编设备、培养新闻采编队伍⑤，使得新闻内容更贴近受众，在网站页面设计和新闻呈现形式上提升融合性、可读性⑥。在经营管理方面，新闻网站的市场价值实现能力是增强舆论引导的保障，通过网络广告、在线订阅、电子商务等多种增值服务激活经济创造力⑦，通过上市实现媒体管理机制的改善⑧，实现多种模式并举是提升新闻网站竞争力的发展趋势。

## 二　研究设计

本文设计基于“国家级新闻网站”的概念内涵，依据新媒体社会责任蓝皮书项目组统一建构的评价指标体系，对研究的实现路径进行了设计。

---

① 林功成、张志安、曾子瑾：《中国新闻网站内容品质调查——以四家网站为例》，《新闻记者》2014 年第 6 期。

② 冯雪松：《重点新闻网站的媒体管理改进策略论析》，《电视研究》2011 年第 10 期。

③ 赵越：《地方重点新闻网站如何应对移动终端时代》，《新闻战线》2015 年第 21 期。

④ 张先国：《地方重点新闻网站的突围之路》，《新闻战线》2015 年第 5 期。

⑤ 郝圣林：《网站新闻采编的要求浅析》，《传播力研究》2018 年第 17 期。

⑥ 宁丽丽：《关于中央主要新闻网站 PC 端网页编辑工作的思考》，《编辑之友》2017 年第10 期。

⑦ 王槊：《国内重点新闻网站的经营现状与发展前景》，《长春师范大学学报》2014 年第 5 期。

⑧ 杨琳瑜：《从转企改制到上市：新闻网站的改革路径探析》，《新闻界》2010 年第 4 期。

## （一）研究对象选择

由于目前并没有国家级新闻网站的统一界定，我们根据《互联网站从事登载新闻业务管理暂行规定》（2000 年发布）中对新闻网站的定义认为：国家级新闻网站特指中央新闻单位、中央国家机关各部门新闻单位依法建立的互联网站。目前较为权威的新闻网站名单是国家网信办 2015 年公布的“可供网站转载新闻的新闻单位名单”，这份名单将新闻网站分为 26 家“中央新闻网站”和 53 家“省级新闻网站”。在确定研究对象时，由于“中国搜索”网是由中央七大新闻单位联手推出的搜索平台，主要提供新闻搜索服务且信息板块较为单一，经讨论未纳入本文研究对象的选取范围。25 个研究对象分布见表 1。

**表 1　研究对象分布（25 个）**

| 序号 | 网站名称 | 主办单位 | 序号 | 网站名称 | 主办单位 |
|---|---|---|---|---|---|
| 1 | 人民网 | 人民日报社 | 14 | 中工网 | 中华全国总工会 |
| 2 | 新华网 | 新华社 | 15 | 党建网 | 党建杂志社 |
| 3 | 中国台湾网 | 国务院台湾事务办公室 | 16 | 中青在线 | 中国青年报社 |
| 4 | 央视网 | 中国网络电视台 | 17 | 环球网 | 人民网和环球时报社 |
| 5 | 国际在线 | 中国国际广播电台 | 18 | 中国军网 | 解放军报社 |
| 6 | 中国青年网 | 共青团中央 | 19 | 中国经济网 | 经济日报社 |
| 7 | 法制网 | 法制日报社 | 20 | 海外网 | 人民日报海外版 |
| 8 | 光明网 | 光明日报社 | 21 | 参考消息网 | 新华社 |
| 9 | 央广网 | 中央人民广播电台 | 22 | 中国新闻网 | 中国新闻社 |
| 10 | 中国日报网 | 中国日报社 | 23 | 消费日报网 | 中国轻工业联合会 |
| 11 | 中国网 | 国务院新闻办公室 | 24 | 中国侨网 | 华声报(电子版)社 |
| 12 | 中国警察网 | 人民公安报社 | 25 | 未来网 | 共产主义青年团中央委员会 |
| 13 | 中国西藏网 | 中国西藏杂志社 | | | |

## （二）样本获取路径与概况

国家新闻网站大多采用三列型的框架结构，除遇重大新闻时，首屏上端会以专题形式呈现外，首页布局自上而下分别为：导航栏、重点推送新闻（图片或文字链接）、三列专栏专题。考虑到无论是从受众的视觉焦点还是网站的新闻价值判断上，重点推送新闻版块具有相对稳定性和代表性，我们将该版块作为取样区域。

本文在样本选取过程中考虑到不同网站之间的横向比较和网站自身的内容更新工作制度持续性的纵向比较，采用了等距抽样的间隔定时法，自2019年3月13日至5月27日，样本距离为3日，构成了2个从周一至周日的完整周。本文选择在固定时间段内（22:00～23:00）进行样本抓取。最终从25家网站抓取了推送的共计7235条新闻，将其作为有效样本进行分析。

### （三）研究类目构建与实现路径设计

在对国家级新闻网站社会责任进行量化赋值过程中，按照总论的新媒体社会责任评价指标体系3.0版本（4个一级指标，9个二级指标，27个三级指标），讨论形成了具体的判断标准。评价实施过程分试测阶段和正式评价两步进行：试测阶段邀请了3名测试员参与对各三级指标的判断标准讨论，达成一致意见后对3名测试员进行培训，然后从总体样本中选取100条样本，要求3名测试员进行独立判断和赋值试测。编码完成后，我们通过SPSS软件对3名测试员信度进行检验，一致性系数达0.896（均在0.01水平下显著），说明了测试员信度较高，符合内容分析的要求。然后，按网站进行随机分配，分别交由3名测试员进行正式评价，得到社会责任三级指标的统计分值C。

### （四）研究方法及工具选择

本文通过文献法分析近年来国内关于国家级新闻网站研究的热点、议题和趋势，为评价指标的实现路径和分析类目提供依据。通过访谈法验证总论评价指标的适用性，作为调整指标判断的依据。通过内容分析法对收集的样本进行量化赋值，为国家级新闻网站社会责任排名和分析提供支持。在对数据的处理过程中，本文选取 Excel 等工具对数据进行汇总统计，利用 SPSS 软件对获取的数据分别进行描述分析、相关性检验等，了解网站各指标分值分布、得分差异。

## 三　研究发现

本文评价员根据评价体系的第 3 级指标对 25 家国家级新闻网站进行了量化评价后，使用 Excel 软件根据运算公式对各级指标进行加权计算，得到各网站的社会责任分值和排序，研究如下。

### （一）社会责任履行整体良好，网站发展形成差异化格局

以 5 分为满分，通过加权计算，得到 25 家国家级新闻网站社会责任得分以及排序如表 2 所示。通过表 2 数据可知，国家级新闻网站的社会责任履行总体良好，充分发挥了国家主流媒体在沟通社会、引导舆论中的作用。

**表 2　国家级新闻网站社会责任得分与排序**

| 网站名称 | 分值 | 排序 | 网站名称 | 分值 | 排序 |
|---|---|---|---|---|---|
| 中国侨网 | 3. 431107 | 1 | 中工网 | 3. 027021 | 14 |
| 法制网 | 3. 301084 | 2 | 中青在线 | 3. 023261 | 15 |
| 中国新闻网 | 3. 243328 | 3 | 央广网 | 3. 002114 | 16 |
| 中国经济网 | 3. 233654 | 4 | 中国台湾网 | 2. 937881 | 17 |
| 未来网 | 3. 224333 | 5 | 参考消息网 | 2. 934133 | 18 |
| 中国青年网 | 3. 200982 | 6 | 国际在线 | 2. 890753 | 19 |
| 光明网 | 3. 156224 | 7 | 中国军网 | 2. 849113 | 20 |
| 央视网 | 3. 130753 | 8 | 中国西藏网 | 2. 838987 | 21 |
| 人民网 | 3. 125990 | 9 | 消费日报 | 2. 827042 | 22 |
| 海外网 | 3. 119980 | 10 | 环球网 | 2. 815613 | 23 |
| 新华网 | 3. 116039 | 11 | 中国警察网 | 2. 778489 | 24 |
| 中国网 | 3. 103395 | 12 | 中国日报网 | 2. 682373 | 25 |
| 党建网 | 3. 030496 | 13 | — | — | — |

为了考察25家国家级新闻网站得分的差异与分布情况，本文分别对一级指标加权值和通过公式1进行标准值（5分）转化后，使用SPSS软件进行描述分析得到表3和表4。通过表3可知，国家级新闻网站社会责任虽然整体状况良好，但在“文化教育”（M＝2.26393958），“价值引导”（M＝1.68191813）和“协调沟通”方面（M＝1.88925958）仍需加强。通过表4我们发现，网站一级指标之间的差异较为明显，除在“信息生产”方面分值较为集中外（Std＝0.190802304），在“文化教育”（Std＝0.784691860）、“价值引导”（Std＝0.711714641）和“协调沟通”方面（Std＝0.721082749）的数据分布均较为离散。说明了国家级新闻网站在“信息生产”方面起到引领示范作用，但在其他的三个一级指标方面各有差异。

**表3　国家级新闻网站社会责任一级指标统计量描述（加权值）**

| 一级指标 | N | 极小值(Min) | 极大值(Max) | 均值(M) | 标准差(Std) |
|---|---|---|---|---|---|
| 信息生产 | 25 | 3.696259 | 4.453337 | 4.17152274 | 0.169941373 |
| 价值引导 | 25 | 0.732735 | 2.791480 | 1.68191813 | 0.397347498 |
| 文化教育 | 25 | 1.546337 | 3.861890 | 2.26393958 | 0.606078676 |
| 协调沟通 | 25 | 1.264271 | 3.053031 | 1.88925958 | 0.440297649 |

**表4　国家级新闻网站社会责任一级指标统计量描述（标准值）**

| 一级指标 | N | 极小值(Min) | 极大值(Max) | 均值(M) | 标准差(Std) |
|---|---|---|---|---|---|
| 信息生产 | 25 | 4.149989 | 5.000000 | 4.68359255 | 0.190802304 |
| 价值引导 | 25 | 1.312448 | 5.000000 | 3.01259165 | 0.711714641 |
| 文化教育 | 25 | 2.002047 | 5.000000 | 2.93112930 | 0.784691860 |
| 协调沟通 | 25 | 2.070518 | 5.000000 | 3.09407169 | 0.721082749 |

## （二）信息生产优势明显，但信息资源的深度展现上有待提高

“信息生产”是新闻媒体的核心竞争力，尤其是在社交媒体、智媒

体较为活跃的媒介环境下，人们对权威、真实的信息需求更为强烈。国家级新闻网站作为网络媒体的排头兵，无论从机构还是人员队伍上均具有较强的优势。在4个一级指标中，“信息生产”的分值最高，也说明了国家级新闻网站能够充分发挥自身的组织与资源优势，对净化网络空间起到举足轻重的作用，并在信息权威性和信源方面形成了优势品牌效应。通过对“信息生产”指标下的三级指标进行单因素方差分析，得到表5和表6。数据显示，虽然国家级网站在信息生产的社会责任得分较高，但具体构成方面存在显著差异。在“真实”（Std =0，M =5），“权威”（Std = 0.04820874，M = 4.97013564），“客观”（Std = 0.06035274，M =4.96940458），“规范广告”（Std =0，M =5），“控制侵权”（Std =0，M =5）方面较为突出，尤其是部分网站开始重视自媒体作为信息生产力的有效作用，在保证客观和事实的基础上，通过引入多元化的信源有效提升了新闻的传播力和引导力，如人民网通过转载微信公众号“陶然笔记”推文，引发了网民对改革开放重大意义的再认识。但我们也发现，在对信息资源的深度（Std = 1.468746098，M = 1.5008056）展现上，国家级新闻网站仍需加强，如大部分网站没有充分利用网页内链和外链的功能优势，在新闻文本中间和文末缺少拓展受众阅读的链接版块，使得网站新闻趋同于传统媒体的大众传播模式。这就容易导致议题较为单一，影响新闻的传播力；造成受众和流量的流失，受众为了获取某一议题的多元化解读，不得不转向其他网站、论坛、社交平台进行二次信息获取。

**表5　信息生产下三级指标单因素方差分析**

| 三级指标 | 平方和 | df | 均方 | F | 显著性 |
| --- | --- | --- | --- | --- | --- |
| 组间 | 423.755 | 9 | 47.084 | 63.002 | 0.000 |
| 组内 | 179.363 | 240 | 0.747 | — | — |
| 总数 | 603.118 | 249 | — | — | — |

**表 6　信息生产下三级指标统计量描述**

| 三级指标 | N | 均值(M) | 标准差(Std) | 均值的 95% 置信区间 | | 极小值(Min) | 极大值(Max) |
|---|---|---|---|---|---|---|---|
| | | | | 下限 | 上限 | | |
| 真实 | 25 | 5.00000000 | 0.000000000 | 5.00000000 | 5.00000000 | 5.000000 | 5.000000 |
| 权威 | 25 | 4.97013564 | 0.048208740 | 4.95023605 | 4.99003523 | 4.808362 | 5.000000 |
| 时效 | 25 | 3.73575602 | 0.987481162 | 3.32814383 | 4.14336821 | 1.090909 | 5.000000 |
| 全面 | 25 | 2.94921177 | 1.224311088 | 2.44384099 | 3.45458255 | 0.821038 | 5.000000 |
| 深度 | 25 | 1.50080560 | 1.468746098 | 0.89453701 | 2.10707419 | 0.000000 | 5.000000 |
| 原创 | 25 | 2.11817594 | 1.269132715 | 1.59430371 | 2.64204818 | 0.178356 | 5.000000 |
| 客观 | 25 | 4.96940458 | 0.060352574 | 4.94449227 | 4.99431690 | 4.782609 | 5.000000 |
| 把关信息 | 25 | 2.77495256 | 1.107032566 | 2.31799198 | 3.23191315 | 0.000000 | 5.000000 |
| 规范广告 | 25 | 5.00000000 | 0.000000000 | 5.00000000 | 5.00000000 | 5.000000 | 5.000000 |
| 控制侵权 | 25 | 5.00000000 | 0.000000000 | 5.00000000 | 5.00000000 | 5.000000 | 5.000000 |
| 总数 | 250 | 3.80184421 | 1.556329434 | 3.60798089 | 3.99570753 | 0.000000 | 5.000000 |

## （三）价值引导尚需提升，共识塑造有待加强

如表 3 所示，在四个一级指标的得分中，“价值引导”（M = 1.68191813）的分值最低，成为社会责任的短板。通过对价值引导下两个二级指标进行单因素方差分析（见表 7、表 8）发现，两个指标存在显著差异，国家级新闻网站在“社会监督”（Std = 0.88988，M = 2.1398）方面优于“塑造共识”（Std = 0.81026，M = 1.0507）。

**表 7　价值引导下二级指标单因素方差分析**

| 二级指标 | 平方和 | df | 均方 | F | 显著性 |
|---|---|---|---|---|---|
| 组间 | 14.825 | 1 | 14.825 | 20.471 | 0.000 |
| 组内 | 34.762 | 48 | 0.724 | — | — |
| 总数 | 49.587 | 49 | — | — | — |

表 8 价值引导下二级指标统计量描述

| 二级指标 | N | 均值（M） | 标准差（Std） | 均值的 95% 置信区间 | | 极小值（Min） | 极大值（Max） |
|---|---|---|---|---|---|---|---|
| | | | | 下限 | 上限 | | |
| 塑造共识 | 25 | 1. 0507 | 0. 81026 | 0. 7163 | 1. 3852 | 0. 14 | 3. 11 |
| 社会监督 | 25 | 2. 1398 | 0. 88988 | 1. 7725 | 2. 5071 | 0. 61 | 4. 31 |
| 总数 | 50 | 1. 5953 | 1. 00598 | 1. 3094 | 1. 8812 | 0. 14 | 4. 31 |

新闻是一种舆论工具①，是对社会秩序规制的一种手段，通过对社会上不良现象的曝光，引导公众舆论，反映国家长久性和阶段性的目标与任务，能够动员公众参与塑造风清气正的社会风气、保障社会的良性发展。因此，从一定程度上说，新闻媒体也是群众行使社会主义民主权利的舞台。为进一步考察观测期内国家级新闻网站进行社会监督时的议题分布，我们将新闻议题分为司法公正、政府管理等 15 个类目进行分析，得到图 1。图 1 显示，观测周期内，国家级网站进行社会监督时主要集中在“政府管理”、“涉外关系”和“司法公正”这些国家治理议题。在社会风险监督方面，主要集中在自然灾害、环境、交通和生产这些民生议题方面。在行为失范方面，主要集中在官员腐败这一议题方面。总体来看，虽然从范围上国家级网站的社会监督涉及较广，但从议题的分布来看，国家级新闻网站多为宏观的引导，软性议题的“下沉”仍需提高。

## （四）文化教育受到重视，传播科技仍需加强

文化具有教化、规范、整合、凝聚和适应的社会功能②，是推动社会良性发展的软实力。我国拥有悠久的历史和文化遗产，拥有丰富的现代文化资源，国家级新闻网站作为网络社会价值培育的重要阵地，在文化教育方面给予了高度的重视，均在网站的导航栏设置了“文化”专栏或专题，如表 3 所示，“文化教育”（M = 2. 26393958）这项一级指标得分仅次于“信息生

---

① 童兵：《新闻批评是有力的舆论监督——社会主义新闻事业的战斗性》，《新闻与写作》1987 年第 11 期。

② 何星亮：《文化功能及其变迁》，《中南民族大学学报》（人文社会科学版）2013 年第 5 期。

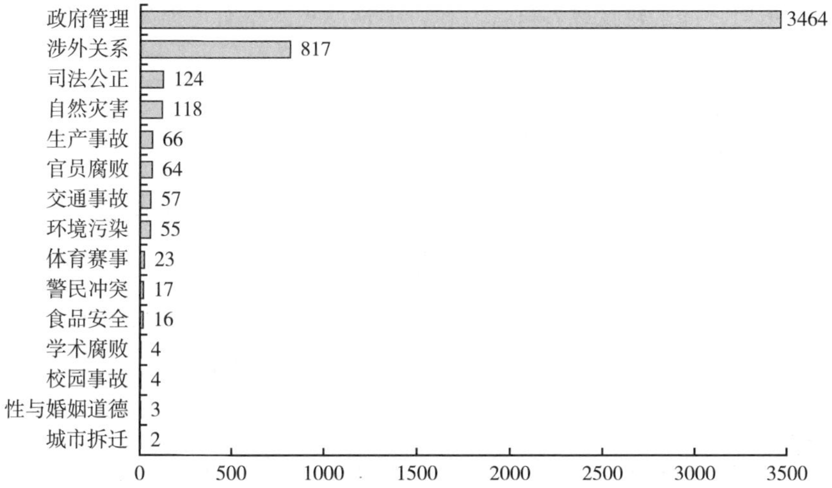


**图 1　新闻议题分布**

产”。通过对“文化教育”下的 3 个二级指标进行统计和描述分析得到表 9。从表 9 数据分析发现，“文化传承”（M = 2.0258）和“提供娱乐”（M = 3.9566）优于“传播科教”（M = 1.7113）。将统计数据结合样本分析我们发现，文化教育方面的样本中，国家级网站在文化传承方面能为受众提供丰富的资源。值得一提的是，在新闻叙事上国家级网站开始重视利用多媒体技术，通过寓教于乐的形式传达社会文化和价值，如中国日报网在要闻版块推送的《母亲节不负芳华——100 位老太太武汉上演婚纱秀》，通过通俗的文字配以视频和具有视觉冲击力的图片，传达了和谐、美满的符号，很容易激发受众的情感认同，很好地传递了社会价值观。而在传播科教方面，虽然大

**表 9　文化教育下二级指标统计量描述**

| 二级指标 | N | 均值（M） | 标准差（Std） | 均值的 95% 置信区间 | | 极小值（Min） | 极大值（Max） |
|---|---|---|---|---|---|---|---|
| | | | | 下限 | 上限 | | |
| 文化传承 | 25 | 2.0258 | 1.07430 | 1.5824 | 2.4693 | 0.52 | 4.72 |
| 传播科教 | 25 | 1.7113 | 0.91010 | 1.3356 | 2.0870 | 0.58 | 3.97 |
| 提供娱乐 | 25 | 3.9566 | 0.46014 | 3.7667 | 4.1466 | 3.15 | 4.98 |
| 总数 | 75 | 2.5646 | 1.30778 | 2.2637 | 2.8655 | 0.52 | 4.98 |

多数网站均开辟了科技或者科普专栏，但信息更新率有待提高，科教新闻中专业词汇较多，缺乏科普性的解释。

## （五）协调沟通趋同存异，互动质量有待提升

在协调沟通方面，较之传统媒介，互联网具有较大的优势。互联网突破了传统媒体的版面限制，为协调沟通信息的多样性提供了空间；互联网技术为受众参与议题互动提供了渠道支持。从表 3 指标得分分布情况来看，“协调沟通”得分并不理想，得分为 1.264271 至 3.053031，且分值较为分散，集中在低分值区域的网站较多（M = 1.88925958，Std = 0.440297649）。根据评价类目，协调沟通指标下共有 6 个三级指标，通过 SPSS 软件进行分析得到表 10 和表 11。依据表 10 和表 11 我们发现：一是总体来看，除“平台回复度”以外，其他三级指标得分均较为分散，差异明显；二是在“协调信息”方面，国家级新闻网站开始注重平台的服务能力建设，提供了多种公共议题的版块和通道，议题涉及多样的人群身份，如中国侨网在网站的首页导航区域不仅将公共信息按照议题分为 10 个一级栏目 60 个二级子栏目，还根据我国侨民输出较为集中的地区开辟了如潮州、佛山、晋江、江门等 11 个城市通道；三是在沟通效能上，国家级网站设置的新闻议题均能在公众中产生一定的关注度，也是其他媒体引用的主要信源之一，但是在平台互动度和回复度上，几乎所有的国家级新闻网站依然沿用传统媒体时代的单向传播模式，虽然大部分网站均提供了数十种转载通道，但站内互动效果不尽如人意，如人民网在每条新闻标题下设置了转往强国论坛的通道，但观察周期内样本并没有得到网民的回复讨论。

**表 10　协调沟通下三级指标单因素方差分析**

| 三级指标 | 平方和 | df | 均方 | F | 显著性 |
|---|---|---|---|---|---|
| 组间 | 404.635 | 57 | 7.099 | 19.872 | 0.000 |
| 组内 | 32.865 | 92 | 0.357 | — | — |
| 总数 | 437.500 | 149 | — | — | — |

**表 11　协调沟通下三级指标分值描述**

| 三级指标 | N | 极小值(Min) | 极大值(Max) | 均值(M) | 标准差(Std) |
|---|---|---|---|---|---|
| 议题公共性 | 25 | 0. 166667 | 5. 000000 | 1. 81333333 | 1. 310189766 |
| 身份多样性 | 25 | 0. 937402 | 5. 000000 | 2. 39092243 | 1. 115067175 |
| 公众参与度 | 25 | 1. 000000 | 4. 000000 | 3. 00000000 | 1. 118033989 |
| 公众认同度 | 25 | 1. 000000 | 4. 000000 | 2. 24000000 | 1. 011599394 |
| 平台互动度 | 25 | 0. 000000 | 5. 000000 | 0. 94938776 | 1. 258762430 |
| 平台回复度 | 25 | 0. 000000 | 0. 000000 | 0. 00000000 | 0. 000000000 |

# 四　对策与展望

国家级新闻网站建设经过 23 年的发展，在媒体社会责任履行中起到引领和示范作用。随着移动互联、智能互联等新技术的日新月异，我国传播格局和媒介环境也在不断发生变化。在“全程媒体、全息媒体、全员媒体、全效媒体”时代，国家级新闻网站社会责任建设面临着新的挑战与机遇。

## （一）发挥新媒体融合能力，提高信息生产的深度

媒体融合并非一个新兴的概念，国内外学者对这一概念从技术、媒介形态、功能、运作模式等诸多方面进行了丰富的诠释。但总体来说，这一概念包括了“技术、经济、主体、内容、规范”等要素[①]。围绕这一概念，我国的媒体融合实践有成功的经验也有失败的教训。但如果从历史的视角寻绎媒体融合的元理由，我们就会发现，媒介技术的突破性创新（互联网）是诱发这一现象的原动力。与传统媒体相比，依托互联网技术的新闻网站优势之一即是突破了版面的空间限制，通过丰富的链接索引扩展公众对某一议题的多视角解读。国家级新闻网站多是由中央新闻单位或相关部委的机关报主办，在机构保障、政策支持和社会资源整合能力上都具有其他新闻网站无法竞争的优势。国家级新闻网站也正是抓住了这一优

① 韦路：《媒体融合的定义、层面与研究议题》，《新闻记者》2019 年第 3 期。

势，在信息生产的权威、真实、时效、流程控制等方面表现十分突出，但在信息生产方面也出现了深度不足的情况。针对这一情况，我们认为转变观念，在技术和内容上发挥新媒体的融合能力不失为一条有效的路径：一是发挥新媒体的内容优势在纵深方向进行融合，通过新闻文本的内部锚点和外部扩展阅读链接，为受众提供某一议题的全方位深度解读；二是发挥新媒体的技术优势进行跨平台渠道融合，打通同一议题的网站新闻与“两微一端”的信息通道，通过在网站新闻内容之后呈现用户在“两微一端”中的UGC（用户评论解读），发挥受众主动参与议题建构的力量。

## （二）探索议题“下沉”策略，提升价值引导效能

何谓有价值的新闻？童兵教授认为“时新性、重要性、显著性、接近性、趣味性”[①] 是新闻价值的五个典型要素。郑保卫教授认为新闻价值要素中真实性和新鲜性是最基础的，重要性、接近性、显著性、趣味性则属于变化中的要素[②]。可见，作为可变要素的接近性是提升新闻价值因变量的因子，也是缩短新闻议题在受众心理空间与物理空间距离的策略。通过统计分析我们发现，国家级新闻网站在“价值引导”中偏向于宏观议题的社会监督，体现了国家级新闻网站在意识形态和国家治理方面的责任担当，但“价值引导”下的“塑造共识”和“社会监督”两个二级指标是相辅相成、互为保障的，从新闻的社会功能上来说，塑造共识能充分激发公众的主体意识，参与到社会监督中，而社会监督可以满足受众对社会变动的信息需求，形成并引导舆论，培养公众塑造共识。因此，国家级新闻网站在保证宏观议题严肃性的同时，也应兼顾议题下沉：一是在保证宏观议题的严肃性和完整性的基础上兼顾“分众化”生产，增强新闻文本的可读性，培养公众对国家政策、国家管理等方面的情感认同；二是增强新闻的贴近性，积极发现公

① 童兵：《理论新闻传播学导论》，中国人民大学出版社，2011。

② 郑保卫：《新闻理论新编》，中国人民大学出版社，2007。

众关心的议题和国家主流价值的契合点，利用软性新闻的轻松题材和话语方式引领社会风尚、化解社会风险。

## （三）整合资源优势，服务科技与文化协同发展

拉斯韦尔（Harold Lasswell）最早提出了传播之于社会，具有监视社会、协调关系和文化传承的功能。托夫勒（Alvin Toffler）指出平衡的社会，是一个高技术与高文化共生的社会[①]。纵观人类社会的历史长河，科技和文化始终是相互缠绕的两个动力要素，在互斥互融中推进人类文明蓬勃向前。在全球化加速发展的今天，文化为科技创新提供了动力，科技推动了文化的传播与继承。新闻作为传播的具体产品，是传承文化与教育大众的重要介体，其通过议程设置反映、引导公众文化与科技的实践。国家级新闻网站在“文化教育”方面得分较高，但相较之下传播科教方面还需加强，这就要求国家级新闻网站坚守优势，服务科技与文化协同发展：一是加强科教新闻人才队伍建设，科技板块编辑要提高新闻意识，善于在创新的科技中寻找新闻点，利用传播规律进行科技传播；二是利用 AR、H5、动画等多媒体技术和转变话语模式，将科技新闻中晦涩的科教专业术语转变为通俗易懂的话语，提高科教传播的效能；三是加强文化、科技、教育栏目的互动，利用丰富的文化资源，寻找科技与文化、教育共生的新闻议题，服务国家科技创新的规划。

## （四）转变传播观念，畅通沟通渠道

国家级新闻网站是党的喉舌，是连接国家职能部门和群众的桥梁纽带。麦库姆斯认为议程设置有两层结构：首先媒体通过对象的选择，将议题推送至公众[②]；其次是媒体通过叙事框架选择，突出议题的某一属性[③]。近年来

---

① 〔美〕阿尔文·托夫勒：《第三次浪潮》，黄明坚译，中信出版社，2006。

② McCombs Maxwell, Donald Shaw, “The Agenda - Setting Function of Mass Media,” *Public Opinion Quarterly*, (36) 1972: pp. 176 - 187.

③ McCombs Maxwell, Donald Shaw, *Setting the Agenda: Mass Media and Public Opinion* (Cambridge: Polity), p. 65.

出现的媒体议程设置失效现象，归根结底是在协调沟通的渠道上失灵，使得议程设置的第二层失效，导致内容达及率和传播力不足。在协调沟通方面，国家级网站虽然充分考虑到议题的公共性和身份的多样性，但在实际沟通效能上却亟待提升。国家级网站面临着参与互联网市场竞争和主流媒体价值引导的双重压力，这就需要国家级网站转变思路，通过畅通沟通渠道，提升传播力、引导力：一是转变观念，充分认识到互联网已经成为我国公众获取信息的第一落点，在我国互联网人口红利饱和、资源深耕与受众流量争夺的现实挑战中，内容和渠道是相辅相成的两种资源，没有渠道，内容就无处可传，没有内容，渠道就无源可传；二是把握互联网“分众传播”的传播规律，在议题公共性和身份多样性的基础上细分受众画像，通过大数据分析提高协调信息的针对性特征优势；三是开通站内用户互动渠道，提升用户的黏度，同时打通网站与“两微一端”的互动接口，拓展与共享互动空间。

B.3

# 新闻客户端社会责任表现及风险对策研究*

严　焰　范孟娟　何艾祝**

**摘　要：** 当社交媒体、短视频、网络直播等新媒体平台日新月异之时，新闻客户端用户增长依然保持强劲势头。从整体看，新闻客户端发展格局趋于稳定，各新闻客户端特点凸显。本文选取月活跃度在百万量级以上具有代表性的新闻客户端作为研究对象，通过内容分析法分析并评价新闻客户端在信息生产、价值引导、文化教育、协调沟通四个方面社会责任情况。研究发现，新闻客户端整体社会责任评分有向好趋势，但优劣两极分化情况值得警惕，其中评分最高的为人民日报新闻客户端，最低为趣头条新闻客户端。新闻客户端履行社会责任各有偏重，在未来发展过程中可能存在不同风险问题。

**关键词：** 新闻客户端　社会责任　风险

## 一　文献综述

新闻客户端的出现解决了手机阅读新闻的网速缓慢、网页编码不统

* 2019年度江门市哲学社会科学规划项目（批准号为JM2019B18）阶段性研究成果。

** 严焰，硕士，江门职业技术学院教师，研究方向为新媒体技术；范孟娟，传播学博士，研究方向为网络传播；何艾祝，华中科技大学新闻与信息传播学院硕士研究生，研究方向为新媒体社交。

一等问题[①]，随着智能手机的升级换代以及新闻客户端自身功能的不断丰富完善，新闻客户端已成为用户获取信息和休闲娱乐的重要选择之一。

2014 年 8 月《关于推动传统媒体和新兴媒体融合发展的指导意见》出台，传统媒体与新兴媒体融合发展拉开序幕，也为新闻客户端注入新活力。媒体融合初期，新闻客户端是主要发力点，呈现以新闻客户端为“核心”，微信与微博为“侧翼”的“两微一端”格局[②]。随着媒体融合进程的加速，“两微一端”格局逐渐向多平台媒体矩阵格局转变[③]。以微信、微博为代表的社交媒体新闻服务能力不断增强，直播网站、短视频软件业务逐渐向新闻服务延伸都对新闻客户端的发展产生较大冲击。

学者们对新闻客户端的研究大致从 2011 年开始，在不同发展时期各有侧重。在新闻客户端出现初期，研究重点围绕特点、发展趋势以及内容存在的问题、创新之路等议题展开。随后，开始将研究焦点放在个案研究上，如研究某个新闻客户端的内容建设、运营模式、影响力、用户体验等，并探究提升策略。随着新闻客户端发展成熟并形成稳定的格局，相关研究也开始向纵深推进，研究者在对比国内外不同新闻客户端的同时，也开始更加关注深层次的社会责任问题。特别是进入大数据时代，新闻客户端处于内容驱动、用户驱动、数据驱动的新发展阶段，相继出现了“反转”新闻[④]、信息茧房[⑤]、算法偏见[⑥]等问题，如何引导新闻客户端健康发展、切实履行社会责任是学者关注的焦点。

---

① 尚晖等：《新闻客户端的发展困境与新策略》，《传媒》2019 年第 16 期。

② 刘芬、周云：《新媒体矩阵传播之道——基于 358 个主流传统媒体的样本分析》，《新闻战线》2017 年第 13 期。

③ 任志方：《主流媒体履行社会责任的新手段和新趋势》，《青年记者》2018 年第 21 期。

④ 吴灏鑫、牛伟：《重新认识主流媒体在新媒体平台的“把关”角色》，《新闻与写作》2018 年第 6 期。

⑤ 范红霞、孙金波：《大数据时代算法偏见与数字魔咒——兼谈“信息茧房”的破局》，《中国出版》2019 年第 10 期。

⑥ 张军辉、沈宇：《理想的彼岸抑或意义的迷失：算法驱动新闻社会责任反思》，《中国出版》2019 年第 4 期。

本文以样本数据为支撑，力求呈现目前新闻客户端社会责任履行全景，并针对性指出在未来发展过程中新闻客户端可能存在的不同风险问题，助力新闻客户端社会责任有效提升。

## 二　研究设计

新闻客户端发展至今，分为三种类型：一是传统新闻媒体向互联网移动端扩展服务范围的新闻客户端，如人民日报新闻客户端、央视新闻客户端等；二是依托门户网站新闻信息服务业务的新闻客户端，如腾讯新闻客户端、网易新闻客户端等；三是利用搜索算法、推荐算法整合已有新闻内容，提供二次推送服务的新闻客户端，如今日头条新闻客户端、百度新闻客户端等。本文将选取以上三种不同类型具有代表性新闻客户端，在评估单个新闻客户端社会责任履行情况的基础上，对不同类型新闻客户端社会责任总体情况进行归纳总结。

在本文中，按照信息生产、价值引导、文化教育、协调沟通四个指标，选取一定的研究对象和研究样本，采用5分评分制，计算各个新闻客户端的得分情况并排序，从而评价各新闻客户端社会责任情况。

本文根据用户下载量和活跃用户数量，选择了18家新闻客户端作为研究对象（如表1所示），其中月活跃量亿量级新闻客户端有腾讯新闻、今日头条；月活跃量千万量级新闻客户端有凤凰新闻、搜狐新闻、网易新闻、新浪新闻、趣头条、天天快报、一点资讯；月活跃量百万量级新闻客户端有人民日报、新华社、参考消息、澎湃新闻、央视新闻、ZAKER、UC头条、东方头条、百度新闻①。

① 艾媒咨询：《2019Q1中国手机新闻客户端市场监测报告》，https：//www.iimedia.cn/c400/64308.html，最后检索时间：2019年5月2日。

**表1　新闻客户端研究对象**

| 新闻客户端 | 亿量级 | 千万量级 | 百万量级 |
|---|---|---|---|
| 传统媒体 | — | 凤凰新闻 | 人民日报、新华社、参考消息、澎湃新闻、央视新闻 |
| 门户网站 | 腾讯新闻 | 搜狐新闻、网易新闻、新浪新闻 | — |
| 算法推送 | 今日头条 | 趣头条、天天快报、一点资讯 | ZAKER、UC头条、东方头条、百度新闻 |

研究选取时间为2019年5月1日0点至2019年5月7日24点，采取定时定量采集方法，每日从6点到22点间隔4小时采集一次，18家新闻客户端的首页推荐各20条新闻，共计12600条新闻信息作为样本。根据本文的指标体系及实现路径，在对每个新闻客户端的样本进行内容分析的基础上，对三级指标逐项打分，再根据权重值计算二级指标、一级指标的分数，相应给出最后得分并从高到低排序。在三级指标打分中，把单个新闻客户端的统计最高值赋分为5分，按照比例计算出其他新闻客户端的得分。

## 三　新闻客户端社会责任表现评析

本文研究对象的社会责任综合评分及排名，如表2所示。各项一级指标的总和为5分，研究对象的综合评分情况一般，平均分值为2.506分。其中，最高的为人民日报新闻客户端，得分为3.547分；最低为趣头条新闻客户端，得分仅为1.397分，差距很大。此外，研究对象在不同社会责任指标表现也有差异。在信息生产社会责任方面，央视新闻履行情况最好，其次是人民日报、新华社；在价值引导社会责任方面，人民日报履行情况最好，其次是央视新闻、新华社；在文化教育社会责任方面，腾讯新闻履行情况最好，其次是天天快报、今日头条；在协调沟通社会责任方面，腾讯新闻履行情况最好，其次是澎湃新闻、今日头条。

**表 2　新闻客户端社会责任综合评分**

| 平台 | 信息生产 | 价值引导 | 文化教育 | 协调沟通 | 总分 |
|---|---|---|---|---|---|
| 人民日报 | 2. 377 | 0. 553 | 0. 098 | 0. 519 | 3. 547 |
| 央视新闻 | 2. 441 | 0. 498 | 0. 113 | 0. 455 | 3. 507 |
| 新华社 | 2. 319 | 0. 439 | 0. 124 | 0. 542 | 3. 424 |
| 腾讯新闻 | 1. 930 | 0. 286 | 0. 365 | 0. 632 | 3. 213 |
| 参考消息 | 2. 216 | 0. 198 | 0. 172 | 0. 347 | 2. 933 |
| 澎湃新闻 | 1. 771 | 0. 412 | 0. 096 | 0. 586 | 2. 865 |
| 今日头条 | 1. 707 | 0. 208 | 0. 273 | 0. 579 | 2. 767 |
| 凤凰新闻 | 1. 631 | 0. 225 | 0. 160 | 0. 510 | 2. 526 |
| 百度新闻 | 1. 665 | 0. 295 | 0. 103 | 0. 345 | 2. 408 |
| 搜狐新闻 | 1. 395 | 0. 223 | 0. 271 | 0. 407 | 2. 296 |
| UC 头条 | 1. 550 | 0. 072 | 0. 236 | 0. 397 | 2. 255 |
| ZAKER | 1. 686 | 0. 072 | 0. 214 | 0. 232 | 2. 204 |
| 新浪新闻 | 1. 281 | 0. 145 | 0. 263 | 0. 455 | 2. 144 |
| 天天快报 | 1. 374 | 0. 053 | 0. 364 | 0. 221 | 2. 012 |
| 网易新闻 | 1. 283 | 0. 187 | 0. 205 | 0. 322 | 1. 997 |
| 东方头条 | 1. 417 | 0. 089 | 0. 185 | 0. 130 | 1. 821 |
| 一点资讯 | 1. 230 | 0. 110 | 0. 199 | 0. 256 | 1. 795 |
| 趣头条 | 0. 789 | 0. 090 | 0. 251 | 0. 267 | 1. 397 |

表 3 为新闻客户端一级评价指标平均分与满分的对比表。通过将本文对象社会责任评价的一级指标平均得分与满分相比，“信息生产”的平均得分与满分差距较小，而其他项指标平均分与满分差距较大，其中“价值引导”指标分差最大，新闻客户端对价值引导社会责任的重视程度还需加强。

**表 3　新闻客户端一级评价指标平均得分与满分对比**

| 满分 | 平均得分 |
|---|---|
| 信息生产：2. 507 | 1. 670 |
| 价值引导：0. 880 | 0. 227 |
| 文化教育：0. 589 | 0. 205 |
| 协调沟通：1. 024 | 0. 400 |

1. 信息生产社会责任履行总体较好，但梯队化差异明显

新闻客户端发展至今，随着国家对互联网新闻管理制度不断完善，新闻消费者要求越来越高，“以内容为王”“以内容带流量”已成为新闻客户端行业普遍认可的共识。从评价指标的得分看，研究对象的信息生产社会责任得分情况优于其他三个指标，从侧面也反映出新闻客户端行业发展在信息生产社会责任方面取得进步。但进一步对比分析研究对象之间的得分差异，发现发展过程中不同类型新闻客户端在信息生产社会责任履行情况呈现梯队化：第一梯队，传统媒体的新闻客户端央视新闻、人民日报、新华社和参考消息的信息生产社会责任状况最好，得分均高于 2.006 分（该项满分 2.507 的 80%）；第二梯队，使用先进新闻算法、较稳定社交用户群体的新闻客户端腾讯新闻、澎湃新闻、今日头条、ZAKER、百度新闻、凤凰新闻、UC 头条的信息生产社会责任状况合格，得分均高于 1.504 分（该项满分 2.507 分的 60%）；第三梯队，老牌门户网站、新兴新闻客户端，如东方头条、搜狐新闻、天天快报、网易新闻、新浪新闻、一点资讯、趣头条的信息生产社会责任状况还需进一步改善。

在本文中，信息生产社会责任从信息质量和流程管理两个方面进行考量。

（1）信息质量分为真实、权威、时效、全面、深度、原创和客观七个三级指标。研究对象在权威、原创两个指标呈现两极分化。2017 年中央网信办发布新修订的《互联网新闻信息服务管理规定》[①]、《互联网信息内容管理行政执法程序规定》和《网络产品和服务安全审查办法（试行）》，加强了对互联网的管理。其中新修订的《互联网新闻信息服务管理规定》对互联网新闻信息服务内容有了明确划分，并限定了具备申请互联网新闻信息采编发布服务许可资格的主体单位。其第六条规定：“申请互联网新闻信息采编发布服务许可的，应当是新闻单位（含其控股的单位）或新闻宣传部门

① 《互联网新闻信息服务管理规定》，中国网信网，http：//www.cac.gov.cn/2017－05/02/c_1120902760.htm，最后检索时间：2019 年 5 月 2 日。

主管的单位。”并在其第二十七条规定：“本规定所称新闻单位，是指依法设立的报刊社、广播电台、电视台、通讯社和新闻电影制片厂。”传统媒体的新闻客户端在权威信源采编方面具有独有优势，健全专业的新闻采编人才队伍使得所发布的新闻多为原创新闻。而门户网站的新闻客户端主要提供新闻信息转载服务，为了避免过多转载而与其他新闻客户端出现同质化，发布更多的是娱乐、文体、科技等方面原创生产的资讯类内容，转载权威信源比例较低。而以算法驱动的新闻客户端，侧重于信息传播平台服务，受限于各类算法性能以及自身业务定位，在权威信源引用比例、原创内容质量方面均明显不足。

信息大爆炸时代，信息来源繁杂，消费者阅读习惯趋于碎片化阅读，媒体从业人员快速流动等，使得新闻客户端深度内容生产陷入进退两难困境。本文研究对象在深度指标考量中的不足主要体现在三个方面。首先，新闻热度来也快、去也快。为了抢夺流量，各新闻客户端在新闻时效性上做足功夫，但不断更替的新闻热点造成新闻报道力度分散、视角单一。其次，新闻呈现形式简短零碎。受限于页面设计，各新闻客户端为了尽可能多地争夺消费者空余时间，发布标题新闻、图片新闻、快讯比例较大，未能针对特定主题形成完整、翔实的组合报道。最后，新闻内容冗余。部分新闻客户端利用设置专题报道类别、堆叠不同来源报道、数据图表统计分析等方法试图增加内容深度，但仔细分析发现存在同一篇报道内容中前后文近似内容较多、不同来源报道之间存在出入、资料来源标注不明、统计方法使用不恰当等问题。

（2）流程控制主要体现在把关信息、规范广告和控制侵权三个方面。新闻客户端在把关信息、控制侵权方面社会责任履行优良，得益于政府互联网信息管理制度的不断完善，新闻客户端对信息内容生产质量的权责有清晰认识，消费者也在不断增强版权意识。规范广告方面，新浪新闻、网易新闻投放广告的页面布局对阅读体验有一定影响，部分广告内容标题与新闻信息标题类似，易造成混淆。天天快报、一点资讯、东方头条、趣头条投放广告比例较高，大量广告转发、收藏请求以及层出不穷的软广告都严重降低了整体信息服务质量。

2. 价值引导社会责任履行力度不均，娱乐化倾向严重

价值引导社会责任情况主要从塑造共识和社会监督两个方面来考量。

在塑造共识中，新闻客户端是否充分发挥树立主流价值、倡导社会风尚功能是考量重点。从评分统计看总体情况向好，传统媒体的新闻客户端普遍在树立主流价值、倡导社会风尚方面进步明显，能够实时跟踪国家发展动态，生动解读党中央重要决策，深挖社会正能量，塑造先进典范。大部分商业网站新闻客户端在页面置顶区域设置国家方针政策宣传专栏，并能够利用科技动态报道、体育文艺活动报道反映国家建设取得的新成果、新进展，传递社会主义核心价值观。但搜狐新闻、UC 头条、东方头条、天天快报的新闻报道过于娱乐化，社会新闻选题多为街头奇闻趣事，未能充分发挥引领社会积极向上的作用。

随着新媒体的蓬勃发展，社会监督涉及范围更广，监督施力点更精准，能够吸引人民群众的广泛关注和积极参与，其积极作用逐渐显现。新闻客户端如果能够充分发挥自身推送速度快、信源渠道多、用户范围广等优势，及时对国际形势和社会动态进行跟踪、预判，必然利于社会和谐进步。在本文中，社会监督责任主要考量新闻客户端在国家治理、社会风险和行为失范三个方面的社会监督力度。研究发现，研究对象在发挥社会监督功能时侧重点有明显差异，综合评分靠前的新闻客户端更加侧重于国际形势对国家发展影响，国家重大决策实施情况，政府新政、新措制定过程的监督；而综合评分偏后的新闻客户端主要以曝光社会失范行为为主，内容集中于社会犯罪行为、道德失范行为等。随着社会快速发展，社会生活中不断出现新的不确定因素，成为部分领域、地区甚至全国范围经济与社会和谐发展的潜在隐患，这也是新闻客户端需要履行社会监督责任时重视社会风险的原因。然而本文研究对象普遍对社会风险关注不全面，仅关注了自然灾害和物资紧缺等客观性外部因素造成的社会风险，而社会制度风险、市场经济风险、全球化竞争风险等往往被忽视。

3. 文化教育社会责任履行重科教共性突出，细节有待优化

文化教育的社会责任从文化传承、传播科教、提供娱乐三个方面考量。

在文化传承方面，本文对象大多能够较好利用诗词赏析、传统习俗活动、古代名人事迹进行传统文化传播，但对当代文化凝练和宣传不足，特别是商业新闻客户端以亚文化、恶搞文化为噱头博取关注，这对优秀文化传播产生不利影响。

在传播科教方面，近几年我国科学技术取得多个重大突破，新闻客户端也在不断增加科技动态报道，在传播科教方面能够保证一定数量的科技、教育类内容，但是整体内容质量一般。科学技术向着高精尖方向发展的同时，其复杂程度也越来越超出人们日常理解与知识范围，因此新闻客户端在内容选题上一方面要紧跟科学技术前沿发展动态；另一方面要深入收集用户对科学技术的困惑，拉近科学技术与用户之间距离；在表现形式上既需要充分发挥新媒体超时空、大容量、易引用的特点，也要保持科学技术实质硬核，不予伪科学、软广告可乘之机，为用户提供易懂、有用、实在的科学技术信息；在信源渠道上需要既要充分利用政府机构、科研机构、科研专家保证信息内容客观性、科学性，也要激发用户之间、用户与新闻客户端之间互动活力，提高信息内容被用户理解、利用的效果。

在提供娱乐方面，本文对象各自定位不同，商业新闻客户端在内容丰富程度上有一定优势，网络文学、音乐、影视、游戏等娱乐类信息主要集中在第三、四页面，较好地回避了对时政新闻、社会新闻的干扰，但内容健康度参差不齐，特别是短视频内容审核力度还需加强。传统媒体的新闻客户端在提供娱乐类信息上也做出努力，主要体现在对国内外重大体育赛事报道、经典艺术作品赏析、世界名胜介绍等。

4. 协调沟通社会责任有待大幅提高，互动性不强

本文对象在协调沟通指标的平均评分为0.400，不及该项满分（1.024）的一半。协调沟通指标评分较低的原因，首先是新闻客户端对用户在新闻底部的留言回复较少，特别是对热点新闻的留言管理不到位，没有及时对用户的观点进行引导。其次新闻客户端与用户互动方式依然停留在留言、点赞、收藏、转发四种陈旧互动方式上，没有提供与其他公共服务相结合的功能。腾讯新闻在热点新闻中以投票形式直观反映用户对正反观点认可度是在互动

方式上的一种尝试。最后部分新闻客户端议题选择偏离社会主流议题，价值取向趋于实用主义、利己主义，利用积分、活跃度兑换代金券等方式促使用户消极互动。

当前各大媒体纷纷入驻微博、微信、抖音等社交平台，它们在社交平台与用户互动十分活跃，与新闻客户端上的表现呈鲜明对比。新闻客户端单日发布信息数量多，内容更为丰富，如果照搬社交平台互动方式，针对每一条信息进行互动管理，必然疲于应付。因此，在履行协调沟通社会责任时需要把握好公众参与度，可以尝试面向群体互动进行功能创新，增加公共接入服务等。

## 四　新闻客户端发展中的风险问题及对策建议

本次研究在确定研究对象过程中发现，目前覆盖用户面广泛的新闻客户端依然主要是商业网站的新闻客户端，其中腾讯新闻、今日头条两家的用户更是达到亿量级。《互联网新闻信息服务管理规定》实施以来，截至 2018 年底，总计 563 个新闻信息服务应用程序通过国家网信部门审批[①]。面对庞大的新闻用户群体数量以及更为细化的新闻分类需求，新闻客户端需要积极进行内容转型升级。虽然新闻客户端经过多年发展已逐步提升社会责任，但如何根据发展定位进一步改善社会责任履行情况，本文认为应警惕以下方面风险和问题。

### 1. 社会责任在新兴生产技术应用过程中发生转移

新兴的大数据技术、智能算法推荐、机器人写作等大大提高了部分新闻客户端内容生产速度。大量算法驱动信息由数据爬虫工具在互联网繁杂数据中寻找素材，通过自动写作软件按照预设格式生产出来，最后依据用户阅读偏好和阅读习惯进行推送。在生产过程中，一方面新闻客户端节约了人力成

① 《互联网新闻信息服务单位许可信息》，中国网信网，http：//www. cac. gov. cn/2019 - 01/11/c_ 1122842142. htm，最后检索时间：2019 年 5 月 11 日。

本，大量需要专业人员的采编转发工作转移给了算法机器人，将理应担负信息生产的社会责任转移至各种算法程序，降低了内容把关质量；另一方面为了使更多用户产生依赖性，利用推送算法迎合用户个人浅层次喜好，信息分发的社会责任在这种伪“去中心化”分发过程中被稀释并伴随每条算法信息散落在互联网各个角落。

信息传播过程是以人为主体的复杂社会活动，试图仅依靠算法、机器等新兴技术实现相应社会责任是不够的，一是算法只是信息生产工具，并无社会责任履行能力；二是算法受新闻客户端、用户、算法研发公司三方影响，而三方影响力对算法的影响处于失衡状态。新闻客户端在新兴技术应用过程中，不能丢失信息生产主体性，应该利用新闻实务规则指导算法工具的研发并制定全面、丰富、科学的评价标准动态调整算法使用的程度、范围，同时也不能完全以算法、机器等新兴技术取代人工的把关审核和推送，应该让这些工具成为一种有利的辅助，通过人工的调适更好地提高信息质量、履行社会责任。

2. 履行社会责任停留于表面形式化

互联网经济背景下，新闻客户端发展过程也无法回避流量、用户数、点击量等种类繁多的排名竞争。新闻客户端在经济利益和公共利益面前，坚持正确的新闻价值判断标准、发挥社会主义核心价值观引导作用是十分重要的。本文对象中大部分新闻客户端都在页面置顶区域滚动转载两条以上党中央重要决策和领导人重要讲话精神等时政类新闻，这种做法在一定程度上可以起到价值引导作用，但部分新闻客户端忽视了整体页面各新闻之间风格的统一，使得置顶区内容与其他信息内容有明显的割裂，侧面反映出部分新闻客户端在履行价值引导方面社会责任的自觉性不高、能力不足。

新闻客户端在履行价值引导的社会责任时，应该清楚认识到社会价值观引导是受引导主体要求和客体属性双重影响的实践活动。一方面社会价值引导的主体中无论是新闻客户端还是众多用户都有对社会价值观的不同要求，是在信息生产与信息消费过程中达到统一。另一方面社会价值观内容丰富，在不同的文化形式下呈现不同解读，需要新闻客户端合理利用新媒体技术达到社会价值观传播质与量的平衡。

3. 社会责任在内容生产模式升级过程中缺失

新闻客户端与自媒体合作的PUGC内容生产模式，在一定程度丰富了新闻信息服务的种类，并吸收一部分成熟自媒体粉丝用户群体。在国家互联网新闻服务许可制引导效应和商业逐利效应的双重影响下，自媒体逐渐聚集于文化、娱乐、健康、饮食和旅游等方面内容生产。新闻客户端为了激发自媒体在PUGC内容生产模式中创作活力，往往会以流量为导向，给予自媒体宽松的题材选择、形式创新权利。自媒体从业人员糅合不同传播平台的材料，将大量街谈巷议、民间传说、广告软文等非新闻信息混杂于新闻之中，分散用户注意力。相较于传统媒体，新闻客户端在与自媒体合作过程中缺乏规划设计，任由非新闻信息将本应该被用户关注且与公共利益紧密相关的新闻信息冲得支离破碎。

目前在PUGC内容生产模式中，新闻客户端仍处于信息服务中介商角色。新闻客户端不应该是靠转发信息谋取利润的商品，其公共性应该得到重视。在与自媒体合作过程中，需要注意三个方面。首先要有公共利益保护意识。自媒体创作团队在内容生产过程中容易受到个人偏见、赞助商等影响，因此其生产内容是否公正客观、立场是否中立存在疑问。新闻客户端发布信息时应将公共利益放在首位，以事实与真理为依据，杜绝因私利纠葛损害公共利益。其次要有公共意见引领意识。自媒体创作内容在新闻客户端上推送时虽已标注出处，但其标注形式与传统署名文章类似，容易被误认为是新闻客户端的观点。新闻客户端推送内容时不能盲目跟从或被他人利用发表有悖于道德伦理、社会常识或党和国家方针政策等的观点，要基于公共意见树立自身权威和品牌。最后要有公共教育服务意识。新闻客户端在不断推送自媒体“新”的内容时，不应错误地将猎奇、窥私当作用户需求，在当前谬论与真理争斗、冲动与理性纠缠的互联网舆论环境中，应该肩负起帮助用户了解新动态和未知事物、引导社会舆论的责任。

4. 信息生产与协调沟通顾此失彼

社交媒体中，大量用户通过QQ、微信、微博、论坛等构建起属于自己的互联网信息获取通道。新闻客户端与实力强大的社交媒体相竞争时，能够抓住信息生产优势，以高质量新闻内容吸引用户值得肯定。但经过多年发展的新闻客户端未能寻找到属于自身特点的灵活简便互动方式，而且不加以区分地在所有新闻内容后面仿照微博添加评论、点赞、转发、收藏功能又显得不合时宜。新闻客户端在履行协调沟通的社会责任时依然停留在“发布—接收”的阶段，即新闻客户端只负责发布更新，用户可以选择性接收。如何突破现存的互动功能局限，将大量新闻客户端用户沉淀为具有凝聚力、传播力的社群用户，是新闻客户端需要不断思考的难题。

社交媒体在社群运营方面有着丰富的经验，例如引入社群成员参与管理，培养社群 KOL（意见领袖），线上组织与线下活动紧密结合，鼓励社群成员之间互相学习、分享、提醒，注重记录社群成员成长过程和互动仪式感营造等。新闻客户端在增强自身协调沟通能力的过程中可以吸取社交媒体的成功经验，但一味推崇、模仿社交媒体，过分强调社交互动属性，丢失“全景式”深入报道的本领也是不可取的。

在本次研究中，新闻客户端社会责任履行情况整体向好的方向发展，普遍重视信息生产质量，但在价值引导和文化教育方面明显能力不足，协调沟通能力停滞不前。在应用新技术、面对竞争时，新闻客户端应将履行好社会责任作为自身发展质量的衡量标准，这样才能长久为用户提供优质的信息服务，实现持续、健康发展。

## 参考文献

张放、杨颖：《分层与聚合：符号叙述学透视下的“两微一端”融合策略》，《编辑之友》2018 年第 6 期。

胡翼青、沈伟民：《艰难的嵌入：反思“两微一端”的当代社会实践》，《编辑之友》2018 年第 6 期。

# B.4

# 我国VR新闻频道的社会责任分析及评价

李青青　胡　祎　王聪玉*

**摘　要：** VR新闻频道是伴随着VR/AR技术兴起而产生的信息传播平台，本文通过对我国VR新闻频道的整体研究与分析，发现我国VR新闻频道的发展参差不齐，总体社会责任履行状况较差，其中“信息生产”责任履行较好，“价值引导”“文化教育”责任履行欠佳，“协调沟通”责任履行较差。研究认为，VR新闻频道的可持续发展应该从四个方面重点塑造：打造信息长板，严格流程管理；引导塑造社会共识，补足社会监督空白；传承多元文化，丰富内容的科教性与娱乐性；协调多元信息，打造互动平台提升用户体验。

**关键词：** VR新闻　社会责任　信息生产　文化教育

VR（Virtual Reality）也就是虚拟现实技术，是伴随着计算机科学、电子信息、仿真信息等技术进步的条件下发展起来的一项全新的技术，其最大的特点就是能够通过计算机生成三维环境带给受众强烈的沉浸感。目前，VR技术正在被各行各业所关注。在新闻报道领域，可视化、数据化、沉浸化已经成为不可逆转的行业趋势。国内外多家媒体正在尝试将VR技术运用到新闻

---

* 李青青，博士，武汉纺织大学传媒学院教师，研究方向为网络与新媒体；胡祎，武汉纺织大学传媒学院在读硕士研究生；王聪玉，华中科技大学新闻与信息传播学院在读硕士研究生。

报道领域。例如，美国《得梅因纪事报》（*Des Moines Register*）在 2013 年率先推出 VR 新闻《丰收之变》（*Harvest of Change*）；2017 年，央视一套联合央视网利用 VR 技术对“天舟一号”货运飞船的发射进行了全场景直播。

媒介技术的进步带来的不仅是生产方式、传播方式的变革，而且容易引起社会政治、经济、文化、意识形态、民主权利等方方面面的变化。如果不能妥善地运用媒介技术将给社会带来灾难性的后果。因此，享受政府赋予特殊权利的大众传媒机构所发表的言论需要对公众负责[①]，其从业人员在新闻传播活动中必须履行对社会安定、国家安全和公众心智健康所承担的法律、道德等公共责任和社会义务[②]。VR 新闻作为大众传播信息的一种新兴形式，虽然还未普及，但其背后的社会责任值得事先探讨，以便最大限度地规避媒介技术进步给社会带来的负面影响。

## 一　研究现状

### （一）VR 新闻的发展现状及其特点

#### 1. VR 新闻的发展现状

作为社会信息生产与传播的主力军，我国传统主流媒体正在全面探索 VR 新闻。人民日报社、新华社、央视网等传统主流媒体在 2015 年先后介入 VR 新闻的制作与应用。2015 年 9 月 3 日，《人民日报》制作了“9 · 3” VR 全景视频；2015 年 12 月 20 日，新华社利用 VR 技术对深圳山体滑坡事件进行了报道；2016 年 8 月，央视对里约奥运会采用 VR 新闻报道的形式对赛事状况进行了全场景的展示。此外，2016 年 8 月，由法制晚报“VR 虫洞”发起的包含 12 家主流报纸媒体组成的 VR 新闻实验室在北京成立，为 VR 新闻未来的研究提供了实验基础。

---

① 郭庆光：《传播学教程》（第二版），中国人民大学出版社，2011。

② 仝彩宜：《担当起媒体的社会责任》，《新闻爱好者》2008 年第 8 期。

在 VR 新闻的研究与应用上西方国家较为领先。2012 年，《新闻周刊》记者 Nonny dela Peña 就发表过虚拟现实新闻作品《饥饿的洛杉矶》；2013 年，美国《得梅因纪事报》推出 VR 新闻报道《丰收的变化》；此后《纽约时报》与虚拟现实公司 VRSE 合作打造了首个 VR 纪录片《流离失所》，引发舆论好评。2015 年，《纽约时报》研发出自己的 VR 新闻类 App—NYT，并免费向读者派发 100 万个 VR 眼镜，用户可以随时随地阅读 VR 新闻作品。此外，《华尔街日报》、BBC（英国广播公司）、CBC（加拿大广播公司）、NBC（美国全国广播公司）、路透社等国际知名媒体先后在各自报道的专长领域推出系列 VR 新闻作品。

2. VR 新闻的特点

传统的新闻作品是通过一维或者二维的表达方式来呈现新闻事件，而 VR 新闻则是通过三维立体的方式，采用多媒介元素进行非线性叙事，包括文字、图片、视频、静态数据、地图图标、游戏元素等，360 度全方位展现新闻事件，能够带给参与者强烈的交互感、沉浸感。芬兰学者 Chelsea Kelling 等人通过实验提出虚拟现实就像讲故事一样吸引用户①。而沉浸感很大程度上取决于参与者自身的特点和其当时的所属情境，沉浸感的功能是由参与者的认知和意图决定的，参与者在沉浸到 VR 新闻过程中会发生移情现象，产生一种对事物新的概念认知②。在这个意义层面上，传统的新闻框架效应将被削弱，新闻信息将变得更加暧昧，观众将成为新闻意义解释的主角。

但是需要认识到的是，当年虚拟现实新闻的研究与应用仍然处于初级阶段。一部分用户对虚拟现实新闻表现出了浓厚的兴趣，接触后愿意继续尝试③，但就整体现状来说，VR 新闻存在生产成本过高、生产周期过长、用户观看烦琐等诸多现实问题。

---

① Kang, S., O'Brien, E., Villarreal, A., Lee, W., Mahood, C., "Immersive Journalism and Telepresence," *Digital Journalism*, 7 (2018): pp. 294 - 313.

② Shin, D., Biocca, F. "Exploring Immersive Experience in Journalism." *New Media & Society* 20 (2018): pp. 2800 - 2823.

③ Junhyung et al., "A Study on VR News-In Recognition of the VR News." *The Journal of the Korea Contents Association*, 16 (2016), pp. 50 - 59.

## （二）VR 新闻的研究现状

我国 VR 新闻的研究主要集中在两个方面：一是对 VR 新闻的技术研究与探讨；二是集中于 VR 新闻内容以及背后的伦理探讨。总体来说，国内对 VR 新闻的相关研究还比较少。在国外，学者们大多采用内容分析法集中对 VR 技术及 VR 技术应用进行解剖，探讨技术对人性的改变。

### 1. VR 新闻的概念界定

关于 VR 新闻的概念界定，目前学术界和业界都还没有统一的定论。美国南加州大学的 Nonny de la Peña（2010）首次采用沉浸式新闻的描述来定义用 VR 技术制作的新闻，他认为沉浸式新闻是指通过制作新闻来支持参加者获得第一人称的新闻体验[①]，让受众以第一人称“目击者”身份身临其境，亲自感受报道现场，获取对新闻报道的认知。[②] 中国人民大学新闻学院李沁教授在《沉浸媒介：重新定义媒介概念的内涵和外延》[③] 一文中力图通过构建分类来理解媒介的新形势，在第三媒介时代的沉浸式传播环境下分析虚拟现实技术带来的 VR 新闻的概念内涵和外延。目前大多数学者还是沿用美国学者 Nonny de la Peña 的定义延伸演变出 VR 新闻的概念。

### 2. VR 新闻面临的一些问题

（1）VR 新闻面临伦理风险。VR 技术营造的虚拟现实环境会让受众沉浸于拟态现实当中，造成受众的感官在短时间内与外界完全隔离，难以分辨现实真实与虚拟真实的边界。在全方位的 VR 新闻现场，其背后仍然存在内容提供者的主观操作性和欺骗性。这种隐性信息传递手法对受众的影响是悄无声息的。同时，VR 新闻也会带来参与者沉迷其中、逃离社会现实的问

---

① Junhyung et al.，“A Study on VR News-In Recognition of the VR News.” *The Journal of the Korea Contents Association*，16（2016），pp. 50 – 59.

② 张春海、赵璐：《沉浸式新闻重在价值表达》，中国社会科学网，http：//www. cssn. cn/bk/bkpd_ qkyw/bkpd_ bjtj/201708/t20170814_ 3609236. shtml，最后检索时间：2019 年 4 月 30 日。

③ 李沁：《沉浸媒介：重新定义媒介概念的内涵和外延》，《国际新闻界》2017 年第 8 期。

题。同时，VR 新闻的参与者面临着隐私泄露风险进一步加剧等问题。

（2）VR 新闻的制作仍然存在许多现实条件的制约，也会带来一些病理问题。在现阶段，VR 新闻的制作是一个非常复杂的过程。从现有的技术来看，大规模的 VR 新闻生产与分发还没有办法实现。从题材而言，VR 新闻更适合用来对专题事件、重大灾难性事件进行报道。需要指出的是，开普敦大学计算机科学系的研究人员发现虚拟现实技术在对文化遗产新闻报道方面具有独特的作用①，但是高额的生产成本让许多媒体望而却步。同时作为参与者的受众需要佩戴可穿戴设备，而长期观看 VR 新闻则容易出现视觉诱发运动病，造成观众出现恶心、皮肤苍白、冷汗、头疼等症状，严重的甚至会出现网络性精神病或精神分裂症②，这些都是媒介依存症新的表现苗头。

VR 新闻在我国的发展正处于初级阶段，各主流媒体网站纷纷开辟相关频道或专栏，以期在新媒介技术的快速发展中不落人后，而由此也衍生出众多问题，无论是内容质量还是表现形式，均不尽如人意。本文力图通过对主流媒体网站 VR 新闻频道的跟踪式调查，着重考察其在社会责任方面的履行情况，以期为我国 VR 新闻频道的可持续发展提供参考。

## 二　研究设计

### （一）研究对象的选择

研究初期，共选择 VR 频道 10 个，分别是央视网 VR、央视新闻客户端 VR、中国经济网 VR、中国网 VR、中国军网 VR、新浪 VR、津彩 VR、新华网 VR 频道、中国青年网 VR 频道、红网视听 VR。但是在后期数据抓取过程中，新华网 VR、中青网 VR 自 2018 年起停止更新，而红网视听 VR 多以

① Kassahun, B., et al., "A Survey of Augmented, Virtual, and Mixed Reality for Cultural Heritage," *Journal on Computing and Cultural Heritage* 11 (2018): pp. 1 – 36.

② Rebenitsch L., Charles O., "Review on Cybersickness in Applications and Visual Displays." *Virtual Reality* 20 (2016): pp. 101 – 125.

视频新闻为主（样本缺乏代表性），所以最终确定的研究对象有 7 个：央视网 VR、央视新闻客户端 VR、中国经济网 VR、中国网 VR、中国军网 VR、新浪 VR、津彩 VR。

### （二）研究样本的遴选

本文对七大 VR 新闻频道进行了连续 4 个月、共计 118 天的样本采集，共搜集了 2019 年 3 月 1 日零点至 6 月 30 日 24 点的 7 个 VR 新闻频道的首页要闻、重要资讯等，在对整体内容进行跟踪调查的基础上，共采集样本 596 条，剔除无效样本 41 条，共得到有效样本 555 条，有效样本率 93.1%。

### （三）研究方指标权重的计算

根据本文的指标体系，研究中在对每个 VR 新闻频道样本进行内容分析的基础上，对四个一级指标下设的二级指标、三级指标分别进行赋值，然后用 SPSS 统计软件计算出各个指标总体得分，并根据最后得分做出排名。

## 三　研究发现

VR 新闻频道的社会责任评价指标体系主要由信息生产、价值引导、文化教育、协调沟通四个一级指标组成，每个一级指标下设二级指标、三级指标。在对七大 VR 新闻频道进行社会责任整体评价的过程中发现 VR 新闻频道社会责任的综合得分普遍不高，且网站社会责任履行程度存在显著差异，其中，“信息生产”责任履行最好，“价值引导”“文化教育”责任履行欠佳，“协调沟通”责任履行最差。

表 1 为 VR 新闻频道社会责任总体评价及排名，VR 新闻频道的整体社会责任履行差距明显，其中，“中国经济网 VR”得分最高（3.0192 分），“新浪网 VR”得分最低（1.4705 分），VR 新闻频道社会责任评估得分差距为 1.5487 分。

**表 1　VR 新闻频道社会责任总体评价及排名**

单位：分

| VR 新闻频道 | 信息生产 | 价值引导 | 文化教育 | 协调沟通 | 总分 | 排名 |
|---|---|---|---|---|---|---|
| 中国经济网 VR | 2. 2711 | 0. 1819 | 0. 2638 | 0. 3024 | 3. 0192 | 1 |
| 央视新闻客户端 VR | 1. 7070 | 0. 3119 | 0. 1997 | 0. 6444 | 2. 8630 | 2 |
| 央视网 VR | 1. 7063 | 0. 2220 | 0. 1907 | 0. 3537 | 2. 4727 | 3 |
| 津彩 VR | 1. 4217 | 0. 1877 | 0. 3499 | 0. 3228 | 2. 2821 | 4 |
| 中国军网 VR | 1. 5216 | 0. 1654 | 0. 2008 | 0. 2303 | 2. 1181 | 5 |
| 中国网 VR | 0. 7422 | 0. 1156 | 0. 3243 | 0. 2894 | 1. 4715 | 6 |
| 新浪网 VR | 1. 0460 | 0. 0477 | 0. 1479 | 0. 2289 | 1. 4705 | 7 |

表 2 为 VR 新闻频道一级评价指标均分对比表。研究发现：①VR 新闻频道在履行“信息生产”功能上的整体得分最高，而在“价值引导”上的整体得分最低，说明 VR 新闻频道在“价值引导”的社会责任履行上存在欠缺；②VR 新闻频道“信息生产”功能的最高分与最低分差距最大（差值为 1. 5289 分），而“文化教育”的最高分与最低分差距最小（差值为 0. 2020 分），说明 VR 新闻频道的“信息生产”责任履行差异较大，而各频道在“文化教育”责任履行上差异较小。

**表 2　VR 新闻频道一级评价指标平均分对比**

单位：分

| 一级评价指标 | 满分 | 平均分 | 最高分 | 最低分 |
|---|---|---|---|---|
| 信息生产 | 2. 5065 | 1. 4880 | 2. 2711 | 0. 7422 |
| 价值引导 | 0. 8800 | 0. 1760 | 0. 3119 | 0. 0477 |
| 文化教育 | 0. 5885 | 0. 2396 | 0. 3499 | 0. 1479 |
| 协调沟通 | 1. 0250 | 0. 3388 | 0. 6444 | 0. 2289 |

## （一）信息生产：信息质量与流程管理水平居中，各平台责任履行两极分化

信息生产是考察媒介与媒介形态传播力的重要指标，也是媒介社会责任

的重要参照系。在对 7 家 VR 新闻频道的信息生产进行综合考察后发现，我国 VR 新闻频道信息生产社会责任履行水平居中，且由于平台差异，各 VR 新闻频道的得分两极分化。如表 3 所示，7 家 VR 新闻频道中“中国经济网 VR”的信息生产得分最高（2.2711 分），“中国网”得分最低（0.7422 分），两者分差为 1.5289 分。

**表 3　VR 新闻频道信息生产指标得分及排名**

单位：分

| VR 新闻频道 | 信息生产 | 排名 |
|---|---|---|
| 中国经济网 VR | 2.2711 | 1 |
| 央视新闻客户端 VR | 1.7070 | 2 |
| 央视网 VR | 1.7063 | 3 |
| 中国军网 VR | 1.5216 | 4 |
| 津彩 VR | 1.4217 | 5 |
| 新浪网 VR | 1.0460 | 6 |
| 中国网 VR | 0.7422 | 7 |
| 平均得分(M) | 1.4880 | — |

1. 信息质量：真实性、权威性优势明显，时效性、深度性与全面性有待加强

信息质量是信息生产一级指标的核心考察维度，主要包含真实性、权威性、时效性、全面性、深度性、原创性、客观性七个考察指标。如表 4 所示，整体而言，VR 新闻频道的信息质量指标得分水平居中，信息的真实性、权威性优势明显，各 VR 新闻频道在信息核查、信源多元化权威化上履行能力较强。

具体而言，我国 VR 新闻频道的时效性有待提升，主要表现在信息的更新频率极低、新闻的时效性滞后两个方面。许多 VR 新闻频道早在 2016 年、2017 年相继开通，但是热情持续度很低，如新华网 VR/AR 频道自 2016 年 5 月开始发布内容，但是在 2018 年 7 月停止更新；中青网 VR 频道在 2017 年 8 月频繁更新，但此后再无更新；而有些 VR 频道则沦为综合性视频网站的代名词，如“红网视听”中 VR 视频极少，仅有的部分 VR 视频在正常打开

网页情况下无法观看。

在深度性与全面性方面，VR 新闻频道的得分较低，这主要是因为当前 VR 新闻频道的内容集中在 VR 全景视频、VR 相关的文字图片新闻两个方面。这两类内容受限于表现方式与篇幅，视频类多集中为历史文化、重大活动赛事、时政新闻方面，强调时效性的同时对于深度性缺乏挖掘，而 VR 相关的文字图片新闻则多为国内外先进的 VR/AR 技术及应用的介绍，很难在全面性上有所延伸。

在原创性方面，各 VR 新闻频道得分差距较大，如“中国经济网 VR”“央视新闻客户端 VR”得分较高，而“中国网 VR”“中国军网 VR”“新浪网 VR”则由于内容多为转载或编译，原创性较低。

**表 4　VR 新闻频道信息质量指标得分情况**

单位：分

| VR 新闻频道 | 真实性 | 权威性 | 时效性 | 全面性 | 深度性 | 原创性 | 客观性 | 信息质量总分 |
|---|---|---|---|---|---|---|---|---|
| 央视网 VR | 1. 8265 | 0. 1814 | 0. 0571 | 0. 2692 | 0. 2419 | 0. 1083 | 0. 7647 | 2. 8628 |
| 央视新闻客户端 VR | 1. 8265 | 0. 0907 | 0. 0761 | 0. 2834 | 0. 2818 | 0. 1542 | 0. 7466 | 2. 7882 |
| 中国经济网 VR | 1. 8265 | 0. 5190 | 0. 4710 | 0. 2383 | 0. 2265 | 0. 3100 | 0. 8429 | 3. 6804 |
| 中国网 VR | 0. 3653 | 0. 0151 | — | 0. 2115 | 0. 2102 | 0. 0030 | 0. 6121 | 1. 1763 |
| 中国军网 VR | 1. 8625 | 0. 1008 | 0. 0048 | 0. 3344 | 0. 2718 | 0. 0030 | 0. 8028 | 2. 8055 |
| 新浪网 VR | 0. 7306 | 0. 1008 | 0. 0238 | 0. 2316 | 0. 1921 | 0. 0053 | 0. 7928 | 1. 8069 |
| 津彩 VR | 1. 8625 | 0. 0202 | — | 0. 2508 | 0. 2718 | 0. 0120 | 0. 6021 | 2. 5061 |
| 平均得分(M) | — | — | — | — | — | — | — | 2. 5180 |

### 2. 流程管理：广告规范较好，侵权多体现在国外资料编译

流程管理主要包含把关信息、规范广告、控制侵权三个具体衡量指标。7 家 VR 新闻频道的流程管理得分居中，其中“中国经济网 VR”得分最高，“央视新闻客户端 VR”“央视网 VR”位列第二梯队，“中国网 VR”“津彩 VR”位列第三梯队，“新浪网 VR”“中国军网 VR”位列第四梯队。

在把关信息方面，各 VR 新闻频道两极分化，其中“中国经济网

VR”得分最高（2.2360 分），与最低分（“中国军网 VR”0.0434 分）相差 2.1926 分，而其他 VR 新闻频道得分档次不一，均低于 1 分。如“中国网 VR”中的部分文字新闻，许多援引自国外媒体或网站，但是大多仅仅注明作者，并未标明出处，信源具有不确定性，且无法进行信息真伪验证。其他 VR 新闻频道均存在类似问题，所以得分普遍较低。

在规范广告方面，各 VR 新闻频道整体得分较高，相应的页面无广告植入，仅有“中国网 VR”与“新浪网 VR”有少量商业广告。

在“控制侵权”方面，各 VR 新闻频道表现不一，其中“中国经济网 VR”“央视新闻客户端 VR”“央视网 VR”三家对于原创内容的追求，以及规范化的转载大大减少侵权现象的发生；而其余几家则不同程度上存在侵权现象，如“新浪网 VR”的侵权行为具体表现为文中出现的“据外媒报道”“据国外网站报道”等表述，许多外文资料的编译转载没有标明作者及具体来源，且在页面内容结束处备注“新浪声明：新浪网登载此文出于传递更多信息之目的，并不意味着赞同其观点或证实其描述”（见表 5）。

**表 5　VR 新闻频道流程管理指标得分情况**

单位：分

| VR 新闻频道 | 把关信息 | 规范广告 | 控制侵权 | 流程管理总分 |
|---|---|---|---|---|
| 央视网 VR | 0.7815 | 0.9450 | 1.4552 | 0.5409 |
| 央视新闻客户端 VR | 0.3908 | 0.9450 | 1.6371 | 0.6169 |
| 中国经济网 VR | 2.2360 | 0.9450 | 1.8190 | 0.8500 |
| 中国网 VR | 0.3690 | 0.8751 | 0.5457 | 0.3043 |
| 中国军网 VR | 0.0434 | 0.9450 | 0.3638 | 0.2299 |
| 新浪网 VR | 0.4342 | 0.7560 | 0.4548 | 0.2797 |
| 津彩 VR | 0.0868 | 0.9450 | 0.9095 | 0.3300 |
| 平均得分(M) | — | — | — | 0.4502 |

### （二）价值引导：塑造共识责任履行居中，社会监督功能空白

价值引导包含塑造共识、社会监督两个考察指标。由于 VR 新闻频道的兴起时间较短，很多频道仅停留在信息的生产与传播阶段，对于塑造共识方面的责任履行较低，而社会监督功能的履行则为空白。

通过 7 家 VR 新闻频道的价值引导得分及排名可以看出，各新闻频道在价值引导功能的履行上相差无几，而“央视新闻客户端 VR”在其中表现较为突出，这不仅表现在其对于时政热点的多元化 VR 呈现，而且表现在其通过文字、图片、VR 全景视频等多种形式传播主流价值和社会风尚（见表 6）。

**表 6　VR 新闻频道价值引导指标得分情况**

单位：分

| VR 新闻频道 | 价值引导 | 排名 |
|---|---|---|
| 央视新闻客户端 VR | 0. 3119 | 1 |
| 央视网 VR | 0. 2220 | 2 |
| 津彩 VR | 0. 1877 | 3 |
| 中国经济网 VR | 0. 1819 | 4 |
| 中国军网 VR | 0. 1654 | 5 |
| 中国网 VR | 0. 1156 | 6 |
| 新浪网 VR | 0. 0477 | 7 |
| 平均得分(M) | 0. 1760 | — |

### （三）文化教育：文化传承责任履行居中，传播科教功能强于提供娱乐

文化教育主要有文化传承、传播科教、提供娱乐三个考察指标。整体而言，7 家 VR 新闻频道的文化教育责任履行居中，文化教育责任履行差距不大。具体而言，相关内容集中于科教、文化方面，传播科教的功能强于提供娱乐的功能。

**表 7　VR 新闻频道文化教育指标得分情况**

单位：分

| VR 新闻频道 | 文化教育 | 排名 |
|---|---|---|
| 津彩 VR | 0. 3499 | 1 |
| 中国网 VR | 0. 3243 | 2 |
| 中国经济网 VR | 0. 2638 | 3 |
| 中国军网 VR | 0. 2008 | 4 |
| 央视新闻客户端 VR | 0. 1997 | 5 |
| 央视网 VR | 0. 1907 | 6 |
| 新浪网 VR | 0. 1479 | 7 |
| 平均得分(M) | 0. 2396 | — |

1. 文化传承：先进文化传承优势明显，传统文化传承有待强化

文化传承功能表现在传统文化和先进文化传承两个方面，通过研究发现，各 VR 新闻频道在先进文化尤其是先进科学技术进步方面传播力度较大，而在传统文化方面稍显滞后。

如表 8 所示，“中国网 VR”“中国军网 VR”“新浪网 VR”的“传统文化”得分为 0，因为这三家新闻频道相关内容全部为与 VR、AR 相关的技术新闻，多为对于最新科技成果的研发与应用解释，并未涉及传统文化内容，所以其“先进文化”得分相应较高。而“央视新闻客户端 VR”则更加注重传统文化的传承与展示，既有对于历史渊源与时代变迁的 VR 展示，也有对传统文化的 360 度全景视频展映，所以其“传统文化”得分相应较高。

**表 8　VR 新闻频道文化传承指标得分情况**

单位：分

| VR 新闻频道 | 传统文化 | 先进文化 | 文化传承总分 |
|---|---|---|---|
| 央视网 VR | 0. 5130 | 0. 6560 | 0. 5383 |
| 央视新闻客户端 VR | 1. 1727 | 0. 2623 | 0. 6608 |
| 中国经济网 VR | 0. 4611 | 1. 8571 | 1. 0675 |
| 中国网 VR | 0 | 2. 3614 | 1. 0874 |
| 中国军网 VR | 0 | 1. 1808 | 0. 5438 |
| 新浪网 VR | 0 | 0. 6331 | 0. 2905 |
| 津彩 VR | 1. 9789 | 1. 1808 | 1. 4550 |

2. 传播科教：科技传播优势明显，教育传播有待强化

传播科教功能表现在科技传播和教育传播两个方面，研究发现，我国VR新闻频道的科技传播优势明显，而教育传播则有待强化。

如表9所示，在科技传播方面，"中国网VR""中国军网VR"遥遥领先，这主要表现为两家VR新闻频道的内容聚焦于国内外VR技术的探讨与应用报道；而其他几家VR新闻频道表现差距不大，因为在有限样本中，这些VR频道不仅包括技术应用报道，还包括对传统内容的阐述。

在教育传播方面，各VR新闻频道差距较大，"中国网VR"得分最高（1.375分），而"中国军网VR""新浪网VR"则在教育传播方面得分为0。

**表9　VR新闻频道传播科教指标得分情况**

单位：分

| VR新闻频道 | 教育传播 | 科技传播 | 传播科教总分 |
|---|---|---|---|
| 央视网VR | 0.4354 | 0.3960 | 0.2988 |
| 央视新闻客户端VR | 0.1451 | 0.5280 | 0.2419 |
| 中国经济网VR | 0.6087 | 0.3691 | 0.4647 |
| 中国网VR | 1.3750 | 1.1880 | 0.9211 |
| 中国军网VR | 0 | 1.1880 | 0.4270 |
| 新浪网VR | 0 | 0.6370 | 0.2289 |
| 津彩VR | 1.3063 | 0.5940 | 0.6830 |

3. 提供娱乐：内容健康指数较高，内容丰富性有待拓展

提供娱乐方面主要考察各VR新闻频道的内容丰富性、内容健康性两个指标。研究发现，VR新闻频道内容健康性较高，这主要表现为各VR新闻频道对于低俗、恶俗和媚俗内容的坚决抵制；而内容丰富性则表现一般，各VR新闻内容较为单一，缺乏深度性与全面性，有的VR全景视频在追求视觉化展示的同时，会忽视一些深度内容的拓展（见表10）。

**表 10　VR 新闻频道提供娱乐指标得分情况**

单位：分

| VR 新闻频道 | 内容丰富性 | 内容健康性 | 提供娱乐总分 |
| --- | --- | --- | --- |
| 央视网 VR | 1. 1792 | 3. 1455 | 0. 7828 |
| 央视新闻客户端 VR | 1. 2414 | 3. 1455 | 0. 7940 |
| 中国经济网 VR | 0. 7727 | 3. 1455 | 0. 7092 |
| 中国网 VR | 0. 9814 | 3. 1455 | 0. 7470 |
| 中国军网 VR | 0. 9155 | 3. 1455 | 0. 7350 |
| 新浪网 VR | 0. 9265 | 3. 1455 | 0. 7370 |
| 津彩 VR | 1. 4648 | 3. 1455 | 0. 8345 |

## （四）协调沟通：责任履行较差，公众参与、平台互动率极低

通过对各 VR 新闻频道的“沟通协调”指标权重计算发现 VR 新闻频道的沟通协调功能履行较差，各频道的平均得分仅有 0. 3388 分（满分 1. 025 分）。在 7 大 VR 新闻频道中，仅有“央视新闻客户端 VR”在强调协调信息、沟通效能的同时，重视用户体验与平台互动（见表 11）。

**表 11　VR 新闻频道协调沟通指标得分情况**

单位：分

| VR 新闻频道 | 协调沟通 | 排名 |
| --- | --- | --- |
| 央视新闻客户端 VR | 0. 6444 | 1 |
| 央视网 VR | 0. 3537 | 2 |
| 津彩 VR | 0. 3228 | 3 |
| 中国经济网 VR | 0. 3024 | 4 |
| 中国网 VR | 0. 2894 | 5 |
| 中国军网 VR | 0. 2303 | 6 |
| 新浪网 VR | 0. 2289 | 7 |
| 平均得分(M) | 0. 3388 | — |

### 1. 协调信息：议题公共性表现欠佳，身份多样性单一

协调信息主要包含议题公共性、身份多样性两个考察指标。研究发现，

各 VR 新闻频道的议题公共性表现欠佳，而身份多样性在诸多样本中体现较少，这也决定了协调信息这一考察指标的低分状态。

在议题公共性上，各 VR 新闻频道得分较低，这主要与其内容很少关注社会热点尤其是重大突发事件密切相关，当前 VR 新闻内容多聚焦于时政热点、历史文化领域，对于公共性的议题关注度有限；在身份多样性上，也很难体现多元化的身份展示，当多数内容关注文化和技术层面时，对于人的关注会相应弱化（见表 12）。

**表 12　VR 新闻频道协调信息指标得分情况**

单位：分

| VR 新闻频道 | 议题公共性 | 身份多样性 | 协调信息总分 |
|---|---|---|---|
| 央视网 VR | 2.4122 | 0.5079 | 0.9616 |
| 央视新闻客户端 VR | 2.3899 | 0.5156 | 0.9568 |
| 中国经济网 VR | 2.1821 | 0.2578 | 0.8035 |
| 中国网 VR | 1.9891 | 0.2578 | 0.7399 |
| 中国军网 VR | 1.1133 | 0.2578 | 0.4515 |
| 新浪网 VR | 1.0910 | 0.2604 | 0.4450 |
| 津彩 VR | 2.2266 | 0.5156 | 0.9030 |

2. 沟通效能：用户体验较差，平台互动有待提升

沟通效能注重频道的用户体验，主要集中在四个维度：公众参与度、公众认同度、平台互动度、平台回复度。当前各频道在沟通效能指标上得分参差不齐，且差距较大。其中“央视新闻客户端 VR”得分最高，而它也是所有的 VR 新闻频道中仅有的包含互动、强调参与的，其余 6 家在互动与参与上表现较差（见表 13）。

**表 13　VR 新闻频道沟通效能指标得分情况**

单位：分

| VR 新闻频道 | 公众参与度 | 公众认同度 | 平台互动度 | 平台回复度 | 沟通效能得分 |
|---|---|---|---|---|---|
| 央视网 VR | 0.4164 | 0.3350 | 0.2356 | 0.1515 | 0.7636 |
| 央视新闻客户端 VR | 1.2591 | 1.1429 | 0.7068 | 0.1515 | 2.1867 |
| 中国经济网 VR | 0.3331 | 0.2815 | 0.2356 | 0.1515 | 0.6718 |

续表

| VR 新闻频道 | 公众参与度 | 公众认同度 | 平台互动度 | 平台回复度 | 沟通效能得分 |
|---|---|---|---|---|---|
| 中国网 VR | 0.3331 | 0.2815 | 0.2356 | 0.1515 | 0.6718 |
| 中国军网 VR | 0.3331 | 0.2815 | 0.2356 | 0.1515 | 0.6718 |
| 新浪网 VR | 0.3331 | 0.2815 | 0.2356 | 0.1515 | 0.6718 |
| 津彩 VR | 0.3331 | 0.2815 | 0.2356 | 0.1515 | 0.6718 |
| 平均得分(M) | — | — | — | — | 0.9013 |

## 四　对策与建议

我国的 VR 新闻发展较晚，当前各 VR 新闻频道受限于技术、内容或平台，均处于发展初期的观望状态，而随着 VR 技术的不断进步与普及，越来越多 VR 新闻频道将陆续出现，如何摆脱当前的发展困境，从内容、技术、平台上实现突破，需要在多方面进行优势打造、缺陷规避。

### （一）打造信息长板，严格流程管理

VR 新闻频道发展水平参差不齐，长板较少、短板较多，这在很大程度上限制了当前 VR 新闻频道的内容多样化、全面化发展。对于我国 VR 新闻整体发展而言，诸多的传播劣势成为其发展的短板，信息内容生产只能且必须努力成为长板。

打造信息长板的基础和前提是尽快弥补当前的信息短板，具体可以从以下几个方面着手：一是强化新闻时效性，不仅要及时、准时、应时更新内容，还要从新闻价值入手，不断提升 VR 新闻内容的可看性与可读性；二是强化 VR 新闻全面性与深度性，VR 新闻应当借助自身技术和视觉优势，将新闻内容全方位、全过程展示，并且在展示过程中多加入解释性报道、深度性内容的呈现；三是强化 VR 新闻的原创性，原创内容是发展动力和生命力，VR 新闻频道不应沦为信息转载平台，应该策划组织更多的原创性内容。

VR 新闻频道的信息把关与侵权控制均存在不同程度的缺失，所以信息流程的规范化管理显得尤为重要。具体而言，VR 新闻频道的信息把关应与

侵权控制结合起来，倡导合规转载的同时，在信息推送之初即进行真伪验证，对于转载的内容尤其是国外编译内容，要在显著位置注明来源，从根本上控制信息侵权的发生。

### （二）引导塑造社会共识，补足社会监督空白

在新媒体时代，价值引导对于新媒体而言是不可推脱的社会责任，而VR 新闻频道在价值引导层面的责任履行还有很长的路要走。

VR 新闻在传播过程中应注重社会共识的塑造与引导，这不仅表现为对于时政热点的多元化 VR 呈现，还表现在其通过文字、图片、VR 全景视频等多种形式传播主流价值和社会风尚，能够及时敏锐地捕捉社会现象和热点，通过更加可视化的信息展示输送给受众。

VR 新闻也应该补足社会监督的功能空白，新闻内容应该多元化，更加注重注入政府管理、社会风险、伦理道德等方面的内容展示，通过热点舆论事件的跟踪报道，引导受众的价值判断与情感偏向，强化自身的社会监督功能。

### （三）传承多元文化，丰富内容的科教性与娱乐性

文化教育是媒介形态对于社会深层次影响的重要方向，VR 新闻频道的文化教育功能需要在多方面进行完善。

传承多元文化不仅包括对于科技文化的传播与扩散，更包括对于传统文化的传承与展示，VR 新闻频道应从多方面着手，借助 VR 技术展示传统内容的宏大，关注中华历史文化与时代变迁对于社会的影响，360 度全景展示科技文化、传统文化与现代文化的碰撞结合。

丰富内容的科教性与娱乐性，由于 VR 新闻频道当前注重信息生产，所以在内容的丰富性上还非常欠缺，而科教性和娱乐性是需要丰富的两个方面。科教性方面，注重内容的教育性传承，不仅包括将 VR 新闻做成受众喜闻乐见的形态，还包括增加更多的科普环节，拓展 VR 新闻频道的科教功能；娱乐性方面，在追求视觉化展示的同时拓展深度性内容，坚决抵制低俗、恶俗和媚俗内容。

### （四）协调多元信息，打造互动平台提升用户体验

协调沟通更多强调的是媒体作为桥梁的作用，以及用户在使用过程中的用户体验是否良好，VR 新闻频道要想吸引和留住受众，强化协调沟通功能是必由之路。

协调多元信息主要从以下几个方面进行：一是注重 VR 新闻议题的公共性，关注社会热点尤其是重大突发事件，而不应仅仅聚焦于时政和历史文化领域；二是强化身份多样性，在聚焦文化层面和技术层面内容的同时，强化对人的关注，内容中多体现社会变迁中的人物命运、社会事件中的人物关系，会使得内容更具有人情味和吸引力。

打造互动平台注重各频道的用户体验，主要集中在两个方面：一是提升公众参与度与认同度，积极引导公众参与到 VR 新闻信息传播过程之中，各 VR 新闻频道应尽快增加页面外部链接数量、丰富转载分享渠道、完善点赞评论功能；二是注重平台互动度与回复度，新闻内容应该实现双向多元化互动，内容设置应以受众“悦读”为目的，丰富内容的表现形态，与积极用户之间形成良好的互动关系，并且及时根据受众反馈意见自我修正。

VR 新闻的发展前景广阔，但目前受限于多方面因素，在我国的发展较为缓慢，也出现诸多瓶颈，唯有找出问题并逐一化解，才能摸索出中国 VR 新闻发展的合适路径。

# B.5

# 省级新闻网站新闻栏目社会责任履行情况实证分析

王井　钱雅纯*

**摘　要：** 本文以我国10家省级主流新闻门户网站为研究对象，依据总报告建构的评价指标体系，对其首页新闻栏目进行计量统计和分析，结果显示省级主流新闻门户网站社会责任履行整体情况良好，存在的主要问题有：对于议程设置和舆论引导的分寸掌控能力不足，在主流价值的引导方式上有较大的上升空间，对时政头条新闻内容的质量把关行为有待优化，需要进一步细分用户行为以形成良好的互动氛围。因此本文提出，门户新闻网站在当前融媒体格局下更要强化责任意识，主动融合新传播生态，健全内容生产机制，着眼本地重视社会服务功能，积极开展对内对外文化传播，在增强文化厚度的同时拓展社会责任的广度。

**关键词：** 地方新闻网站　社会责任　量化评估

2019年8月30日中国互联网络信息中心（CNNIC）在京发布的第44次《中国互联网络发展状况统计报告》显示，截至2019年6月，我国网民规模达8.54亿人，网民使用手机上网的比例达99.1%，使用电视上网的比例为33.1%，手机网民规模达8.47亿人，互联网普及率达61.2%。作为发

* 王井，博士，中共浙江省委党校副教授，硕士生导师，主要研究方向为舆论管理、网络传播学；钱雅纯，华中科技大学新闻与信息传播学院硕士研究生。

展多年的互联网基础应用，网络新闻受众群体相当成熟。

目前的网站分类并没有统一的标准，有的按承办主体分（政府及传统传媒集团/非政府商业组织），有的按涉及业务分（综合性/垂直性），有的按营收路径分（内容型/网络增值服务型）等。但是当前网站竞争激烈，在所属业务、功能方面多有重合和交叉，我们不能对其进行精细划分，按照目前接受度最高的划分标准，将所有网站分为商业门户网站和重点新闻网站①，本文主要研究重点新闻网站即省级主流新闻网站新闻栏目的社会责任履行情况。新闻网站的分类按承办主体分，有的是新闻单位自己设立，有的是非新闻单位设立的转载新闻信息、提供时政类电子公告服务以及向社会大众发送时政类通信信息的互联网新闻信息服务单位；还有内容刊登播发上的差异，有的是登载本单位已刊登播发的新闻信息，有的则是登载超出本单位已经刊登播发的新闻信息。

省级新闻网站作为网络主流媒体的旗帜，依托政府政策及财力的支持，在舆论引导、社会责任履行方面均发挥着重要的作用。省级新闻网站多由政府或主流媒体主办，拥有新闻采访权，具有基于大用户量的公共媒体属性。本文希望通过研究省级新闻网站新闻版块社会责任的评定量化指标、现状及对比，构建优化重点新闻网站社会责任科学的监督考评、引导机制。

## 一　当前我国省级新闻网站社会责任研究概述

### （一）关于省级新闻网站

目前学界对于省级新闻网站并没有一个确切的定义，省级新闻网站往往同主流媒体和新闻网站两者联系起来被提及，类似的概念还有主流媒体网站、主流新闻网站、地方新闻网站、省级新闻网站、地方重点新闻网站，这些概念之间相互交叉也互有差异。本文中的省级新闻网站主要是指省级主流

---

① 林功成、张志安、曾子瑾：《中国新闻网站内容品质调查——以四家网站为例》，《新闻记者》2014 年第 6 期。

新闻网站，一般来说，全国范围内的省级主流新闻网站均为地方重点新闻网站或国家重点新闻网站。这些新闻网站都具有以下共同点：均由政府相关单位主办、具有比较权威的媒体公信力、是党和政府的耳目喉舌、以传播主流价值观为己任、受众范围涵盖社会各个阶层等。早期的门户网站主要是提供搜索功能的用户分流服务网站，随着互联网用户数的爆炸性增长，网络信息需求不断多元，全球网络站点数迅速增长，主流新闻媒体单位纷纷进驻互联网，创建了自己的新闻网站。结合本文的研究范畴和现有文献，我们将省级主流新闻门户网站界定为：由各省委省政府（含直辖市、特别行政区、自治区）及其宣传部门、主流媒体集团或其控股公司主管、主办的新闻网站，通过提供政治、经济、文化等各类权威新闻资讯服务，体现并传播社会主流意识形态与主流价值观的互联网资讯平台。

新闻业务一直是网站资质的重点审核版块。2000 年以前中国政府以开放的姿态面对世界，有意识利用互联网对外宣传介绍中国。在网络内容管理上，基本处于放任状态。2000 年 11 月 7 日，国务院新闻办公室、信息产业部联合发布《互联网站从事登载新闻业务管理暂行规定》规定网络新闻的资质审批。2005 年 9 月 25 日又联合发布《互联网新闻信息服务管理规定》（以下简称《规定》），在进一步明确网络新闻、网络新闻服务概念的同时，将从事互联网新闻信息服务业务的单位分为三类，即综合类新闻网站、门户网站的新闻频道和传统媒体的网络版。本文所讨论的重点新闻网站即《规定》中的第三类，传统媒体的网络版。

### （二）网络媒体的社会责任界定

本文依据总报告对门户网站的社会责任进行界定，首先规范“责任”概念的外延及内涵，通过查阅相关文献，发现目前学界在四个层面上对责任进行界定，一是义务论，即规定行为主体遵循社会共识所实施的行为或主体应该实施的行为；二是外部问责[①]论，即主体过失而应承担的道义边界；三

① 钟瑛主编《中国新媒体社会责任研究报告（2018）》，社会科学文献出版社，2018。

是主体负责论①，其论点综合前两种观点，认为责任既包含主体应履行的责任，又包含外部舆论所追究其过失；四是公共价值论，其超越单个主体，在组织层面强调大主体所承担的高于其自身目标设定的社会担当，即组织责任、法律责任、文化责任及道德责任②。

本文定义网络门户网站的社会责任，首先将门户网站规定在媒体的范围内，依据施拉姆的“报刊的四种理论”，从其认定的媒体的社会责任出发，将门户网站的社会责任置于媒体社会责任框架之下，区别于企业社会责任，即内容遵守新闻内容“准确、客观、平衡”的首要目标设定；要为公众提供交换意见与批评的平台目标设定；要担负解释社会目标和价值观的责任；要承担开启心智、教育公众的责任等主体目标设定③。从大媒体的社会责任框架下进行观察，其除了应承担本身的信息传播职能外，还应承担诸如维护社会稳定、国家公共安全、民众心智健康等方面的公共价值培养等社会责任与义务④。

目前理论界对新媒体的社会责任理论探讨较为缺乏，但近年来网络媒体平台形态日新月异，行业的实践探索却从未停止。从 1994 年多家网络媒体共同起草的《中国新闻界网络媒体公约》，2002 年中国互联网协会颁布的《中国互联网行业自律公约》，2013 年首都互联网协会北京发布的《坚守七条底线倡议书》，到 2018 年《具有舆论属性或社会动员能力的互联网信息服务安全评估规定》，网络新媒体特别是门户媒体的社会责任被推到一个新高度。

综合考虑以上因素，本文依据总报告，同时以媒介功能及网络媒体传播特点为切入点，根据网络媒体传播的四大责任界定，结合法律规范所应履行的相应职责，在操作层面上从四个维度进行考量，即信息生产、价值引导、文化教育和协调沟通。

---

① 尹韵公主编《中国新媒体发展报告（2010）》，社会科学文献出版社，2010。

② 〔丹麦〕克劳斯·布鲁恩·延森：《媒介融合：网络传播、大众传播和人际传播的三重维度》，刘君译，复旦大学出版社，2014。

③ 〔美〕亨利·詹金斯：《融合文化：新媒体和旧媒体的冲突地带》，杜永明译，商务印书馆，2012。

④ 俞虹、顾晓燕：《新媒体：传播能力与媒介责任的延伸》，《现代传播（中国传媒大学学报）》2012 年第 5 期。

## 二　研究设计

### （一）指标权重设计

根据总报告，本文共设计三级指标。权重的计算通过德尔菲法得出，通过学者、管理者、从业者、使用者四类人群对各项指标进行的重要性赋值，再计算平均值得出权重，该指标及权重具体见总报告。

### （二）样本取样方法说明

根据 Chinaz. com 网站 2019 年 9 月 6 日最新的数据显示，本文选取综合排名前十的省级新闻网站——荆楚网、浙江在线、深圳新闻网、多彩贵州网、河北新闻网、南海网、东方网、齐鲁网、广西新闻网和南方网作为此次网站栏目数据的抓取对象。另外，根据美国亚马逊旗下数据公司 Alexa 于 2019 年 9 月 2 日的数据显示，荆楚网、浙江在线、深圳新闻网在中国大陆的日均点击量分别排第 6600 位、第 1028 位、第 187 位，河北新闻网排第 10781 位，南海网、东方网、齐鲁网、广西新闻网和南方网分别排第 3487 位、第 22029 位、第 21618 位、第 255 位、第 34254 位，多彩贵州网由于排名较靠后，全球排第 214775 位。其中，荆楚网、深圳新闻网是国务院新闻办公室批准设立的国家重点新闻网站，常年获评“中国新闻网站十强”，浙江在线、多彩贵州网属于地方重点新闻网站，作为浙江省和贵州省对外宣传的重要窗口，在当地都具有极大影响力。河北新闻网属于地方综合性门户网站。综上所述，样本网站在我国重点新闻网站中具有非常强的代表意义。

另外，本文所选十大省级重点新闻网站都属于传统媒体在网络环境下所设立的新型媒体平台。其中，荆楚网是湖北日报传媒集团主办的湖北最大的网络平台，是全国首家挂牌资本市场的省级全国重点新闻网站；浙江在线是浙江省委、省政府官方网站，是浙报集团旗下的网络媒体和新媒体版块；深圳新闻网是深圳唯一的重点新闻网站，并在 2017 年成功挂牌新三板，成为广东省第一家依托传统媒体、整合数字媒体业务、以原有新闻网站为载体登陆资本市场的媒体公司；多彩贵州网也在2009年经过数字化转型成为贵州省最大的全媒体数字平台；河北新闻网包含了新闻、资讯等12个不同栏目，以高精准的受众和广阔的覆盖面成为河北地区第一网络媒体。东方网、南海网、齐鲁网、南方网以及广西新闻网则分别是上海市、海南省、山东省、广东省以及广西壮族自治区的省级主流网站，都具备一定的特殊性，在本次研究中都将作为样本来展开分析。

**表1　十大省级重点新闻网站情况介绍**

| 新闻网站 | 经营主体 | 经营理念 | 主要收入 | 类型 |
|---|---|---|---|---|
| 荆楚网 | 湖北省委宣传部主管、湖北日报传媒集团主办 | 致力打造基于传统互联网、移动互联网和物联网的新媒体新闻信息服务平台 | 广告、版权收入等 | 国家重点新闻网站 |
| 浙江在线 | 浙江省委宣传部主管、浙江报业集团主办 | 以“权威媒体、大众网站”为基本定位,全力打造最具公信力和传播影响力的省级网络媒体 | 广告、信息有偿服务等 | 地方重点新闻网站 |
| 深圳新闻网 | 广东省委宣传部、深圳市委宣传部主管、深圳报业集团主办 | “最深圳”的网站,朝“深圳新闻主场,网聚改革力量”的目标努力,成为深圳市重要的外宣窗口和舆论阵地 | 数字报营销、版权收入等 | 国家重点新闻网站 |
| 多彩贵州网 | 贵州省委宣传部支持、贵州日报报业集团主办 | 成为向世界展示贵州面貌、传播贵州精神、最具权威性和影响力的新闻门户网站 | 广告、信息有偿服务等 | 地方重点新闻网站 |
| 河北新闻网 | 河北省委宣传部主管、河北日报报业集团主办 | 是具有权威性、系统性、聚合性的地方综合性门户网站 | 版权收入、广告等 | 地方综合性门户网站 |
| 南海网 | 海南省委宣传部、海南省互联网信息办公室主管 | 坚持“新闻立网”,以“快速、全面、权威、公信、价值”为新闻传播宗旨,是经国务院新闻办公室认定的省级重点新闻网站 | 广告服务、商业资讯等 | 地方重点新闻网站 |
| 东方网 | 上海市市管国有控股企业,上海市国有资产监督管理委员会控股、上海东方明珠(集团)股份有限公司等30余家国有企业和媒体共同投资参股 | 以政府合作为基础,开展数字政务、新闻、社交与服务三位一体的社区O2O业务;努力建设成全国最具影响力的新型主流网络媒体之一和互联网文化上市公司 | 广告收入、电子商务、投资业务等 | 国家重点新闻网站 |

**续表**

| 新闻网站 | 经营主体 | 经营理念 | 主要收入 | 类型 |
| --- | --- | --- | --- | --- |
| 齐鲁网 | 山东省广播电视台主办 | 秉承“根植齐鲁，服务民生”宗旨，以“品位，价值，影响力”为追求，以新闻宣传为龙头，集网络视听、信息服务、网络营销和技术应用为一体的媒体平台 | 广告收入、信息服务和网络营销等 | 国家重点新闻网站 |
| 广西新闻网 | 区党委宣传部主管、广西日报传媒集团主办 | “聚焦广西，网联世界”，广西新闻网汇集了广西社会、经济、文化、生活等各个方面最新、最权威、最丰富的信息资讯，是广西最大的互联网资讯平台 | 广告收入、版权收入等 | 国家重点新闻网站 |
| 南方网 | 广东省委宣传部主管，南方报业传媒集团主办 | 广东媒体融合第一平台，与南方日报、南方杂志、南方+客户端共同构成广东“一报、一刊、一网、一端”党媒立体宣传格局 | 广告收入、商业资讯、版权收入等 | 国家重点新闻网站 |

注：取样时间：2019 年 5 月 10 日至 2019 年 9 月 17 日；取样方法：抓取十家重点新闻网站之内容。荆楚网，http：//www. cnhubei. com；浙江在线，https：//www. zjol. com. cn；深圳新闻网，http：//www. sznews. com；多彩贵州网，http：//www. gog. cn；河北新闻网，http：//www. hebnews. cn；南方网，http：//www. southcn. com；广西新闻网，http：//www. gxnews. com. cn；齐鲁网，http：//www. iqilu. com；东方网，http：//www. eastday. com；南方网，http：//www. hinews. cn。

## 三　样本重点新闻网站新闻栏目社会责任履行情况的现实考量

本文首先通过内容分析法设定的社会责任概念的相关关键词，针对该关键词词库采用网络爬虫技术，对目标网站的首页头版头条新闻栏目，例如首页的首要板块新闻栏目，进行全文检索。根据词库中词语出现的频率，考虑不同词的自然出现频率有差异，因此先统计词频，再进行排序，然后根据排序及综合词频出现的频率差异，决定各个项目的实际得分。

其次利用德尔菲专家咨询法，让 3 组在线用户对样本网站抽取的栏目内容依据总报告 36 个三级指标进行观察打分，打分结果经过一致性检验后乘以专家权重，最后计算得出具体分数，最终呈现样本网站的社会责任履行状况①（见表2）。

**表 2　一级指标得分汇总**

单位：分

| 网站 | 一级指标 | | | | 总分 | 排名(名) |
|---|---|---|---|---|---|---|
| | 信息生产 | 价值引导 | 文化教育 | 协调沟通 | | |
| 深圳新闻网 | 2.36 | 0.75 | 0.52 | 0.80 | 4.43 | 1 |
| 荆楚网 | 2.35 | 0.72 | 0.49 | 0.83 | 4.39 | 2 |
| 齐鲁网 | 2.21 | 0.76 | 0.52 | 0.80 | 4.29 | 3 |
| 东方网 | 2.23 | 0.80 | 0.42 | 0.81 | 4.26 | 4 |
| 河北新闻网 | 2.14 | 0.79 | 0.46 | 0.81 | 4.20 | 5 |
| 南方网 | 2.21 | 0.73 | 0.39 | 0.72 | 4.05 | 6 |
| 浙江在线 | 2.33 | 0.61 | 0.24 | 0.73 | 3.91 | 7 |
| 南海网 | 1.98 | 0.69 | 0.45 | 0.78 | 3.90 | 8 |
| 广西新闻网 | 1.99 | 0.68 | 0.48 | 0.56 | 3.71 | 9 |
| 多彩贵州网 | 1.97 | 0.63 | 0.41 | 0.69 | 3.70 | 10 |
| 平均分 | 2.18 | 0.72 | 0.44 | 0.75 | 4.09 | — |

## （一）样本网站社会责任一级指标得分情况

首先依据总报告社会责任四大指标编写词库进行新闻内容分析，计算各项指标的客观表现，再合并3组用户的主观感受，乘以总报告每个指标的权重，最后计算得出样本网站一级指标得分汇总。

## （二）样本网站四个基本维度的社会责任履行情况

如表2所示，样本网站的均值为4.08分，超过了4分的良好标准。这表明样本网站之间的最终表现差距不大，整体上都较好地履行了其门户新媒体的社会责任。细化到每项具体指标，仍有以下细微的差别。

在信息生产层面，样本网站平均分为2.18分，初始分数为4.34分，介

① 王天定：《谁的责任、向谁负责、负什么责任——浅议媒体社会责任的概念及特点》，《经济·科学·社会》2007年第2期。

于良好和优秀之间。历经多年发展，以样本重点新闻网站为代表的门户网站基本已经可以较好地履行其信息生产的功能。进一步细分来看，样本网站在“原创”、“深度”和“真实”3个指标相较于其他“信息生产”的三级指标，仍存在着一定的上升空间。

在价值引导这一层面，样本网站的平均得分为0.72分，初始分数为4.09分，同样介于良好和优秀之间，但相对于信息生产这一层面，仍有较大的发展潜力。在三级指标“主流价值”上，各大样本网站的表现均体现在对社会主义核心价值观的弘扬和报道上，并且报道方式大同小异。

在文化教育这一层面，样本网站的平均得分为0.44分，初始分数为3.73分，介于一般和良好之间。样本网站均有文化一级栏目设计，表明各门户网站在目标设定上均考虑到推动社会文化发展的社会责任。但其内容呈现方式单一，本地文化欠缺，其在“内容丰富度”这一指标上还有待提高；部分样本网站在“传播科教”这一、二级指标上也存在一定的缺漏，需要调整提升。

在协调沟通这一层面，样本网站的平均得分为0.75分，初始分数为3.65分，介于一般和良好之间，也是四个维度中得分最低的一个层面。这表明在目前融媒体大平台的传播格局下，门户网站在如何与自媒体竞争合作，取长补短，打造有本地平台风格的受众交流互动模式方面依旧定位不准确，缺乏内容上的真正融合，其大多没有能够很好地适应融媒体时代对社交媒体的要求，在“平台互动度”和“平台回复度”等指标上还有一定的上升空间。

### （三）各样本网站社会责任得分状况分析

深圳新闻网新闻栏目为社会责任综合得分最高的网站，超一半的一级指标名列前茅，但在二级指标“塑造共识”和“线上沟通”落后于新浪新闻，而且“社会风尚”指标抓取数据为零，这都应作为日后完善的方面。

荆楚网新闻栏目的社会责任综合得分也超过平均值，在四个一级指标维度上表现相对比较平均，“信息生产”、“价值引导”和“文化教育”三个指标表现略低于深圳新闻网。在“价值引导”层面，荆楚网含有社会主义核心价值观关键词部分的新闻栏目频率达0.33，为各样本网站之首，但由于总的新闻栏目开设不多，最终得分略低于深圳新闻网。

齐鲁网的社会责任得分位列各样本网站第三，其主要的短板为信息生产方面，首页要闻板块的新闻数量仅 20 条，相对于其他得分较高的样本网站来说，新闻条目数量过少，这可作为以后改进的一个方面。

东方网的社会责任得分位列第四，“价值引导”这一维度得分最高，说明东方网着力价值引导、打造权威主流特色。但在“文化传承”“传播科教”两个二级指标上的表现有待提升。

河北新闻网的得分在各样本网站中位于中游水平。其主要的失分项是“信息生产”这一维度，在“原创”、“深度”和“全面”等指标上均有一定的提升空间。同样，南方网也在信息生产方面面临着同样的问题，在“全面”等指标表现上需要加强。

浙江在线的社会责任得分处于中等偏下水平。但其网站首要板块新闻数量高达 42 条，在所有样本网站中居于前列。但是在核心价值观关键词抓取过程中，含关键词的新闻条数仅 11 条，频率略低。这表明浙江在线在“价值引导”这一维度表现较差，塑造共识、引导公众等价值宣传力度不够。

南海网、广西新闻网与多彩贵州网 3 个网站在所有样本网站中得分最低，指标表现也略有相似，信息生产的丰富性与全面性尚缺，文化教育方面内容相对较单一，同时在与受众的沟通方面也存在提升空间。

整体概括，在当前融媒体的大格局下，我国主要省级新闻门户网站依旧发挥龙头老大的优势地位，在新闻内容制作和呈现渠道等方面很好地履行了社会责任。在当前网民信息获取渠道极大丰富的时期，其庞大的互联网流量、权威的信息发布使得门户网站在信息传播的责任履行上取得了较好的效果。

具体细分观察各大样本门户网站，主要省级新闻网站在社会责任的履行中各有长处，利用自身优势促进了新闻资讯和文化传播。在促进信息传播和社会文化发展方面，样本网站均提供了个性化的版块和精品栏目，比较好地避免了各网站之间的同质化现象。同时，样本网站均利用了自身优势，在内容呈现的方式上取得了较好的效果。

主要省级新闻网站适应社交媒体新传播生态的能力较强。如齐鲁网、东方网分别在网站中开设了东方头条 App、闪电新闻 App 客户端下载引导栏，引导流量投入至手机端媒体平台中，适应融媒体时代的发展。样本中各新闻网站在优先发展新闻媒体功能的同时，借助自身影响力优势开展了网络问政、政务公开、网民论坛等特色栏目。

通过样本网站得分较高的优势指标如“信息生产”和“协调沟通”等，可以看出融媒体格局下的网站主要转型趋势，即在优先发展网站的新闻媒体功能的同时，积极加强与网民自制内容新闻源头的互动响应，共同作用于社会化的信息传播新格局。

## 四　部分省级新闻网站社会责任履行方面存在的不足

虽然总体上看我国省级新闻网站社会责任履行情况良好，但仍然存在一些短板。

### (一)舆论引导能力不足

当前融媒体格局逐渐形成，各种新旧媒体形态相互融合，信息传播速度也在不断加快。重点新闻门户网站为了塑造自己大平台的特色，聚集各种信息“一股脑”发布。如果采编人员政治意识不强，议题设置能力不足，为了追求最大化流量和影响效应，就会将博人眼球的信息放在新闻栏目头版等醒目位置，同时议题观点分散，无法形成集聚效应更好地引导舆论，有时信息内爆，甚至削弱当前的主流价值观的吸引力，从而不利于舆论正面格局的形成。

当前各地群体事件时有发生，根据“风险社会”理论，随着经济的高速发展，我国进入高风险社会发展阶段，民众社会议题诉求更多更复杂，这就需要平台门户网站立足本地信息内容，有效甄别、打造特色、凝聚议题。这并非指不能报道负面新闻，而是应该采用媒体议程设置技巧，引导公众理性、适度地去关注该负面舆论，而不是激发社会公众的负面情绪或从众情绪。这就需要平台门户网站有效提高议程设置和舆论引导能力，健康有效塑造良性的本地社会舆论生态环境。

### （二）对主流价值的引导方式有待优化

重点新闻网站在文化传播上应该承担相应的社会责任。从社会主义核心价值观的宣传分析来看，各样本网站对于主流价值观的弘扬缺乏内容和形式上的创新，同时也直接导致新闻网站在“教育大众”这一社会责任维度上偏弱。在新媒体技术创新的大背景下，公众对于信息的获取极具主动性，新闻网站必须要创新传播方式，用人民群众更加喜闻乐见的方式来传播主流价值观。

### （三）对新闻内容的质量把关有待提升

各大新闻网站滚动新闻的数量相近，主要来源于本网以及新华社、人民日报等知名新闻网，外加一些小众新闻网如都市快报等。同时存在“标题党”、低俗信息等有害内容。相比于题材较严肃、着眼全国的思想性、指导性和知识性的各类“硬新闻”，本地特色社会新闻等“软新闻”为了争夺流量、提高内容的点击率，在首页和内容页上存在“标题党”或低俗信息等嫌疑，这反映出网站主体在本地特色方面经营力度不够。

### （四）对用户的分类管理程度不够

在当前融媒体大格局环境下，很多信息内容来自用户生产，用户既是信息内容的生产者，又是信息内容的使用者，用户目标更清晰，行为更具有规律性，受众间的信息传播路径与关系越来越重要。结合大数据分析技术，可以对平台门户网站用户进行分类管理并进行有效的信息推荐。尽管目前样本网站在“协调沟通”这一社会责任维度上履行得较好，但在实际的传播中，分享评论和转发是最主要的互动功能，也是每一个网民在网络中话语权的体现。如果网站不进行有效分类管理，只是单一以转发评论量作为管理目标，只会导致匿名攻击、语言暴力和“水军”等现象不断出现，不利于良好互动氛围的形成以及良性传播生态的构建。因此，样本网站应该在“互动”这一指标的基础上加强平台用户的分类管理和用户行为的规律性探讨。据此更好地体现社会化时代传统信息门户平台特色，信息传播内容更丰富，路径渠道更多重，推荐更有效。

### （五）本地特色文化内容及传统文化教育传承度较低

地方新闻门户网站主要的特点是有地方文化特色并传承地方文化，大部分地方新闻网站的本地特色板块缺少地方特色节假日、区域历史、风俗人情、民俗礼仪及地方方言保护等特色文化教育内容。这导致对地方网友缺乏文化认同度，对区域外网友缺乏文化吸引力。在这一指标表现上，各大网站普遍得分偏低，我们需要更有地方特色文化的内容传承，打造以地方文化典故、区域历史、非物质文化遗产等为载体的平台，塑造认同度更高的地方文化品牌，实现农村社会更高层次的价值整合。

## 五　关于推进重点新闻网站进一步履行社会责任的相关建议

随着互联网技术的蓬勃发展，当今时代呈现媒介社会化与社会媒介化高度融合的趋势，这不仅意味着网络媒体对于社会的卷入度加深，也更能体现和说明网络媒体必须承担更加重要的社会责任[①]。

根据之前的量化结果分析，我们发现以省级重点新闻网站为代表的网络媒体社会责任履行整体表现较为优异，在新闻制作和内容呈现上较好地履行了社会责任，但是也存在一些问题和有待提高的部分。因此，对于推进省级新闻网站社会责任履行，有以下四点建议。

### （一）提升责任意识，优化媒介定位

2014 年，中国媒体融合发展进入新时期，媒介融合逐渐上升为国家战略。媒体融合首先是媒介的融合，然后是基于媒介融合的多重传播的融合，即主要从网络传播、大众传播和人际传播三重维度考量的媒介融合。[②] 在智

① 刘学峰：《地方新闻网站的社会责任》，《网络传播》2010 年第 5 期。

② 〔丹麦〕克劳斯·布鲁恩·延森：《媒介融合：网络传播、大众传播和人际传播的三重维度》，刘君译，复旦大学出版社，2014。

媒化浪潮不断席卷的今天，媒体对于社会责任的履行也应当被赋予新的时代意义。结合当今行业媒介融合发展的趋势，媒体的社会责任履行也应当是融合多种媒介属性的社会责任履行。根据这一分析层面，新媒体的社会责任并非传统媒体社会责任的简单延伸，而是一种基于新媒体崭新属性的社会责任层面的融合，是传统媒体社会责任的超越和全新建构。

我国省级重点新闻网站应当提升自身的社会责任意识、转变社会责任的履行观念。在智媒化时代，作为承担网络传播领域社会责任的重要主体，省级新闻网站的社会责任，不能仅看重新闻属性，还应调整媒体定位，着力于扩大文化传播、提升公共服务等方面的职责，才能更全面承担社会责任。

### （二）适应传媒新生态，重视内容生产流程

新闻以及信息是人们永恒不变的固定需求。据中国互联网络信息中心（NNIC）统计，在我国 17 种互联网应用中，网络新闻的用户高达 5.19 亿，80% 的使用率仅次于即时通信和搜索引擎，是第三大网络应用；在 15 种手机互联网应用中，手机网络新闻的用户达 4.15 亿，仅次于手机即时通信和手机搜索引擎，是第三大移动网络应用。但在社会化媒体、新闻客户端、移动智能 App 广泛占领市场的当下，省级新闻网站仍有三个方面需要改善，不断提高新闻生产水平，以在竞争极为激烈的新媒体新闻传播格局中发挥自身优势。第一，完善新闻信息生产机制，改变一成不变的转载新闻的方式，生产高质量的、适合网络传播环境的原创新闻。第二，发挥地缘优势，打造具有地域特色的信息平台。通过增加信息差异性和新闻接近性来吸引本地以及外地网民的关注。第三，加强和自媒体、KOL、受众的互动，扩展信源基础，发挥受众的积极性和主动性。

### （三）优化社会服务职能，积极进行传受双方的互动

省级重点新闻网站不仅是网络舆论发展传播的平台、党和政府的耳目喉舌，也是沟通社会、服务大众的重要渠道。在地方舆论环境下，各省级新闻网站是监督各级政府机构社会服务质量的利器。因此，在社会服务方面，各

省级新闻网站应当继续保持与传受双方的良好沟通，进一步发挥“政策和信息优势”，及时向公众发布权威信息、政务信息和服务性信息，提升社会服务质量，发挥普通公众与党和政府之间重要的桥梁作用。

### （四）开展对内对外文化传播，提高社会责任履行的广度

众所周知，媒介与文化的发展联系密切，不可分割。“媒介化的文化”在当下特点更为明显。媒介融合所造就的融合文化，某种程度上正是新旧媒体冲突的根源所在。而无论如何，基于全新媒体的文化正在构造我们的日常生活、意识形态、价值观、情感以及对于世界的认识与理解①。做好文化传播是地方新闻网站践行媒体社会责任的基础。各省级重点新闻网站拥有得天独厚的文化资源和地缘信息优势，主要着力点在于如何让地方文化和新闻网站真正融合传播。建议地方新闻网站充分挖掘源远流长的自身文化资源，主动扩大国际传播范围，形成对外文化输出的合力，既让“民族的成为世界的”，也要让“地方的成为世界的”。

在自媒体时代，人人都能成为记者，如何引领用户正确地在网络空间使用话语权也是地方新闻网站的一项重要职责。与此同时，网站还应该对受众进行注册管理，利用新技术手段提升内容管理的效率和效果，努力构建一个积极健康的网络文化环境。

① 〔美〕亨利·詹金斯：《融合文化：新媒体和旧媒体的冲突地带》，杜永明译，商务印书馆，2012。

**B**.6

# 融媒时代媒体微博的社会责任及其评价*

陈　然**

**摘　要：** 本文聚焦融媒时代媒体微博的社会责任，重点关注媒体网站微博、报纸微博和广播微博三类媒体微博，选取30家有代表性的微博账号作为评估对象，对2019年我国媒体微博社会责任履行现状、存在的问题及其应对策略进行了探讨。研究发现，目前我国媒体微博履行社会责任的整体水平仍有待进一步提升。媒体微博在四个维度的责任履行情况从好到差依次为：信息生产、协调沟通、文化教育和价值引导。三类媒体微博中，媒体网站微博履行社会责任的整体水平最高，报纸微博次之，广播微博最低。与地方级媒体相比，中央级媒体具备更强的责任意识与担当。媒体微博应不断增强信息生产的针对性和不可替代性，树立"信息分享"与"协同传播"的理念，树立舆论阵地的使命意识与导向意识，同时平衡正负面报道比例，营造积极健康的舆论生态。

**关键词：** 媒体微博　社会责任　媒体融合

---

* 本文为黄冈师范学院教研项目"融媒体时代地方高校传媒人才实践教学体系改革研究"（2019CE36）阶段性成果。

** 陈然，传播学博士，黄冈师范学院新闻与传播学院副教授，主要研究方向为新媒体传播。

技术的迭代正不断重塑传媒的生态环境与话语格局，社交化、移动化、视频化已然成为媒体发展的三大趋势。面对生存环境的改变，推动媒体融合发展、建设全媒体矩阵成为主流媒体“因势而谋、应势而动、顺势而为”的必然选择。作为主流媒体全媒体矩阵中的重要组成部分，媒体微博早已从最初的“试水观望”发展到今天的“规范运营”。2018 年，媒体微博账号总数达 33300 个，仅 2018 年上半年，媒体微博阅读量 TOP50 账号阅读量总和就达到 2710 亿，较 2017 年增长 18％。[①] 凭借内容资源的优势和专业品牌的积淀，媒体微博早已成为微博平台优质内容的重要来源，成为微博用户认知和判断世界“大事”及其重要性的窗口。媒体微博拥有的强大传播力和影响力使其作为专业媒体的责任坚守在“万众皆媒”的微博空间变得格外重要。然而，面对自媒体的蓬勃发展以及人工智能应用带来的内容生产变革，部分媒体微博陷入对数据的依赖与对流量的追求之中，逐渐放松了对内容的自我要求，出现“新闻自轻”“传播浅薄”等责任缺失的问题。专业媒体在传统媒体时代形成的伦理规范与职业操守在社交媒体平台遭遇到娱乐化倾向与商业化逻辑的冲击与侵蚀。本文聚焦融媒时代媒体微博的社会责任，对当下我国媒体微博责任履行的现状、存在的问题及其应对的策略进行探讨，以期为媒体微博的进一步发展提供可资借鉴的参考。

## 一　研究现状与研究设计

近年来，随着媒体形态的日新月异以及微博平台的成熟化发展，有关媒体微博的研究文献逐年减少，专门针对媒体微博社会责任的探讨更是很少出现。尽管如此，国内外有关专业媒体社会责任的探讨却在逐年增加。技术赋权带来的自媒体繁荣以及人工智能引发的内容变革使得专业媒体的责任坚守

① 刘瑞生：《“新”与“变”中的“链接”与“嵌合”——2018 年中国新媒体发展态势解析》，《出版参考》2019 年第 1 期。

成为学界和业界热议的话题①②。从媒体融合的角度来看，无论依托第三方平台发展的媒体微博、媒体微信公众号抑或是媒体网站、新闻客户端这类自主平台，作为媒体机构全媒体矩阵的组员，它们所承担的社会责任本质上并无二致。从社会功能衍生出的媒体责任来看，专业媒体所应承担的责任要素离不开“环境监视”、“社会协调”、“社会遗产传承”以及“提供娱乐”。而从责任要素的具体指向来看，积极引导社会舆论、倡导社会主义核心价值观、坚持正确政治方向、舆论导向和价值取向是专业媒体责任要素的重要内涵③④。随着人工智能时代的到来，研究者们更是呼吁，一个负责任的媒体应该避免阅读的浅薄化和低俗化，避免“千人千面”的个体信息孤岛，避免算法推荐带来的视野和视角的狭隘⑤。“万众皆媒”带来的信息过载对专业媒体的信息筛选、判断与解读能力提出了更高的要求⑥。作为专业媒体全媒体矩阵中的重要一环，媒体微博身处众声喧哗与信息过载的社交媒体空间，肩负着重要的媒体责任。本文聚焦媒体微博的社会责任问题，以新浪微博为观测平台，重点关注媒体网站微博、报纸微博和广播微博三类媒体微博，选取 30 家有代表性的微博账号作为评估对象，依据本文构建的媒体微博社会责任评价指标体系，对 2019 年我国媒体微博社会责任履行情况进行实证评估，并基于评估结果提出提升媒体微博社会责任履行能力的策略建议。

### （一）评价指标的选取

基于专业媒体的社会功能和微博平台的信息传播特点，本文构建出由 4

---

① 刘爽：《新媒体时代行业报刊的生存与发展》，《新媒体研究》2016 年第 23 期。

② 董向慧、吴阿娟、陈杰：《“人工智能＋媒体”蕴含的风险及对策》，《新闻战线》2018 年第 13 期。

③ 郁涛：《新媒体时代媒体承担哪些社会责任》，《人民论坛》2018 年第 21 期。

④ 董向慧、吴阿娟、陈杰：《“人工智能＋媒体”蕴含的风险及对策》，《新闻战线》2018 年第 13 期。

⑤ 刘爽：《新媒体时代行业报刊的生存与发展》，《新媒体研究》2016 年第 23 期。

⑥ 彭兰：《移动化、社交化、智能化：传统媒体转型的三大路径》，《新闻界》2018 年第1 期。

个一级指标、9 个二级指标和 27 个三级指标共同组成的媒体微博社会责任评价指标体系，从“信息生产”“价值引导”“文化教育”“协调沟通”四个维度综合评价媒体微博履行社会责任的实际水平。具体来说，“信息生产”维度主要考察媒体微博在新闻报道与信息传播过程中在“真实”“权威”“时效”“全面”“深度”“原创”“客观”七个方面的“信息质量”，以及在“把关信息”“规范广告”“控制侵权”三个方面的“流程管理”情况。“价值引导”维度主要考察媒体微博在“塑造共识”与“社会监督”方面的责任履行情况。其中，“塑造共识”主要考察媒体微博对“主流价值”与“社会风尚”的传播力度，“社会监督”则重点关注媒体微博在“国家治理”“社会风险”“行为失范”三个方面的监督与引导水平。“文化教育”维度考察媒体微博在“文化传承”“传播科教”“提供娱乐”三个方面的表现。“协调沟通”作为媒体微博社会责任的第四个维度，主要从“协调信息”和“沟通效能”两个方面进行考察。其中，“协调信息”主要评估媒体微博的信息传播活动是否较好地实现了公共服务的价值，并兼顾了社会的大多数，具体从“议题公共性”和“身份多样性”两个方面予以综合考量，“沟通效能”则从“公众参与度”“公众认同度”“平台互动度”“平台回复度”四个方面进行测量。

### （二）研究对象的确定

本文将媒体网站微博、报纸微博和广播微博作为具体观测对象，根据新浪微博提供的媒体矩阵势力榜 2019 年 2 月 25 日至 3 月 3 日周榜，分别从报纸矩阵榜单、媒体网站矩阵榜单和电台矩阵榜单中选取排名前十的媒体矩阵，再从每个媒体矩阵中选取影响力最大的一个微博账号作为评估对象，共 30 个媒体微博。其中，媒体网站微博的评价对象为人民网、凤凰网、环球网、华商网、中国新闻网、人民日报海外网、财经网、新华网、澎湃新闻和中国青年网十家媒体网站的官方微博，报纸微博的评价对象为人民日报、环球时报、成都商报、新京报、钱江晚报、封面新闻、华商报、北京头条、齐鲁晚报和大河报十家报纸媒体的官方微博，广播微博的评价对象为中国之声、中国交通广播、环球资讯广播、河南交通广播、河北综合广播、中央人民广播电台、楚天交通广播、中国乡村之声、吉林乡村广播和武汉新闻广播十家电台的官方微博。

### （三）研究方法与样本的选取

本文综合运用内容分析法、关键词搜索法和人工读网核实法对各项评价指标进行具体测量。将抽样时间确定为 2018 年 10 月 1 日至 2019 年 3 月 31 日，采用构造周抽样法抽取样本。具体抽样步骤如下。在半年 26 周中，每 4 个星期随机依次抽取星期一至星期六的两个样本，加上最后两周的周日，构成两个周。最终选取 2018 年 10 月 8 日（星期一）、2018 年 10 月 15 日（星期一）、2018 年 11 月 6 日（周二）、2018 年 11 月 20 日（周二）、2018 年 12 月 12 日（周三）、2018 年 12 月 19 日（周三）、2019 年 1 月 3 日（周四）、2019 年 1 月 17 日（周四）、2019 年 1 月 25 日（周五）、2019 年 2 月 15 日（周五）、2019 年 2 月 23 日（周六）、2019 年 3 月 9 日（周六）、2019 年 3 月 24 日（周日）和 2019 年 3 月 31 日（周日）这 14 天组成两个构造周。这两个构造周内，30 家媒体微博共发表 16530 篇微博讯息。本文内容分析由两名经过统一培训的编码员独立完成编码工作，编码完成后，抽出 25% 的样本计算独立编码员内容分析的一致性，编码员间的信度系数为 0. 805。收集完三级指标数据后，本文以各三级指标中的最大值为基准，赋值为 5，对各三级指标中的其他数据按比例计算相应得分，此后再根据指标权重分别计算出每个微博账号的二级指标得分、一级指标得分和社会责任综合评价得分。

## 二　媒体微博社会责任总体评价

依据本文构建的媒体微博社会责任评价指标体系，基于微博账号在两个构造周内的行为数据，本文对 30 家媒体微博社会责任履行情况进行评估，并据此管窥当下我国媒体微博责任履行的现状及其存在的问题。根据 30 家媒体微博社会责任综合评价得分来看，目前我国媒体微博履行社会责任的整体水平仍有待进一步提升。以5分为满分，30家媒体微博社会责任综合评价得分均值为2.8756分，平均得分率（得分/满分）仅为57.51%，不足60%。对单个微博账号的具体情况进行分析发现，不同媒体微博履行社会责任的水平存在较大差异。如表1所示，30家媒体微博中，同属人民日报社旗下的人民网微博、环球时报微博和人民日报微博社会责任履行情况最好，其中，人民网微博以4.1108分位列第一，社会责任综合评价得分率为82.22%，排名第二的是环球时报微博，社会责任综合评价得分为3.5164分，得分率为70.33%，排名第三的人民日报微博社会责任综合评价得分为3.4530分，得分率为69.06%。得分最低的中国乡村之声微博，其社会责任综合评价得分为2.1775分，得分率仅有43.55%。此外，从社会责任综合评价得分排行榜来看，排名前五的全部为中央级媒体微博，分别为人民网微博、环球时报微博、人民日报微博、中国新闻网微博和新华网微博。与地方级媒体相比，中央级媒体在加速媒体融合、全力打造全媒体矩阵时具备更强的责任意识与责任担当，在微博舆论场中通过信息生产与传播活动不断壮大主流思想舆论阵地，实现价值引导和文化教育，同时努力协调社会关系，成为专业媒体责任坚守的“排头兵”。

**表1　30家样本媒体微博社会责任综合评价**

单位：分

| 媒体微博 | 信息生产 | 价值引导 | 文化教育 | 协调沟通 | 总分 |
|---|---|---|---|---|---|
| 人民网 | 4.5168 | 3.7268 | 2.7674 | 4.2192 | 4.1108 |
| 环球时报 | 4.1209 | 2.1907 | 3.7794 | 3.0256 | 3.5164 |
| 人民日报 | 4.0622 | 1.7635 | 2.1251 | 4.1760 | 3.4530 |
| 中国新闻网 | 4.2115 | 2.1419 | 3.2431 | 2.7078 | 3.4250 |
| 新华网 | 4.0775 | 2.7734 | 1.5842 | 3.1444 | 3.3632 |
| 环球网 | 3.8700 | 1.5112 | 1.6539 | 3.8934 | 3.1988 |
| 澎湃新闻 | 3.9030 | 3.0828 | 1.4073 | 2.6041 | 3.1986 |
| 封面新闻 | 4.0090 | 1.1843 | 3.1300 | 2.7883 | 3.1582 |

续表

| 媒体微博 | 信息生产 | 价值引导 | 文化教育 | 协调沟通 | 总分 |
|---|---|---|---|---|---|
| 河北综合广播 | 4.2383 | 2.0577 | 2.1683 | 1.9084 | 3.1333 |
| 中国之声 | 3.7197 | 3.0424 | 2.3734 | 2.1346 | 3.1171 |
| 新京报 | 3.9148 | 1.4477 | 2.4305 | 2.6018 | 3.0367 |
| 成都商报 | 3.9256 | 1.4834 | 2.7852 | 2.3373 | 3.0359 |
| 齐鲁晚报 | 3.9291 | 1.3957 | 2.0558 | 2.2001 | 2.9083 |
| 人民日报海外网 | 3.7313 | 1.6434 | 0.9968 | 2.9773 | 2.8874 |
| 华商报 | 3.8910 | 1.2685 | 2.0878 | 2.1649 | 2.8633 |
| 财经网 | 3.8682 | 1.0665 | 1.3275 | 2.6677 | 2.8300 |
| 北京头条 | 3.7070 | 1.8601 | 1.5776 | 2.1887 | 2.8201 |
| 大河报 | 3.4206 | 1.4812 | 2.8483 | 2.3367 | 2.7897 |
| 钱江晚报 | 3.8473 | 0.8010 | 1.6534 | 2.2026 | 2.7157 |
| 中国青年网 | 3.4227 | 1.1143 | 1.3531 | 2.8116 | 2.6476 |
| 华商网 | 3.7446 | 0.9715 | 1.3126 | 2.0721 | 2.6274 |
| 楚天交通广播 | 3.4276 | 2.0901 | 1.1850 | 1.8942 | 2.6139 |
| 吉林乡村广播 | 3.6157 | 1.2459 | 1.7071 | 1.8393 | 2.6098 |
| 河南交通广播 | 3.1207 | 2.3597 | 1.3401 | 1.9582 | 2.5388 |
| 环球资讯广播 | 3.2121 | 1.0620 | 1.7990 | 1.8360 | 2.3852 |
| 武汉新闻广播 | 3.2740 | 0.9248 | 1.2017 | 1.8526 | 2.3252 |
| 中国交通广播 | 3.2390 | 0.9317 | 0.8466 | 2.0025 | 2.2979 |
| 凤凰网 | 3.0557 | 0.4784 | 0.7603 | 2.8027 | 2.2801 |
| 中央人民广播电台 | 3.1597 | 0.7271 | 0.8535 | 1.9092 | 2.2037 |
| 中国乡村之声 | 3.1697 | 0.5664 | 1.0170 | 1.8007 | 2.1775 |

根据一级指标权重计算出社会责任四个维度“信息生产”“价值引导”“文化教育”“协调沟通”的理想满分，并计算出30个微博账号在四个责任维度（一级指标）的得分，然后将得分均值与理想满分进行对比。如图1所示，四个责任维度中，媒体微博在“信息生产”方面的责任承担情况相对最好，30个微博账号在该项一级指标的平均得分率为74.27%，而在其他三个责任维度的表现均不理想，其中，“协调沟通”维度的平均得分

率为 50.04%，而“文化教育”和“价值引导”两个责任维度的平均得分率仅有 36.91% 和 32.26%。从一级指标得分均值情况看，30 家媒体微博在四个维度的责任履行情况从好到差依次为：信息生产 > 协调沟通 > 文化教育 > 价值引导。对单个微博账号在四个责任维度的得分情况进行具体分析发现，30 家媒体微博在“信息生产”维度的责任履行水平较为相当，得分率均超过 60%，而其他三个责任维度的得分率情况两极分化较为严重，其中，“协调沟通”维度一级指标最高得分率为 84.38%，而最低得分率仅有 36.01%，“文化教育”一级指标的最高得分率为 75.59%，最低得分率仅有 15.21%，“价值引导”维度的最低得分率与最高得分率之间也相差 64.97%。

对不同类型媒体微博履行社会责任的情况进行对比分析，从样本整体情况看，如图 1 所示，媒体网站微博履行社会责任情况最好，报纸微博次之，广播微博最差，三类媒体微博社会责任综合评价得分率均值依次为 61.14%、60.59% 和 50.80%。此外，从三类微博样本得分的分布情况看，10 个报纸微博账号的社会责任综合评价得分率全部高于 50%，10 个媒体网站微博的社会责任综合评价得分率也基本处于 50% 以上，仅有 1 家媒体网站微博社会责任综合评价得分率为 45.60%，而 10 个广播微博账号中，社会责任综合评价得分率高于 50% 的仅占一半。进一步对三类媒体微博在四个责任维度的得分情况进行对比分析，结果显示，随着纸媒的式微，媒体微博已然成为报纸新闻报道与信息发布的重要平台。作为历史悠久的一类大众传媒在微博空间的延伸，报纸微博延续着传统纸媒的生产优势和特点，在“信息生产”和“文化教育”方面的责任履行能力优于媒体网站微博和广播微博。作为三类微博中唯一土生土长的新媒体，媒体网站微博熟知网络空间的生产逻辑和传播规律，在“价值引导”和“协调沟通”方面较为得心应手，这两个责任维度的履行情况在三类微博中都属于最好，一级指标平均得分率均值分别为 37.02% 和 59.80%，而广播微博在四个责任维度的表现均不理想。

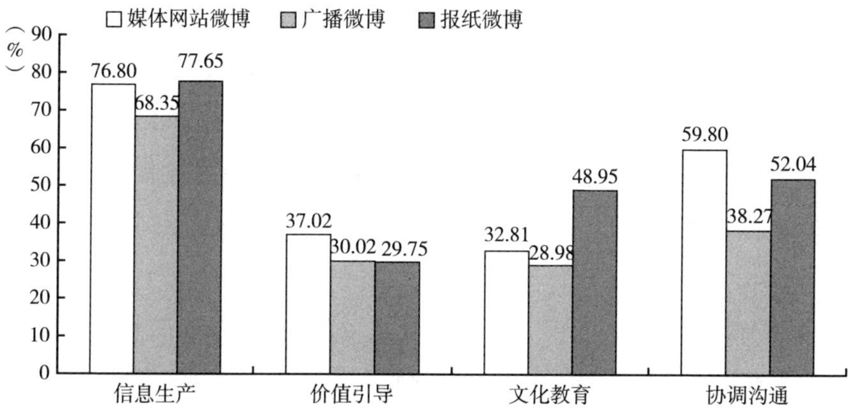


**图1　三类媒体微博四个责任维度的得分率均值对比**

## 三　媒体微博各维度的责任评估

### （一）“信息生产”维度的责任评估

作为微博场域从事信息生产与传播活动的专业媒介组织，媒体微博大多较为重视“信息生产”维度的责任履行。30个媒体微博在“信息生产”一级指标的得分均值为1.8616分，平均得分率为74.27%。从单个媒体微博具体得分情况看，30个微博账号在“信息生产”责任维度的得分率都超过60%，7家媒体微博在该项一级指标得分率超过80%。其中，得分最高的人民网微博在该项一级指标的得分率达到90.34%，得分最低的凤凰网微博该项指标的得分率为61.11%。本文从“信息质量”和“流程管理”两个方面综合评估媒体微博在“信息生产”维度的责任履行。对“信息生产”一级指标下的两个二级指标得分情况进行对比发现，媒体微博在“流程管理”方面的责任承担情况要好于“信息质量”，30个媒体微博在“流程管理”二级指标的平均得分率为98.42%，而“信息质量”二级指标的平均得分率为69.32%。流程管理是保证媒体信息质量的前提条件和必要手段，作为专业信息生产机构，媒体微博具备内容审核与把关的意识与行动，30 个媒体微博在“流程管理”二级指标下的“把关信息”“规范广告”“控制侵权”3 个三级指标得分率都超过 90%。然而，严格的流程管理并不必然带来好的信息质量，媒体微博所应承担的社会责任并非单纯依靠强制性流程管理实现，信息质量的保证更多需要依靠媒体从业者对社会责任和职业道德的坚守。

对媒体微博在“信息质量”维度下各三级指标观测点的具体表现做进一步分析发现，与传统媒体时代新闻生产的标准一脉相承，内容的“真实性”成为媒体微博信息生产的首要准则，30 个微博账号在“真实”这个三级指标的得分率均值高达 96.81%。权威性和客观性方面，当下，媒介技术的快速发展将人们带入到一个信息过载的时代，人们接收的信息超出了其所需要以及所能消费、承受的信息量，以致无法高效选择或有效利用信息[①]。尤其在参与主体众多的微博平台，面对信息的庞杂与真假难辨，人们对信息的权威性与客观性有着强烈的需求。作为专业化媒介组织，媒体微博有责任在信息发布过程中主动交代信息来源，同时坚持权威信源优先的原则，提升信息的权威性和客观性。分析结果显示，部分媒体微博已经形成了各自较为固定的版块编排方式和良好的信源标注习惯，但整体来看，媒体微博传播内容的权威性和客观性还有待进一步提升。30 个媒体微博发布的讯息样本中，交代信息来源的比例均值为 71.22%，采用权威信源的比例均值为 46.93%。对不同类型媒体微博权威信源采用情况进行对比发现，三类媒体微博中，媒体网站微博最擅长采用权威信源，10 个媒体网站微博的权威信源采用率均值为 57.40%，其次是报纸微博，权威信源采用率均值为 46.73%，权威信源采用率最低的是广播微博，均值仅有 30.06%。从中央媒体和地方媒体的比较来看，人民日报、中国新闻网等中央级媒体旗下的媒体微博采用权威信源的比例明显高于地方媒体所属媒体微博。

---

① 蔡骐、李玲：《信息过载时代的新媒介素养》，《现代传播（中国传媒大学学报）》2013 年第 9 期。

随着媒体融合进程的加速，作为各大媒体机构全媒体矩阵中的重要一员，媒体微博的主要优势就在于信息的快速抵达与裂变式传播，确保信息发布的时效性成为媒体微博发挥优势的应有之举。根据30个媒体微博的行为表现来看，大部分媒体微博都非常重视信息发布的时效性，且早已形成较为固定的信息发布时段和频率，30个媒体微博平均每天发布39条微博讯息，其中，10个媒体微博日均发布微博数处于40~49条，6个媒体微博平均每天发布超过50条讯息，仅有2个媒体微博日均发布微博数低于20条。信息生产的“原创”方面，30个媒体微博的原创率均值为79.84%。然而值得注意的是，“原创”并未带来真正的“独家”。分析过程中发现，围绕同一事件或话题，尽管媒体微博都以原创的形式进行了新闻报道和观点阐述，但同一化的信息生产逻辑和内容把关标准带来了众声喧哗下的内容同质，媒体微博的信息生产呈现较为明显的“媒介间议程设置”现象，少数意见领袖型媒体微博为其他媒体微博设置了报道的议程和内容。

“深度”方面，分析结果显示，30家媒体微博在信息生产过程中均采用了长微博、外部链接、文字图片或视频等形式提升内容的深度和丰富性。然而，不同类型媒体微博在采用长微博/文字图片、外部链接和视频的比例上存在较大的差异。其中，以文字报道见长的报纸微博最擅长使用长微博/文字图片来增加微博内容的深度，10个报纸微博账号发布的讯息样本中，采用长微博/文字图片的讯息比例为44.42%，而另外两类媒体微博采用长微博/文字图片的比例均不足10%。采用外部链接方面，报纸微博仍优于其他两类媒体微博，平均采用率为60.81%，而媒体网站微博和广播微博采用外部链接的比例均未超过30%。此外，随着互联网用户信息消费视频化趋势的形成，媒体微博在信息生产过程中越来越多地使用视频来增加信息的感染力。30个媒体微博发布的讯息样本中，视频使用率均值为44.98%，其中时长在5分钟以内的短视频比例占94.72%。从三类媒体微博视频使用率的对比情况看，广播微博的视频采用率为54.27%，优于报纸微博的47.60%和媒体网站微博的33.06%。

## （二）“价值引导”维度的责任评估

“价值引导”是媒体责任坚守与品质提升的重要突破口。无论媒介生态如何改变，一个负责任的媒体都应该将真善美的价值诉求与社会主义核心价值观的传播引领融入每一次新闻报道与信息发布中，同时敢于对社会各类不良现象进行监督和约束，利用传媒的“社会规范强制”功能实现主流价值的传播和引导。本文从“塑造共识”和“社会监督”两个方面对媒体微博在“价值引导”维度的责任履行进行综合评价。从一级指标得分情况看，媒体微博在“价值引导”维度的责任履行情况整体较差，30 个媒体微博在该项一级指标的平均得分为 0.2839 分，平均得分率仅有 32.26%。其中，得分最高的人民网微博在该项一级指标的得分率为 74.54%，而得分最低的凤凰网微博在此责任维度的得分率不足 10%。从得分率分布情况看，30 个媒体微博中，21 个媒体微博在“价值引导”一级指标的得分率不足 40%，得分率大于等于 60% 的媒体微博仅有 3 家。对比“价值引导”责任维度下的两个二级指标得分情况发现，媒体微博在“塑造共识”和“社会监督”两个方面的责任履行水平相当，均有较大的提升空间，平均得分率分别为 31.89% 和 31.23%。

为具体把握媒体微博在“价值引导”维度的责任缺失，本文对各三级指标得分情况做进一步分析。结果显示，“塑造共识”方面，面对微博空间多元价值取向的碰撞和冲击，媒体微博能够较好地肩负传播主流价值、凝聚社会共识的重任，而对勤俭自强、文明礼貌、助人为乐等社会风尚的传播力度整体不足，30 个媒体微博在“主流价值”三级指标的平均得分率为 41.41%，在“社会风尚”三级指标的平均得分率却仅有 23.19%。30 个媒体微博中，除人民网微博注重对社会风尚的倡导与传播，两个构造周内发布了超过 100 条包含社会风尚的微博讯息外，大部分媒体微博对社会风尚类议题都缺乏足够的重视，其中 15 家媒体微博在两个构造周内发布的社会风尚类讯息不足 10 条。此外，对各类不良现象进行监督是媒体微博的应尽之责。从“社会监督”二级指标下的 3 个三级指标得分均值情况看，30 个媒体微博对三类“监督”议题的重视程度从高到低依次为国家治理、社会风险和行为失范，3 个三级指标平均得分率分别为 39. 61% 、34. 17% 和 13. 17% 。

## （三）“文化教育”维度的责任评估

本文从“文化传承”“传播科教”“提供娱乐”三个方面综合评价媒体微博在“文化教育”维度的责任履行情况。从一级指标得分情况看，30 个媒体微博在该项一级指标的得分均值为 0. 2172 分，平均得分率为 36. 91% 。其中，得分最高的环球时报微博在该项一级指标的得分率为 75. 59% ，而得分最低的凤凰网微博在此项责任维度的得分率仅为 15. 21% ，两者之间相差 60. 38% 。对媒体微博在“文化教育”维度的得分率分布情况进行梳理，30 个微博账号中，得分率高于 60% 的仅有 3 家，18 家媒体微博的得分率不足 40% 。可见，尽管个别媒体微博较为重视文化教育方面的责任坚守，然而从整体水平来看，媒体微博在“文化教育”维度的表现非常堪忧。对一级指标下的 3 个二级指标得分情况进行比较，媒体微博在“传播科教”方面的责任履行情况最好，其次是“提供娱乐”，表现最差的是“文化传承”，3 个二级指标得分率均值分别为 35. 16% 、30. 80% 和 22. 85% 。

进一步对 3 个二级指标下的 6 个三级指标得分情况进行分析。结果显示，“文化传承”方面，媒体微博在传统文化传播上的表现要优于当代文化传播。两个构造周内，30 个媒体微博共发布有关“传统文化”的微博讯息 342 条，发布以“当代文化”为主题的微博讯息 177 条，仅为“传统文化”议题的一半。此外，从媒体微博在“传播科教”方面的具体表现来看，媒体微博对科技信息的传播力度要大于教育信息。当下社会，信息技术的日新月异带来了科学传播的泛在与便捷，通过搜索方式主动获取科技信息和科技解决方案已成为越来越多网民的主要选择①。面对信息的爆炸式增长以及科技信息的真假难辨，专业媒体的权威科技信息传播显得尤为重要。两个构造

① 中国科协科普部、百度品牌数据中心、中国科普研究所：《中国网民科普需求搜索行为报告（2018 年第一季度）》，http：//www. crsp. org. cn/uploads/soft/190329/1 – 1Z329132032. pdf，最后检索时间：2019 年 5 月 30 日。

周内，30 个媒体微博共发布了 638 条科普科技讯息和 383 条教育信息。“提供娱乐”方面，30 个媒体微博都非常重视对娱乐内容质量的把关和审核，娱乐内容的健康度得分都很高，平均得分率高达 97.17%。构造周内，30 个媒体微博发布的讯息样本中，包含低俗视频、低俗图片和低俗文字的讯息样本仅占 0.01%。然而媒体微博提供的娱乐信息类型较为单一，30 个媒体微博在“内容丰富性”三级指标的得分率均值仅有 27.52%。

## （四）“协调沟通”维度的责任评估

本文从“协调信息”和“沟通效能”两个方面对媒体微博在“协调沟通”维度的责任履行现状进行评估。从一级指标得分情况看，30 个媒体微博在“协调沟通”一级指标的得分均值为 0.5129 分，平均得分率为 50.04%。其中，人民日报社旗下的人民网微博、人民日报微博和环球网微博在该项一级指标的得分率位列前三，分别为 84.38%、83.52% 和 77.87%，而得分最低的中国乡村之声微博在该项一级指标的得分率仅为 36.01%。尽管媒体微博之间履行责任的水平存在较大差异，但整体来看，与“价值引导”和“文化教育”维度相比，媒体微博在“协调沟通”维度的责任履行情况相对较好。30 个媒体微博中，两家媒体微博的得分率高于 80%，22 家媒体微博在该项一级指标的得分率超过 40%。对“协调沟通”责任维度下的二级指标得分情况进行分析发现，媒体微博在“协调信息”和“沟通效能”两个方面的责任履行水平差距极大，其中，“协调信息”二级指标平均得分率高达 94.88%，而“沟通效能”二级指标的平均得分率仅有 28.09%。

对二级指标下各三级指标得分情况做进一步分析发现，30 个媒体微博在信息生产与传播过程中均非常重视议题的公共性导向和社会阶层的多样性呈现，“协调信息”二级指标下的“议题公共性”和“身份多样性”三级指标平均得分率都非常高。然而，媒体微博在“协调信息”方面的努力并没有为其带来相应的公众参与度和公众认同度，媒体微博自身在平台互动度和平台回复度的表现也不尽如人意，30 个媒体微博在“沟通效能”二级指标下的4个三级指标的得分率整体非常低。对不同类型媒体微博的具体表现进行对比分析发现，三类媒体微博在“公众参与度”“公众认同度”“平台互动度”“平台回复度”四个方面的表现存在较大差异。从反映公众参与度的转发数和评论数来看，报纸微博获得的转发数和评论数均值要高于媒体网站微博，媒体网站微博获得的转发数和评论数又远远高于广播微博。两个构造周内，10个报纸微博获得的转发数均值和评论数均值分别为293和322，10个媒体网站微博获得的转发数均值和评论数均值分别266和277，而10个广播微博获得的转发数均值和评论数均值仅有10和9。此外，公众认同度方面，报纸微博获得的公众认同度同样优于媒体网站微博，而媒体网站微博则远远高于广播微博，报纸微博、媒体网站微博和广播微博获得的点赞数均值分别为750、566和21。平台互动度方面，本文以2018年10月1日至2019年3月31日为观测期，对30个媒体微博在该时间段内主动发起互动的数量进行统计，结果显示，三类媒体微博同样存在较大差异。其中，10个报纸微博半年时间内通过主动提问、发起投票或者发起话题的形式引发互动的数量平均为151次，10个媒体网站微博引发互动的数量平均为128次，而10个广播微博平均引发互动的数量仅为35次。平台回复度方面，由于人力和精力的限制，即使是互动便捷的微博平台，媒体仍无法实现与用户真正的一对一互动与反馈。两个构造周内，30个媒体微博基本没有回复任何网友的提问，与直接回复网友相比，媒体微博更多时候会选择有代表的观点以信息发布的方式予以回复，实现一对多的互动。

## 四　对策与展望

专业媒体利用微博等社交平台进行渠道拓展与内容延伸，既是适应网民信息消费习惯改变的迫切需要，也是改善网络舆论结构、做大做强主流舆论的必然之选。对媒体微博社会责任履行现状的实证评估结果显示，随着媒体微博队伍的不断壮大，以人民网微博、人民日报微博为代表的部分优势媒体微博在履行社会责任方面表现良好，在媒体微博中发挥着“意见领袖媒介”

的引领作用。然而，从整体水平来看，当前媒体微博履行社会责任的能力还有待进一步加强，信息生产的同质化、社会监督的形式化以及协同传播意识不强等问题仍然存在。基于评估过程中发现的问题，本文认为媒体微博可从以下四个方面着手提升其社会责任的履行能力。

第一，利用网民“画像”，增强信息生产的针对性和不可替代性。针对媒体微博内容同质化严重的问题，媒体微博应充分利用各自所属媒体的资源优势和品牌优势，利用网民行为数据为其“画像”，研究网民需求，使信息生产与服务更具针对性与不可替代性，通过特色鲜明的原创消息和评论增加自身在微博平台的辨识度。

第二，平衡正负面报道比例，营造积极健康的舆论环境。作为社交媒体场域中的专业媒体，媒体微博呈现的社会状态对于网民的环境认知有着较大的影响。媒体微博应勇于担当微博舆论健康发展的使命，努力成为社交平台激浊扬清的中流砥柱，勇于承担价值引导的重任。信息传播过程中不能仅仅跟随用户的兴趣点，而应努力平衡正面报道与负面报道的比例，为网民营造一种积极、健康而理性的舆论环境。

第三，媒体微博应树立舆论阵地的使命意识与导向意识。新媒体丰富了公众表达的同时，也为杂音和噪音的生存提供了土壤。在人人都有麦克风的微博空间，媒体微博应该树立舆论阵地的使命意识和导向意识，始终把传承中华民族传统美德、弘扬爱国主义精神、传播社会主义核心价值观作为己任，善于利用知识性、解读性的内容引导社会热点、凝聚社会共识，通过主流价值的传递将原本杂乱的声音转化为主流的和声。

第四，媒体微博应树立“信息分享”与“协同传播”的理念。一方面，媒体微博应建立以意见领袖型媒体微博为核心的合理有序的信息交换和联络机制，实现差异化竞争，从而避免因内容重复而带来的视野窄化。另一方面，随着政务微博在我国的快速发展，实现与政务微博的高效联动、搭建政民沟通的桥梁成为媒体微博的责任所在。作为微博空间的专业媒介组织，媒体微博应强化自身的联动意识，积极建立与政务微博之间的沟通合作机制，用政府与媒体的组合拳提升信息的权威性，实现主流声音的传递。

## 参考文献

钟瑛：《中国新媒体社会责任研究报告（2018）》，社会科学文献出版社，2018。

董向慧、吴阿娟、陈杰：《“人工智能+媒体”蕴含的风险及对策》，《新闻战线》2018年第13期。

陈然、李艳梅：《报业转型过程中报纸微博的责任履行与提升——基于2016年~2017年八家报纸微博的实证评估》，《文化与传播》2018年第1期。

郁涛：《新媒体时代媒体承担哪些社会责任》，《人民论坛》2018年第21期。

# B.7

# 我国网络视频直播平台社会责任及其评价*

刘 琼　李永刚　文婷婷**

**摘　要：** 作为影响广泛而深远的新兴传播渠道，网络视频直播平台理当承担相应的社会责任。本文以国内16家有代表性的网络视频直播平台为研究对象，评估其社会责任履行情况。研究结果表明，除个别平台外，我国网络视频直播平台的社会责任履行情况并不理想。各平台社会责任四个一级指标的履行水平由高到低依次为：信息生产、协调沟通、文化教育、价值引导。针对现有问题，本文提出，政府应完善法律规章，建立长效政策体系；建立技术监管体系，代码规制和算法规制相结合；建立平台战略联盟，完善平台自律监管体系；善用群众治理，唤起用户参与感与责任感；平台内容升级，履行好文化教育功能；平台协同经纪公司加强运营管理，把关直播间内容品质。

**关键词：** 网络视频直播平台　社会责任　评价体系

---

* 本文受到教育部人文社科研究青年基金项目“基于社会责任视角的网络视频直播管理研究”资助（项目编号：17YJC860011）。

** 刘琼，华中师范大学新闻传播学院副教授，硕士生导师，主要研究方向为网络视频传播、网络文化；李永刚、文婷婷，华中师范大学新闻传播学院硕士研究生。硕士研究生李慧对本文亦有贡献。

直播自诞生以来，经过短短数十年的发展，就实现了从网络直播史前时代（直播1.0）到VR直播（直播4.0）的升级换代。[①] 2017年下半年以后，直播行业发展趋于稳定。截至2018年12月，网络直播用户规模达到3.97亿人，占网民总体的47.9%。[②] 作为影响广泛而深远的新兴传播渠道，网络视频直播平台理当承担相应的社会责任。近年来《互联网视听节目服务管理规定》《网络表演经营活动管理办法》《关于加强网络直播服务管理工作的通知》等文件的频繁出台，也体现了官方对于以直播平台为代表的新媒体社会责任规范的重视。在此背景之下，本文采用实证方法进行研究，力图透析各大视频直播平台的社会责任履行情况，并针对存在的问题提出切实可行的治理方案和建议。

## 一　研究现状

目前，学界从各个角度对网络视频直播平台展开了丰富的研究，但基于社会责任视角的研究则相对少见。梳理相关文献可发现，既有研究主要集中于三个方面：第一，网络视频直播平台失范现象研究；第二，网络视频直播平台治理困境研究；第三，网络视频直播平台治理策略研究。

### （一）网络视频直播平台失范现象研究

国内外学术界主要从两个方面来研究网络视频直播平台的失范现象。

一是从法律层面梳理直播平台存在的侵权问题。当前网络直播存在着侵犯著作权、知识产权、名誉权、隐私权等民法所涵盖的各种权利的风险[③]，其中尤以著作权/版权侵权最为常见。就游戏直播而言，部分网络游戏直播行为既侵犯了著作权人的法定排他权利，又不符合合理使用的法定情形和《著作

---

① 隗辉、严语、白玉洁：《网络直播泛娱乐化乱象解读与有序治理》，《湖北社会科学》2018年第2期。

② 中国互联网络信息中心：《第43次中国互联网络发展状况统计报告》，http：//www.cac.gov.cn/2019－02/28/c_1124175677.htm，最后检索时间：2019年6月30日。

③ 桑莱丝：《以行政权力规制网络直播》，《人民论坛》2018年第31期。

权法》上的“转换性使用”[①]，因此具有明确的著作权侵权属性[②]。在赛事直播方面，有学者提出，由于联邦法院无法起诉非法的外国主播，法律实际上对赛事版权的保护毫无用处[③]，而全球对直播的法律规定也难以达成统一[④]。

二是从消费社会的视角探讨了直播平台的失范现象。有学者注意到，在消费社会的语境下，身体的审美成为一种突出的社会思潮，网络主播的身体过度商品化，成为可供消费的商品。流水线式的“网红脸”的出现，便是女主播为了迎合观众对于自身身体的想象和欲望而进行自我规训的产物[⑤]。一些学者对直播中的喊麦行为进行了研究，认为直播间喊麦更像是一种“广场宣言”，“普通的声音被转化为他者化、权威化的英雄号召”[⑥]，但是喊麦这一直播表演是一种“男性化”的表演，根本原因就在于它“只生产‘男性文本’，其遵循的仍旧是‘女人交易’的性/社会性别制度——用等价商品来交换女人”[⑦]。基于对青年社会心态的分析，有学者指出直播中的喊麦行为体现的是一种对成功和金钱过度渴求的野蛮情绪宣泄和观念表达，暴露的是一种扭曲的逐利心态和功利主义价值观[⑧]。

### （二）网络视频直播平台治理困境研究

快速发展的网络视频直播平台呼唤构建起有效的治理体系。然而，现有

---

① 转换性使用：“转换性使用”要求后续的作品使用能够基于不同的创作目的或性质，以添加一些新的表达、含义或内容的方式，来实现对原作品的创作性改变。

② 孙松：《论网络游戏直播行为著作权侵权属性》，《中国出版》2018 年第 21 期。

③ Adam Ainslie（2016），“The Burden of Protecting Live Sports Telecasts：The Real Time Problem of Live Streaming and App-Based Technology，” *SSRNE lectronic Journal*，1－39.

④ Faklaris，C.，et al.，“Legal and Ethical Implications of Mobile live－Streaming Video Apps，” *Proceedings of the 18th International Conference on Human－Computer Interaction with Mobile Devices and Services Adjunct*（2016）：pp. 722－729.

⑤ 余富强、胡鹏辉：《拟真、身体与情感：消费社会中的网络直播探析》，《中国青年研究》2018 年第 7 期。

⑥ 陈琰娇：《直播间里的“男性文本”：喊麦的声音政治》，《东岳论丛》2018 年第 10 期。

⑦ 盖尔·卢宾：《女人交易——性的“政治经济学”初探》，生活．读书．新知三联书店，1998，第 21～81 页。

⑧ 刘胜枝：《商业资本推动下直播、短视频中的青年秀文化及其背后的社会心态》，《中国青年研究》2018 年第 12 期。

的治理格局仍然存在着不少问题，学者们从政府监管和平台自治两个方面展开了研究。

一部分学者从政府监管层面总结当前网络视频直播平台治理的困境。一些学者站在较为宏观的层面，关注网络直播的治理主体、治理手段等问题。许向东指出，由于网络直播内容具有表演、视听等多重属性，文化部、网信办、新闻广电出版总局、工业和信息化部等多个监管主体呈现“九龙治水”的局面，管理机构职能交叉、重叠，监管效率低下①。刘雪斌等认为，由于政府部门出台的《互联网直播服务管理规定》等文件不是法律，权威性较弱，抑或出台的一些法律法规多属于倡导性的规定或部门规章制度，缺乏具体规范，所以只能通过行政手段进行管理和约束②。也有学者聚焦于对直播领域具体问题的治理。游凯杰认为现有的《著作权法》并不保护互联网络领域的广播信号，因此无法有效避免直播画面盗播行为。《反不正当竞争法》由于保护不足、架空《著作权法》等原因，在直播画面保护上也存在一定的弊端③。杨继慧认为，一方面现有的监管方式无法监管网络主播的税收情况，导致大量税收流失；另一方面，网络主播与平台签订的《主播经纪协议》不是劳动合同，无法规范双方的劳动关系，保障网络主播的基本权益④。

另一部分学者则从平台层面考察网络视频直播平台治理的困境。王丽、李理指出，对于直播平台而言，其取得增长的最大动力在于色情、低俗内容，因此平台自身缺乏自我管理和革命的动力和勇气⑤。唐衍欢认为，平台方至少存在三个难题，一是人工审核滞后、技术审核不到位导致的对于主播

① 许向东：《我国网络直播的发展现状、治理困境及应对策略》，《暨南学报》（哲学社会科学版）2018 年第 3 期。

② 刘雪斌、俎璐：《实现网络直播平台的法治化运营》，《人民论坛》2018 年第 34 期。

③ 游凯杰：《著作权法体系下体育赛事直播画面的权利保护》，《武汉体育学院学报》2019 年第 2 期。

④ 杨继慧：《整治网络直播乱象》，《人民论坛》2019 年第 6 期。

⑤ 王丽、李理：《网络主播的污名化及其伦理困境：一项网络民族志研究》，《新闻与传播评论》2018 年第 4 期。

身份认证的困难；二是流媒体呈现和实时发布带来的内容审核的困难；三是平台方信息公布缺位造成的技术监管困难①。刘海龙认为，“眼球经济”时代，部分企业需要通过色情内容、明星八卦提高流量，进而售卖商品或者实现广告盈利，因此平台方故意采取不与主播签约等措施规避风险，逃避责任②。

## （三）网络视频直播平台治理策略研究

针对网络视频直播平台的治理问题，学界主要有直接治理和间接治理两种治理思路。

一种思路是着眼于网络视频直播平台的种种乱象，直接提出具体的解决方案。刘琼、黄世威从“共同责任”视角出发，提出对于用户协议等关系广大用户切身利益的平台管理规章，其出台、发布的全过程，应该充分吸纳专家、用户、家长、媒体等各方意见③。许玉镇认为政府应该从“媒介管理”思维转向“社会治理”思维，注重多元共治的管理方法，因此提出建立以平台为主体、以行业自律为主要方式的监管体系，并且提出了建立信息共享机制、成立互联网治理基金会、与高校合作培养人才等具体措施④。

另一种思路是通过拓宽直播平台的功用间接实现平台治理。高文珺认为，直播平台方可以挖掘具有不同专业知识和技能的主播，实现内容的多元化，为青年提供一个参与式学习的网络空间⑤。沈霄、王国华基于参与式治理的视角指出了网络直播的理政作用，提出通过网络直播+政务，加强政务直播的制度、技术、法制建设和常态化机制建设，可以推动公民参与社会治理，优

① 唐衍欢：《网络视频主播监管的难点与对策》，《传媒》2018 年第 15 期。

② 刘海龙：《网络直播的监管困局及其长效机制构建》，《传媒》2018 年第 21 期。

③ 刘琼、黄世威：《网络视频直播平台管理规章的取向——基于 8 个移动直播平台用户协议的文本分析》，《当代传播》2019 年第 2 期。

④ 许玉镇：《网络治理中的行业自律机制嵌入价值与推进路径》，《吉林大学社会科学学报》2018 年第 3 期。

⑤ 高文珺：《基于青年视角的网络直播：参与的盛宴，多元的融合》，《中国青年研究》2019 年第 4 期。

化公民参与社会治理的公共空间，形成公民参与社会治理的用户黏性①。

总体而言，学界关于网络视频直播平台的研究已经取得了较为丰硕的成果，但也存在一些明显问题。具体而言如下：其一，基于社会责任视角对网络视频直播平台展开的系统研究为数不多；其二，以思辨和质化研究为主，量化研究较少；其三，以个案研究为主，缺乏对于多个平台的系统研究和对比分析；其四，以游戏、秀场、泛生活类直播平台为主，少有对电商直播、教育直播等平台的研究。

## 二　研究设计

### （一）评价指标选取和操作化

综合考察当前网络视频直播平台的传播语境和特征，本文对新媒体社会责任评价指标体系的各项指标进行了筛选，在信息生产、价值引导、文化教育、协调沟通4个一级指标之下，选取了流程管理、塑造共识、文化传承、传播科教、提供娱乐、沟通效能6个二级指标，其下共有15个三级指标：把关信息、规范广告、控制侵权、主流价值、社会风尚、传统文化、当代文化、教育传播、科技传播、内容丰富性、内容健康度、公众参与度、公众认同度、平台互动度、平台回复度。最终确定的评价指标与操作路径如表1所示。

**表1　网络视频直播平台社会责任评价指标与操作路径**

| 三级指标 | 主要操作路径 |
| --- | --- |
| 把关信息 | 平台主播注册审核情况；内容发布审核情况；平台管理规定 |
| 规范广告 | 直播中出现广告的次数；首页广告数量 |
| 控制侵权 | 直播中是否涉及侵权内容 |
| 主流价值 | 涉及主流价值的直播间数量 |

① 沈霄、王国华：《网络直播＋政务的发生机制、问题及对策——基于参与式治理的视角》，《情报杂志》2018年第1期。

续表

| 三级指标 | 主要操作路径 |
|---|---|
| 社会风尚 | 涉及社会风尚的直播间数量 |
| 传统文化 | 涉及传统文化的直播间数量 |
| 当代文化 | 涉及当代文化的直播间数量 |
| 教育传播 | 是否开设“教育”栏目;在直播平台搜索“教育”类关键词出现的主播数量 |
| 科技传播 | 是否开设“科技”栏目;在直播平台搜索“科技”类关键词出现的主播数量 |
| 内容丰富性 | 直播平台开设的总栏目数 |
| 内容健康度 | 主播着装暴露度;直播中出现低俗词汇的次数 |
| 公众参与度 | 直播间的送礼总次数 |
| 公众认同度 | 直播间主播的粉丝数 |
| 平台互动度 | 直播平台是否开设“讨论区”;首页上直播平台所发起的活动数 |
| 平台回复度 | 直播平台对于咨询的回复情况 |

## （二）样本选择与数据搜集

根据 Alexa 流量、百度搜索指数、360 指数、搜狐指数等多项排名统计，综合考量平台代表性与典型性，本文一共选取了 16 家网络视频直播平台。分别是：虎牙、斗鱼、YY、花椒、企鹅电竞、企鹅体育、六间房、网易 CC、触手、一直播、酷狗直播、章鱼、腾讯 NOW、映客、淘宝直播、CCtalk。平台类型丰富，包含了游戏直播、秀场直播、泛生活直播、体育直播、电商直播、音乐直播、教育直播等多种类型。选取的 16 家直播平台具体观测区域如表 2 所示。

**表 2　网络视频直播平台社会责任评价观测区域**

| 平台 | 类型 | 观测区域 |
|---|---|---|
| 虎牙 | 游戏 | 首页 – 推荐 – 全部直播 |
| 斗鱼 | 游戏 | 推荐 – 全部 |
| 企鹅电竞 | 游戏 | 首页 – 推荐 – 全部直播 |
| 网易 CC | 游戏 | 游戏 – 全部 |
| 触手 | 游戏 | 首页 – 推荐 – 全部直播 |
| YY | 秀场 | 直播 – 热门 |

续表

| 平台 | 类型 | 观测区域 |
|---|---|---|
| 六间房 | 秀场 | 直播 - 热门 - 推荐 |
| 映客 | 秀场 | 首页 - 直播 - 为你推荐 |
| 花椒 | 泛生活 | 直播 - 热门 |
| 一直播 | 泛生活 | 首页 - 热门 |
| 腾讯 NOW | 泛生活 | 热门 - 推荐 |
| 企鹅体育 | 体育 | 首页 - 分类 - 全部直播 |
| 章鱼 | 体育 | 首页 - 推荐 - 全部直播 |
| 淘宝直播 | 电商 | 精选 |
| 酷狗直播 | 音乐 | 首页 - 推荐 |
| CCtalk | 教育 | 发现 - 直播 |

本文采用连续日期抽样的方法，即在总体中或研究特定的目标时间段通过简单随机抽样择取一天，接下来的样本紧跟此天①。研究者随机抽取了自2019 年 4 月 9 日至 4 月 22 日，连续抽取 14 天作为观测时间。由 3 名经过专业培训的硕士研究生每日观测前述观测区域，运用 Excel 实时记录数据，后期统一进行分析。

## 三　研究发现

### （一）网络视频直播平台社会责任总体评价

如表 3 所示，16 家直播平台中，斗鱼、虎牙、YY 的社会责任得分位列前三名，分别为斗鱼 1.4045 分，虎牙 1.1442 分，YY 0.8496 分。社会责任得分最低的平台是企鹅体育，得分是 0.4681 分。直播平台之间社会责任得分有一定差异，标准差为 0.2673 分。

① 周翔：《传播学内容分析研究与应用》，重庆大学出版社，2014，第 110 页。

**表 3　网络视频直播平台社会责任总体评价**

单位：分

| 平台 | 信息生产 | 价值引导 | 文化教育 | 协调沟通 | 社会责任总分 | 排名 |
|---|---|---|---|---|---|---|
| 斗鱼 | 0. 3492 | 0. 3054 | 0. 3070 | 0. 4429 | 1. 4045 | 1 |
| 虎牙 | 0. 3545 | 0. 2047 | 0. 1648 | 0. 4202 | 1. 1442 | 2 |
| YY | 0. 2857 | 0. 1732 | 0. 1185 | 0. 2722 | 0. 8496 | 3 |
| CCtalk | 0. 3666 | 0. 0000 | 0. 3196 | 0. 1039 | 0. 7901 | 4 |
| 网易 CC | 0. 2763 | 0. 0849 | 0. 0657 | 0. 2718 | 0. 6987 | 5 |
| 映客 | 0. 3424 | 0. 0000 | 0. 1785 | 0. 1117 | 0. 6326 | 6 |
| 企鹅电竞 | 0. 3493 | 0. 0000 | 0. 1185 | 0. 1342 | 0. 6020 | 7 |
| 腾讯 NOW | 0. 3538 | 0. 0000 | 0. 0939 | 0. 1009 | 0. 5486 | 8 |
| 六间房 | 0. 2935 | 0. 0000 | 0. 1154 | 0. 1154 | 0. 5243 | 9 |
| 一直播 | 0. 3326 | 0. 0274 | 0. 0511 | 0. 1035 | 0. 5146 | 11 |
| 花椒 | 0. 3160 | 0. 0137 | 0. 0634 | 0. 1147 | 0. 5078 | 10 |
| 触手 | 0. 3297 | 0. 0000 | 0. 0467 | 0. 1293 | 0. 5057 | 12 |
| 章鱼 | 0. 3632 | 0. 0000 | 0. 0911 | 0. 0417 | 0. 4960 | 13 |
| 淘宝直播 | 0. 3456 | 0. 0000 | 0. 0839 | 0. 0557 | 0. 4852 | 14 |
| 酷狗直播 | 0. 3384 | 0. 0000 | 0. 0364 | 0. 1062 | 0. 4810 | 15 |
| 企鹅体育 | 0. 3405 | 0. 0000 | 0. 0911 | 0. 0365 | 0. 4681 | 16 |

根据新媒体社会责任评价指标权重，可计算出网络视频直播平台社会责任的理想满分为 2. 0711 分。而 16 家直播平台的社会责任得分均值为 0. 6658 分，得分率（得分均值/理想满分）仅为 32. 1%。除了排名第一的斗鱼、排名第二的虎牙得分率分别达到 67. 8%、55. 2%之外，其余平台得分率均不足 50%。综上所述，我国网络视频直播平台的社会责任履行情况并不理想。

表 4 统计了 16 家网络视频直播平台社会责任一级指标的最大值、最小值、均值、标准差和理想满分。可以发现，4 个一级指标的得分率分别为：信息生产 78. 29%，价值引导 13. 71%，文化教育 20. 66%，协调沟通 23. 29%。相对而言，信息生产责任履行情况最好，价值引导责任履行情况最差。由标准差可知，16 家网络视频直播平台信息生产责任的履行情况差异最小，协调沟通责任的履行情况差异最大。

表 4　网络视频直播平台社会责任一级指标得分与满分对比

单位：分

| 一级指标 | 最大值 | 最小值 | 均值 | 标准差 | 理想满分 |
|---|---|---|---|---|---|
| 信息生产 | 0.3666 | 0.2763 | 0.3336 | 0.0272 | 0.4261 |
| 价值引导 | 0.3054 | 0.0000 | 0.0506 | 0.0939 | 0.3690 |
| 文化教育 | 0.3196 | 0.0364 | 0.1216 | 0.0845 | 0.5885 |
| 协调沟通 | 0.4429 | 0.0365 | 0.1601 | 0.1248 | 0.6875 |

## （二）网络视频直播平台信息生产责任履行情况评价

直播平台的信息生产社会责任主要通过对网站流程管理水平的考察来评价，具体包括把关信息、规范广告、控制侵权三项三级指标，各平台得分及排名如表 5 所示。

表 5　网络视频直播平台信息生产责任履行情况评价

单位：分

| 平台 | 把关信息 | 规范广告 | 控制侵权 | 信息生产总分 | 排名 |
|---|---|---|---|---|---|
| CCtalk | 4.4000 | 2.7273 | 5.0000 | 0.3666 | 1 |
| 章鱼 | 5.0000 | 1.0933 | 5.0000 | 0.3632 | 2 |
| 虎牙 | 5.0000 | 0.5539 | 5.0000 | 0.3545 | 3 |
| 腾讯 NOW | 4.0000 | 2.8779 | 5.0000 | 0.3538 | 4 |
| 企鹅电竞 | 4.8000 | 0.7024 | 5.0000 | 0.3493 | 5 |
| 斗鱼 | 5.0000 | 0.2238 | 5.0000 | 0.3492 | 6 |
| 淘宝直播 | 5.0000 | 0.0000 | 5.0000 | 0.3456 | 7 |
| 映客 | 4.6000 | 0.7521 | 5.0000 | 0.3424 | 8 |
| 企鹅体育 | 4.6000 | 0.6334 | 5.0000 | 0.3405 | 9 |
| 酷狗直播 | 4.6000 | 0.5035 | 5.0000 | 0.3384 | 10 |
| 一直播 | 4.4000 | 0.6140 | 5.0000 | 0.3326 | 11 |
| 触手 | 4.4000 | 0.4322 | 5.0000 | 0.3297 | 12 |
| 花椒 | 4.0000 | 0.5325 | 5.0000 | 0.3160 | 13 |
| 六间房 | 3.4000 | 0.5531 | 5.0000 | 0.2935 | 14 |
| YY | 2.2000 | 2.9076 | 5.0000 | 0.2857 | 15 |
| 网易 CC | 3.0000 | 0.4303 | 5.0000 | 0.2763 | 16 |
| 均值 | 4.2750 | 0.9711 | 5.0000 | 0.3336 | — |
| 标准差 | 0.7996 | 0.9554 | 0.0000 | 0.0272 | — |

观测发现各平台把关信息和控制侵权的得分都较高。在观测各平台审核主播资质的时候可以发现，用户在申请成为主播的过程中基本都要提供实名信息，直播平台管理规章和用户协议较为完备。用户在进入平台时就会被要求绑定手机号或其他社交账号登录，并同意用户协议，网易 CC 还特别要求主播使用网易邮箱登录。同时，各直播平台在用户进入直播间时都会有公告提醒，内容包括倡导绿色直播，提醒巡查，禁止违法、违规、低俗等不良信息，防骗，封禁封停等。控制侵权方面，16 家平台观测区域的直播间在人工观测过程中都未出现侵权现象。

直播网站的广告大致有 3 种类型：直播平台海报广告、悬浮广告；主播口播广告；直播画面贴画文字。其中规范广告得分较高的是 YY（2.9076）、腾讯 NOW（2.8779）、CCtalk（2.7273），平台及直播间界面较为简洁，观看过程中广告较少。主播是在线直播平台实现用户留存的关键因素，尤其是头部主播的行为对粉丝观众有较大影响力，因此各平台都支持通过活动或广告曝光主播来吸引和留存用户。在以秀场、泛生活、音乐为主的直播平台上，主播会在直播画面中写明关于当日求打赏的礼物和完成数量的文字。观测中还发现，斗鱼、酷狗、映客等平台上用户观看的直播间内多悬浮滚动着可点击跳转到其他直播间的活动链接，酷狗、六间房等平台的直播间悬浮着显眼的 PK 榜单、地区榜单、人气榜单等链接。在网易 CC、触手等以游戏直播为主的平台上，主播往往会在直播画面中贴出自己各平台的账号信息。显然，平台和主播都在积极通过各种广告鼓励用户关注、观看、分享直播内容。

### （三）网络视频直播平台价值引导责任履行情况评价

直播平台的价值引导责任包含主流价值和社会风尚两个三级指标，指标得分高低由平台观测区域中涉及相关内容节目数量的多少决定，各平台得分及排名如表 6 所示。

研究发现，总体上各平台在价值引导方面得分较低，且各平台之间差异比较大。以排名前三的平台为例，得分最高的斗鱼（0.3054 分，得分率

**表 6　网络视频直播平台价值引导责任履行情况评价**

单位：分

| 平台 | 主流价值 | 社会风尚 | 价值引导总分 | 排名 |
|---|---|---|---|---|
| 斗鱼 | 3.3333 | 5.0000 | 0.3054 | 1 |
| 虎牙 | 5.0000 | 0.3846 | 0.2047 | 2 |
| YY | 1.6667 | 3.0769 | 0.1732 | 3 |
| 网易 CC | 2.2222 | 0.0000 | 0.0849 | 4 |
| 一直播 | 0.0000 | 0.7692 | 0.0274 | 5 |
| 花椒 | 0.0000 | 0.3846 | 0.0137 | 6 |
| 企鹅电竞 | 0.0000 | 0.0000 | 0.0000 | 7 |
| 企鹅体育 | 0.0000 | 0.0000 | 0.0000 | 7 |
| 六间房 | 0.0000 | 0.0000 | 0.0000 | 7 |
| 触手 | 0.0000 | 0.0000 | 0.0000 | 7 |
| 酷狗直播 | 0.0000 | 0.0000 | 0.0000 | 7 |
| 章鱼直播 | 0.0000 | 0.0000 | 0.0000 | 7 |
| 腾讯 NOW | 0.0000 | 0.0000 | 0.0000 | 7 |
| 映客 | 0.0000 | 0.0000 | 0.0000 | 7 |
| 淘宝直播 | 0.0000 | 0.0000 | 0.0000 | 7 |
| CCtalk | 0.0000 | 0.0000 | 0.0000 | 7 |
| 均值 | 0.7639 | 0.6010 | 0.0506 | — |
| 标准差 | 1.5164 | 1.4042 | 0.0939 | — |

82.8%），与排名第二的虎牙（0.2047 分，得分率 55.5%）、第三的 YY（0.1732 分，得分率 46.9%）之间就有较大的差距。观测中发现，斗鱼、YY、花椒在首页总分类中开设了一级“正能量”栏目，其中斗鱼“正能量”栏目包括了警营参观、消防直播、中科院讲座、公开课等丰富的直播内容，YY 直播设置了公益现场、YY 科普、走进军营等类别；虎牙在一级分类“一起看”下开设了二级“正能量”栏目，直播主旋律影视剧供用户同步观看讨论；网易 CC 在一级分类“综艺”下开设了二级“正能量”栏目，栏目下有许多包含主流价值或社会风尚内容的直播间。与上述平台形成对比的是，有 10 家直播平台因观测区域内没有涉及价值引导的直播栏目或直播间，得分为 0。

## （四）网络视频直播平台文化教育责任履行情况评价

直播平台文化教育责任履行情况以传统文化、当代文化、教育传播、科技传播、内容丰富性、内容健康度六个三级指标作为衡量标准。通过观测发现，作为实时互动教育平台的 CCtalk 表现最为瞩目，主打游戏定位的斗鱼紧随其后，但其他 14 家直播网站在文化教育责任履行方面得分均不够理想，如表 7 所示。

**表 7　网络视频直播平台文化教育责任履行情况评价**

单位：分

| 平台 | 传统文化 | 当代文化 | 教育传播 | 科技传播 | 内容丰富性 | 内容健康度 | 文化教育总分 | 排名 |
|---|---|---|---|---|---|---|---|---|
| CCtalk | 1.0000 | 0.5556 | 5.0000 | 4.0000 | 2.4194 | 5.0000 | 0.3196 | 1 |
| 斗鱼 | 0.0000 | 3.3333 | 3.1212 | 5.0000 | 5.0000 | 1.0627 | 0.3070 | 2 |
| 映客 | 1.0000 | 5.0000 | 0.1919 | 0.0000 | 0.4839 | 1.0365 | 0.1785 | 3 |
| 虎牙 | 0.0000 | 5.0000 | 0.1414 | 0.0000 | 2.5806 | 1.0124 | 0.1648 | 4 |
| 企鹅电竞 | 1.0000 | 2.2222 | 0.1717 | 0.0000 | 1.9355 | 1.0569 | 0.1185 | 5 |
| YY | 1.0000 | 2.2222 | 0.0707 | 0.0000 | 2.4194 | 0.9360 | 0.1185 | 6 |
| 六间房 | 2.0000 | 1.1111 | 0.0000 | 0.0000 | 2.0968 | 0.9984 | 0.1154 | 7 |
| 腾讯 NOW | 2.0000 | 0.5556 | 0.0000 | 0.0000 | 1.1290 | 1.0241 | 0.0939 | 8 |
| 章鱼 | 0.0000 | 2.2222 | 0.0202 | 0.0000 | 2.4194 | 1.1156 | 0.0911 | 9 |
| 企鹅体育 | 1.0000 | 1.1111 | 0.0303 | 0.0000 | 2.2581 | 1.1728 | 0.0911 | 10 |
| 淘宝直播 | 0.0000 | 0.5556 | 0.0000 | 0.0000 | 1.7742 | 4.1650 | 0.0839 | 11 |
| 网易 CC | 0.0000 | 1.1111 | 0.0606 | 0.0000 | 2.9032 | 0.9770 | 0.0657 | 12 |
| 花椒 | 0.0000 | 1.1111 | 0.0202 | 0.0000 | 2.5806 | 1.0750 | 0.0634 | 13 |
| 一直播 | 0.0000 | 0.5556 | 0.0202 | 0.5000 | 0.6452 | 1.5961 | 0.0511 | 14 |
| 触手 | 0.0000 | 0.5556 | 0.0202 | 0.0000 | 2.2581 | 1.0731 | 0.0467 | 15 |
| 酷狗直播 | 0.0000 | 0.5556 | 0.0000 | 0.0000 | 1.1290 | 0.9970 | 0.0364 | 16 |
| 均值 | 0.5625 | 1.7361 | 0.5543 | 0.5938 | 2.1270 | 1.5187 | 0.1216 | — |
| 标准差 | 0.7043 | 1.4682 | 1.3676 | 1.4918 | 1.0188 | 1.1762 | 0.0818 | — |

各网站的传统文化指标得分很低，观测期间有多数网站并未观测到传统文化直播内容。在当代文化传播方面，映客、虎牙得分遥遥领先，宝石鉴定、乐器表演、动漫是主要传播内容，而触手、酷狗直播、一直播、淘宝直播等平台表现欠佳。

在科教传播方面，16 家直播网站中仅有 CCtalk、斗鱼设有专门的教育科技栏目。CCtalk 教育内容最为丰富，涉及语言、公考、考研、技能、中小学等多方面。其余涉及教育内容较多的平台有映客、企鹅电竞、虎牙和斗鱼，但所涉内容范围狭窄，集中于下棋、影视赏析①，其他内容涉及较少。在科技方面，除斗鱼设有“斗鱼科普”“斗鱼航天局”等官方账号，经常发布科技信息外，其余直播网站均较少涉及科技传播相关内容。

内容丰富性方面，斗鱼是个中翘楚，其多样化的栏目设置满足了不同游戏用户的需求，以 7162.52 万的月均活跃用户量在直播领域遥遥领先②。对内容健康度的评价，主要以主播着装暴露度，以及出现色情、性暗示、粗口、血腥暴力、迷信色彩等次数为观测依据。CCtalk 在该方面得分较高，淘宝直播次之。其余 14 家直播平台均存在主播衣着暴露、出现不雅动作及弹幕内容低俗化等现象，如女主播穿包臀裙上演热辣性感舞蹈“吸睛”、游戏直播观众将一些低俗词语作为口头禅等。

## （五）网络视频直播平台协调沟通责任履行情况评价

公众参与度、公众认同度、平台互动度、平台回复度是评价协调沟通责任履行状况的四个三级指标。如表 8 所示，斗鱼、虎牙、YY、网易 CC 在协调沟通指标上位居前四，企鹅电竞得分最低。

**表 8　网络视频直播平台协调沟通责任履行情况评价**

单位：分

| 平台 | 公众参与度 | 公众认同度 | 平台互动度 | 平台回复度 | 协调沟通总分 | 排名 |
| --- | --- | --- | --- | --- | --- | --- |
| 斗鱼 | 1.0448 | 5.0000 | 3.0263 | 5.0000 | 0.4429 | 1 |
| 虎牙 | 1.3889 | 4.4480 | 2.5000 | 5.0000 | 0.4202 | 2 |
| YY | 5.0000 | 0.5817 | 0.0000 | 1.0000 | 0.2722 | 3 |

① 影视赏析即主播与用户共同观看某部电影或电视剧，在观看过程中对情节、演员、台词等进行分析点评。本文参考斗鱼将影视赏析直播归于教育科技栏目下的做法，将影视赏析作为教育传播的一种类型。

② 艾媒报告：《2019Q1 中国在线直播行业研究报告》，https://www.iimedia.cn/c400/64226.html，最后检索时间：2019 年 6 月 30 日。

续表

| 平台 | 公众参与度 | 公众认同度 | 平台互动度 | 平台回复度 | 协调沟通总分 | 排名 |
|---|---|---|---|---|---|---|
| 网易 CC | 0.4324 | 0.3411 | 4.1776 | 5.0000 | 0.2718 | 4 |
| 企鹅电竞 | 0.5960 | 2.2273 | 0.0000 | 1.0000 | 0.1342 | 5 |
| 触手 | 0.1484 | 1.0269 | 0.0000 | 4.0000 | 0.1293 | 6 |
| 六间房 | 0.5840 | 1.2221 | 0.0000 | 2.0000 | 0.1154 | 7 |
| 花椒 | 0.1452 | 0.1183 | 0.0000 | 5.0000 | 0.1147 | 8 |
| 映客 | 0.0253 | 0.1841 | 0.0000 | 5.0000 | 0.1117 | 9 |
| 酷狗直播 | 0.2304 | 0.1118 | 0.2632 | 4.0000 | 0.1062 | 10 |
| CCtalk | 0.0063 | 0.0043 | 0.0000 | 5.0000 | 0.1039 | 11 |
| 一直播 | 0.1199 | 1.9980 | 0.0000 | 1.0000 | 0.1035 | 12 |
| 腾讯 NOW | 0.5335 | 0.3713 | 0.0000 | 3.0000 | 0.1009 | 13 |
| 淘宝直播 | 0.1420 | 0.7374 | 0.0000 | 1.0000 | 0.0557 | 14 |
| 章鱼 | 0.0031 | 0.0041 | 0.0000 | 2.0000 | 0.0417 | 15 |
| 企鹅体育 | 0.3030 | 0.0506 | 0.0000 | 1.0000 | 0.0365 | 16 |
| 均值 | 0.6690 | 1.1517 | 0.6229 | 3.1250 | 0.1601 | — |
| 标准差 | 1.1793 | 1.5055 | 1.2923 | 1.7275 | 0.1208 | — |

公众参与度与公众认同度指标着重考察主播与用户之间的沟通联系情况。其中，公众参与度指标主要通过直播间送礼的总次数来衡量。观测发现，YY、虎牙、斗鱼在送礼次数上远高于其他平台，用户与主播互动频繁；映客、CCtalk、章鱼的主播与用户之间仅为弱交互关系，用户在观看直播时参与度较低。公众认同度则通过直播间主播的粉丝数来评价，16 家直播平台公众认同度的标准差为 1.5055，说明该项指标差距较大。观测发现，斗鱼、虎牙作为游戏类头部直播平台，签约了大批优质主播，如“@旭旭宝宝”“@药水哥”等，拥有强大的吸金能力，公众认同度远远高于其他平台。

平台互动度与平台回复度指标考察直播平台与用户之间的沟通联系情况，主要通过平台是否开设“讨论区”、首页直播平台所发起的活动数以及咨询回复数来衡量。观测发现，互动度较差是直播平台的通病，16 家直播平台中仅有网易 CC、斗鱼、虎牙、酷狗直播等存在一定的平台互动。在平台回复度上，16 家直播平台均开设“留言”相关板块，以便及时搜集与回应用户困惑，提升用户体验，增加用户黏性与忠诚度。

## 四　对策与展望

直播行业历经蛮荒无序的上半场，目前已进入相对稳定有序的下半场。经过政府的一系列监管措施、专项行动洗礼后，直播平台中违规违法现象已大为减少，近百家直播平台因内容涉嫌违规而被监管封停，政府的强力监管也倒逼平台自身大力整改。但是，直播行业准入门槛低，主播素质参差不齐，平台为盈利包庇不良内容，致使平台社会责任履行水平总体较低，尤其是价值引导责任履行情况较差，一些直播间内容低俗，主播违法、违规等新闻不时出现，为广大用户所诟病。

网络视频直播具有实时传输及交互、用户流动性大、技术依赖性强等特点。这使得监管过程中政府的信息获取较之直播内容的传受方及平台相对滞后，且管理过程中还存在监管部门职权划分模糊且缺乏统一标准等问题，故而目前主要的日常实时监管责任落在了直播平台自身。

在大数据时代的治理中，透明、开放、参与的政府权力运行机制是对传统行政权力运行机制的一次结构性变革，改变了传统政府一元主体支配、民众无条件服从的管理模式，实现了公共事务的多元主体共同治理①，网络直播平台承担监管职责是这一转变的缩影。与此同时，网络直播平台作为私营企业，以盈利为主要目的。在关注度就意味着流量的时代，低俗、暴力等抓人眼球的内容往往更易获取关注，为了盈利，直播平台常常会放松监管。直播平台固有的逐利本性，是其执行监管机制的天然缺陷。直播平台如何承担监管责任以及形成怎样的监管机制，需要进一步探析。

结合本次观测结果及前期研究成果，本文提出以下具体治理对策。

### （一）政府完善法律规章，建立长效政策体系

当前政府关于网络直播监管的相关规定多为行政法规、规章性文件，缺

① 王万华：《大数据时代与行政权力运行机制转型》，《国家行政学院学报》2016 年第 2 期。

少阶位较高的法律文件。政府主要是对网络直播进行事前或事后指导性的监管，以及对直播平台进行定期或不定期的监督检查，基本上不直接监管直播中用户和主播的行为。专项整治行动能够展现政府监管的力度和决心，同时有利于向其他平台施压，大力推动平台自我整改，具有较强的示范作用，但缺乏系统性和长效机制的支撑。

当前，政府应立足直播乱象，制定更具前瞻性和详细的规章制度，深入平台准入阶段、运营阶段和后平台阶段。[①] 网络直播平台准入阶段的监管，即平台的事前监管，属于一种预防性的监管，这一阶段的监管应将不符合平台准入条件的用户或主播阻拦在平台之外，政府可在准入阶段推动落实实名制和对未成年人的保护条款。平台运营阶段是平台监管的核心阶段。这一阶段应以用户和主播签订的协议为基础，以合同治理为框架来实施具体的监管。后平台阶段的监管是在网络直播行为发生后的补充监管，虽不免有“亡羊补牢”之嫌，但有时也“犹未为晚”，在整个网络直播的监管体系中发挥着不可替代的作用。

### （二）建立技术监管体系，代码规制和算法规制相结合

劳伦斯·莱斯格教授认为，网络空间的规制中“代码就是法律”，使用代码可以建造、构筑或编制任何价值理念。[②] 直播兴起于技术发展，同样需要利用技术来监管。平台与直播间内容海量，人工监管意味着高成本和高出错率，从代码层面上规制成为众平台的选择。当不良内容已经传播，之后的处罚再严重也无法弥补一次乱象对网络环境造成的影响，因此在讨论惩戒之外，有必要探索和建立更加科学高效的监管技术系统。

首先，代码规制可从根源上阻断不良内容。在数据传输安全方面，采用 AES128bit 算法加密、Https 防护、视频流动态加密等技术，可避免视频数据

---

① 李梦琳：《论网络直播平台的监管机制——以看门人理论的新发展为视角》，《行政法学研究》2019 年第 4 期。

② 〔美〕劳伦斯·莱斯格：《代码 2.0：网络空间中的法律》，李旭等译，清华大学出版社，2009，第 6 页。

被恶意篡改劫持，确保数据信息的传输安全。建立黑白名单，采用验证码用户隐私功能，将可疑的 IP 地址送入“黑名单”，拒绝可能产生的恶意 IP 访问，保障直播环境。在运营阶段，关键词过滤、搜索引擎、防火墙、人脸识别、指纹识别、图像识别等技术已经广泛运用于互联网领域。

其次，分布式网络下的算法规制也成为一项核心技术被广泛应用。建立在大数据基础上的自我学习、判断和决策的算法，目前已广泛运用于司法、商业、互联网等领域，今日头条就宣称“自己的运转核心是一套由代码搭建而成的算法”。问题在于目前平台的算法原理属于商业秘密，不透明不公开，不易于接受监管。关于这一点，我们可向欧盟学习，欧盟的“数据隐私法案”规定公民对算法具有知情权，法案规定欧盟国家公民将有权要求“审查某项特定服务中如何做出特定算法决策”，并要求算法公司详细、明确说明他们如何使用算法收集和保护用户数据，并且在收集数据前必须征得个人同意。

技术本质上仍是人的意志体现，算法的设计、目的、成功标准、数据使用体现了设计者、开发者的主观选择。平台应在运营意识方面做指导，在底层技术方面做统一，从而更好地服务大众，提供更好的用户体验。

### （三）建立平台战略联盟，完善平台自律监管体系

建立平台战略联盟，设立行业统一标准，联合倡议行业文明直播、健康发展，向社会传播正向价值，可从以下几方面着手。

第一，构建平台间联动治理体系。推进实名制和黑名单制度，建立信用系统，对于违规违法的主播建立联合失信系统，坚决杜绝不良主播换个平台东山再起的现象。

第二，完善直播平台各版块规则。游戏直播版块禁止侵权、暴力、扰乱游戏正常秩序的内容；秀场、颜值等真人主播为主的直播间建立着装规范，划清违规动作；有较高专业知识要求的教育版块，主播需向平台客服实名报备教育资质；金融版块必须有风险提醒并规定交易行为合法合规；等等。

第三，明确直播间管理方法。建立加分扣分系统，平台针对主播的违规

行为进行相应扣分，当主播直播间分数低于特定分数时，系统将关闭该直播间的礼物系统，管理员重点关注该直播间，当直播间分数为 0 分时，将永久封停该直播间。

第四，规范管理直播画面及文字内容。观测发现部分主播会在自己的直播画面贴上 QQ、微博等其他平台的账号信息进行广告引流。对此平台应明确规定广告内容所占屏幕大小，要求直播画面所放置的文字内容不影响观看，并提醒用户注意上述内容的广告性质。

第五，引导用户参与并传递正确的价值观念。在直播平台建立活动区、话题区，积极引导用户参与，密切与用户之间的联系，进行健康的舆论引导。本次观测中发现仅有两三个平台建立了用户社区，多数平台在协调沟通的过程中仍缺乏舆论引导意识。

第六，结合人工和算法推荐机制推送优质内容及优质主播。平台应承担起看门人的责任，不断提高数据算法的筛选精确度，以及“机器 + 人工”审核过程的科学性，采用“机器模型初筛—人工背靠背审核—第三人复核”的形式，准确识别优质内容及优质主播，并在推荐、热门等频道予以重点推荐。这不但为用户提供多元化、立体化的直播节目类型，也推动主播自我升级并在主播间开展良性竞争。决不能放任低俗内容因人气高霸占头条，避免出现劣币驱逐良币的现象。

第七，对平台主播进行职业化规范化要求。定期针对主播开展相关培训，对其进行价值观培养和相关条例培训，使主播了解传播过程中应承担的责任和义务，加强对主播违规的法律和经济约束。观测过程中，斗鱼等平台首页有主播知识答题等活动，通过富有趣味性的方式引导主播学习。近两年众多头部主播“踩红线”被封杀，比如斗鱼主播陈一发儿对民族历史问题发表不当言论，莉哥在虎牙直播戏唱国歌。此外 2018 年主播跳槽事件层出不穷，违约金数目也成倍增长，暴露出行业混乱的现状，例如虎牙“王者荣耀一哥”嗨氏跳槽斗鱼遭虎牙起诉，蛇哥在虎牙斗鱼间频繁跳槽，背负斗鱼、虎牙双重违约金，共计罚款超六千万元。以上都是主播缺乏社会责任意识和法律意识而导致的严重违法违规事件。

## （四）善用群众治理，唤起用户参与感与责任感

在 web1.0 时代，互联网产品一经上架便脱离生产者，用户意见难以采集，而 web3.0 时代可以便利地连接生产者和用户，根据用户反馈来改进产品。当直播平台包庇主播或出现监管空档时，尤其需要发挥用户在线反馈、群众治理（Governance by Crowd）[①] 等市场监管机制的作用。群众治理是一种类似于众包的消费者信息反馈方式。众包（Crowd-Sourcing）是指一个公司或机构把过去由员工执行的工作任务，以自由自愿的形式外包给非特定的，而且通常是大型的大众网络的模式，其应用范围非常广泛，研发、服务、翻译等商品和劳务都能以众包的方式完成。以新浪微博为例，作为一个信息集散的网络"广场"，每分钟用户都可发出成百上千条微博内容。为保障信息质量，微博设置了方便快捷的举报按钮，将不良内容的监管任务部分交予用户，某条微博被用户举报的次数越多，微博平台处理这条内容的速度就越快。一些大 V 在看到不良内容时也会发微博，号召粉丝一起举报。众包式的消费者信息反馈通过改变消费者整体行为去实现执行目的，正在成为一个愈加重要的监督方式[②]。

群众治理在 YouTube 网站已经有了成熟的操作体系，用户可以通过对不当内容进行标记（flag）来提醒平台处理，并要求其删除相关内容。越多的用户标记代表不当行为的危害性越大，越需要平台予以重视。如果平台忽略用户的标记不予处理，用户可以直接向政府有关部门举报平台不作为，情况严重时可报警处理。我国短视频网站也有相关案例：2017 年底快手大量推送"未成年孕妇""最年轻二胎妈妈"等不良信息，经多名用户举报后警方介入，促使快手采取删除视频、封禁账号等行动。

为了充分发挥群众治理的功能，各平台应按照文化部的规定畅通投诉举

---

① Peters, J., Johnson, B., "Conceptualizing Private Governance in a Networked Society," *North Carolina Journal of Law & Technology*, 18 (2016): pp. 15 - 68.

② 李梦琳：《论网络直播平台的监管机制——以看门人理论的新发展为视角》，《行政法学研究》2019 年第 4 期。

报渠道，完善突发事件应急处置机制，及时消除违法违规直播信息内容，保存记录并向有关主管部门报告。① 观测发现各平台都设立了反馈通道，遇到技术或内容方面的问题，用户可通过截图和文字形式向平台反馈。但反馈通道和举报通道在直播平台的入口都不在 App 的一级界面，需要用户仔细查找才能发现。平台应健全投诉举报机制，为投诉举报通道设置更为友好的界面，设置便捷的投诉举报入口，加强应急管理人员配置，及时处理相关情况，建立有奖举报制度。

善用群众治理有利于提高直播平台的监管效率，减少监管成本。平台对用户标记的反应有利于提升用户的参与感和成就感，起到榜样示范的效果，激励用户在使用过程中去学习、模仿。用户是直播内容的创造者、直播平台的使用者和管理者，唤起每一位用户的参与感和责任感，是共建绿色直播环境的前提。

### （五）平台进行内容升级，履行好文化教育功能

本次观测中发现各平台价值引导和文化教育的履行情况得分都较低。为了吸引流量和用户，直播平台不乏主播穿着暴露、大跳热舞等软色情擦边球内容，各平台同质化严重，缺乏核心竞争力。直播行业的发展中负面评价伴随始终，其中过度关注娱乐化信息、忽略正能量内容成为原罪之一。红利风口过后，以全民直播、熊猫 TV 的倒闭为标志，市场洗牌，直播平台竞争进入下半场。越来越严的内容监管以及加剧的竞争，要求直播平台寻找突破口，进行内容升级。

目前头部平台的内容升级意识已经觉醒，开始进行广泛的内容布局：或开设“正能量”栏目，牵手传统媒体及与政府联合，加强正能量传播力度；或重点布局游戏内容，深入电竞产业链，自办权威赛事，积极拓展海外游戏市场，加强在游戏外延生态上的布局；或在“直播 + 旅游”“直播 + 公益”

① 《文化部关于加强网络表演管理工作的通知》第一条、第二条，中华人民共和国文化部网站，2016，http：//baike. chinaso. com/wiki/doc – view – 263726. html。

“直播 + 选秀”等多个领域进行积极探索。

中小平台则在泛娱乐地图的边界上找寻更垂直的蓝海缝隙，进行内容深耕，发挥长尾效应。观测发现，垂直领域运营较好的平台有 CCtalk、章鱼和企鹅体育：CCtalk 专注网络教育，是网络直播讲课、学习的首选；章鱼和企鹅体育则专注体育内容直播，涵盖各项赛事活动。未来垂直内容生产可以继续深入政务媒体、电商购物、教育科普、财经知识、医疗健康、公益活动、体育运动等细分领域，提供多元优质的直播内容。

2019 年号称 5G 商用元年，低时延、海量链接的特性将为超高清视频带来强有力的技术支撑，直播的形式和场景将更加多样化。在内容生产方面，全民直播的破产表明单一的 UGC 模式无法持久，仅依靠用户上传无法保证质量和持续量产，PGC、平台自制以及版权合作或将成为主流。

直播是文化行业的新兴领域，担负着大众媒介的文化和教育功能。直播平台应正确认识自身定位，秉持绿色、健康的直播理念，继续增强专业性与原创性，自觉践行和弘扬社会主义核心价值观，肩负起传播正能量的使命。通过直播活动传承中华优秀传统文化，反映中国人时代审美，向世界展现中国特色。

## （六）平台协同经纪公司加强运营管理，把关直播间内容品质

直播行业已度过跑马圈地时代，进入深挖运营潜力的阶段。直播行业的发展催生了培训网红主播的经纪公司，意味着主播背后有了更为专业的团队和管理，经纪公司、主播和直播平台共同进入了商业化运作的产业链条。

经纪公司通常以文化传媒公司的形式存在，旗下拥有众多主播，经营各类主播经纪业务。经纪公司在平台上建立公会，可以向平台拿到官方活动、官方赛事的名额，栏目推荐的机会和产品周边的制作许可。热度直接影响着直播间在推荐页的排序，经纪公司通过运营争取高热度，平台通过热度等指标运行算法对用户进行推荐。优质主播有利于增加用户留存和增强用户黏性，在这一点上，经纪公司及平台的利益与用户想看到优质内容的需求是一致的，因此，经过经纪公司挑选和把关推上首页的优质主播、优质内容越

多，越能够为用户带来优质的使用体验。在观测过程中，也发现众多风格化新人的直播间热度达到数十万，跻身推荐前列。

经纪公司签约主播需要与主播、平台三方签订《解说合作协议》。协议与合同略有不同，合同的特点是明确、详细、具体，并规定了违约责任；而协议的特点是没有具体标的，简单、概括、原则性，不涉及违约责任。协议是签订合同的基础，合同是协议的具体化。从《解说合作协议》的具体内容来看，在对主播义务规定较多的同时缺乏对主播相关权利的规定，例如列举了主播违约的各种情况、规定版权所属不在个人，却缺乏基本的用人单位给予劳动者的几种保障性待遇。在主播越来越规范化、专业化的未来，合作方需要制定和签署更全面细致的劳动合同。

经纪公司的运营可参考电竞行业各大公会较成熟的商业体系，在旗下主播的管理上，采用严格的转会制度和科学的管理机制。2019 年王者荣耀职业联赛（简称 KPL）转会期采用全新的线上挂牌竞价体系，将转会期分为三个阶段，分别是挂牌期、竞价期和资料提交期。这项转会制度针对电竞的特点进行创新，并将传统体育的转会模式与互联网趋势相结合，使得竞价公平透明。在直播行业引入该项制度，或可规避主播频繁违约跳槽的乱象。另外，电竞公会的管理机制包含体系化的内容管控。电竞选手需要每日在指定时间内完成赛事期或日常期的不同训练，任务要求详细且可量化。经纪公司的管理机制则在日常任务设定上有所疏漏，例如某些经纪公司对签约主播仅规定直播时长下限而没有规定上限，在多劳多得的利益刺激下，出现连续直播 24 小时以上的不健康直播现象，并助长了睡觉直播、挂机放音乐直播等无意义的直播现象。管理体制上的缺陷和漏洞需要经纪公司和平台共同努力予以改进。

经纪公司是直播平台优质人才的掘金人，也是平台法规管理的监督者、把关人。经纪公司应在直播内容、主播定位、职业解读等各方面对主播进行培训，致力于培训主播产出有趣有意义的内容。平台协同经纪公司进行共建与发展，从源头把控内容品质，有利于创建螺旋式向上发展的良好直播环境。

# B.8

# 短视频平台社会责任分析报告*

朱雪　饶思敏　周一诺**

**摘　要：** 短视频作为热门的新媒体类型，经过近两年沉淀，行业整体进入平稳发展阶段。本文选取15家短视频平台作为研究对象，并抽取2100条短视频作为样本。结果显示，各短视频平台在履行社会责任中“马太效应”明显。但从总体来看，短视频平台在各一级指标中得分不高，整体得分率为41.34%，体现了行业在履行社会责任中情况不甚理想。从内容看，短视频行业在控制侵权、内容健康度上得分较高，反映出经过近两年监管部门的集中整治，短视频在平台内容方面取得很大成效。同时，短视频平台以泛娱乐化内容为主，在引导主流价值、履行社会责任方面尚有进步空间。在管理方面，主管部门、平台和用户都应从各自角度出发面对新形势新问题。

**关键词：** 移动短视频　社会责任　量化评价

根据中国互联网络信息中心发布的第44次《中国互联网络发展状况统计报告》，截至2019年6月，国内网民规模达到8.54亿人，而手机网民数量达8.47亿人，用户使用手机上网的比例达99.1%，在4G技术和“提速降费”

---

* 本文系教育部人文社科研究青年基金项目“基于社会责任视角的网络视频直播管理研究”阶段性成果（项目编号：17YJC860011）。

** 朱雪，华中科技大学新闻与信息传播学院博士研究生，研究方向为网络传播与新媒体；饶思敏，华中科技大学新闻与信息传播学院硕士研究生；周一诺，华中科技大学新闻与信息传播学院本科生。

政策的加持下，手机网络资费大幅下降，而移动互联网平均月使用流量达到7.2GB/人。移动互联网时代的到来为移动短视频快速发展提供了技术和用户基础，短视频发展势头依旧迅猛。数据显示，2019年短视频的行业渗透率达到72%，月人均使用时长超过22小时，月人均打开短视频平台应用为1.75个[①]。未来两年5G的商业化运用为短视频进一步发展提供了想象空间。由此，短视频的呈现平台因其影响力势必要承担更大的社会责任，本文拟通过量化指标对短视频平台承担社会责任情况进行评估，了解其责任履行现状和不足，并在此基础上提出应对措施和提升策略。

## 一　研究综述

### （一）短视频平台及其类型

为界定研究对象并进一步明确样本，研究拟对短视频、短视频平台概念及类型进行界定。基于2018年的《中国新媒体社会责任研究报告》，移动短视频是指“长度以秒计数，以明星、网红、PGC、UGC生产的内容为主，依托于移动智能终端实现快速拍摄和美化编辑，可在社交媒体平台上实时分享和无缝对接的一种新型视频形式”[②]。而短视频平台即指呈现短视频内容的以移动端App为表现形式的载体。

从平台类型来看，目前的研究对短视频的分类存在制作主体、内容和平台混淆归类的情况。而本文依据研究对象——短视频所呈现的平台，分为以下几类：一是传统短视频网站及客户端，如优酷、爱奇艺、腾讯视频等；二是新型短视频网站及客户端，如A站、B站及新闻机构网络短视频版块；三是工具性短视频客户端，如小影、美拍等；四是短视频分享客户端，包括抖

① QuestMobile：《QuestMobile短视频2019半年报告》，http://www.questmobile.com.cn/research/report-new/58，2019年8月6日。

② 刘利芳、李青青、上官张科：《我国短视频发展乱象：表现、成因及治理》，载钟瑛主编《中国新媒体社会责任研究报告（2018）》，社会科学文献出版社，2018，第337页。

音、快手、微视、梨视频等 App。在前两种类型中，短视频内容内嵌在平台中，属于平台的价值延伸。而后两种平台类型将短视频作为核心业务，是商业变现的最主要渠道，所以本文将后两种平台作为研究对象，并做进一步筛选。

### （二）短视频平台内容质量研究

移动化和碎片化的短视频内容消费不断为受众建构了拟态环境和“景观社会”，内容的质量直接反映了短视频平台履行社会责任的情况。有学者指出目前短视频内容存在“题材雷同、制作粗糙等问题”①，内容的低俗化会带来伦理失范②；还有学者归纳移动短视频通过在客观上传播消费主义至上、金钱至上的物欲观，会在一定程度上导致用户价值判断的错乱以及精神信仰的危机。而平台也逐步意识到此类问题，在不断扶持优质内容的同时，也在通过人工和技术手段加大内容审查力度③。

就行业内研究机构来看，艾媒通过设置“用户适龄指数”“舆情健康度”“内置内容绿色指数”三个一级指标④，旨在对短视频平台内容的健康度进行评分。如果平台绿色指数越高，则代表该平台内容把控越好，则越适合全年龄段用户阅读，结果显示梨视频、小咖秀、腾讯微视、小米快视频以及波波视频内容健康度较高。

### （三）短视频平台版权保护

由于目前短视频平台以 UGC 内容为主，势必出现大量同质化的内容，短视频平台的版权保护问题成为2018 年度重点关注问题。2018 年7 月16 日，国家版权局与国家网信办、工信部、公安部联合启动“剑网 2018”专项行动，

---

① 朱杰、崔永鹏：《短视频：移动视觉场景下的新媒介形态——技术、社交、内容与反思》，《新闻界》2018 年第 7 期。

② 顾杨丽、吴飞：《短视频平台的伦理困境》，《当代传播》2018 年第 5 期。

③ 刘聪、陈环：《新媒体时代的价值错乱与信仰危机——以移动短视频为例》，《青年记者》2019 年第 6 期。

④ 艾媒咨询：《2018 中国短视频类 App 内容绿色评分排行榜》，http：//https：//www. iimedia. cn/c400/62802. html，2019 年 9 月 2 日。

短视频领域也被纳入本次专项整治中①。有学者指出，短视频内容可作为文字、音乐、舞蹈、美术以及类电作品等客体类型受著作权法保护②。短视频行业因为涉及不同的主体类型，包括广告主、短视频制作者和短视频平台等，其所应履行的义务也不尽相同。因此，针对短视频的版权保护，可采取提高内容质量、加强注意义务和“避风港”原则合理协调的策略③等措施。

目前对于短视频平台的社会责任研究集中于对内容的整体评价以及版权保护等方面，缺乏整体的指标衡量体系。即使有行业内报告进行测量，也仅针对内容健康度这一具体维度而言，并未对社会责任指标进行细分。

## 二　研究设计

### （一）研究对象选取

根据艾瑞移动 App 指数中月度独立设备排名，2019 年 3 月，各移动短视频平台独立设备数如表 1 所示。

**表 1　各短视频平台独立设备统计**

单位：万台

| 短视频平台 | 月度独立设备 | 短视频平台 | 月度独立设备 |
|---|---|---|---|
| 抖音短视频 | 36174 | 老铁视频 | 2825 |
| 快手 | 28383 | 全民小视频 | 2551 |
| 火山小视频 | 15594 | 皮皮虾 | 1974 |
| 西瓜视频 | 15431 | 土豆视频 | 1828 |
| 好看视频 | 12224 | 美拍 | 1811 |
| 波波视频 | 4184 | V8 实拍 | 1058 |
| 微视 | 4010 | 快视频 | 877 |
| 迅雷 | 3081 | 皮皮搞笑 | 542 |

① 《“剑网 2018”行动启动——对网络转载等重点领域开展版权专项整治》，新华网，http：//www. xinhuanet. com//tech/2018 -07/17/c_ 1123135119. htm，2019 年 9 月 2 日。

② 郭壬癸：《注意义务视域下的短视频内容著作权保护》，《电子知识产权》2016 年第 10 期。

③ 李修齐：《短视频内容引导与版权保护体系》，《中国出版》2017 年第 16 期。

续表

| 短视频平台 | 月度独立设备 | 短视频平台 | 月度独立设备 |
|---|---|---|---|
| 小影 | 421 | 秒拍 | 339 |
| 爱奇艺纳逗 | 373 | 趣推 | 159 |

资料来源：艾媒咨询。

而易观千帆的短视频综合和聚合平台月指数（月度运营能力，2019 年 4 月 11 日至 5 月 11 日）排名如表 2 所示。

**表 2　各短视频平台月指数统计**

单位：万

| 短视频平台 | 月指数 | 短视频平台 | 月指数 |
|---|---|---|---|
| 快手 | 31182.9 | 快视频 | 944.9 |
| 抖音短视频 | 25369.3 | 小影 | 634.5 |
| 火山小视频 | 13302 | 凤凰视频 | 560.9 |
| 西瓜视频 | 12050.7 | 种子视频 | 536 |
| 好看视频 | 6789.4 | VUE | 488 |
| 全民小视频 | 3121.4 | 人人视频 | 464.3 |
| 微视 | 2418.7 | 爱奇艺纳逗 | 437.6 |
| 波波视频 | 2119.1 | 秒拍 | 421.8 |
| 美拍 | 1554.9 | 趣多拍 | 360 |
| 土豆视频 | 1371.6 | 想看视频 | 241.2 |

资料来源：易观千帆。

以两个榜单为参考，本文拟选取可在苹果商店和华为、小米等主流安卓应用商城下载的抖音短视频、快手、火山小视频、西瓜视频、好看视频、全民小视频、微视、波波视频、美拍、土豆视频、皮皮虾、小影、爱奇艺纳逗、秒拍和梨视频等 15 个短视频平台作为研究对象。

### （二）样本选取

以此为基础，研究拟以 2019 年 5 月 20 日至 6 月 2 日为周期，选择这 15 家短视频平台当日首页所推荐的前 10 条短视频为样本，每日共计 150 条，

14 天周期共计 2100 条。根据用户使用习惯，样本选择时间为每天用户的通勤时间 8：00 ~ 9：00 或 18：00 ~ 19：00。

为避免短视频平台算法推荐机制对样本选择随机性的影响，各平台都采取无账号浏览短视频的方式进行首页样本选择，样本选取并结束观看后，按照之前确定的评价体系权重对平台的指标进行人工打分。

## （三）评价指标体系及测量

根据新媒体社会责任评价指标体系，结合短视频平台的特点，本文将按照以下评分依据进行测量。具体评价实施分为测试阶段和正式评价两步：在测试阶段前制订编码方案，并对编码员进行统一培训。为保证测量信度，在测试阶段另外选取 2 日短视频平台内容进行编码，并通过 SPSS 软件进行编码员信度计算，信度超过 97%，说明编码可靠。

按照评分依据对 15 家短视频平台在社会责任三级指标上的得分进行计算，获得三级指标的评分，然后依次得出二级和一级指标的得分。

**表 3　短视频平台社会责任评分依据**

| 三级指标 | 实现路径 |
|---|---|
| 真实 | 样本的真实性比例 |
| 权威 | 样本的权威度比例 |
| 时效 | 相邻两天样本更新比例；涉及重大、突发事件的样本比例 |
| 全面 | 信源的多样化程度 |
| 深度 | 反映重大新闻事件和社会问题的样本比例 |
| 原创 | 平台原创短视频（包括平台用户和平台官方账号创造内容）比例 |
| 客观 | 样本交代消息来源的比例 |
| 把关信息 | 信息审核把关（如审核机制建构）情况 |
| 规范广告 | 不包含广告信息的样本比例 |
| 控制侵权 | 不包含侵权样本比例 |
| 主流价值 | 样本树立主流价值观比例 |
| 社会风尚 | 样本倡导社会风尚的比例 |
| 国家治理 | 样本对国家治理方面（国家层面）进行监督所占的比例 |
| 社会风险 | 样本对社会风险方面（社会层面）进行监督所占的比例 |

续表

| 三级指标 | 实现路径 |
|---|---|
| 行为失范 | 样本对个人层面行为失范进行监督所占的比例 |
| 传统文化 | 样本对传统文化进行推广所占的比例 |
| 先进文化 | 样本对先进文化进行宣传所占的比例 |
| 教育传播 | 样本在教育传播方面所占的比例 |
| 科技传播 | 样本在科技传播方面所占的比例 |
| 内容丰富性 | 娱乐信息样本所占的比例 |
| 内容健康度 | 样本中非低俗内容娱乐信息的比例 |
| 议题公共性 | 样本中公共议题所占的比例 |
| 身份多样性 | 样本中社会阶层多样性比例 |
| 公众参与度 | 样本网民平均回复数和转发数 |
| 公众认同度 | 样本网民评论支持数 |
| 平台互动度 | 样本中平台激发公众评论和点赞数 |
| 平台回复度 | 样本中平台对网民咨询回复数量 |

## 三　研究发现

### （一）短视频平台社会责任总体评价

如表 4 所示，在总分为 5 分的评价指标体系中，除梨视频外其他 14 家短视频平台的得分都在 3 分以下，短视频平台整体得分偏低。其中，梨视频得分为 3.1 分，而波波视频得分不足 1 分，反映了行业内马太效应明显，头部平台和尾部平台的得分差距较大。

**表 4　短视频平台社会责任整体评价**

单位：分

| 短视频平台 | 信息生产 | 价值引导 | 文化教育 | 协调沟通 | 总分 | 排名 |
|---|---|---|---|---|---|---|
| 梨视频 | 1. 5540 | 0. 5456 | 0. 3649 | 0. 6355 | 3. 1000 | 1 |
| 快手 | 1. 2932 | 0. 4540 | 0. 3036 | 0. 5288 | 2. 5796 | 2 |
| 抖音短视频 | 1. 2450 | 0. 4371 | 0. 2923 | 0. 5091 | 2. 4835 | 3 |
| 火山小视频 | 1. 2226 | 0. 4292 | 0. 2871 | 0. 5000 | 2. 4389 | 4 |

续表

| 短视频平台 | 信息生产 | 价值引导 | 文化教育 | 协调沟通 | 总分 | 排名 |
|---|---|---|---|---|---|---|
| 西瓜视频 | 1.1548 | 0.4054 | 0.2711 | 0.4722 | 2.3035 | 5 |
| 秒拍 | 1.0952 | 0.3845 | 0.2571 | 0.4479 | 2.1847 | 6 |
| 美拍 | 1.0919 | 0.3833 | 0.2564 | 0.4465 | 2.1781 | 7 |
| 爱奇艺纳逗 | 1.0854 | 0.3811 | 0.2548 | 0.4438 | 2.1651 | 8 |
| 微视 | 1.0776 | 0.3783 | 0.2530 | 0.4407 | 2.1496 | 9 |
| 小影 | 0.9490 | 0.3332 | 0.2228 | 0.3881 | 1.8391 | 10 |
| 土豆视频 | 0.9201 | 0.3230 | 0.2160 | 0.3763 | 1.8354 | 11 |
| 好看视频 | 0.8809 | 0.3093 | 0.2068 | 0.3602 | 1.7572 | 12 |
| 全民小视频 | 0.7981 | 0.2802 | 0.1874 | 0.3264 | 1.5921 | 13 |
| 皮皮虾 | 0.6787 | 0.2383 | 0.1594 | 0.2776 | 1.3540 | 14 |
| 波波视频 | 0.4955 | 0.1740 | 0.1163 | 0.2026 | 0.9884 | 15 |

将15家平台的一级指标得分进行均值计算，得分如表5所示。而对一级指标进行得分率计算来看（得分率为平台均值得分占权重满分的百分比），各平台一级指标得分率均为41.34%，而且得分率偏低，体现了短视频平台在信息生产、价值引导、文化教育以及协调沟通等各项功能上表现并不突出，且功能实现较弱。

**表5　各平台一级指标均值及得分率情况**

单位：分

| 一级指标 | 最大值 | 最小值 | 平均值 | 得分率(%) |
|---|---|---|---|---|
| 信息生产 | 1.5540 | 0.4955 | 1.0349 | 41.34 |
| 价值引导 | 0.5456 | 0.1740 | 0.3634 | 41.34 |
| 文化教育 | 0.3649 | 0.1163 | 0.2430 | 41.34 |
| 协调沟通 | 0.6355 | 0.2026 | 0.4232 | 41.34 |

## （二）短视频平台“信息生产”责任评价

如表6所示，在“信息生产”两个二级指标“信息质量（B1）”和“流量控制（B2）”方面，各平台排名等同于整体评分的顺序。其中，有9家平台在二级指标中中位值超过平均值，说明在信息生产中大部分平台表现超出行业平均得分（见表7）。在标准差上，“信息质量（B1）”为0.2172分，进一步体现了行业间在信息质量上呈现较大差距，得分第一的梨视频超出波波视频213.59%。梨视频作为资讯类短视频平台在信息质量上优势明星，同时，梨视频的四审审核机制也发挥了重要作用①。

**表6　各平台“信息生产”二级指标得分情况**

单位：分

| 短视频平台 | 信息质量 B1 | | 流程控制 B2 | |
|---|---|---|---|---|
| | 得分 | 排名 | 得分 | 排名 |
| 梨视频 | 1.2898 | 1 | 0.2642 | 1 |
| 快手 | 1.0733 | 2 | 0.2198 | 2 |
| 抖音短视频 | 1.0334 | 3 | 0.2117 | 3 |
| 火山小视频 | 1.0148 | 4 | 0.2078 | 4 |
| 西瓜视频 | 0.9585 | 5 | 0.1963 | 5 |
| 秒拍 | 0.9090 | 6 | 0.1862 | 6 |
| 美拍 | 0.9063 | 7 | 0.1856 | 7 |
| 爱奇艺纳逗 | 0.9009 | 8 | 0.1845 | 8 |
| 微视 | 0.8944 | 9 | 0.1832 | 9 |
| 小影 | 0.7877 | 10 | 0.1613 | 10 |
| 土豆视频 | 0.7637 | 11 | 0.1564 | 11 |
| 好看视频 | 0.7311 | 12 | 0.1497 | 12 |
| 全民小视频 | 0.6624 | 13 | 0.1357 | 13 |
| 皮皮虾 | 0.5634 | 14 | 0.1154 | 14 |
| 波波视频 | 0.4113 | 15 | 0.0842 | 15 |

**表7　各平台“信息生产”二级指标平均值和中位值**

单位：分

| 信息质量 B1 | | | 流程控制 B2 | | |
|---|---|---|---|---|---|
| 平均值 | 中位值 | 标准差 | 平均值 | 中位值 | 标准差 |
| 0.86 | 0.9009 | 0.2172 | 0.1761 | 0.1845 | 0.0445 |

① 《揭秘梨视频商业模式困局》，搜狐网，http：//192.168.73.130/www.sohu.com/a/230496623_498761，2019年5月5日。

如果将二级指标进一步展开（见表8），在“信息质量”和“流程控制”下的三级指标中，得分率有着较大分野。就得分率的平均值来看，各平台在“真实C1”“原创C6”“规范广告C9”“控制侵权C10”平均得分率均超过了80%，说明各平台在广告控制、内容真实、版权管理以及原创内容等方面表现普遍良好。在资本的加持下，虽然各平台都面临较大的盈利压力，但从“规范广告C9”来看，89.92%的平均得分率为所有三级指标中最高，说明各平台兼顾了商业利益和用户内容消费的体验。但随着竞争的加剧和盈利的需要，平台势必挖掘用户价值，“规范广告C9”的得分情况仍需进一步观察。特别需要注意的是在版权管理方面，经过2018年版权专项整治行动后，短视频平台尤其注重内容生产的原创性。通过对样本的采集和分析可以发现，各平台内容基本以UGC内容生产为主，便于平台方运用“避风港”原则，同时也造成了平台以泛娱乐化内容为主，缺乏权威信息来源（得分率5.91%）、深度（得分率18.49%）以及客观性（44.53%）。

**表8　各平台“信息生产”三级指标得分率情况**

单位：%

| 平台 | 真实C1 | 权威C2 | 时效C3 | 全面C4 | 深度C5 | 原创C6 | 客观C7 | 把关信息C8 | 规范广告C9 | 控制侵权C10 |
|---|---|---|---|---|---|---|---|---|---|---|
| 梨视频 | 100.00 | 50.71 | 76.43 | 96.43 | 62.86 | 98.57 | 95.71 | 97.86 | 88.57 | 90.71 |
| 快手 | 94.29 | 14.29 | 71.43 | 73.57 | 24.29 | 99.29 | 87.14 | 97.14 | 96.43 | 80.00 |
| 抖音短视频 | 91.43 | 2.86 | 83.57 | 67.86 | 20.71 | 90.71 | 84.29 | 95.00 | 83.57 | 86.43 |
| 火山小视频 | 93.85 | 1.54 | 73.85 | 80.00 | 13.08 | 93.85 | 82.31 | 96.92 | 92.31 | 66.92 |
| 西瓜视频 | 87.14 | 0.71 | 65.71 | 65.71 | 17.86 | 95.00 | 70.00 | 90.71 | 97.86 | 73.57 |
| 秒拍 | 80.00 | 5.00 | 72.86 | 67.14 | 16.43 | 77.14 | 75.00 | 74.71 | 100.00 | 80.00 |
| 美拍 | 97.86 | 0.71 | 68.57 | 51.43 | 45.71 | 87.14 | 3.57 | 60.00 | 82.14 | 100.00 |
| 爱奇艺纳逗 | 73.57 | 0.00 | 80.00 | 57.14 | 19.29 | 85.00 | 71.43 | 77.14 | 92.14 | 92.88 |
| 微视 | 98.57 | 8.57 | 58.57 | 54.29 | 0.00 | 97.86 | 22.14 | 85.71 | 85.00 | 94.29 |
| 小影 | 75.71 | 1.43 | 34.29 | 48.57 | 5.00 | 83.57 | 42.86 | 87.14 | 95.00 | 90.71 |
| 土豆视频 | 79.29 | 2.14 | 80.00 | 48.57 | 9.29 | 98.57 | 13.57 | 78.57 | 99.29 | 100.00 |
| 好看视频 | 98.57 | 0.71 | 32.86 | 34.29 | 0.00 | 75.00 | 0.00 | 100.00 | 90.71 | 82.14 |
| 全民小视频 | 100.00 | 0.00 | 27.86 | 28.57 | 0.00 | 47.86 | 0.00 | 60.00 | 81.43 | 77.14 |
| 皮皮虾 | 32.86 | 0.00 | 0.00 | 37.14 | 8.57 | 77.86 | 20.00 | 63.57 | 100.00 | 68.57 |
| 波波视频 | 55.00 | 0.00 | 4.29 | 30.00 | 34.29 | 35.71 | 0.00 | 0.00 | 64.29 | 40.00 |
| 平均值 | 83.88 | 5.91 | 55.35 | 56.05 | 18.49 | 82.88 | 44.53 | 77.63 | 89.92 | 81.56 |

## （三）短视频平台“价值引导”责任评价

在“价值引导”下设“塑造共识 B3”和“社会监督 B4”的两个二级指标中（见表9、表10），平均得分分别为0.1525分和0.2110分，距离理想满分的0.3690分和0.5105分，均有不小差距。

**表9　各平台“价值引导”二级指标得分情况**

单位：分

| 短视频平台 | 塑造共识 B3 | | 社会监督 B4 | |
|---|---|---|---|---|
| | 得分 | 排名 | 得分 | 排名 |
| 梨视频 | 0.2288 | 1 | 0.3165 | 1 |
| 快手 | 0.1904 | 2 | 0.2634 | 2 |
| 抖音短视频 | 0.1833 | 3 | 0.2536 | 3 |
| 火山小视频 | 0.1800 | 4 | 0.2490 | 4 |
| 西瓜视频 | 0.1699 | 5 | 0.2350 | 5 |
| 秒拍 | 0.1612 | 6 | 0.2231 | 6 |
| 美拍 | 0.1607 | 7 | 0.2224 | 7 |
| 爱奇艺纳逗 | 0.1598 | 8 | 0.2211 | 8 |
| 微视 | 0.1586 | 9 | 0.2195 | 9 |
| 小影 | 0.1397 | 10 | 0.1933 | 10 |
| 土豆视频 | 0.1355 | 11 | 0.1874 | 11 |
| 好看视频 | 0.1297 | 12 | 0.1794 | 12 |
| 全民小视频 | 0.1175 | 13 | 0.1626 | 13 |
| 皮皮虾 | 0.0999 | 14 | 0.1382 | 14 |
| 波波视频 | 0.0729 | 15 | 0.1009 | 15 |

**表10　各平台“价值引导”二级指标平均值和中位值**

单位：分

| 塑造共识 B3 | | | 社会监督 B4 | | |
|---|---|---|---|---|---|
| 平均值 | 中位值 | 标准差 | 平均值 | 中位值 | 标准差 |
| 0.1525 | 0.1598 | 0.0385 | 0.2110 | 0.2211 | 0.0533 |

进一步展开来看（见表11），短视频平台“价值引导”三级指标的得分率不甚理想。除了在梨视频彰显“主流价值”上有着不到一半的得分率

外，短视频内容并未充分发挥价值引导功能。尤其在发挥“社会监督”的职能上，在国家治理监督、揭示社会风险和社会、个人行为失范等议题上并未承担起相关社会职责。

**表 11 各平台“价值引导”三级指标得分率情况**

单位：%

| 平台 | 主流价值 C11 | 社会风尚 C12 | 国家治理 C13 | 社会风险 C14 | 行为失范 C15 |
|---|---|---|---|---|---|
| 梨视频 | 43.57 | 28.57 | 8.57 | 16.43 | 9.29 |
| 快手 | 12.86 | 7.14 | 3.57 | 0.00 | 0.00 |
| 抖音短视频 | 7.14 | 5.71 | 2.86 | 0.71 | 0.71 |
| 火山小视频 | 6.15 | 3.08 | 0.00 | 0.77 | 0.77 |
| 西瓜视频 | 4.29 | 2.14 | 0.71 | 0.00 | 0.00 |
| 秒拍 | 13.57 | 15.00 | 5.00 | 10.00 | 5.00 |
| 美拍 | 39.29 | 30.00 | 0.00 | 1.43 | 0.00 |
| 爱奇艺纳逗 | 8.57 | 10.00 | 3.57 | 0.71 | 1.43 |
| 微视 | 38.57 | 29.29 | 0.00 | 0.00 | 0.00 |
| 小影 | 8.57 | 10.00 | 0.71 | 2.14 | 2.86 |
| 土豆视频 | 12.86 | 10.00 | 5.71 | 4.29 | 7.86 |
| 好看视频 | 25.71 | 12.14 | 0.00 | 0.00 | 0.00 |
| 全民小视频 | 11.43 | 7.14 | 0.00 | 0.00 | 0.00 |
| 皮皮虾 | 4.29 | 5.00 | 0.00 | 1.43 | 1.43 |
| 波波视频 | 6.43 | 5.00 | 0.00 | 1.43 | 0.00 |
| 平均值 | 16.22 | 12.01 | 2.05 | 2.62 | 1.96 |

## （四）短视频平台“文化价值”责任评价

在“文化价值”中（见表 12、表 13），“文化传承 B5”、“传播科教 B6”以及“提供娱乐 B7”的平均值分别为 0.1331 分、0.1102 分和 0.0698 分，而理想满分为 0.271 分、0.2115 分和 0.1065 分，得分率分别为 49.11%、52.1% 和 65.5%，说明短视频平台在提供娱乐内容上发挥了重要作用。

**表 12　各平台“文化价值”二级指标得分情况**

单位：分

| 平台 | 文化传承 B5 | 传播科教 B6 | 提供娱乐 B7 | 排名 |
|---|---|---|---|---|
| 梨视频 | 0. 1680 | 0. 1311 | 0. 0660 | 1 |
| 快手 | 0. 1398 | 0. 1091 | 0. 0550 | 2 |
| 抖音短视频 | 0. 1346 | 0. 1051 | 0. 0529 | 3 |
| 火山小视频 | 0. 1322 | 0. 1032 | 0. 0520 | 4 |
| 西瓜视频 | 0. 1248 | 0. 0974 | 0. 0490 | 5 |
| 秒拍 | 0. 1184 | 0. 0924 | 0. 0465 | 6 |
| 美拍 | 0. 1181 | 0. 0921 | 0. 0464 | 7 |
| 爱奇艺纳逗 | 0. 4330 | 0. 4330 | 0. 4330 | 8 |
| 微视 | 0. 1165 | 0. 0909 | 0. 0458 | 9 |
| 小影 | 0. 1026 | 0. 0801 | 0. 0403 | 10 |
| 土豆视频 | 0. 0995 | 0. 0776 | 0. 0391 | 11 |
| 好看视频 | 0. 0952 | 0. 0743 | 0. 0374 | 12 |
| 全民小视频 | 0. 0863 | 0. 0673 | 0. 0339 | 13 |
| 皮皮虾 | 0. 0734 | 0. 0573 | 0. 0288 | 14 |
| 波波视频 | 0. 0536 | 0. 0418 | 0. 0211 | 15 |

**表 13　“文化价值”二级指标平均值和中位值**

单位：分

| 文化传承 B5 | | | 传播科教 B6 | | | 提供娱乐 B7 | | |
|---|---|---|---|---|---|---|---|---|
| 平均值 | 中位值 | 标准差 | 平均值 | 中位值 | 标准差 | 平均值 | 中位值 | 标准差 |
| 0. 1331 | 0. 4330 | 0. 0877 | 0. 1102 | 0. 4330 | 0. 0920 | 0. 0698 | 0. 4330 | 0. 1011 |

就得分率较高的“提供娱乐 B7”中，其三级指标中所涉及的“内容丰富性 C20”和“内容健康度 C21”来说（见表 14），得分率为 55. 61% 和 71. 40%，进一步印证了短视频平台在提供娱乐方面的作用。尤其是在“内容健康度”这一三级指标上，前 5 名的头部平台得分均在 80% 以上，“内容丰富性”在 70% 以上，头部平台和底部平台得分呈现较大差异。“内容丰富性”指娱乐信息样本所占的比例，得分高说明头部平台娱乐内容丰富集中，在其他内容的呈现上表现较差。得分反映了头部平台推送以娱乐信息为主，但在健康度上较好地履行了社会责任。从行业整体看，底部平台尚存在内容

不健康、为了吸引流量而打擦边球的问题。此外，平台在弘扬传统文化和当代文化以及教育传播和科技传播方面，得分率很低，分别为 5.96%、6.73%、5.44%和6.84%。针对平台对优质内容的需求来说，上述指标可作为极佳的出发点：一方面可提高平台的“文化价值”社会责任履行水平；另一方面为平台在优质内容的引导和挖掘方面提供了切入点，不失为一举两得之策。

**表 14　各平台“文化价值”三级指标得分率情况**

单位：%

| 平台 | 传统文化 C16 | 当代文化 C17 | 教育传播 C18 | 科技传播 C19 | 内容丰富性 C20 | 内容健康度 C21 |
|---|---|---|---|---|---|---|
| 梨视频 | 3.57 | 12.14 | 12.86 | 4.29 | 96.43 | 97.86 |
| 快手 | 3.57 | 8.57 | 2.86 | 14.29 | 90.00 | 88.57 |
| 抖音短视频 | 2.86 | 2.14 | 5.00 | 0.71 | 77.14 | 93.57 |
| 火山小视频 | 0.77 | 2.31 | 2.31 | 6.15 | 78.46 | 94.62 |
| 西瓜视频 | 0.71 | 2.14 | 5.71 | 0.00 | 74.29 | 87.14 |
| 秒拍 | 4.29 | 12.14 | 9.29 | 4.29 | 57.14 | 73.57 |
| 美拍 | 7.14 | 0.00 | 0.00 | 20.00 | 58.57 | 68.57 |
| 爱奇艺纳逗 | 20.71 | 15.71 | 11.43 | 1.43 | 52.14 | 79.29 |
| 微视 | 3.57 | 0.00 | 1.43 | 10.71 | 40.00 | 60.00 |
| 小影 | 6.43 | 25.00 | 23.57 | 0.71 | 51.43 | 79.29 |
| 土豆视频 | 17.86 | 10.71 | 4.29 | 4.29 | 44.29 | 70.00 |
| 好看视频 | 5.71 | 0.00 | 0.00 | 7.86 | 32.86 | 54.29 |
| 全民小视频 | 1.43 | 0.00 | 0.00 | 12.14 | 28.57 | 48.57 |
| 皮皮虾 | 3.57 | 10.00 | 1.43 | 4.29 | 20.00 | 54.29 |
| 波波视频 | 7.14 | 0.00 | 1.43 | 11.43 | 32.86 | 21.43 |
| 平均值 | 5.96 | 6.73 | 5.44 | 6.84 | 55.61 | 71.40 |

## （五）短视频平台“协调沟通”责任评价

在“协调沟通”中（见表 15），平台和用户的互动并不多见，所以在“协调信息 B8”和“沟通效能 B9”指标中，平台整体得分并不突出。

**表 15　各平台“协调沟通”二级指标得分情况**

单位：分

| 短视频平台 | 协调信息 B8 | | 沟通效能 B9 | |
|---|---|---|---|---|
| | 得分 | 排名 | 得分 | 排名 |
| 梨视频 | 0.2093 | 1 | 0.4262 | 1 |
| 快手 | 0.1741 | 2 | 0.3547 | 2 |
| 抖音短视频 | 0.1677 | 3 | 0.3415 | 3 |
| 火山小视频 | 0.1646 | 4 | 0.3353 | 4 |
| 西瓜视频 | 0.1554 | 5 | 0.3165 | 5 |
| 秒拍 | 0.1475 | 6 | 0.3004 | 6 |
| 美拍 | 0.1470 | 7 | 0.2995 | 7 |
| 爱奇艺纳逗 | 0.1462 | 8 | 0.2977 | 8 |
| 微视 | 0.1451 | 9 | 0.2955 | 9 |
| 小影 | 0.1278 | 10 | 0.2603 | 10 |
| 土豆视频 | 0.1239 | 11 | 0.2524 | 11 |
| 好看视频 | 0.1186 | 12 | 0.2416 | 12 |
| 全民小视频 | 0.1075 | 13 | 0.2189 | 13 |
| 皮皮虾 | 0.0914 | 14 | 0.1862 | 14 |
| 波波视频 | 0.0667 | 15 | 0.1359 | 15 |

**表 16　各平台“协调沟通”二级指标平均值和中位值**

单位：分

| 协调信息 B8 | | | 沟通效能 B9 | | |
|---|---|---|---|---|---|
| 平均值 | 中位值 | 标准差 | 平均值 | 中位值 | 标准差 |
| 0.1395 | 0.1462 | 0.0352 | 0.2842 | 0.2977 | 0.0718 |

如表 17 所示，就三级指标来看，各平台在“议题公共性 C22”平均得分率仅为 23.36%，涉及公共议题的内容较少，而公共议题确实不是短视频平台关注的重点。同时，庞大的用户基数使得头部平台的内容发布者身份多样（C23）。此外，尽管头部平台用户参与度较高，对内容也较为认同，但平台方和用户之间基本不存在互动，反而是视频发布者为了增加粉丝黏性，积极回复用户评论，积极与用户互动，从而增加了平台的用户活跃度和黏性。

表 17　各平台“协调沟通”三级指标得分率情况

单位：%

| 平台 | 议题公共性 C22 | 身份多样性 C23 | 公众参与度 C24 | 公众认同度 C25 | 平台互动度 C26 | 平台回复度 C27 |
|---|---|---|---|---|---|---|
| 梨视频 | 52.14 | 94.29 | 81.43 | 69.29 | 0.00 | 0.00 |
| 快手 | 16.43 | 77.86 | 97.14 | 80.00 | 1.43 | 0.71 |
| 抖音短视频 | 16.43 | 76.43 | 92.86 | 77.14 | 2.14 | 0.00 |
| 火山小视频 | 5.38 | 72.31 | 92.31 | 73.85 | 14.62 | 5.38 |
| 西瓜视频 | 6.43 | 67.14 | 92.86 | 66.43 | 0.00 | 0.00 |
| 秒拍 | 35.71 | 26.43 | 32.86 | 68.57 | 0.00 | 0.00 |
| 美拍 | 44.29 | 55.71 | 65.71 | 60.00 | 1.43 | 1.43 |
| 爱奇艺纳逗 | 16.43 | 35.71 | 60.00 | 77.14 | 0.00 | 0.00 |
| 微视 | 35.71 | 42.86 | 60.00 | 57.14 | 1.43 | 0.00 |
| 小影 | 19.29 | 35.71 | 35.71 | 71.43 | 0.00 | 0.00 |
| 土豆视频 | 20.71 | 55.71 | 20.00 | 71.43 | 0.00 | 0.00 |
| 好看视频 | 21.43 | 31.43 | 41.43 | 42.86 | 0.00 | 0.00 |
| 全民小视频 | 28.57 | 34.29 | 42.86 | 38.57 | 0.00 | 0.00 |
| 皮皮虾 | 18.57 | 20.00 | 100.00 | 80.00 | 0.00 | 0.00 |
| 波波视频 | 12.86 | 28.57 | 44.29 | 27.14 | 0.00 | 0.00 |
| 平均值 | 23.36 | 50.30 | 63.96 | 64.07 | 1.40 | 0.50 |

## 四　对策与展望

随着抖音、梨视频等短视频平台相继问世，快手凭借 KOL 获得大批用户，2016 年成为短视频爆发的一年。资本大量涌入、用户规模激增，短视频平台自产生初期便进入野蛮生长阶段。近几年，用户使用黏性在不断增强，短视频已成为受众线上内容消费的重要组成部分。出于吸引流量和用户关注的目的，短视频账号主体不惜通过猎奇、打擦边球的内容来获得关注。因此，未婚早恋早孕、恶搞名人形象等各种充斥负能量的短视频在各大平台广泛传播，短视频平台的负面效应日益增加①。针对短视频平台在履行社会

① 艾媒咨询：《2019 中国 3·15 消费者权益调查报告·短视频篇》，https：//report.iimedia.cn/report.jsp? reportId =36315，2019 年 5 月 12 日。

责任中存在的问题，本文聚焦于主管部门的行政监管、平台的自我优化以及用户自律等方面。结合前期研究所得出的责任评价，本文提出以下对策建议。

## （一）主管部门：转变监管理念，不断探索更具效率的监管措施

2018 年是短视频行业的整顿年，短视频平台经历了密集约谈、整改以及下架等一系列整顿，行业内乱象得到遏制。例如，2018 年 4 月，快手、火山、抖音、西瓜、美拍、秒拍等多家短视频平台被责令进行自查整改，甚至关停。6 月 1 日，国家网信办会同国家广电总局、文化和旅游部、属地网信办约谈美拍相关负责人，要求彻查违法违规和低俗不良的社会内容；6 月 6 日，抖音因“侮辱英烈”事件被约谈。7 月 16 日，国家版权局、国家网信办、工信部和公安部等四部门启动“剑网 2018”专项行动，针对短视频版权开展专项整治①。7 月 27 日，国家网信办会同工信部、公安部、文化和旅游部、国家广电总局和全国“扫黄打非”办公室等五部门开展网络视频行业集中整治，针对网络短视频格调低下、价值导向偏离和低俗恶搞、盗版侵权、“标题党”突出等问题，依法处置了秒拍等 19 家网络短视频平台②。9 月14 日，针对“剑网行动”中短视频平台存在的突出版权问题，国家版权局约谈了抖音、快手等 15 家短视频平台③。通过整改，相关网络企业封禁降级 14 万个侵权自媒体账号，处理47 万余篇侵权作品，下架 57 万部侵权短视频④。2019 年 3 月 28 日，国家网信办指导组织抖音、快手等平台试点上线青少年防沉迷系统，而后于6 月在全国主要平台全面推广，呵护未成

① 《“剑网 2018”专项行动启动》，中国政府网，http：//www. gov. cn/xinwen/2018 -07/17/content_ 5306954. htm，2019 年 7 月 17 日。

② 《国家网信办会同五部门依法处置“内涵福利社”等 19 款短视频应用》，新华网，http：//www. xinhuanet. com/2018 -07/27/c_ 1123185611. htm，2019 年 7 月 27 日。

③ 《国家版权局约谈抖音、快手等 15 家短视频平台，重点打击侵权盗版行为》，艾媒网，https：//www. iimedia. cn/c460/62475. html，2019 年 9 月 14 日。

④ 《国家版权局通报“剑网 2018”专项行动工作成果》，国家网信办网站，http：//www. cac. gov. cn/2019 -02/28/c_ 1124171978. htm，2019 年 8 月 28 日。

年人健康使用①。

同时，国家网信办、国家广电总局等主管部门以及行业协会还通过颁布一系列政策文件和行业自律规范（见表18），对短视频平台服务许可、内容审查、内容规范以及版权管理等方面进行了详细规定。此外，主管部门还要求平台积极引入主流媒体和官方团体账号，以起到引导舆论、弘扬主流价值的作用，以便更好地履行社会责任。

**表18 针对短视频内容的政策和规范**

| 政策文件/行业规范 | 颁布主体 | 颁布时间 | 针对短视频内容要求 |
|---|---|---|---|
| 《互联网视听节目服务管理规定》 | 国家广电总局、信息产业部 | 2007.12.29（2015.8.28修订） | 从事互联网视听节目服务需持有《信息网络传播视听节目许可证》 |
| 《互联网新闻信息服务管理规定》 | 国家网信办 | 2017.5.2 | 开展“短视频+新闻资讯”业务需持有《互联网新闻信息服务许可证》 |
| 《互联网新闻信息服务许可管理实施细则》 | 国家网信办 | 2017.5.22 | 旨在进一步细化《互联网新闻信息服务管理规定》有关条款 |
| 《网络视听节目内容审核通则》 | 中国网络视听节目服务协会 | 2017.6.30 | 对互联网视听节目内容审核标准进行详细规定 |
| 《关于进一步规范网络视听节目传播秩序的通知》 | 国家新闻出版广电总局 | 2018.3.22 | 坚决禁止非法抓取、剪拼改编视听节目的行为；加强网上片花、预告片等视听节目管理；加强对各类节目接受冠名、赞助的管理 |
| 《网络短视频平台管理规范》 | 中国网络视听节目服务协会 | 2019.1.9 | 应当持有《信息网络传播视听节目许可证》；引入主流新闻媒体和党政军机关团体等机构开设账户；建立总编辑内容管理负责制度；实行节目内容先审后播制度；建立审核员队伍 |
| 《网络短视频内容审核标准细则》 | 中国网络视听节目服务协会 | 2019.1.9 | 对网络播放的短视频节目，及其标题、名称、评论、弹幕、表情包等语言、表演、字幕、背景中不得出现的内容进行详细规定 |

资料来源：政府部门公开信息。

① 《国家网信办组织网络短视频平台试点青少年防沉迷工作》，国家网信办网站，http://www.cac.gov.cn/2019-03/28/c_1124293349.htm，2019年3月28日。

由此可见，主管部门针对短视频平台已经建立起事前规范、事后管理的监管体系，并对平台的主体责任、内容以及青少年保护等做出要求。当面对技术和形势急剧变化的短视频行业，视频内容极易以裂变病毒式的方式传播，这就要求主管部门进一步转变监管理念，以政策法规为主体，配合约谈制度和专项整治行动等反应更迅速、更灵活的监管措施，解决政策法规在管理过程中的相对滞后性。此外，网络短视频的管理涉及各级网信、工商、新闻广电、文化和旅游、公安等部门，各部门要厘清职责，做到各司其职、密切配合、齐抓共管，营造清朗的网络环境①。

### （二）视频平台：发挥主体职责，加强内容审核力度和价值引导

就履行社会责任来说，短视频平台应切实担负起主体责任。在上述研究中可得，短视频平台在“信息生产”、“价值引导”、“文化教育”以及“协调沟通”功能中均表现不甚理想。同样，艾媒企业声誉与社会责任研究中心的报告中也指出，当前短视频平台出现侵权盗版、网络诈骗以及网络售假等问题②。本应该成为以优质内容吸引受众、传递良好社会风尚和主流价值阵地的短视频平台，却不断引发争议。

短视频行业乱象的原因之一是平台对流量的争夺，而背后反映的是平台对盈利的考量。面对资本方巨大的资金投入，短视频平台并没有找到清晰的盈利模式，更多的是依靠流量所带来的广告收入和电商导流。平台对于MCN 和 KOL“带货”管理不力，导致平台成为“假货橱窗”。10 月 17 日，最高人民检察院、国家市场监督管理总局、国家药品监督管理局三部门宣布，于 2019 年 9 月至 2020 年 12 月在全国联合开展落实食品药品安全“四个最严”要求的专项行动。其中，明确提出要严查“网红带货”，要求电商第三方平台切实履行监管职责，并对“刷单”“假评论”等涉嫌违反广告

① 马冉冉：《重拳出击剑指网络顽疾》，《网络传播》2017 年第 8 期。

② 艾媒咨询：《2019 中国 3·15 消费者权益调查报告短视频篇》，https：//report. iimedia. cn/report. jsp? reportId =36315，2019 年 3 月 22 日。

法、反不正当竞争法、消费者权益保护法的违法行为进行查处[①]。

此外，平台对于技术的信任更是争议不断。一是反映在内容的算法推荐上，基于用户偏好的内容推荐，不仅将用户困囿于大量重复性内容中，造成内容消费的“成瘾性”，更重要的是算法推荐营造了一种“拟态环境”，短视频内容所蕴含的消费至上等价值观，势必影响用户的社会感知和价值认同。二是平台对内容的审查依靠技术和人工展开，平台 UGC 的生产机制导致对海量内容的审查主要依赖于技术，而技术对价值和情感审查的局限势必影响平台的审核机制。

由此，短视频平台要发挥履行社会责任的主体职责，平衡社会责任和商业价值属性，在加大力量对版权、电商引流等内容进行规范管理的基础上，继续扩大人工审核队伍，建立一支政治过硬、业务素质强的审核力量。此外，调整算法推荐机制，优先推荐主流媒体、机关团体官方账号内容以及涉及科教、文化的内容，提高内容的权威性和深度，弘扬主流价值和先进文化，进一步强化平台内容的丰富性和健康度。

### （三）用户：提升媒介素养，生产和消费更优质的短视频内容

当今移动互联网络成为“连接一切，赋能于人”的传播平台，在这一“连接”中“赋能于人”的突出表现就是人的个性化、分众化信息需求[②]。短视频平台一方面赋予用户生产和传播内容的权利，同时也满足了不同用户个性化的信息需求，带来了传播范式和规则的变革。基于 PGC、UGC 和 PUGC 为用户主体的内容生产会带来内容同质化、低俗化的问题，并导致用户的流失和黏性的下降。在用户规模红利已触及天花板的形势下，增加用户黏性成为平台的应有之义和内生动力。针对用户管理，应从引导和提高自律两方面入手。

---

① 和讯科技：《网红带货市场乱 监管出手整治 专项整治行动于 2019 年 9 月至 2020 年 12 月在全国展开》，https：//tech. hexun. com/2019 - 10 - 19/198922661. html，2019 年 10 月 19 日。

② 喻国明：《互联网发展的“下半场”：传媒转型的价值标尺与关键路径》，《当代传播》2017 年第 4 期。

针对视频创作主体，应采取“实名制 + 黑名单”的形式，一经发布不良信息，全网全平台封禁。此外，对于发布的优质内容，可采取补贴的形式给予用户以物质奖励，鼓励优质内容上传，并推荐受众浏览，形成良好的内容生产传播机制。

而对于短视频浏览者来说，要提升自身媒介素养，面对平台和创作者提供的海量视频内容要进行甄别，自觉抵制不良不实信息，针对违法侵权的视频要积极举报，防止失范信息的进一步传播。同时，平台也要建立健全投诉举报机制和通道，并在醒目位置予以突出，形成全民监督机制，促使整个行业健康发展。

# 专 题 篇

**The Thematic Part**

# B.9

# 区块链重构新闻业价值链及其风险治理*

罗 昕 李芷娴**

**摘 要：** 区块链技术对传统互联网进行了颠覆式革新，推进新一代民主互联网、价值互联网、秩序互联网的形塑升级。当区块链运用于新闻业，其将在新闻生产、内容审核、新闻分发、新闻营销、传播效果等价值链环节重构新闻业态。同时，在风险社会背景下，应保持技术理性，警惕区块链应用于新闻业带来的潜在风险，应通过多利益相关方模式加强区块链新闻的风险治理。

* 本文为国家社科基金重点项目《全球互联网治理的竞争格局与中国进路研究》（项目编号：18AXW008）阶段性成果。

** 罗昕，博士，暨南大学新闻与传播学院教授、博士生导师，主要研究方向为互联网治理、媒体融合；李芷娴，暨南大学新闻与传播学院硕士研究生，主要研究方向为互联网治理、媒体融合。

**关键词：** 区块链　新闻业态　价值链　风险治理

区块链一词最早由中本聪（Satoshi Nakamoto）于2008年在其论文《比特币：一种点对点的电子现金系统》提出。伴随比特币的兴起，作为比特币底层架构技术的区块链及其特性价值逐渐为人所知。区块链被认为是500年来最大的科技创新，是第四次工业革命的主要成果和后续革命的推动力量。全球多国高度重视并竞相布局区块链，抢占技术主动权和制高点，英、韩等国将区块链技术上升至国家战略高度。区块链在通信、供应链、金融、医疗等行业的运用正在推向纵深。当区块链与媒体相加相融，二者将产生怎样的化学反应，区块链又将以何种变革潜力重塑新闻业价值链？我们在期待区块链能重塑衰落中的新闻业时，也需谨慎看到“区块链+新闻”会带来一些潜在风险。

## 一　区块链带来全新的互联网传播生态

区块链的实质是共享的分布式数据库，其具备的可信任性、安全性、不可篡改、去中心化、高透明性等特性，与“开放、平等、自由、去中介”等传统互联网的早期主张一脉相承，因此可被视为互联网的又一次技术飞跃、互联网的全新发展阶段。在未来，区块链的创新特征将席卷传统互联网，对现有架构进行革新与补充，进而带来全新的互联网传播生态。

### （一）去中心化特性：信息权力从中心化到分散化，塑造民主互联网

区块链采用数据区块，通过分布式传播将交易信息副本直接发送给各节点，数据储存在所有节点上，依靠节点集体维护。链上不再需要管理员或中心化机构等第三方信任中介参与，任何人均可写入、读取和维护信息，每一个节点都是对等平权的，进而变革现有传播关系与社会权力架构；权力的转

移下放将重新定义社会个体，公民由“旁观者”变成“参与者”，自由平等地进行信息生产分发、参与民主决策，个人力量被激活，个体价值被重视。涌现的多元主体打破传统国别、地域、种族等社会身份限制，参与边界扩大，助力公共领域的形成。

同时，区块链技术采用了共识机制，只有在全网51%以上的节点都认可该记录的真实性时，才能被记录在区块之中并得以传播。其通过多方写入、共同维护、共建共享的集体协作模式打造“利益共同体”，整合多方力量，提高分工效率，扩大民主互联网的规模，释放社会生产力。

### （二）机器化信任机制：从信息传递到价值传输，塑造价值互联网

传统互联网基于免费逻辑，更擅长于“信息共享”，即通过简单复制、粘贴传播信息，打造低成本的信息传输渠道，形成了“信息互联”这一全新信息传递方式。然而，由于传统互联网未建立起货币、资产或更广泛经济价值自由传递的机制①，因此必须借助中介达成，而风险高度集中的中心信任机制又遭遇着信任危机。

区块链弥补了以往价值传递的不足，利用开源算法、开放规则，建立了去中心化的机器化信任机制，将信任纳入底层交易，无须借助第三方中介机构背书即可保证交易公平真实，这在一定程度上解决了以往价值传输过程中较难确定的完整、真实、唯一的问题，降低了价值传输风险，提高了传输效率，避免了人为因素的干扰，降低了信任成本。不可更改的时间戳则解决了传统互联网固有的“双花问题”（双重支付），在区块链系统中实现直接的价值转移②。可见，区块链从底层改变了传输机制，克服了“拜占庭将军”问题，实现零信任环境下便捷、高效、低成本的价值流动，奠定价值互联的基石，塑造更有价值的互联网。

① 赵刚：《区块链：价值互联网的基石》，电子工业出版社，2016，第171页。

② 许子敬、程剑波、魏久胜、常浩：《链接未来：迎接区块链和数字资产的新时代》，机械工业出版社，2018，第29页。

### （三）信息传播透明、安全：传播从无序化到有序化，塑造秩序互联网

互联网的过度中心化使得全球资本巨头作为中心化节点控制信息流动，催生“信息孤岛”，互联网逐渐由开放走向闭塞。区块链的分布式架构可打破中心化垄断，链上各节点均拥有明文交易记录，数据生成、记录和更新将在全网节点实时同步，交易活动可被任意节点追溯查询，进而降低流动限制和信息获取成本，切实保障公民的知情权与监督权，实现信息透明、公开、对称，瓦解“数据壁垒”。充分离散化可绕开第三方中介，降低中心节点的信息维护成本，摆脱信息巨头操纵及其背后的腐败问题。信任机制的重塑将推动人们培养信任化习惯，网络信任度提升，社会公信随之建立。

传统互联网也存在信息造假、传输不安全等问题，区块链采用数据脱敏技术，对链上账目信息进行非对称加密、数字签名等多重加密，信息难以窃取。区块链的分布式储存技术可实现点对点传输共同储存，即使黑客攻击单个节点，也难以破坏其他节点的信息内容，更无法干扰区块链系统的运行。系统容错能力提高，可避免数据丢失，构筑信息高安全保障，确保信息交换的完整、安全和稳定，提高信息传播的可靠度，建构井然有序的秩序互联网。

## 二　区块链重构新闻业态价值链

当下全球新闻业面临着广告营收下滑、新闻生产去专业化、版权困境、内容缺乏受众信任等一系列亟待破除的转型问题，以人工智能、物联网引领的智媒技术浪潮不仅颠覆了传统信息传播格局，加速推进技术主导的全新传媒生态，也为新闻业革除弊病、突围革新提供了参考方案。区块链作为更具颠覆式创新的新兴技术范式，其内在逻辑与新闻业“实现信息社会化流动”的社会性本质相似，可被视为媒体新型底层基础支撑、行业转型动力来源及

重塑新闻业的关键转折点。通过搭建有丰富应用场景的“区块链”为媒体赋能，区块链思维与传媒领域嫁接融合、优势互补，或将开启新闻业全新业态。

公司的价值创造过程可由一条包含原材料供应、技术、生产、营销、运输和售后服务等经济活动的行为链条来体现，即价值链①。新闻生产、内容审核、新闻分发、新闻营销、效果评估五大层面可对应价值链中的生产性活动、产出性活动、市场与销售、服务四大价值创造的战略环节，组成分工明确、有机联动的全产业链条，实现“上游内容制作、中游拓展分发、下游营销服务”的价值传递。区块链这一变革催化剂全方位引入新闻业，将优化原价值链上的核心环节，调整原有运作模式，帮助新闻业实现价值创造与价值增值，助力新闻业转型升级、重塑业态。

### （一）变革生产逻辑：去中心化带来分布式协作生产，重构生产机制和组织结构

新闻生产是传媒内部价值链的起始点，也是新闻价值生产的源头。区块链颠覆了集中化的生产模式和信息分布格局，将价值交易的权力交还给普罗大众。去中心化数据分布式储存机制，使链上个体高度自治，规避第三方信息生产时的审查和删改；对等共享的协作机制使民众自由、自主地参与新闻线索提供、内容生产发布、新闻内容获取，实现生产能力的社会化转移，进一步打破传统媒体的垄断地位。美国区块链新闻平台 Civil 下设新闻编辑室，允许平台用户自主创建新闻工作室，发起新闻主题。而另一区块链新闻平台 DNN（Decentralized News Network）上，任何人都可利用 DNN 代币购买写入权创建新闻文章，在经过事实核查后即可发布。协作开放的组织生产将改变传媒市场的竞争关系，促使生产模式由媒体集权的单向封闭转为多元协同下的多向开放，推进新闻生产机制朝着更为平等的方向塑造。

---

① Porter, M. E., *The Competitive Advantage*, (New York: Free Press, 1985.) p. 36.

区块链代币为民众加入新闻生产提供切实可行的参与路径。在代币机制支持下，用户在新闻生产中可根据自身创造的价值和贡献，取得对等回报。如区块链新闻平台 Press coin 中的媒体读者可通过提供线索、提出见解、交锋对话、协助调查带来的贡献值获益。用户行为得到经济激励，调动用户参与积极性，便于公民发挥“集体智慧”，借助公民力量得到更多的新闻素材、进行新闻生产，为新闻生产提供了更广阔多元的视角，便于协作迈向纵深，价值共创得以实现。

对媒体及其工作者而言，区块链使新闻生产不再依赖于中介机构，公民、社群皆可作为新闻生产主体。分散生产将降低采编加工、线索搜集等生产成本，再造成本结构，创造成本优势。内容创造者可专注提供内容，提高新闻生产这一增值活动的运作效率。如 Civil 的机制设置使得新闻工作者和机构只需着力于选题判断、内容整合等新闻生产过程，新闻分发、渠道发布、知识产权保护等均由平台解决。这将促进新闻生产结构扁平化和新闻机构职能专业化，重塑媒体组织结构。

### （二）重建内容审核范式：优化内容生态，确保新闻产品的高价值

真实、高质量、独家、有深度的内容是新闻业赖以生存之本，也是提高新闻产品价值和延长产业价值链的关键一步。但在自媒体“洗稿”、算法媒体“推荐”、商业网站“改编”下传统新闻业的内容价值遭到严重贬低。区块链在内容审核方面能通过多种方式协同把关，提高内容质量，保障信息价值，优化内容生态。

1. 媒体扩大信源认证，提高来源可靠性

在新闻来源空前繁杂、认证难度提高的当下，区块链可助力媒体信源身份认证和可靠信源甄别。区块链运用非对称加密技术，参与节点可以匿名，但在取得对方授权后可获知身份、进行交易。这使得公民在提供新闻线索的同时，避免了隐私泄露，信源提供者的人身安全得到保护。信息来源的可靠性被认证，这在一定程度上可规避媒体在政治力量、资本干预及自身偏见的影响下进行信息操纵。在可靠信源甄别方面，交易参与方在从未交易的区块

中进行全新交易时可触发参与者在其他区块的信用评价记录，从而决定接受或是拒绝交易①。因此，媒体在采用某一信源时，可根据链上该信源以往的信用记录进行初步的可信度判断，在提高信源处理效率的同时，初步甄别和过滤不可靠信源，降低其对真实新闻的干扰。

例如，浏览器插件 Trusted News 的事实检查网站数据库，对新闻网站内容的可信度进行评级，共八个等级：可信赖、未知、不可靠（含虚假或误导性信息）、讽刺（含幽默、嘲弄或夸张等元素）、偏见（政治或个人偏见）、恶意（对计算机或人身安全造成威胁）、标题党、用户生产内容，并仿照交通信号灯设计对内容可信度进行相应颜色和图标区分，例如绿色为可信信息，红色感叹号为不可靠信息，蓝色笑脸为讽刺信息，评级结果一目了然②。区块链新闻平台 The World News 则借助神经网络自动将媒体源分级为可靠、可疑和不可靠③。可见，区块链技术可帮助媒体和公众辨别信息源的可靠程度，抑制虚假信息的病毒式传播。

2. 公民参与新闻审核，协同过滤不良信息

区块链为公民参与事实核查提供了技术支撑。在共识机制作用下，每个节点都会成为核查和被核查的主体。新闻内容审核权力不再专属于媒体，广大民众、公民团体被赋予了监督权和审查权，新闻内容在过半节点认同时才能发布。例如，在 DNN 上发布内容必须经过多次审核，以确保符合平台内容指南的要求。首先，要成为审稿人，贡献者需要提供一定数量的 DNN 代币出价，如果审阅失败，这些代币将丢失，这迫使审稿人公正投票。其次，由系统随机选择 7 位审阅者审阅该文章，其以太链地址对常规审阅者隐藏，彼此孤立运作、规避串通，保持审核公正性。如果获得多数投票，文章将自动发表。若未通过审核，文章将与指导意见一同返还给作者。此外，还设置了与常规审阅相结合的“超级审阅者”，当至少一名超级评审员与 7 位评审

---

① 冉景刚：《区块链在数字出版业中的应用研究》，《出版发行研究》2018 年第 6 期。

② 资料来源于 Trusted News 官网，https：//trusted－news. com/，2018 年 11 月 15 日。

③ 资料来源于 The World News 白皮书，https：//ico. theworldnews. net/whitepaper_ 1_ 11_ en. pdf，2018 年 11 月 28 日。

员中的多数保持一致时，文章才能确定发布在平台上[①]。区块链新闻平台SNIP上的读者也可对内容进行评级，标记类似“不合适”“不完整”的标签，发表审核意见。全网共同参与审核、多节点验证、互相监督，降低媒体这一中心节点面临的评判压力和高昂的审核成本，过滤低质量新闻。多主体审核可降低单一主体主观因素对新闻信息的阻碍干扰，规避传统媒体在审新闻稿时编辑权滥用和评论随意的问题，提高审查的准确性和可信度，营造协商民主的价值共识。

3. 打击虚假新闻和谣言，提高内容信任感

区块链技术增强了问责机制，降低追责难度，进而降低了虚假信息和谣言“病毒式扩散”的可能性。区块链媒体中的信源可通过时间戳实时追踪，全网可同步记录转发、修改等传播痕迹，一旦出现问题，可追根溯源。如在区块链新闻平台 Presscoin 上，一旦发现有机构发布虚假信息，系统可通过区块链直接定位到发布源，对其进行相应的惩罚。制造和传播虚假信息的行为会被永久记录在案，直接提高了造谣者的犯罪成本和担责风险，从机制上约束内容发布者谨慎发言、对新闻真实性负责。2019 年 7 月，《纽约时报》公布了研发中用于打击假新闻的区块链项目“新闻出处追溯”（The News Provenance Project）。该项目利用区块链网络创建、共享新闻图片的“元数据”进行审核，其包含新闻图片的拍摄时间、地点、拍摄者等编发信息。媒体、用户可由此判断该图片是否经过人为修饰，验证新闻图片的真实性。

此外，区块链的问责机制鼓励了创作者的专业责任。例如，区块链新闻平台 PUBLIQ 为打击随意篡改和恶意传播行为，要求平台作者每发布一篇文章或者在已发布文章顶部添加新备注时，均需要花费小额 BPQ。同时，设置了 PUBLIQ 积分，即通过计算每位作者得到不同反馈（故事量、浏览量、分享量、点赞量和潜在标记量）的加权平均值，评定作者的名誉，低质量

① 资料来源于 Decentralized News Network 白皮书草案 1.3 版，https：//dnn.media/storage/DecentralizedNewsNetworkWhitePaperDraftv1.3.0.pdf，2017 年 9 月。

文章所带来读者的消极反馈将使作者的“名誉”受损[①]，进而激励作者发布更多真实、可信的内容。

4. 实行版权保护，效率成本实现最优化

版权不仅是上游打造新闻产品独特价值的重要保证，也是下游新闻营销环节确保多次“销售可能性”及收益来源的基本前提。区块链将极大优化新闻内容版权生态。全球第一个区块链数字内容版权保护平台 Po. et，在保护内容版权上主要基于以下原理：一是可通过加盖准确时间戳进行时间标记和版权跟踪，清楚记录每次新闻作品流传、转发及版权流转的时间地点等元数据，加之数字签名二次确认，为版权归属确定、版权纠纷存证提供依据，确保新闻资讯原创者的利益；二是区块链的不可篡改性可保障版权内容在二次传播中不被篡改，提高交易可靠性，进而降低版权纠纷发生的概率；三是“去中心化”特质下的多节点切入一改以往从单点进入确认版权的方式，省去中间环节，智能合约也可在创作发布时自动同步进行版权确认，简化版权确认的流程、降低费用成本和时间投入。2019 年 11 月 20 日，中国首个开放式媒体区块链版权保护平台上线。平台可为原创新闻和文学作品登记确认数字化版权、归属存证、记录交易、作品流转分发全流程，利用大数据监测实时追踪作品转载情况，及时发现侵权行为。

### （三）优化新闻分发流程：信息透明公开打破垄断，分发精准连接用户需求

在“渠道制胜”的时代，新闻分发不仅是连接价值链上下游的重要纽带，更是传媒价值链中扩大信息影响力、提高价值的重要一环。区块链一改过去以媒体为中介的中心化信息分发为分散节点式分发，建构了透明畅通、精准高效的分发渠道，扫除分发障碍，提高了新闻价值流动效率，便于新闻产品更好地传播与推广。

从过程而言，信息分发透明公开，可消弭信息不对称。去中心化的区块

---

① 资料来源于 PUBLIQ 白皮书，https：//publiq. network/en/white - paper/，2017 年 8 月 10 日。

链一改以往的中心式管理，数据及其交易过程对链上所有个体公开，一切数据皆可溯源。例如，区块链新闻平台 SNIP 使用开源算法填充新闻源，整个过程透明、可接受审查。另一平台 Userfeeds 也提供透明且可公开审核的内容网络和排名算法①。链上主体均可了解信息的最新变动情况，降低了第三方力量对信息进行删除、篡改、主观排名等操纵，保障了公众知情权，进而缓解以往信息不对称带来的焦虑和抵触情绪，确保信息获取的平等和信息分发的透明，规避“信息孤岛”带来的潜在风险。

从结果来看，绕开第三方中介，可精准连接传播对象。信息爆炸的时代，用户沉浸在大量无用信息之中，有限注意力被分散浪费。受众市场需要进一步垂直细分，实现精准传播、定制分发。智能合约，即智能的、运用自动化脚本代码、无须第三方参与即可根据条件自动执行的契约。基于区块链技术，新闻分发无须经过第三方中介，借助智能合约即可实现点对点（生产者对接消费者）传播。生产者可根据受众的喜好进行市场细分，定制发布内容，依次调整选题、报道内容、呈现方式，真正实现“用户驱动”。例如，在 Decent 平台上，内容生产者与消费者直接对接，创作者能更好地依照消费者需求生产新闻作品。Civil 上的记者可认领由众多读者发起的新闻主题，使最终的新闻内容高度匹配用户需求。在信息分发更为高效、快速的同时，确保价值资源被精准利用，更为下游的价值变现奠定基础。

### （四）创新新闻营销手段：智能合约、代币机制激励创作，筑就新闻收费新版图

营销是实现新闻价值变现的最直接手段，更是传媒产业链中赢得市场的核心环节，健康、可持续的盈利模式则是驱动新闻业发展的内在动力。由于历史惯性原因，网络新闻“免费”成为共识，读者付费意愿并不强，包括付费墙、知识付费在内的新闻付费模式仍在探索中。当区块链引入新闻业，

---

① Ben Dickson, “How Blockchain Helps Fight Fake News and Filter Bubbles,” *The Next Web*, https://thenextweb.com/contributors/2017/08/24/blockchain-helps-fight-fake-news-filter-bubbles/20180824.

创新内容变现机制将助推优质内容货币化进程，优质内容的价值得以凸显，将缓解新闻业在旧盈利模式下的财务危机。

作者拥有自主定价权，智能合约提高变现效率。利用区块链技术，内容生产者绕开媒体或中间商直接与受众（读者）接触，通过签订智能合约对新闻作品自主定价，读者也可利用智能合约订阅出版物或按文章付费。Decent 平台去除中介环节，赋予创作者自主定价权。作者可设置每次观看或下载需要支付的价格，并在结束时直接获得足额付款，不存在任何差价。如有多位内容贡献者，系统可自动进行付款拆分，付款比例也可随时调整①。该方式打通了内容生产者和读者之间的联系，提高交易效率。利益分配愈加公平，确保了创作者内容收益最大化，并对其进行了正向激励。

就创作的持续性而言，区块链代币机制作为内容生产薪酬的新方案，将促进在线内容货币化，进而催生更多优质内容。基于区块链技术，各大平台积极开发加密代币，并将其运用至平台的日常运营和奖赏激励。如在 Civil 上，读者可使用加密货币 CVL 赞助记者进行新闻创作。在 PUBLIQ 上，读者对文章的积极反馈可使作者获得更多的 PBQ 代币。全新激励机制的诞生将有力扶持优质内容生产，吸引民众更多参与内容消费与再生产，创造市场新需求，并使新闻众筹成为可能。

### （五）提升新闻内容评估效果：智能合约统计，维护新闻诚信生态

传播效果统计在传媒价值链中属于带来额外收入、调整业务风向的增值服务。虽位于价值链下游，但反馈结果可指挥传媒运作流程，对全链条具有战略指导意义和衍生价值。在中心化平台中，传播效果统计的各项指标，无论是传统媒体时代的发行量、收视率，抑或是新媒体时代的阅读点击量、点赞评论数、下载量，均为封闭、非公开、不透明的，媒体可根据自身需求和喜好操纵统计结果，如借助恶性刷量行为营造“数据泡沫”。西方“计算宣传”就是社交机器人（机器人水军）操纵传播效果统计的工具。因此，传统

---

① 资料来源于 Decent 官网，https：//decent. ch/zh/20181115。

效果评价的真实性有待考证，“虚假繁荣”更侵蚀着新闻内容的诚信生态。

区块链技术为解决效果统计的信任问题提供了创新方案。收集评估数据时，可运用区块链技术的智能合约自动记录，其不仅降低人工统计的成本，更规避了人为操控的“刷量”作弊和数据失真。通过追溯交易记录可了解效果评价者的信用信息，进而规避水军和洗稿现象。统计完成后，若对统计结果存在异议，也可借助“时间戳”全流程追溯数据。2017 年美国广告技术公司 MetaX 已推出基于以太链平台上的数字广告供应链区块链协议 adChain，在广告链各方如广告主、媒体之间，共享、跟踪和验证广告展示次数，细分受众群等广告交易效果数据[①]。国内，小米率先提出在程序化广告中使用区块链，建立以数据协作、反欺诈、效果监测为主要场景构建广告技术区块链共同体联盟（Ad Tech Consortium Blockchain）。二者旨在利用区块链技术确保数据完整性，规避欺诈和作弊行为，确保传播效果及其量化数据的透明、真实、可信，这不仅有利于媒体调整传播方案，更可提高公众对统计结果的信任度。

## 三　区块链重塑新闻业的风险及其治理

风险社会理论指出，当下新风险形式的出现，主要来源于“科技发展所带来的完全不同于传统的风险形态”[②]。区块链技术在深刻改变传统新闻业态的同时，也带来全新的潜在风险。“区块链的前景取决于有效治理机制的实施。”[③] 我们需建立多利益相关方治理模式，以推动“区块链 + 新闻业”持续健康发展。

---

① Robert Hof, “How MetaX Plans to Use Blockchain to Stop Ad Fraud,” Frobes, https：//www.forbes.com/sites/roberthof/2017/03/21/how－metax－plans－to－use－blockchain－to－stop－ad－fraud/#24aeb40259da 20180321.

② 米丹：《风险社会与反思性科技价值体系》，中国社会科学出版社，2013，第 125 页。

③ Beck, R. , Müller-Bloch, C. & King, J. L. , “Governance in the Block Chain Economy a Frame Work and Research Agenda,” *Journal of the Association for Information Systems*, 19, （2018）: pp. 1020－1034.

## （一）防范侵权造假风险，发挥行业协同自律作用

区块链可有力打击盗版和虚假新闻、谣言现象，但因其发展阶段的局限性，仍存在相应风险。一方面，技术确权或成跨链盗版保护伞。区块链技术可快速确认版权归属，但由于时间戳遵循“谁先创作、谁先申请，谁就拥有著作权”的原则，目前国内区块链媒体处在早期实验阶段，所有媒体入驻链内需耗费较长时间，大量新闻资讯仍在链外发布。若有剽窃者将链外新闻通过“复制粘贴”率先发布至区块链上，加盖时间戳、进行有效版权确认，归属确认后全网流传，且二次更改困难，或成为帮助盗版者确认版权的保护伞。另一方面，假新闻及谣言难以得到根除。“技术无法证明整个新闻故事的真实性，只能提供虚假新闻的部分解决方案。”[①] 区块链只可通过溯源和审查提高造谣者的犯罪成本，不仅存在滞后性，更无法查验源头数据的真伪，不能从源头杜绝虚假新闻和谣言的出现。一旦区块链源头的信息失实，更正难度大、成本高，且基本无法删改、难以纠偏，不良信息及其影响在封闭环境下难被消除，将带来不可挽回的负面影响。

要防止跨链盗版和新闻造假，媒体行业的自律机制至关重要。2018 年 3 月，国内多家区块链行业媒体共同发布《区块链行业媒体自律声明及公约发起函》，做出 6 条承诺：审核和发布所有信息均应秉持客观与专业原则，禁止以负面报道为由要挟收取任何一方费用；严格审核项目信息的合法性与真实性，禁止项目方自行直接发布信息；绝不蓄意散布虚假信息（无论利空还是利好）误导或欺骗投资者，扰乱市场；对外严格建立信息发布规范，付费信息均应严格标注“广告”“推广”等清晰告知用户；对内严格区分内容团队和经营团队，设立防火墙机制；严格遵守版权规范，尊重他人版权，不抄袭不剽窃。

---

① Huckle, S. & White, M., “Fake News: A Technological Approach to Proving the Origins of Content, Using Blockchains.” *Big Data*, 4 (2017): pp. 356 – 371.

## （二）防范信息安全风险，完善相关法律法规和规章政策

区块链的“去中心化”冲击和革新了传统中心化新闻业格局，公民可参与新闻业各环节，规避中心化垄断风险。然而，完全的去中心化也削弱管理部门的监管，给了违法违规、不良信息绕开集中审查的机会，或带来信息安全风险。舆论引导方面，新闻生产“脱媒”稀释了新闻媒体的作用，消除了由中央机构控制信息的必要性①。但我国媒体是党、政府、人民的耳目喉舌，被赋予舆论引导的重要职能。若在新闻传播这一意识形态领域“完全去中心化”，当出现违法不良有害言论且无法删改时，将带来意识形态安全风险。民主参与方面，民众在参与新闻生产时易受到主观偏好和非理性情绪的影响，从自我价值标准出发做出主观性决断，引发民主权利滥用带来的“暴民统治”，出现裹挟民意进行“多数人的暴政”的全新操纵风险。在伦理隐私方面，2018 年发布的《欧盟数据保护通用条例》明确了“被遗忘权”的概念。“被遗忘权”的确立意味着公民能够将不符合实际情况的过时信息抹去。而区块链信息不可删改、永久保存的性质与公民被遗忘权相背离，或侵犯到信息当事人自主处置个人信息的权利。

应该明确，将区块链这一前瞻性技术引入传媒行业，并非主张“无政府主义”和“绝对去中心化”，绝非要挑战现行传媒体制。去中心化与中心化是可兼容、非二元对立的，区块链提供的全新解决方案可作为传统模式的有力补充，根据具体的场景条件因需选择适用模式、调整技术去中心化程度。在区块链发展早期阶段，国家仍具备社会协调的必要中心点作用②，保持技术去中心化与场景应用监管的平衡。特别是在媒体领域，仍需专业把关人和政府机构的有力引导与适时介入。2019 年 1 月 10 日，国家互联网信息

① Nicky, W., “What Could Blockchain Do For Journalism?” https://medium.com/s/welcome-to-blockchain/what-could-blockchain-do-for-journalism-dfd054beb197, 20180213.

② Atzori Marcella, “Blockchain Technology and Decentralized Governance: Is the State Still Necessary?” *University College of London*, https://ssrn.com/abstract=2709713, 20160613.

办公室发布的《区块链信息服务管理规定》指出，区块链信息服务提供者和使用者不得利用区块链信息服务从事危害国家安全、扰乱社会秩序、侵犯他人合法权益等法律、行政法规禁止的活动。

## （三）防范技术自身风险：推进技术研发和标准化

“任何真正分散的区块链都不具备处理任何大规模系统运行的大量数据和数十亿个帖子的链上容量”①。目前，区块链仍处于发展早期，自身存在的漏洞或引发加密技术被破解、51%算力问题等深层风险。2011 年至 2019 年 2 月，全球范围内因区块链安全事件造成的损失已超 38 亿美元。2018 年 1 月 26 日东京 Coincheck 虚拟货币“新经币”（NEM）被窃，损失高达 4.2 亿美元。

解决技术自身风险，首要之义是优化技术基础性研发工作，加强核心技术研发，必要时政府应给予一定资金和政策扶持，以突破现有技术瓶颈。同时，建立系统的风险预警和评估机制，密切关注技术发展，做好风险规制。国际电信联盟——通信安全标准工作组（ITU－TSG17）已开展分布式账本技术（DLT）安全研究课题，2018 年 10 月，中国国家互联网应急中心主导的《基于区块链的数字版权管理安全要求》国际标准获得立项资助。此外，要加快确立应用、安全方面的通用技术标准。如国际标准化组织 ISO 成立了区块链和分布式记账技术国际标准化技术委员会 ISO/TC307，旨在引领全球区块链技术标准的确立，截至 2018 年 5 月，已经确立了 10 项国际标准的研发立项。相信未来，技术研发工作、标准化规则的推进和建立将有力指导新闻业全方位应用区块链技术。

## （四）防范金融安全风险，加强数字货币的政府监管

区块链新闻在商业模式上具有极强的不确定性，存在金融安全风险。商

① Michael, J. Casey, “Blockchains Alone Won't Fix the Facebook Problem,” *Coindesk*, https://www.coindesk.com/blockchains－alone－wont－fix－facebook－problem. 20180412.

业模式方面，区块链技术作为新生事物未被完全普及，国家和公众对代币及配套商业模式的认同感和接受度不够，区块链无法被金融监管机构及民众认可。目前，全球多数国家严管数字货币。2019 年 1 月，英国金融监管机构——金融市场行为监管局发布了《加密货币资产指南》咨询文件，要求任何提供加密货币衍生品服务的公司都须得到英国金融市场行为监管局的授权。我国于 2017 年 9 月在《关于防范代币发行融资风险的公告》中明确指出，非银行支付机构操作与发行代币融资交易相关的业务属于非法融资。媒体自行发行的数字代币恐不具备货币的有效性，导致“旨在解决区块链治理问题的加密货币因治理问题而崩溃”①。

在主张“代码是法律”的数字时代，由于法律规则的模糊性和灵活性难以转换为可由机器解释的形式化语言②，因此必须通过完善顶层设计厘清权力和法律边界，及时制定、完善法律政策及其适用范围，确保商业运作及区块链广泛运用的合法合规。2017 年 4 月，日本实施了《支付服务法案》，正式承认比特币是一种合法的支付方式，对数字资产交易所提出了明确的监管要求；2017 年 9 月，日本金融厅颁发了第一批比特币交易所牌照。2017 年 7 月，美国全国统一州法委员会通过了《统一虚拟货币经营监管法》；美国税务局、美国证券交易委员会（SEC）均将虚拟货币纳入其监管范围；SEC 发布《关于可能违法的加密资产交易平台的声明》，确认数字资产属于证券范畴，交易所必须在 SEC 注册或获取牌照。2018 年，韩、澳、俄、法等多国均在探索制定与区块链技术特别是数字货币迭代发展相匹配的法案。

## 四　结语

区块链技术塑造了全新的互联网传播生态，也重构了新闻业价值链，为

---

① John, T. & Pam, M., “Complex Adaptive Blockchain Governance,” *EDP Sciences*, 223 (2018): p. 1010.

② Primavera De Filippi & Samer Hassan, “Blockchain Technology As a Regulatory Technology: From Code is Law to Law is Code.” *Harvard University*. https://arxiv.org/pdf/1801.02507.pdf. 20180108.

拯救传统新闻业提供了可能机遇。目前，西方特别是美国媒体和社交平台已经有了许多尝试，商业巨头福布斯计划从2019年起将部分文章元数据发布至区块链平台。尽管国内以《人民日报》为代表的媒体正在积极研究区块链媒体可行性，如2018年搭建了人民创投区块链研究院传媒实验室，但总体来看，我国“区块链+媒体”尚处于酝酿期，距全面应用仍有待时日。相信在未来，区块链技术的不断成熟和安全应用将释放无限潜力，为重振衰落中的新闻业提供强劲动力。

# B.10

# 短视频 App 用户信息伦理认知、态度与回避行为研究

牛 静　黄彩莉*

**摘　要：** 目前短视频 App 出现了一些伦理失范问题，要规范短视频行业的发展，用户应当对伦理失范问题保持警惕与监督。本文采用问卷调查法，探讨短视频 App 用户对伦理失范问题的认知、态度及应对伦理失范问题的行为反应。研究发现：(1) 短视频 App 用户认为虚假信息、版权侵犯、隐私侵犯、不良信息普遍存在于短视频 App 中，对这四类问题具有较高的宽容度，较少采取积极的回避行为；(2) 当用户认为伦理失范问题存在越普遍时，其宽容度也越高；(3) 用户认为伦理失范问题存在越普遍时，越可能采取回避行为；(4) 态度并不会影响用户对伦理失范问题的回避行为；(5) 短视频 App 用户对伦理失范问题的态度在伦理认知对回避行为的影响机制中不发挥中介作用。

**关键词：** 短视频　信息伦理　认知态度　回避行为

## 一　引言

随着通信技术的发展与移动终端的普及，短视频以“短、平、快”的

---

* 牛静，博士，华中科技大学新闻与信息传播学院教授、博士生导师，研究方向为新媒体传播、媒体伦理；黄彩莉，华中科技大学新闻与信息传播学院硕士研究生，研究方向为新媒体传播。

传播优势迅速占领互联网市场，用户数量与日俱增，成为互联网内容创业的新风口。但由于监管失守、利益驱使等原因，短视频屡屡踏入内容生产的禁区，衍生出一系列信息伦理失范问题。虚假信息、低俗色情信息、侵权等伦理失范现象日益突出，对网络生态的健康发展造成威胁。2018 年 4 月起，短视频行业遭到全面整改，“快手”“火山小视频”等被下架，“内涵段子”被永久关停，“抖音”的评论区也被关闭，国家相关部门的干预促使短视频行业开始自我审视。

短视频 App 用户是短视频内容生产与传播的主体，也是短视频信息伦理问题产生的源头。要规范短视频行业的有序发展，关键在于唤醒用户的“自律”意识，而个体自律的实现与其认知和态度有着紧密联系，因此了解短视频 App 用户对伦理失范问题的认知、态度及应对伦理失范问题的行为反应具有一定的现实意义。

## 二　文献综述

### （一）信息伦理认知研究

信息伦理一词最早由凯尼格等人（Koenig et al.）于 1981 年的《信息反思下的信息伦理》中提出，指以“是非、善恶”为标准，调整信息生产、传播与管理等信息活动中人与人之间关系的道德准则与规范。

在信息伦理认知研究中，多数研究基于新闻传播视角探讨新闻工作者对伦理争议行为的认知与态度。罗文辉等人发现，传统媒体新闻工作者认为其免费馈赠、拉广告等兼职行为普遍存在，对于消息来源赠送的现金与礼品接受度低，但对消息来源提供的免费旅游与餐饮接受度较高[①]。陶建杰和张志安则发现，相对于传统媒体新闻记者，网络新闻工作者对“免费旅游、大

① 罗文辉、陈韬文、潘忠党：《大陆、香港与台湾新闻人员对新闻伦理的态度与认知》，《新闻学研究》2001 年第 68 期。

额现金”等馈赠方式接受度较低，对非现金、低价值的馈赠和兼职相对宽容[①]。信息技术的发展与普及不仅挑战了传统的媒介伦理，也拓宽了传播伦理认知的研究范畴，有学者开始将关注点转移到网络的使用者身上，研究他们对自身网络使用行为伦理的认知与态度[②]。李月琳等研究发现，大学生对侵犯个人隐私的行为与侵犯知识产权的认识模糊，对于信息污染虽认知水平较高，却缺乏抵制不良信息的责任感[③]。可见，对伦理问题普遍存在的认知与容忍度的探讨是研究者们关注的焦点之一。短视频 App 用户是短视频信息的传播者与接受者，关注他们对伦理问题的认知情况与态度有助于把握其潜在的道德立场。由此，本文提出以下问题：

Q1：短视频 App 用户认为短视频 App 中普遍存在的伦理问题有哪些？

Q2：短视频 App 用户对伦理问题的态度如何？

英国学者柯斯特（G. Cust）认为个体行为的发生需经历知识获取—态度形成—行为发生这一心理过程，由此提出知信行（KAP）理论。“知”是对特定事物的认识与了解，“信”是对特定事物所产生的信念与态度，“行”即行动。三个要素间存在紧密联系，知识是行为发生的基础，态度是行为发生的动力。知信行模型为本文的变量构建提供了参考，本文拟将针对认知、态度与行为进行测量，并探究其内在的联系。由此提出问题：

Q3：短视频 App 用户的伦理认知、态度与行为间是否存在一定的内在联系？

### （二）信息伦理认知、态度与回避行为研究

认知、态度与行为三者的概念来源于心理学，其中认知泛指知觉、

① 陶建杰、张志安：《网络新闻从业者职业伦理研究：以利益冲突为例》，《国际新闻界》2013 年第 19 期。

② Taylor, Mcminn, M. R. & Bufford, R. K., et al., “Psychologists’ Attitudes and Ethical Concerns Regarding the Use of Social Networking Web Sites.” *Dissertations & Theses Gradworks*. 41 (2009): pp. 153 – 159.

③ 李月琳、李颖、李昂：《大学生网络信息伦理认知与影响因素研究》，《情报资料工作》2014 年第 2 期。

注意、记忆、想象、思维等一系列心理活动[①]，是个体对外界信息的符号解码与再编码的过程。在社会科学研究中，认知一般被量化为对某一具体事物的认识，包括对事物含义、产生原因及危害的基本认识，对事物普遍性存在的认识[②③④]。本文参考相关研究，将认知测量主要聚焦于普遍性认知。

态度一般指个体对某个对象（人或物）所持有的较为稳定、一致的心理和行为倾向，反映了个体对特定对象的好恶情感，是决定行为的潜伏动因[⑤]。在社会科学研究中，态度一般被量化为对特定事物的满意度[⑥]、支持倾向[⑦]或宽容度[⑧]。本文将伦理态度测量聚焦于宽容度。

行为是个体对特定事物产生的行为意向或实际行动，在涉及认知、态度、行为三者关系的量化研究中，行为更多地被指向行为意向[⑨]。当认知与态度锁定的事物是某类问题时，行为一般被量化为对特定问题的防护行为或回避反应倾向[⑩]。本文将行为测量聚焦于用户对伦理失范问题的防卫或回避反应意向。

---

① 车文博：《当代西方心理学新词典》，吉林出版社，2001，第 241 页。

② 王金营、马志越：《环境态度、雾霾认知对城市居民防护行为的影响——基于 KAP 理论模式》，《河北大学学报》（哲学社会科学版）2019 年第 1 期。

③ 罗文辉、陈文韬、潘忠党：《大陆、香港与台湾新闻人员对新闻伦理的态度与认知》，《新闻学研究》2001 年第 68 期。

④ 陶建杰、张志安：《网络新闻从业者职业伦理研究：以利益冲突为例》，《国际新闻界》2013 年第 9 期。

⑤ 时蓉华：《社会心理学词典》，四川人民出版社，1988，第 11 页。

⑥ Zhang, S. , Zhao, L. & Lu, Y. , et al. , "Get Tired of Socializing as Social Animal? An Empirical Explanation on Discontinuous Usage Behavior in Social Network Services," *Pacis 2015 Proceedings*: p. 125.

⑦ 曾宇容、王洁：《大学生绿色消费内在机理调查与研究》，《消费经济》2009 年第 5 期。

⑧ 陶建杰、张志安：《网络新闻从业者职业伦理研究：以利益冲突为例》，《国际新闻界》2013 年第 9 期。

⑨ Laumer, S. , Maier, C. & Weitzel, T. , et al. , "Drivers and Consequences of Frustration When Using Social Net-working Services: A Quantitative Analysis of Face-Book Users. " *Amcis 2015 Proceedings*: p. 39.

⑩ 王金营、马志越：《环境态度、雾霾认知对城市居民防护行为的影响——基于 KAP 理论模式》，《河北大学学报》（哲学社会科学版）2019 年第 1 期。

现有研究已证实认知对态度存在影响。Chang 指出认知是控制态度的重要因素①。罗文辉等人研究发现，在与“免费馈赠”与“兼职”相关的行为中，一般新闻工作人员认为越普遍的行为，在态度上也更容易接受②。由此，本文提出：H1：短视频 App 用户的伦理认知会正向影响其伦理态度，即当短视频 App 用户认为某一伦理失范问题越普遍，则对这一问题的态度越宽容。

关于认知与行为意向间的验证研究较为丰富③④。王金营和马志越研究发现，个体对雾霾的认知度越高，对雾霾的防卫行为越积极⑤。由此，本文提出：H2：短视频 App 用户的伦理认知会正向影响对短视频伦理失范问题的回避行为，即当短视频 App 用户认为某一伦理失范问题越普遍，则对短视频 App 伦理失范问题的回避行为越积极。

理性行为理论（TRA）指出，态度是行为意向与行为产生的重要影响因素，个体的行为意向与行为的产生受制于个体对执行某一目标行为所持有的正面或负面的情感倾向。基于理性行为理论，许多学者探讨态度对行为的影响机制⑥⑦。Laumer、Maier 等人发现当个体对某一社交媒体的态度越负面

① Man Kit Chang,“Predicting Unethical Behavior: A Comparison of the Theory of Reasoned Action and the Theory of Planned Behavior,” *Journal of Business Ethics*. 17 (1998): pp. 1825 - 1834.

② 罗文辉、陈文韬、潘忠党：《大陆、香港与台湾新闻人员对新闻伦理的态度与认知》，《新闻学研究》2001 年第 68 期。

③ Alam & Wagner, C. , “Facebook Distress: A Model to Investigate Discontinuation of Social Networking Site Use,” *Pacis 2013 Proceedings*: p. 179.

④ 赵雪丽：《基于 ABC 理论的网红经济下消费者态度影响因素研究——以微博营销为例》，杭州电子科技大学硕士学位论文，2017，第 25 ~ 36 页。

⑤ 王金营、马志越：《环境态度、雾霾认知对城市居民防护行为的影响——基于 KAP 理论模式》，《河北大学学报》（哲学社会科学版）2019 年第 1 期。

⑥ Hines J. M. , Hungerford H. K. & Tomera A. N. , “Analysis and Synthesis of Research on Responsible Environmental Behavior: Analysis,” *The Journal of Environmental Education*, 18 (1987): pp. 1 - 8.

⑦ Zhang, S. , Zhao, L. & Lu, Y. , et al. , “Get Tired of Socializing as Social Animal? An Empirical Explanation on Discontinuous Usage Behavior in Social Network Services,” *Pacis 2015 Proceedings*: p. 125.

化，其停止使用该社交媒体的可能性就越高①。王金营等人的研究也证明态度对行为产生显著影响，个体对环境的态度越正向，对雾霾的防卫行为就越积极②。由此，本文提出：H3：短视频 App 用户对伦理失范问题的伦理态度会负向影响对短视频伦理失范问题的回避行为，即短视频 App 用户对伦理失范问题的宽容度越低，所做出的回避行为反应越积极。

理性行为理论认为，行为的产生路径之一是个体的认知与信念导致态度的形成，从而对行为意向与行为产生影响，这一结论与伦理接受模式相同。伦理决策模式指出，当个体在做出伦理决策时，会经历理解伦理议题、做出伦理判断、形成伦理态度、导向实际行为四个阶段③。上述理论实质上是将伦理认知与态度作为行为的解释性变量，并揭示了伦理认知、态度、行为三者间的内在逻辑关系。换言之，个体的认知可通过态度影响实际行为。相关研究也佐证了这一点，白光林、李国昊研究发现绿色消费认知会通过态度中介影响行为④。由此，本文提出：H4：伦理态度在伦理认知对回避行为的影响机制中表现出显著的中介作用。

## 三　研究设计

### （一）问卷调查法

本文采用问卷调查法，探究短视频 App 用户对短视频平台上虚假信息、不良信息、隐私侵犯、版权侵犯四类伦理失范问题的普遍性认知、态度

---

① Laumer, S., Maier, C., Weitzel, T., et al, "Drivers and Consequences of Frustration When Using Social Net-working Services: A Quantitative Analysis of Face-Book Users." *Amcis 2015 Proceedings*: p. 39.

② 王金营、马志越：《环境态度、雾霾认知对城市居民防护行为的影响——基于 KAP 理论模式》，《河北大学学报》（哲学社会科学版）2019 年第 1 期。

③ Rest & James R., *Moral Development: Advances in Research and Theory*, (New York: Praeger, 1986), p. 39.

④ 白光林、李国昊：《绿色消费认知、态度、行为及其相互影响》，《城市问题》2012 年第 9 期。

（宽容度）与回避行为反应情况。2019 年 3 月 1 ~ 6 日，笔者通过问卷星平台正式发放问卷，采用滚雪球抽样的方法，最终回收问卷 507 份，去除无效问卷 113 份，最终有效问卷 394 份，有效问卷率为 77.71%。

## （二）变量测量

多数学者指出，包含短视频平台在内的网络空间最为突出的伦理问题为虚假与不良信息（包括色情、暴力、血腥等信息）、隐私泄露与侵犯、版权侵犯①②③。本文重点关注短视频 App 用户对这四类伦理失范问题的认知、态度及其回避行为。在认知态度研究中，一般先将特定议题概念化，再将其表述与态度量表结合进行测量。

1. 伦理认知与态度测量

参考罗文辉等人④与陶建杰等人⑤的伦理认知态度量表以及相关伦理法规，采用李克特 5 级量表考察被调查对象对题项（具体题项见表 1 及表 2）的同意程度，选项从“很不同意”到“很同意”依次赋 1、2、3、4、5 分。

**表 1　伦理认知测量**

| 变量 | 题项 | 题项来源 |
|---|---|---|
| 虚假信息认知 | 1. 有很多视频明显有内容是编造、失实或是摆拍的 | |
| | 2. 有很多视频标题与内容不符或标题夸张 | |
| | 3. 有很多视频所使用的内容素材是未经核实的 | |

① 程前、沈丹妮、盛夏妍：《移动短视频发展乱象及治理》，《视听》2017 年第 1 期。

② 吕鹏、王明漪：《短视频平台的互联网治理：问题及对策》，《新闻记者》2018 年第 3 期。

③ 张承蒙、徐淑婷：《网络社会治理中短视频平台乱象分析与消减策略》，《新媒体研究》2018 年第 17 期。

④ 罗文辉、陈韬文、潘忠党：《大陆、香港与台湾新闻人员对新闻伦理的态度与认知》，《新闻学研究》2001 年第 68 期。

⑤ 陶建杰、张志安：《网络新闻从业者职业伦理研究：以利益冲突为例》，《国际新闻界》2013 年第 9 期。

续表

| 变量 | 题项 | 题项来源 |
| --- | --- | --- |
| 不良信息认知 | 1. 有很多视频中含有带色情色彩的片段 | 罗文辉、陈韬文、潘忠党(2001);陶建杰、张志安(2013);新闻伦理规范、隐私权、著作权等法律法规 |
| | 2. 有很多视频中含有打架、受伤等暴力、血腥的镜头 | |
| | 3. 有很多视频中含有封建迷信的信息 | |
| 隐私侵犯认知 | 1. 很多视频含有偷拍他人日常生活的片段 | |
| | 2. 很多视频中拍摄到无关的路人,没有取得拍摄许可或没有进行后期马赛克处理 | |
| | 3. 很多视频中有公开自己或他人姓名、车牌号、家庭住址等个人信息的镜头 | |
| 版权侵犯认知 | 1. 有很多人转发或上传他人的视频内容没有标明出处或告知原作者 | |
| | 2. 有很多视频未标明出处就剪拼改编影视剧作品或他人视频成果 | |

**表2　伦理态度测量**

| 变量 | 题项 | 题项来源 |
| --- | --- | --- |
| 虚假信息态度 | 1. 在短视频创作时,编造部分内容或者部分内容失实的现象是可以接受的 | 罗文辉、陈韬文、潘忠党(2001);陶建杰、张志安(2013);新闻伦理规范、隐私权、著作权等法律法规 |
| | 2. 在短视频创作时,为了吸引关注可以允许标题与内容不符或标题夸张 | |
| | 3. 在短视频创作时,不经核实就使用部分视频素材或上传未经核实的视频片段是可以接受的 | |
| 不良信息态度 | 1. 在短视频创作时,为了吸引关注发布带色情色彩的视频是可以接受的 | |
| | 2. 拍摄并上传他人打架等含有暴力、血腥的镜头是可以接受的 | |
| | 3. 在短视频创作时,内容中含有封建迷信信息是可以接受的 | |
| 隐私侵犯态度 | 1. 在短视频创作时,不征求他人同意就拍摄他人的日常生活是可以接受的 | |
| | 2. 在短视频中,若拍到无关的路人时,不向路人取得拍摄许可或后期不做马赛克处理是可以接受的 | |
| | 3. 在短视频中,公开他人的姓名、肖像、车牌号等个人信息是可以接受的 | |
| 版权侵犯态度 | 1. 不征求原作者同意或标明出处就转发或上传他人的视频内容是可以接受的 | |
| | 2. 在短视频创作时,未标明出处就剪拼改编影视剧作品或他人视频成果是可以接受的 | |

2. 回避行为测量

参照李月琳等①人的量表，采用4个题项考察被调查对象看到伦理失范现象时的行为反应，题项分别为“当在短视频 App 上看到内容失实或标题夸大的视频时，您会怎么做?”“当在短视频 App 上看到内容带有色情、暴力、迷信色彩的视频时，您会怎么做?”“当在短视频 App 上看到未经允许就在视频中公开他人的私人信息等侵犯隐私的行为时，您会怎么做?”“当在短视频 App 上看到未标明出处转发他人的视频等侵犯版权的行为时，您会怎么做?”，选项采用李克特5级量表，对“不加理会，继续使用”“取消对相关用户的关注或减少观看相关用户的视频作品”“留言制止相关用户，但继续使用该短视频 App”“留言制止相关用户，同时减少使用该短视频 App”“卸载该短视频 App”五个选项分别赋1、2、3、4、5分。得分越高，说明对伦理失范问题的回避行为越强。

## 四 研究发现

本文采用 SPSS 20.0 版本对问卷数据进行分析，通过对问卷的主要题项进行信度分析，发现 Cronbach's Alpha 系数为 0.996，问卷的整体信度良好。

样本的构成如下：性别上，男性占 36.8%，女性占 63.2%。年龄上，18 岁以下占 5.58%；18～25 岁占 63.2%；26～30 岁占 19.29%；31～35 岁人数占 4.57%；36～40 岁人数占 4.82%；41 岁及以上人数占 2.54%。受教育程度上，初中及以下占 14.47%；高中占 5.33%；大学专科占 14.97%；大学本科占 48.22%；硕士研究生及以上占 17.01%。专业上，传媒类专业占 46.75%；文史哲类专业占 14.29%；经管类专业占 5.45%；理工类专业占 8.05%；农医类专业占 2.34%；其他占 23.12%。

---

① 李月琳、李颖、李昂：《大学生网络信息伦理认知与影响因素研究》，《情报资料工作》2014 年第 2 期。

## （一）短视频 App 用户的伦理认知、伦理态度与回避行为

由表 3 可知，受访者对虚假信息、不良信息、隐私侵犯与版权侵犯的普遍性认知均值分别为 3. 91 、3. 46 、3. 61 、3. 71，说明受访者认为短视频 App 中含有虚假信息的现象最为普遍，之后依次为版权侵犯、隐私侵犯、不良信息。整体来说，四类伦理失范现象的普遍性认知均值都较高，说明短视频 App 用户认为这四类问题都普遍存在于短视频 App 中。

受访者对虚假信息、不良信息、隐私侵犯与版权侵犯的态度均值依次为 3. 23 、2. 83 、2. 87 、2. 86，说明受访者对虚假信息的宽容度最高，对色情、低俗等不良信息的宽容度最低，但均值均大于 2. 5，说明受访者对于这四类伦理失范问题都具有较高的宽容度。

受访者的回避行为均值为 2. 61，说明受访者在看到伦理失范现象时，会采取一定的行为进行回避，但对伦理失范问题的回避不算积极，做出减少使用软件或卸载软件等积极程度较高的回避行为的概率较小。

**表 3　伦理认知、态度与回避行为均值**

| 项目 | N | 极小值 | 极大值 | 均值 | 标准差 |
|---|---|---|---|---|---|
| 虚假信息认知 | 393 | 1. 33 | 5. 00 | 3. 9092 | 0. 80634 |
| 不良信息认知 | 393 | 1. 00 | 5. 00 | 3. 4606 | 0. 92746 |
| 隐私侵犯认知 | 393 | 1. 00 | 5. 00 | 3. 6081 | 0. 90678 |
| 版权侵犯认知 | 393 | 1. 00 | 5. 00 | 3. 7099 | 0. 91184 |
| 版权侵犯态度 | 393 | 1. 00 | 5. 00 | 2. 8639 | 1. 16493 |
| 隐私侵犯态度 | 393 | 1. 00 | 5. 00 | 2. 8719 | 1. 18702 |
| 不良信息态度 | 393 | 1. 00 | 5. 00 | 2. 8253 | 1. 22983 |
| 虚假信息态度 | 393 | 1. 00 | 5. 00 | 3. 2299 | 1. 02133 |
| 回避行为 | 393 | 1. 00 | 5. 00 | 2. 6107 | . 81997 |
| 有效的 N（列表状态） | 393 | — | — | — | — |

## （二）伦理认知、态度与回避行为间的影响关系

本文在控制年龄、性别、专业等人口统计学变量和 App 使用年限等媒介使用经验变量的基础上，探究伦理认知与态度、伦理认知与回避行为、伦

理态度与回避行为间的关系。

由表4可知，伦理认知对伦理态度的回归系数（β=0.274）为正数，存在显著影响（$p<0.001$），说明伦理认知对伦理态度存在正向影响，验证了H1。

**表4　伦理认知与伦理态度的回归分析**

| 控制变量 | | 自变量 | 因变量:伦理态度 | |
|---|---|---|---|---|
| | | | 模型1 | 模型2 |
| 人口学因素 | （常量） | | 2.667 | 1.690 |
| | 年龄 | | 0.134 | 0.129 |
| | 性别 | | -0.382 | -0.402 |
| | 受教育水平 | | -0.086 | -0.085 |
| | 专业 | | 0.091 | 0.096 |
| | App使用年限 | | 0.126 | 0.116 |
| | App日均使用时长 | | 0.216 | 0.228 |
| | | 伦理认知 | | 0.274*** |
| $R^2$ | | | 0.35 | 0.374 |

注：表格内为非标准化系数，*代表$p<0.05$，**代表$p<0.01$，***代表$p<0.001$。

由表5可知，伦理认知与回避行为的回归系数（β=0.249）为正数，伦理认知对回避行为存在显著影响（$p<0.01$），说明伦理认知对回避行为存在正向影响，H2成立。

**表5　伦理认知与回避行为的回归分析**

| 控制变量 | | 自变量 | 因变量:回避行为 | |
|---|---|---|---|---|
| | | | 模型1 | 模型2 |
| 人口学因素 | （常量） | | 3.182 | 2.295 |
| | 年龄 | | 0.024 | 0.019 |
| | 性别 | | 0.044 | 0.025 |
| | 受教育水平 | | -0.152*** | -0.152*** |
| | 专业 | | -0.039 | -0.034 |
| | App使用年限 | | -0.036 | -0.046 |
| | App日均使用时长 | | 0.004 | 0.015 |
| | | 伦理认知 | | 0.249** |
| $R^2$ | | | 0.037 | 0.062 |

注：表格内为非标准化系数，*代表$p<0.05$，**代表$p<0.01$，***代表$p<0.001$。

由表6可知，伦理态度对回避行为不存在影响（$p>0.05$），H3不成立。

**表6　伦理态度与回避行为的回归性分析**

| 控制变量 | | 自变量 | 因变量:回避行为 | |
|---|---|---|---|---|
| | | | 模型1 | 模型2 |
| 人口学因素 | （常量） | | 3.182 | 3.304 |
| | 年龄 | | 0.024 | 0.030 |
| | 性别 | | 0.044 | 0.026 |
| | 受教育水平 | | -0.152*** | -0.156*** |
| | 专业 | | -0.039 | -0.034 |
| | App使用年限 | | -0.036 | -0.030 |
| | App日均使用时长 | | 0.004 | 0.014 |
| | | 伦理态度 | | -0.046 |
| $R^2$ | | | 0.037 | 0.038 |

注：表格内为非标准化系数，*代表$p<0.05$，**代表$p<0.01$，***代表$p<0.001$。

## （三）伦理态度在伦理认知对短视频App用户回避行为的影响机制中的中介效应分析

基于上述数据回归分析结果，伦理认知对伦理态度与回避行为均存在显著影响，但是伦理态度对回避行为没有影响。为了探索伦理认知、伦理态度以及回避行为三者之间的关系，即伦理态度是否在伦理认知和回避行为之间发挥着中介作用，本文采用SPSS中的PROCESS插件进行分析。数据结果如表7所示。由表7可知，间接效应不显著，$p>0.05$，影响系数为-0.003，且偏差较正区间［-0.0291，0.010］包含0，伦理态度在伦理认知对短视频App用户回避行为的影响机制中不发挥中介作用，H4不成立。

**表 7　伦理态度中介效应分析**

| 中介效应 | 直接效应 | 间接效应 | 中介效应比 | Bootstrapping Bias-Corrected 95% CI Lower | Upper | $p$ 值 |
|---|---|---|---|---|---|---|
| 伦理认知 - 伦理态度(a) | 0.166 * | | | | | |
| 伦理态度 - 回避行为(b) | -0.021 | -0.003 | | -0.0291 | 0.010 | 0.001 |
| 伦理认知 - 回避行为(c') | 0.247 *** | | | | | |

注：表格内为非标准化系数，* 代表 $p<0.05$，** 代表 $p<0.01$，*** 代表 $p<0.001$。

# 五　结论与讨论

## （一）结论分析

本文采用问卷调查法，探究了短视频 App 用户对虚假信息、不良信息、隐私侵犯、版权侵犯四类伦理失范问题的普遍性认知、态度（宽容度）与回避行为反应情况，研究发现如下。

第一，短视频 App 用户认为虚假信息、不良信息、隐私侵犯、版权侵犯普遍存在于短视频 App 中，对这四类问题具有较高的宽容度，回答了 Q1 与 Q2。（1）用户对虚假信息宽容度高的可能原因是，用户认为短视频创造过程中个人形象的美化与信息要素失真是合理的创作手段，且夸张与失实可以增加短视频的趣味性与娱乐性，获取更多的关注量。（2）对隐私与版权侵犯的宽容度高一定程度上反映了用户隐私观念与版权意识的薄弱。其中隐私观念的淡薄一方面受到中国文化的影响，千百年来中国社会的主要发展形态是农耕社会，在有限、固定的物理空间内进行生产协作，很难保留个人空间与隐私，同时中国传统文化的价值取向为群体主义，缺乏个人观念，在保护自身隐私与尊重他人隐私方面缺乏历史传统。另一方面，大数据时代个人隐私被数据化，个人隐私数据的挖掘与共享不可避免，这使人们对个人隐私泄露的接受底线不断降低，隐私观念日渐开放，隐私意识在数据共享中被冲淡①。(3)版权意识的薄弱。首先，这与当前短视频著作权相关法律法规的不健全和不完善有关，版权法律法规的滞后导致侵权判定标准的模糊，公众无法准确得知什么行为是侵犯版权的行为。同时，国家对版权的普法工作进行得不到位，也导致公众对版权保护的认知度偏低。其次，短视频创作的特性导致用户版权保护意识模糊。抖音、快手等App上的短视频创作对拍摄、剪辑技巧的专业性要求较低，创作者一般只需简单地拍摄、剪辑一些镜头即可，创作方式的低难度导致大多数人并未将短视频视为作品，忽视了短视频的独创性，因而意识不到版权保护问题。未意识到短视频版权的经济利益也是用户漠视版权保护的原因之一，虽然目前短视频行业发展迅速，用户数量不断上升，但短视频的流量变现机制仍不成熟，大多数人还未意识到短视频的点赞数以及带来的粉丝流量可为创作者带来经济利益。在缺乏清楚认知与现实利益驱动的情况下，用户难以形成强烈、正确的版权保护观念。

第二，短视频App用户对伦理失范问题的普遍性认知正向影响伦理态度，H1成立，部分回答了Q3。说明当短视频App用户认为伦理失范问题越普遍存在时，他们的态度越宽容。事实上，这是“存在即合理”观念的体现。“存在即合理”来源于黑格尔提出的一个哲学命题，“凡是合乎理性的东西都是现实的，凡是现实的东西都是合乎理性的”。从字面意思上看，存在即合理似乎等同于凡是存在于现实世界的都是合理的，可为人们所接受。当短视频App用户认为短视频普遍存在伦理失范问题时，会倾向于认为这些失范问题自有其存在的土壤，甚至可能不认为这是问题，因而宽容度比较高。然而，如果世界上不合乎道德、错误事物的存在都是合理的，所有不正当行为均可被理解，这显然是有违常理的。

第三，短视频App用户对伦理失范问题的普遍性认知正向影响对伦理失范问题的回避行为，H2成立，并部分回答了Q3，即用户认为伦理失范问题越普遍，越趋向于采取回避行为。这说明短视频App用户对短视频内容

① 薛孚、陈红兵:《大数据隐私伦理问题探究》,《自然辩证法研究》2015年第2期。

有一定的价值判断。用户对频繁出现伦理失范问题的短视频 App 采取回避行为，一方面可能与伦理失范内容频繁出现冒犯了用户的伦理底线有关。短视频类型多样，不同类型的短视频内容中出现的伦理失范问题比例不一，如搞笑、猎奇类视频中易涉及不良信息，日常生活记录类视频易涉及隐私侵犯，影视混剪类视频易涉及版权侵犯。抖音、快手等短视频 App 主要基于算法进行内容推送，当用户点击观看了一个伦理失范的视频内容后，App 可能根据用户的观看记录继续推送类似视频，当用户看到的伦理失范视频越来越多时，其做出回避行为的可能性就越高。另一方面，短视频市场出现同质化，微视、抖音、美拍等多个 App 客户端可供用户使用，即不同的短视频 App 之间存在一定的可替代性。当用户发现所用的其中一个短视频 App 频繁出现伦理失范的短视频时，可以减少对该 App 的使用，转而使用其他的 App，这也是一种回避的行为。

第四，短视频 App 用户对伦理失范问题的态度与回避行为没有显著关系，H3 不成立，并部分回答了 Q3。根据计划行为理论，除了态度与主观规范，感知的行为控制也会影响个体的行为意向与实际行动。所谓感知的行为控制指个体所感知的完成某一行为的容易或困难、便捷或繁杂的程度。当用户要在短视频 App 上采取回避行为（如取消关注、点击不感兴趣、举报等）时，需进行一定的操作，尤其是进行举报时，还需写明举报理由，一定程度上让用户感受到采取回避行为的繁杂，因此即使用户对某一伦理失范问题无法容忍，也可能由于操作的繁杂而放弃采取相应的行为回避或制止。另一个可能的原因是，短视频 App 具有提供娱乐、展现生活的功能，观看短视频成为用户的习惯和刚需，即使短视频的伦理失范程度处于用户不可容忍的范围，用户也较少采取回避行为。

### （二）对策探讨

在短视频行业中，治理信息伦理失范问题需要从以下方面入手。

加强“他律”。第一，短视频平台要加大监管力度，强化“机器 + 人工”的内容审核模式，组建专业团队审核短视频内容。同时提高用户的违规行为成本，实行黑名单制度，对屡次采取伦理失范行为的用户进行处理。第二，加强社会监督，短视频行业应建立和完善相应的投诉机制，提升投诉受理与处理的反应速度，促使公众更积极地参与到短视频的内容监督中。同时，媒体也要更加积极地行使监督的权利，调查并揭露短视频平台上的伦理失范现象，给予违规者以舆论震慑。

用户的“自律”也是解决短视频伦理失范问题的重要举措，而自律的前提是自知，促进短视频 App 用户对信息伦理失范问题形成正确的认知和态度是关键。访谈发现，用户极少会主动、自觉地学习短视频平台上传的使用行为规范，因此短视频平台需改变原本僵硬、刻板的伦理规范普及方式，以更为灵活、有趣的方式普及伦理知识。首先，可以将有关信息伦理与短视频使用规范的小知识内嵌在程序的启动页面上，强制用户在使用前浏览、学习相关知识，使用户在潜移默化中提高信息伦理认知。其次，可以借鉴 Bilibili 的用户注册模式，即用户须提前学习弹幕发布的相关礼仪知识规范，通过网站的弹幕礼仪考试（合格分数为 60 分）方可成功注册，取得发布弹幕的权限。短视频 App 在用户注册前也可进行短视频信息伦理知识考核，以应试促使用户学习相关伦理规范，从而提高自身的信息伦理认知，明确短视频内容中哪些信息是违法或悖德的，并形成正确的伦理态度。最后，教育有助于正确的伦理态度的形成。目前短视频 App 用户多为大学生与中学生，因此在学校中普及信息伦理教育尤为重要。当前大学的信息伦理教育主要针对新闻传播学领域的学生展开，但互联网时代人人皆是传播者，都负有促进信息有序传播的责任，因此应该将信息伦理教育课程向所有专业的学生开放，通过教育引导学生形成正确的信息伦理认知与态度。

### （三）研究不足与未来展望

本文的研究不足主要有以下两点。

第一，设计变量仅考虑了认知－态度－行为的影响路径，忽视了主观规范、感知的行为控制对行为意向与行为的影响路径。在认知因素的测量上，只考虑了普遍性认知这一维度，未设计用户对相关伦理准则及其内涵的基本认知，变量模型较为单一。

第二，在测量影响用户伦理认知与态度的因素时，只引入了性别、年龄、受教育程度、专业等人口统计学变量，在论述与解释个体特征对伦理认知与态度的影响时数据材料较为单薄。

未来的研究可以在完善相关量表的基础上，纳入主观规范、感知的行为控制等变量，进而研究针对短视频伦理失范问题的回避行为的影响因素与机制，或探讨其他认知因素对信息伦理态度与回避行为的影响。

# B.11

# 移动短视频算法推荐的信息伦理与社会责任

邓秀军　王东篱*

**摘　要：** 短视频平台广泛使用算法推荐向用户推送其可能喜欢的内容，这为用户提供了便利，但也带来了一些伦理问题。为解决这些问题短视频平台应如何承担起相应的社会责任？本文通过定性研究和逻辑分析的方法，结合具体案例，阐释短视频平台算法推荐带来的伦理失范问题，并尝试提供相关建议。本文认为，短视频平台使用的算法推荐会导致用户面临隐私风险、用户信息获取受限、用户成为免费劳工、推荐内容低俗和知识产权不明等问题，平台应当保护用户个人信息、打破信息茧房、尊重用户价值、增加优质内容。

**关键词：** 移动短视频　算法推荐　信息伦理　社会责任

据中国互联网络信息中心发布的第44次《中国互联网络发展状况统计报告》，截至2019年6月，中国使用短视频应用的用户规模达到64764万人，网民使用率为75.8%，可见，国内的短视频应用用户基础已经十分雄厚，观看乃至创作短视频已经成为网民生活中重要的一部分。以抖音为例，截至2019年7月，抖音日活用户数已经超过3.2亿人，呈爆发式增长趋势，

* 邓秀军，博士，华中科技大学新闻与信息传播学院教授，博士生导师，研究方向为影像叙事、融媒传播、移动社交；王东篱，华中科技大学新闻与信息传播学院硕士研究生。

而在2018年的11月，这个数字还是2亿人，仅仅9个月的时间，抖音的日活用户数增加了1.2亿人①。以抖音为代表的短视频平台究竟有什么魔力，能使用户投入大量的时间并使用户迅速增加呢？经常使用短视频应用的用户可能会发现，与App“磨合”一段时间后，它学会了投其所好，十几秒的视频一路“刷”下去几乎都是自己喜欢的，于是常常欲罢不能，每天不知不觉地花好几个小时“刷”短视频应用。这其实是移动短视频应用算法推荐的功劳，可以说，高效的算法推荐系统是形成短视频平台魔力的重要因素。

算法推荐是挖掘用户的使用行为，将其数据化，构建起用户爱好习惯和社交兴趣图谱，据其推测出用户可能喜欢的项目并推荐给用户的计算机系统。利用算法推荐，短视频平台使成千上万的用户在过载的短视频流量池中精准地找到喜欢的内容。虽然算法推荐为广大用户提供了方便，但也带来了一系列问题，例如使用用户隐私信息、限制用户获取信息、忽视受众价值、知识产权不明等。本文将探讨算法推荐如何导致这些问题的产生，并尝试为短视频平台解决这些问题提出建议。

## 一 移动短视频应用的算法推荐

为解决互联网时代信息井喷与个人可获取信息有限之间的矛盾，用算法推荐实现精准推送是行之有效的方法。算法推荐的种类大致可分为协同过滤推荐算法和基于内容的过滤推荐算法。

### （一）什么是算法推荐

被用户们广泛使用的移动短视频应用已经积累了大量的内容，那么如何保证网民能准确找到自己喜欢的呢？这些App无一例外都使用了算法推荐

① 《短视频竞争加剧 抖音月活超3.2亿后打差异化竞争牌》，《华夏时报》，http://finance.sina.com.cn/chanjing/gsnews/2019-10-24/doc-iicezzrr4741134.shtml，最后检索时间：2019年10月24日。

系统来解决这一问题。

算法推荐是基于用户的使用行为、社交关系、个人信息等因素依靠算法绘制用户的个人画像后，自动将用户可能感兴趣的内容推送给用户的系统，是一种智能的信息过滤手段。每个用户在使用短视频平台的时候都有自己感兴趣的内容，与其他用户相比，这些内容都是不一样的，所以推荐的结果通常是个性化的，可以说移动短视频应用的算法推荐是一种个性化推荐系统，通过算法推荐系统推送给用户其所喜爱的内容，节省了用户自己搜索的时间，从而提高了用户对短视频应用的依赖度和使用短视频应用的舒适度[①]。同时，用户在浏览被推荐的短视频的同时，使用路径又被记录了下来，丰富了算法推荐系统数据库中的内容，使推荐给每个受众的内容变得更为精准，从而形成一个良性的循环。

### （二）移动短视频算法推荐的类型

个性化推荐系统自20世纪90年代被提出，其中基于内容的过滤推荐算法、协同过滤推荐算法是最常用的算法类型。短视频应用在这两种推荐算法的基础上，结合用户和现代社交网络的特点，发展出了一些新的算法推荐系统。

1. 基于经典算法的推荐系统

基于内容的推荐算法是基于内容的过滤算法（Content-Based Filtering，CBF）实现的推荐系统。内容上与目标用户明确显示感兴趣的内容相似的项目，该用户也很有可能会对其感兴趣，这是基于内容的过滤算法得以实现的前提假设。这种算法从内容角度挖掘用户信息需求与信息对象的关联性，通过以VSM为主的模型[②]，度量用户模型与信息项目模型的相似性来实现对项目的评分预测，只有在内容上与目标用户兴趣模型足够相似的、评分高的项目才会被推荐给该用户[③]。

① 刘青文：《基于协同过滤的推荐算法研究》，博士学位论文，中国科技大学，2013。

② G. Salton, M. J. McGill, "Introduction to Modern Information Retrieval," McGraw-Hill, Inc., 1986.

③ 任磊：《推荐系统关键技术研究》，博士学位论文，华中师范大学，2012。

基于内容的推荐算法所面临的问题是随着内容的增多和用户的增长，计算所需的“精力”和时长都会大大增加，不太适合处理短视频平台大视频量、大用户量的情况。这时，不关注于项目内容本身的协同推荐过滤算法（Collaborative Filtering，CF）则可以发挥优势，它的原理是针对特定目标用户，利用协同过滤技术发现与该用户兴趣一致的邻居用户，再将邻居用户感兴趣的目标用户没看过的内容推送给目标用户。短视频平台大量的用户是实现算法推荐的基础，以火遍抖音的“抖音舞”为例，根据用户的地域、学校、职业等标签，用户被分成不同的群体，针对不同的群体，平台会推送特定群体高频播放的视频内容，即使该群体中的某个用户之前并没有播放该类型的视频。按照实现方法的不同，协同推荐过滤算法可以分为基于内存的方法和基于模型的方法①。

基于内存的方法通过一定的相似度评价标准找到与目标用户有相同兴趣的群组，然后推荐给该用户群组中其他用户评分高的、感兴趣的内容。基于内存的方法最常被使用的类型包括基于内存的 Top-N 推荐算法、基于缺省标注填充的协同过滤方法、基于用户频率的协同过滤算法和基于虚拟值估算的协同过滤方法等。

基于模型的方法一般通过两种方式来解决：如果用户的标注模式是离散类别，则可以通过训练分类器的方法来实现协同过滤算法；如果用户的标注模式为数值，则可以采用回归模型来实现。此类型最常被使用的算法包括基于贝叶斯信念网络的协同过滤算法、基于聚类模型的协同过滤算法、基于回归模型的协同过滤算法、基于隐语模型的协同过滤算法等。

基于内容的推荐过滤算法和协同推荐过滤方法并不是决然对立的，短视频平台很可能出于提高推荐准确性的考虑，将两种算法混合使用。

2. 针对短视频平台的特色推荐系统

以上基本的算法推荐方法短视频推荐平台已开始使用，这些方法都是为了与用户的个人习惯相结合。即使平台刚开始不了解一个原本就喜欢游戏的

① 刘青文：《基于协同过滤的推荐算法研究》，博士学位论文，中国科技大学，2013。

用户使用习惯，但在一段时间的观察之后，就会对这个用户绘制基本的用户画像，在推测出其可能喜欢的游戏相关短视频之后，这些内容就会被直接推到该用户面前。

抖音这类短视频应用还有“去中心化”的智能分发，以及叠加推荐与热度加权的算法①。短视频应用依靠用户流量及广告推广盈利，并不完全“为用户服务”，短视频平台为了鼓励创作，会为几乎每一支短视频提供基础流量，转评赞表现好的视频会被判断为优质的内容，从而被推送到用户面前。用户在使用短视频应用时发现推给自己的短视频常常是拥有较大评论量的视频。用户在刚刚完成短视频应用注册之后，还没有在平台留下多少使用信息，这时起主要作用的就是这种基于内容流量池的叠加推荐算法，让用户一打开应用就有转评赞较高的短视频可看，用平台判断优质内容，第一时间留住用户。

总之，我们能看出来移动短视频算法推荐的必需条件：充分了解用户个人基本信息及使用、社交习惯等隐私性信息；充分了解广大人民群众普遍的喜好；对平台赚取流量、吸引用户有利。

## 二　短视频算法推荐的信息伦理问题

20 世纪中叶信息技术兴起，人们的生活变得越来越方便快捷，但也引发了一系列问题，人们信息活动中的各种诸如隐私被侵犯、垃圾信息频现等冲突和矛盾日益凸显出来。与其说这是技术带来的现实问题，倒不如说是人使用计算机技术才产生的，因此人们开始从伦理的角度思考信息技术的负面影响②。

现代意义上的信息伦理概念由 20 世纪 70 年代美国伦理学家 W. 曼纳率先提出的“计算机伦理”引发而来③。网络时代衍生出了网络伦理的概念，有学者认为计算机伦理与网络伦理都属于信息伦理。信息伦理是 1988 年由

---

① 李墨涵：《抖音算法推荐机制的局限与对策分析》，《新媒体研究》2019 年第 2 期。

② 沙勇忠、王怀诗：《信息伦理论纲》，《情报科学》1998 年第 6 期。

③ 孟令权：《我国信息伦理理论研究现状述评》，《图书馆学研究》2010 年第 10 期。

罗伯特·豪普特曼（Robert Hauptman）首次提出来的概念，他认为，所有与信息生产、信息储存、信息访问和信息发布伦理问题相关的研究都可称为信息伦理[①]。信息伦理也被称为信息道德，指的是涉及信息的传播、管理、开发、利用等方面的伦理标准和要求，以及在此基础上形成的新型伦理关系。主要包括主观的信息伦理和客观的信息伦理，主观的信息伦理即人在信息活动中表现出的道德观念等，客观的信息伦理即社会信息活动中个人与他人之间的相互关系以及行为标准[②]。

美国学者斯皮内洛（Richard A. Spinello）在《世纪道德：信息技术的伦理方面》（*Ethical Aspects Information Technology*）一书中提出，计算机伦理是非判断应该遵守三条规范性原则，即“自主原则”“无害原则”和“知情同意原则”[③]。安宝洋整理了大数据时代的伦理治理原理，即人道、无害、同意、公正、共济[④]。利用大数据技术实行的短视频算法推荐也应该遵循这些原则。

刷短视频也是对网络的应用，用户正在享受着算法推荐带来的便利，但几乎没有认识到算法推荐正在侵害自己权益的事实。

## （一）用户的隐私信息被获取和使用

隐私权是指可以自主支配个人的信息和生活，享受对自己的隐私保密而不受他人非法侵犯的权利[⑤]。算法推荐需要提取用户的个人信息和使用行为建造模型从而实现内容的精准推荐，大多数用户在使用短视频应用的时候都没有注意到自己的隐私信息正在被记录和使用。年轻女性用户更容易收到与美妆穿搭相关的内容，位于农村的用户更容易收到农村用户生产的内容，即使没有同意使用自己的通信录，用户也极有可能某一天在推荐视频里见到自

---

① 臧一博：《大数据时代下信息伦理问题探究》，硕士学位论文，渤海大学，2016。
② 刘志勇：《大数据时代我国信息伦理问题研究》，硕士学位论文，河南师范大学，2017。
③ 刘志勇：《大数据时代我国信息伦理问题研究》，硕士学位论文，河南师范大学，2017。
④ 安宝洋：《大数据时代的网络信息伦理治理研究》，《科学学研究》2015 年第 5 期。
⑤ 陆伟华：《大数据时代的信息伦理研究》，《现代情报》2014 年第 10 期。

己的亲人和朋友。笔者曾经观看过某平台的公益类短视频，几乎点赞收藏了每一个相关的视频，很明显，平台记录了笔者的使用路径，之后笔者刷到的很多内容都与公益有关。

## （二）用户的信息获取渠道逐渐单一和褊狭

"信息茧房"是桑斯坦（Cass R. Sunstein）在其著作《信息乌托邦》中提出的概念："信息传播中，因公众自身的需求并非全方位的，公众只注意自己选择的东西和使自己愉悦的通信领域，久而久之，会将自身桎梏于像蚕茧一样的茧房中。"[①] 用户都拥有自己的喜好，并且都偏向于观看符合自己兴趣的内容，可以说"信息茧房"现象的出现符合用户的愿望。但如果一直陷于同质内容中，就很容易因看不到其他的信息而与外界脱节，并且不利于对这个世界形成多维度、多角度的认知。现在各短视频平台普遍使用的推荐算法无疑加重了这一问题，利用一套模拟用户使用行为的协同过滤机制，推荐给用户的几乎都是符合其喜好的内容。笔者曾经看过一段时间女性展示自我的短视频，对几乎每一个相关的短视频都点赞和收藏，不久，笔者刷出来的视频几乎都是这种类型，不得不承认，长时间观看类似的内容会有一种厌烦感，但因为算法推荐系统已经熟知用户的使用习惯，想接触新的内容还得费一番周折。

## （三）用户被迫成为信息生产的免费劳工

20 世纪 70 年代，达拉斯·斯麦兹（Dallas Smythe）提出了"受众商品"理论，他认为受众力（Audience Power）是被生产出来的，被售卖、被购买以及被消费，它是具有价格的商品，受众的劳动问题自此进入学者的视野[②]。随后李

---

① 〔美〕凯斯·桑斯坦：《信息乌托邦：众人如何生产知识》，毕竟悦译，法律出版社，2008 年。

② 汪金汉：《"劳动"如何成为传播？——从"受众商品"到"数字劳工"的范式转变与理论逻辑》，《新闻界》2018 年第 10 期。

文特等人提出了“观看就是劳动”的观点[①]。2000 年，意大利学者福克斯在其著作《数字劳工与马克思》中界定了数字劳工概念：“数字劳工指的是电子媒介使用、发展和应用该类集体劳工中的一部分，这种劳工并非是固定职业，劳工服务的产业赋予了他们的独特性，在这种产业中，商业资本剥削着他们创造的价值。”[②] 在新媒体时代，各类互联网应用正在塑造大批数字劳工，而大多数劳工对自己正在付出无回报的劳动毫不自知。

### （四）推荐的内容涉及伦理相关问题

短视频应用普遍会使用叠加推荐与热度加权的算法，使用这种算法，会将获得转评赞多的短视频推到用户的首页。但因为人本来就有猎奇心理，很多色情暴力等本身涉及伦理问题的垃圾信息，因评赞数量多也会被算法误认为是优质内容推送给用户，破坏用户的使用体验、削弱用户的创作激情。

### （五）信息分享侵犯用户的知识产权

知识产权最初作为一种特许权，以“钦定”授予的形式使印刷商或者经营者拥有独占许可的出版权或者销售某种产品的专权[③]。短视频应用作为流量巨大的新媒体平台，在知识产权不明方面引发了一系列问题。如短视频的创作需要消耗创作者的精力，如果粉丝多的创作者模仿剽窃他人短视频创意，可能因为转评赞数量多而更多的得到平台算法的推荐，原创的视频内容反遭冷落。

## 三　短视频算法推荐的社会责任

管理短视频平台的互联网公司作为现代企业也应该承担相应的社会责

① Jhally, S. & Livant, B.: “Watching as Working: The Valorization of Audience Consciousness”. *Journal of Communication*, 36 (1986): pp. 124 – 143.

② Fuchs, Christian: *Digital Labour and Karl Marx*. (New York: Routledge), p. 4.

③ 吴汉东:《关于知识产权私权属性的再认识——兼评“知识产权公权化”理论》,《社会科学》2005 年第 10 期。

任。“企业社会责任”（Corporate Social Responsibility，CSR）最早由谢尔顿（Oliver Sheldon）提出，他认为企业社会责任应该与满足消费者需求的责任联系起来，企业社会责任还包括道德因素①。

短视频平台最先应该承担的社会责任就是做好自己的“本职工作”，满足作为消费者的用户的多种使用需求。短视频平台使用算法推荐吸引了大批用户，但也导致了多种信息伦理问题，或者破坏用户的使用体验或者威胁用户的信息安全。短视频平台必须正确认识这些问题，承担起责任，解决问题。

### （一）提供高质量的内容

我们正处在“注意力经济”时代，注意力成为硬通货②。短视频平台亦如此，只要能够吸引用户的注意力就能获得流量，就能获得真实的经济利益。这使得部分短视频的作者为了博取关注，制作一些庸俗的背离主流价值观甚至打擦边球的短视频。这类视频很容易在平台上获得基础热度，根据短视频应用普遍使用的叠加推荐与热度加权的算法，进入了“推荐池”，获得更多的推广机会。

### （二）提供安全可靠的社交平台

短视频平台的算法推荐为了给用户提供个性化的贴心服务，必须要收集和掌握用户两个方面的个人信息，一是用户基础的个人信息，包括性别、年龄及账户信息等；二是用户的使用信息，包括用户的喜好、在平台上建立的社交关系等。用户使用短视频平台，有部分原因是想在互联网上扩展自己的社交网络，想和使用短视频展示自己的生活和才华的人互相认识。2019 年 1 月，IDF 实验室的创始人万涛指出，通过模拟用户分享环境运用抓包工具检测发现，如果有用户在微信朋友圈分享了一条来自“今日头条”的新闻，

① 李国平、韦晓茜：《企业社会责任内涵、度量与经济后果——基于国外企业社会责任理论的研究综述》，《会计研究》2014 年第 8 期。

② 徐光远、王旭海：《注意力经济研究的新视角》，《思想战线》2013 年第 3 期。

该用户的微信好友打开了的话，“今日头条”就会悄悄记录下用户及打开新闻的微信好友互相认识的关系，再将这组社交关系分享给本公司的“抖音”等短视频平台，使用户的微信好友出现在“抖音”推荐的“可能认识的人”里①。用户在网络上的社交关系并不是浑然一体的，不是所有用户都愿意在微信好友面前暴露自己在短视频平台上发布和观看的内容。短视频平台要做好自己的社交服务功能，尊重用户的自主选择，避免用户因为平台之过暴露信息。

### （三）满足用户多样的信息需要

用户使用短视频应用也有满足信息获取的需求，想在互联网络上通过短视频了解更多人多姿多彩的生活，看到更多新鲜的消息。但是现在的短视频平台普遍面临内容同质化严重的问题，部分原因是为了制作播放量大的视频，短视频创作者会“跟风”创作。比如可模仿的内容——随着一段音乐或语音对口型或者做特定的动作，这种视频的制作门槛低，容易形成话题，能带来更多的播放量。在获得了基本的流量之后，热度加权的推荐算法又将视频推送给更多的人，迎来新一波的跟风模仿。比如 2019 年初“好嗨哟，感觉人生已经到达了高潮，感觉人生已经到达了巅峰”这简单的曲调，伴随无数采用它作为背景音乐的短视频在“抖音”平台风靡一时，在它“当红”的时候刷抖音，短短十几分钟内能刷到它三四次，刚开始听到还算新奇，但多次被“洗脑”之后也感到厌烦了。本来应该满足用户获取多样信息需求的短视频平台没有很好地承担起责任。

### （四）尊重用户价值

用户通过“出卖”自己的隐私信息，获得了算法推荐带给他们的便利。利用协同过滤等算法，短视频应用轻松掌握了用户的喜好。使用短视频应用

---

① 新华社：《短视频软件违规爬取个人信息 亟待强化监管》，https：//tech. china. com/article/20190401/kejiyuan0129264056. html？qq－pf－to＝pcqq. c2c，最后检索时间：2019 年 6 月 10 日。

的用户经常可以发现，原本计划只看十几分钟的短视频，但没想到一直对平台推送的下一条视频充满兴趣，在快乐中不知不觉一路“刷”下去，抬眼一看，已经过去了好几个小时。在网络上，也有用户反映，准备在睡前刷一会儿短视频，但是越刷越精神，导致本就有限的睡眠时间被大大缩短。这种对用户而言无甚裨益的使用习惯却能使短视频应用积累资本，获得大额的经济利益。

在大工业时代，资本家通过压榨劳工的剩余劳动时间获得剩余价值；现在，在算法的支配下，用户渐渐变得“不能自主”，主动贡献自己的休闲时间，免费为短视频平台打工，被剥削了“剩余价值”还不自知，除了获得短暂的快乐外别无所得。这对还没有形成自制力的人而言影响很大，特别是青少年，《中国教育报》对 1974 名家长进行了调查，有九成的家长认为青少年沉迷短视频的现象普遍①。

不论是成年人，还是青少年，短视频都对他们的生活产生了巨大的影响。影响力意味着责任，影响力有多大，责任就有多大，短视频平台应该尊重用户的价值，不把用户当作单纯的构成播放量的数据，尊重用户的时间。

### （五）保护用户知识产权

算法推荐系统虽然能够使用户收到与兴趣契合的信息，但却难以判断内容本身的质量，一支产权不明的短视频会因为基础流量足而被赋予极高的传播效力。目前短视频平台很流行短剧，通过跌宕起伏又紧凑的剧情吸引用户关注账号看下回分解，创作发布短剧是迅速吸粉的好方式。然而有些自媒体账号通过剽窃、翻拍他人精心摄制的短剧来获取流量，甚至连分镜都一点未改，只转换主角性别来逃脱盗版嫌疑。有很多用户反映，同时看见了原版和翻拍版，可见平台并没有有效分辨类似的短视频，并未限制侵权视频的传播。针对这一问题，短视频平台应该承担责任，进一步优化算法推荐系统。

① 《短视频平台要做青少年成长益友》，《中国教育报》，http://www.moe.gov.cn/jyb_xwfb/moe_2082/zl_2019n/2019_zl52/201907/t20190705_389062.html，最后检索时间：2019 年 7 月 30 日。

# 四　完善推荐算法的途径与策略

为了使用户获得更好的体验，为了短视频整体的风格更为清明，管理短视频的互联网公司应该付出努力，承担起解决因算法推荐导致的社会伦理问题的责任。

## （一）保护用户的个人信息

新型的伦理关系应该贯彻“自主原则”和“知情同意原则”。不可否认，短视频算法推荐虽然使用了用户的私人信息，但确实成功达到让用户轻松找到自己喜欢内容的效果。让短视频平台使用者时刻注意自己的使用行为等个人信息正在被收集和使用是很有必要的，他们也应该知道自己的信息被怎样使用。各短视频平台在用户刚注册使用的时候会跟用户签署隐私保护协定，但在应用隐私保护的每一次更新、用户使用一段时间应用之后，短视频平台应该多次与用户确认隐私“契约”，这样也能提醒用户关注自己的隐私问题。短视频应用还应该大力保障用户的个人信息安全，保证授权本平台使用的个人隐私信息不被其他公司剽窃盗用。

## （二）优化推荐算法，打破信息茧房

用户如果不想一直观看算法推荐的雷同短视频内容，可以有意识地为其他类型的视频“转评赞”，这种做法对于突破“信息茧房”十分有效。

但是短视频平台也不能因为平台利益等原因让用户陷于“信息茧房”，忽略信息伦理问题和用户的实际使用体验。为了打破“信息茧房”，短视频平台应当持续更新推荐算法，如在收集用户行为数据时加入时间维度，更完美地模拟用户的喜好偏移过程，实现更加智能精准的推荐[①]；加大优质内容

① 王益成、王萍、王美月、张卫东：《信息运动视角下内容智能分发平台突破“信息茧房”策略研究》，《情报理论与实践》2018 年第 5 期。

推荐比重，适当降低推荐系统对协同过滤系统的依赖性，让用户的首页时不时出现非协同算法推荐的内容，为用户产生新的兴趣点提供可能性；充分发挥用户的能动性，如让用户更方便地评价出现在首页的内容，当用户对频繁出现的视频不再感兴趣时，能轻松表示不感兴趣，以抖音为例，如果要对某内容表示不感兴趣，还需要长按屏幕，不能直接在视频播放界面上直接操作。

### （三）打造用户 IP，保护知识产权

生产短视频的用户是短视频平台最活跃的因素，他们的账户就是一个个品牌，吸引用户消费关注、消费时间、消费情感。他们绞尽脑汁发掘新的点子，制作让人耳目一新、吸引用户关注的短视频，但劳动成果却很容易被剽窃，进而用户们的创作热情被打击，长此以往不利于短视频平台的进一步发展。目前围绕短视频制作主要有五种侵权形式：秒盗、长拆短、画中画、二次创作、微加工转发①。2018 年 7 月，国家版权局等四部委启动打击网络侵权盗版“剑网 2018”专项行动。其中专门提及针对“当前短视频领域存在的未经授权复制、表演、网络传播他人影视、音乐、摄影、文字等作品进行侵权传播等版权问题”，并将抖音、快手、西瓜视频、B 站等多个热点短视频应用纳入重点监管范围，这些短视频平台也付出了努力，但是因为视频认证难等原因，短视频版权保护还是十分困难。

为了保护用户的创作激情和原创短视频的知识产权，平台应该增加便捷的申诉平台，方便原创作者找回“走失”的作品、限制抄袭视频的传播。

短视频平台应该重视用户 IP，对用户的原创短视频添加“原创”标签，将数据纳入算法推荐系统“考察范围”，在向用户推荐视频的时候，适当向标有“原创”标签的短视频倾斜。

---

① 《短视频竞争加剧 抖音月活超 3.2 亿后打差异化竞争牌》，《华夏时报》，http：//finance.sina.com.cn/chanjing/gsnews/2019 - 10 - 24/doc - iicezzrr4741134.shtml，最后检索时间：2019 年 10 月 24 日。

### （四）提醒用户使用时长

随着手机，特别是智能手机的逐步普及，现代人普遍养成了使用手机消磨时间的习惯。一些短视频平台为了保证用户不被打扰，甚至有意促使用户更多地使用自己的应用，让视频播放界面不显示时间。这使得用户在使用短视频应用的时候降低了对时间的敏感度，加上受算法推荐的影响，用户总是碰到自己喜欢的内容，一不小心就几个小时过去了。短视频平台应该尊重用户的时间，有必要提醒用户使用应用的时长。

### （五）激活短视频产业，汇聚优质内容

新媒体时代网络技术赋予了普通人话语权，方便了 UGC（用户自制内容）内容的生产和分发。但 UGC 因为用户视频制作能力、策划能力、宣传能力有限，很难突破质量上限，现在很多优势 UGC 视频博主已经走上了生产 PGC（专业制作内容）和 PUGC（专业用户自制内容）的道路。围绕视频博主、视频受众、视频平台，短视频产业正在日渐成熟。相对于松散粗糙的用户自制内容，有专业指导的视频内容质量更高、更稳定。

为了保证平台内有一定数量的优质视频，平台应该主动与视频博主乃至短视频公司联系，建立稳定双赢的合作机制。算法推荐可以适当增加他们视频内容的权重，让有保证的高质量短视频获得更高的曝光度，让短视频平台的普通用户获得更好的使用体验。

## 五 结语

各个短视频平台广泛使用算法推荐能精准推送给用户喜爱的内容，这本来是能给用户带来便捷使用体验的好事，但算法推荐也带来了一系列伦理问题，如导致用户的个人信息暴露、同质内容拥塞、忽视用户价值、知识产权混乱、地址内容泛滥等。短视频互联网公司有必要承担起信息伦理责任，解决这些由算法推荐引发的问题，针对这些问题，本文为平台提出了保护用户

个人信息、打破“信息茧房”、尊重用户价值、增加优质内容等建议。短视频平台记录着老百姓最鲜活的人生百态，也是用户展现才气重要的依托，希望未来用户能更快捷、无负担、健康地使用短视频应用，这同样也应该是平台努力的方向。

## 参考文献

《短视频竞争加剧 抖音月活超 3.2 亿后打差异化竞争牌》，《华夏时报》，http：//finance. sina. com. cn/chanjing/gsnews/2019 - 10 - 24/doc - iicezzrr4741134. shtml，2019 年 10 月 24 日。

刘青文：《基于协同过滤的推荐算法研究》，博士学位论文，中国科技大学，2013。

任磊：《推荐系统关键技术研究》，博士论文，华中师范大学，2012。

李墨涵：《抖音算法推荐机制的局限与对策分析》，《新媒体研究》2019 年第 2 期。

沙勇忠、王怀诗：《信息伦理论纲》，《情报科学》1998 年第 6 期。

孟令权：《我国信息伦理理论研究现状述评》，《图书馆学研究》2010 年第 10 期。

臧一博：《大数据时代下信息伦理问题探究》，硕士学位论文，渤海大学，2016。

刘志勇：《大数据时代我国信息伦理问题研究》，硕士学位论文，河南师范大学，2017。

安宝洋：《大数据时代的网络信息伦理治理研究》，《科学学研究》2015 年第 5 期。

陆伟华：《大数据时代的信息伦理研究》，《现代情报》2014 年第 10 期。

凯斯·桑斯坦：《信息乌托邦：众人如何生产知识》，毕竟悦译，法律出版社，2008。

汪金汉：《“劳动”如何成为传播？——从“受众商品”到“数字劳工”的范式转变与理论逻辑》，《新闻界》2018 年第 10 期。

吴汉东：《关于知识产权私权属性的再认识——兼评“知识产权公权化”理论》，《社会科学》2005 年第 10 期。

李国平、韦晓茜：《企业社会责任内涵、度量与经济后果——基于国外企业社会责任理论的研究综述》，《会计研究》2014 年第 8 期。

徐光远、王旭海：《注意力经济研究的新视角》，《思想战线》2013 年第 3 期。

新华社：《短视频软件违规爬取个人信息 亟待强化监管》，https：//tech. china. com/article/20190401/kejiyuan0129264056. html？qq - pf - to = pcqq. c2c，最后检索时间：2019 年 6 月 10 日。

中国教育报：《短视频平台要做青少年成长益友》，http：//www. moe. gov. cn/jyb_xwfb/moe_ 2082/zl_ 2019n/2019_ zl52/201907/t20190705_ 389062. html，最后检索时间：2019 年 7 月 30 日。

王益成、王萍、王美月、张卫东：《信息运动视角下内容智能分发平台突破“信息茧房”策略研究》，《情报理论与实践》2018 年第 5 期。

G. Salton，M. J.，“McGill. Introduction to Modern Information Retrieval”，McGraw-Hill，Inc.，1986.

Jhally，S. & Livant，B.，“Watching as Working：The Valorization of Audience Consciousness”. *Journal of Communication*，36（1986），pp. 124 – 143.

Fuchs，Christian，*Digital Labour and Karl Marx.*（New York：Routledge），p. 4.

# B.12

# 新媒体在脱贫攻坚行动中的责任与评估*

## ——基于“上游新闻”的案例研究

曾润喜　乔阳阳**

**摘　要：** 新媒体是脱贫攻坚行动中一支能动的力量。本文构建新媒体在脱贫攻坚行动中社会责任履行的四维路径和9个二级指标责任框架，以上游新闻作为案例进行评估。研究发现新媒体在“报道—传导型”和“引导—激发型”两大路径下具有良好的表现，在“嵌入—搭建型”和“行动—重构型”两大路径下存在较大提升空间。本文建立了兼具共性与个性的媒体社会责任框架，揭示了脱贫攻坚行动中新媒体社会责任的作用机制。

**关键词：** 新媒体　新媒体社会责任　脱贫攻坚　上游新闻

## 一　理论基础与指标体系

媒体社会责任是社会对于媒体应当承担义务的期待。在发展传播学视域下，大众传媒要发挥其功能以改善社会生态，服务国家社会发展。脱贫攻坚是整个社会的责任，媒体应该发挥其守望、教育、整合的功能，建立媒介扶

* 本文受到国家社会科学基金一般项目“新媒体事件对地方政府注意力分配的影响机制研究”（编号:18BZZ078）资助。

** 曾润喜，管理学博士，重庆大学新闻学院教授、华中科技大学新媒体实验室研究员，研究方向为公共政策传播等；乔阳阳，重庆大学新闻学院硕士研究生，研究方向为新媒体营销与品牌管理。

贫新生态。智能互联网时代，新媒体正在经历理念革新、场景更迭、产业互融和市场升级[①]，这一发展趋势和未来前景让我们看到新媒体参与扶贫的更多可能。因此，新媒体如何整合各方资源，发挥好“连接器”和“放大器”的作用，是一个值得探究的话题。新媒体社会责任的作用机制灵活且复杂，有许多研究对其进行了较为深入的考察[②]，涉及环境卫生[③]、突发性公共事件[④]、政策议程[⑤]、品牌管理[⑥]等多元议题，但涉及脱贫议题的研究还不多。本文借鉴钟瑛的理论基础[⑦]，结合脱贫攻坚的特性进行外延式指标扩展，构建新媒体在脱贫攻坚行动中责任履行的评估指标。

具体而言，一级指标的理论基础源于钟瑛提出的媒体的四类社会责任：信息生产、文化教育、协调关系、社会监督，并在专家咨询与研讨的基础上进行二级指标的归类和遴选。首先，基于信息生产、社会监督两大责任构建报道—传导型路径。信息生产责任要求媒体要把握信息传播质量，这一责任下包含传播内容、传播方式 2 个二级指标，主要考察媒体在脱贫行动中的报

① 钟瑛、芦何秋、刘丽芳：《智能互联中的新媒体社会责任：现状回顾与框架调适（2015～2018）》，载钟瑛主编《中国新媒体社会责任研究报告（2018）》，社会科学文献出版社，2018，第 129～145 页。

② 李理、陈香颖：《移动互联时代媒体社会责任传播创新机制及调适——基于主流媒体 42 份中国〈媒体社会责任报告〉的清晰集定性比较分析》，《西南政法大学学报》2019 年第 3 期；钟瑛、李秋华：《新媒体社会责任的行业践行与现状考察》，《新闻大学》2017 年第 1 期；贺建平、庄学勋：《检视在线语音直播的新媒体社会责任——基于喜马拉雅 FM 和荔枝 FM 的内容分析》，《西南政法大学学报》2019 年第 3 期；钟瑛等：《中国新媒体社会责任研究报告（2018）》，社会科学文献出版社，2018。

③ 张淑华、员怡寒：《新媒体语境下的环境传播与媒体社会责任》，《郑州大学学报》（哲学社会科学版）2015 年第 5 期；周善：《从食品安全报道看媒体社会责任》，《传媒评论》2007 年第 5 期。

④ 李晚莲：《突发性公共事件中媒体社会责任绩效评估》，《甘肃社会科学》2010 年第 1 期。

⑤ 曾润喜、杨喜喜：《中国新媒体的政策话语生产与社会责任研究——以“一带一路”政策话语为例》，载钟瑛主编《中国新媒体社会责任研究报告（2017）》，社会科学文献出版社，2017，第129～145 页。

⑥ 曾润喜、顿雨婷：《新媒体社会责任感知对受众品牌忠诚的影响机制——一个有调节的中介模型》，《现代传播》2019 年第 4 期；晁罡、石杜丽、申传泉、王磊：《新媒体时代企业社会责任对声誉修复的影响研究》，《管理学报》2015 年第 11 期。

⑦ 钟瑛、李秋华：《新媒体社会责任的行业践行与现状考察》，《新闻大学》2017 年第 1 期。

道是否准确、客观，能否整合渠道进行脱贫信息的高效传播。社会监督责任要求媒体通过观察和报道来监控社会环境的变化，这一责任包含监督反馈1个二级指标，主要考察媒体能否纠偏脱贫信息传递问题。其次，基于文化教育责任构建引导—激发型路径。文化教育责任要求媒体塑造社会共识和实现价值引导，这一路径包含典型报道、活动载体、价值引导3个二级指标，主要考察媒体能否通过报道脱贫行动中先进典型和搭建活动载体实现以报道促导向，以活动促共识，最终达到正面舆论引导的目的；再次，基于协调关系责任构建嵌入—搭建型路径和行动—重构型路径。协调关系责任要求媒体执行联络、沟通、协调社会各组成部分的功能。嵌入—搭建型路径下包含2个二级指标，主要考察媒体在脱贫行动中能否配合政府进行社会救济，搭建脱贫公益平台；行动—重构型路径包含1个二级指标，要求媒体在脱贫行动中主动进行引导、增能、链接。

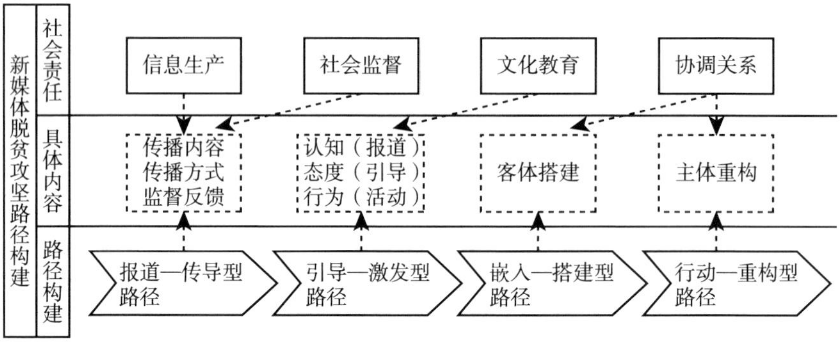


**图1　新媒体参与脱贫攻坚路径构建**

**表1　新媒体在脱贫攻坚行动中的应然责任**

| 一级指标 | 二级指标 | 内容 |
|---|---|---|
| 报道—传导型路径 | 传播内容 | 准确把握脱贫攻坚内涵、内容接基层“地气” |
| | 传播方式 | 聚合传播，不同新媒体平台的协同传播，发挥其在脱贫攻坚不同环节和领域中的位置和效应 |
| | 监督反馈 | 通过媒体的观察和报道，监控社会环境变化，纠偏脱贫信息传递问题，正确贯彻政府的决策部署 |

**续表**

| 一级指标 | 二级指标 | 内容 |
|---|---|---|
| 引导—激发型路径 | 典型报道 | 脱贫攻坚先进人物、先进事迹、先进地区专题报道 |
| | 活动载体 | 根据不同领域的扶贫创建特色的活动，教育扶贫、文化扶贫、创业扶贫、生态保护脱贫、医疗保险和医疗救助脱贫 |
| | 价值引导 | 思想导向、价值导向、行为导向 |
| 嵌入—搭建型路径 | 制度性 | 配合中央和地方扶贫部门，进行社会救济 |
| | 公益性 | 在新媒体平台嵌入电商、搭建“互联网+”公益平台 |
| 行动—重构型路径 | 引导、增能、链接 | 政府主导、市场产业化扶贫、社会力量引导增能链接 |

新媒体的赋权赋能功能触发了脱贫主体的“网络神经”，其平台日益成为个人和组织进行脱贫的有力抓手。以快手、抖音为代表的短视频自媒体成为脱贫主体将脱贫内容嵌入生活图景的承接载体；以微博、微信为代表的社交媒体成为脱贫主体打造品牌的重要窗口；以拼多多、淘宝为代表的电商媒体成为脱贫主体实现农产品输出、农商对接的有力通道。这些新媒体构建起相互渗透的多元扶贫网络，助力脱贫攻坚实现价值重造。上游新闻也是新媒体扶贫网络中的重要部分。截至2019年6月，上游新闻客户端下载量2000万次，日均活跃用户150万人，日均访问量超过600万人，日均发稿量1500余条，上游新闻客户端以快速增长的用户数量和高比例日活数，成功入选新闻客户端前30强①，成为脱贫行动中的典型平台。

## 二　报道—传导型路径：政策传导者和解释者

### （一）传播内容：扶贫领域精准化报道，扶贫政策学习促进政策调试

习近平总书记指出，脱贫攻坚贵在精准，重在精准，成败之举在精准②。

① 刘琳：《奖项丨重报都市传媒获传媒中国年度盛典五项大奖》，《重庆晨报》2019年9月10日。

② 习近平：《谋划好“十三五”时期扶贫开发工作确保农村贫困人口到2020年如期脱贫》，《人民日报》2015年6月19日。

如何做到精准不仅是政府的难题，同时也考验着媒体的报道能力。精准脱贫视角下要求媒体站在全局的高度准确传达不同阶段、不同领域脱贫工作的要义和内涵。上游新闻通过对教育扶贫、文化扶贫、消费扶贫、旅游扶贫、创业扶贫、生态保护扶贫、健康扶贫、法制扶贫等各个领域的脱贫实况上传下达，使政府清楚了解脱贫工作的效果，同时也让脱贫对象对自身的脱贫现状有准确的把握。另外，上游新闻还将扶贫政策与基层工作经验相结合，打通传递和反馈的双向通道，将信息资源更精准地传递给扶贫对象。

政策过程视角下，政策执行包含理解和创新两层学习使命①，媒体能够充当使命完成的“中介”。一方面，媒体通过报道脱贫政策，形成对脱贫政策的认知模式，辅助政府完成“理解”使命；另一方面，媒体通过分析不同区域的脱贫经验，重塑政府对脱贫工作的认知，帮助政府对脱贫内容进行再规划，完成“创新”使命。在完成理解使命的基础上，上游新闻注重“引进式”报道，学习其他地区的扶贫模式，传递成功经验。如在报道重庆脱贫工作的同时，上游新闻以贵州、云南、四川等地的脱贫工作为重点，深入剖析每个地区的脱贫工作，侧重于挖掘特困地区的成功经验，帮助政府调整脱贫政策目标和政策工具②，应对不断变化的脱贫环境（见表2）。

**表2　上游新闻扶贫报道区域和内容**

| 区域 | 内容 |
| --- | --- |
| 云　南 | 科技、教育、酉阳易地搬迁扶贫 |
| 山　西 | 一个贫困县的电商“扶贫经”、昔阳产业扶贫、兴县生态扶贫 |
| 湖　南 | 教育扶贫 |
| 四　川 | 宜宾就业扶贫、绵阳精准扶贫、四川乐山“扶贫种养殖基地” |
| 贵　州 | 易地搬迁扶贫、电商扶贫、“三抓”扶贫资金 |
| 陕　西 | 产业扶贫、安康电商扶贫、佛坪产业扶贫、生态扶贫 |

① 杨宏山：《创制性政策的执行机制研究——基于政策学习的视角》，《中国人民大学学报》2015年第3期。

② 王绍光：《学习机制与适应能力：中国农村合作医疗体制变迁的启示》，《中国社会科学》2008年第6期。

续表

| 区域 | 内容 |
|---|---|
| 浙　江 | 安吉茶苗扶贫 |
| 安　徽 | 望江多方式扶贫、望江草菇种植+光伏发电 |
| 甘　肃 | 镇原增强扶贫造血、甘肃定西生态扶贫 |
| 河　南 | 行业协会开展“精准扶贫” |
| 广　西 | 旅游扶贫、“百日攻坚”行动 |

资料来源：作者整理。

### （二）传播方式：多平台信息聚合，构建脱贫攻坚专题版块

信息传播能力和资源整合能力是新媒体平台传播力的重要体现。上游新闻在脱贫攻坚报道中兼传统媒体和新媒体传播为一体，发挥不同媒体的优势进行分散式传播，高效传播扶贫内容，做好政策的传导者和解释者。

1. 创新扶贫信息传递形式

一是以扶贫主体为报道对象，精准传播内容。如报道《脱贫攻坚，万州有个“9+N”!》明确列出万州脱贫行动的九大责任主体，让公众能够找准帮扶主体和帮扶责任人。二是以记者非正式手记形式传递脱贫故事。上游新闻打造的《记者手记》栏目以记者的所见所闻所感对脱贫故事进行记录，临场性记录和记者情感的融入让人物背后的故事更为细腻和感性。三是善用可视化新闻传递脱贫效果。上游新闻通过数据化处理和音视频同步，推出《上游大数据：脱贫攻坚专项巡视整改》《看效果·数说｜从数据变化看脱贫攻坚新答卷》等系列可视化专题，以直观立体的数据呈现了脱贫攻坚不同阶段的效果。

2. 整合渠道优势，联合多方媒体平台发力

上游新闻在脱贫行动中最大化地发挥了多平台的信息聚合能力，不断探索脱贫攻坚的传播新形式，不仅联合《重庆日报》的子频道进行融合传播，与《重庆晚报》、《重庆商报》、华龙网等主流媒体同频共振，还通过与县级媒体的互动和共享，同步传递一线的扶贫情况，其报道的扶贫内容多次被人民网、新华网等数十家媒体转载，不断为脱贫报道注入新活力。

**表 3　在不同的新媒体平台上游新闻脱贫攻坚的报道重点**

| 新媒体平台 | 平台名称 | 报道侧重点 | 报道形式 |
| --- | --- | --- | --- |
| 网站 | 上游新闻 | 信息全聚合<br>脱贫攻坚报道的核心阵地<br>发布重庆重要脱贫信息<br>转载其他地区脱贫信息 | 文本<br>图片<br>视频 |
| 微信公众号 | 上游新闻 | 发布重庆重要脱贫信息<br>转载其他地区脱贫信息 | 文本<br>图片<br>视频 |
| 手机客户端 | 上游新闻 | 信息全聚合<br>脱贫攻坚报道的核心阵地 | 文本、图片<br>视频、H5<br>大数据数说 |
| 官方微博号 | 上游新闻 | 信息全聚合<br>少量脱贫信息 | 文本<br>图片<br>视频 |

资料来源：作者整理。

## （三）监督反馈：及时纠正扶贫问题，保证决策正确贯彻

在政府的“扶贫声音”准确传达到基层的过程中，需要有媒体作为监督中介，及时纠正传达过程中出现的问题。这意味着新媒体在报道脱贫经验的同时，也要注重对问题的报道。相较于传统媒体，新媒体在脱贫行动中更有力地发挥“连接器”和“放大器”的作用。一方面，新媒体更快速，能随时随地发挥监督作用；另一方面，新媒体能够建立起更为透明的扶贫政策公开制度，减少“骗贫”现象的发生。上游新闻在监督反馈路径中也取得了一定的进展，发挥了媒体的监督功能，通过“警示”和“预防”两大手段解决脱贫路上的腐败问题。

1. 以通报为警示

上游新闻通过定期发布脱贫行动中的腐败和作风问题，对错误路子进行汇总揭露。2019 年上半年上游新闻发布了重庆脱贫行动中的腐败案例和系列通报，如“重庆 2 月查处扶贫领域腐败和作风问题 235 件 320 人”“4 月全市查处扶贫领域腐败和作风问题 329 件 471 人”“2019 年第一季度彭水县

查出扶贫领域腐败和作风问题27件49人”“垫江县重拳整治扶贫领域形式主义、官僚主义”“违规为女儿申报助学金、挪用医疗筹资款……重庆通报4起扶贫领域腐败和作风典型案例”等。这些通报对重庆的脱贫工作起到一定的警示作用。

2. 以评论“打预防”

上游新闻聚焦扶贫路上出现的腐败和违纪问题，刊发了系列评论《在惩治“扶贫腐败”上出手再重一些》《如何深化扶贫领域腐败和作风问题专项治理》等，这些评论经由新媒体平台的联合曝光，向公众展示了政府治理扶贫腐败的决心。通过提前预防和问题报道，上游新闻发挥了在脱贫攻坚行动中应有的监督作用，在一定程度上保证了脱贫攻坚行动沿着正确的道路前进。

## 三 引导—激发型路径：社会热情激发者

### （一）典型报道：凝聚脱贫攻坚正能量，树立时代标识

在重庆的脱贫攻坚火热实践中涌现出了一批典型人物和典型事迹，他们在脱贫行动中积极投入，带领贫困地区人民增收致富，赢得了良好的社会反响。上游新闻针对不同的先进典型，采用专题报道、搭建活动、直播互动等多种方式。一是以专题报道为主阵地，通过“榜样面对面”“我的扶贫故事”“系列先进典型”等报道发掘典型人物背后的故事，并聚合各地脱贫行动中的先进典型在新媒体平台上进行二次传播。二是以活动为载体发起“青创故事”“寻找先进榜样评选活动”等系列评选活动，通过比赛和投票的形式展现先进人物的风采。三是以线上直播和线下分享会的形式促进榜样与公众的互动，向观众展示鲜活的人物形象。通过典型报道，上游新闻将镜头聚焦于脱贫群众、扶贫干部、创业先锋等先进榜样，在脱贫攻坚的不同阶段推出不同专题，将正能量贯穿于整个脱贫攻坚行动中，树立起时代发展洪流中的独特标识（见表4）。

**表4　上游新闻典型报道**

| 典型报道系列主题 | 报道内容 | 报道类型 |
|---|---|---|
| 榜样面对面 | 脱贫先进人物报道 | 人物专访、宣讲活动 |
| 青创故事 | 青年人的创业故事、经验 | 创业记录 |
| 在行动 | 大型脱贫行动报道 | 记录 |
| 看效果 | 各领域扶贫效果展示 | 跟踪记录 |
| 最美扶贫人 | 最美扶贫任务评选、介绍 | 人物专访 |
| 扶贫纪要 | 医疗、消费、华西村扶贫考察纪实 | 记录、日志 |
| 我的扶贫故事 | 各地的扶贫榜样 | 转载 |

资料来源：作者整理。

## （二）活动载体：扶贫活动具体化，扶贫形式精细化

脱贫攻坚涉及经济、政治、文化、社会、生态文明、教育等各个领域，新媒体要差异化地搭建活动载体，细化扶贫形式，找到每个扶贫领域的最优效果。依托重庆日报报业集团，上游新闻举办了一系列扶贫活动。一是电商扶贫，上游新闻多次联合农户和企业开展电商知识讲座和培训，邀请专家给扶贫对象讲解电商知识，帮助贫困户提升对电商行业的敏感度和业务的熟练度。二是教育扶贫，上游新闻联合当地政府为贫困山区孩子送爱心，并且定期进行教育回访，让受资助的家庭后代能够更便利地分享社会资源，对后代脱贫具有较大的影响。三是旅游扶贫，上游新闻针对定位为旅游脱贫的景区进行阶段性帮扶，通过线上传播和线下参与帮助景区打造知名度，同时帮助景区链接资源引入游客。四是综合扶贫，在文化扶贫、消费扶贫、法制扶贫等不同领域，上游新闻结合扶贫的类型精细化地探索扶贫形式和策划活动，发挥活动载体的带动作用。总的来说，上游新闻开展的一系列扶贫活动在一定程度上提高了不同层次贫困户的能力，对激发贫困户的内生动力产生了一定的效果（见表5）。

**表5　上游新闻参与的扶贫活动**

| 扶贫类型 | 具体形式 | 活动内容 |
|---|---|---|
| 教育扶贫 | 捐助和实地帮扶<br>宣传报道 | 云阳推进深度贫困镇教育扶贫、潼南聚焦教育扶贫、石柱县教育扶贫、城口附中教育扶贫等 |

续表

| 扶贫类型 | 具体形式 | 活动内容 |
|---|---|---|
| 文化扶贫 | 参与救济<br>宣传报道 | 重庆建成700余个乡镇影厅、文化扶贫完成所有行政村光纤网络建设、爱心图书捐赠助力文化扶贫等 |
| 消费扶贫 | 深入社区对接<br>宣传报道 | 社区消费、贫困县优质农产品对接城市消费市场、天星村摘枇杷等 |
| 旅游扶贫 | 旅游帮扶介入<br>宣传报道 | 酉阳龚滩古镇核心景区旅游扶贫、酉阳车田乡4个旅游扶贫示范点等 |
| 创业扶贫 | 引入专家帮扶<br>举办讲座 | 孵化乡村"网红"自媒体创业扶贫公益活动、走进大足、云阳开展科技特派员创业扶贫专题培训、秀山青年网店创业扶贫等 |
| 生态保护脱贫 | 宣传报道 | 石柱县利用天保工程助力生态扶贫、酉阳生态扶贫打造特色旅游、奉节建豆腐柴观光园创生态扶贫新模式等 |
| 健康扶贫 | 宣传报道<br>健康知识科普 | 光明助困、重庆医科大学附属第二医院脱贫攻坚队走近乡村、垫江县中医院健康扶贫医疗队在行动、后坪健康扶贫进乡村 |
| 易地搬迁扶贫 | 宣传报道 | 易地搬迁建议、武隆"政策套餐"推进异地搬迁集中安置、竹园镇开启易地搬迁全覆盖精准摸底核查等 |
| 法制扶贫 | 法务知识科普 | 市检察院等讲授法律知识、农民工如何维权等 |

资料来源：作者整理。

## （三）价值引导：以报道促导向，以活动促共识

主流媒体肩负着价值引导的责任。作为重庆的主流新媒体平台，上游新闻不断探索脱贫攻坚行动中的正确导向，坚持以精准的报道内容为出发点，构建起正确引导的层层嵌套模式（见图2）。首先，通过"接地气"的政策传导，让民众对不同阶段的政策导向、帮扶主体和帮扶责任人有更清晰的认

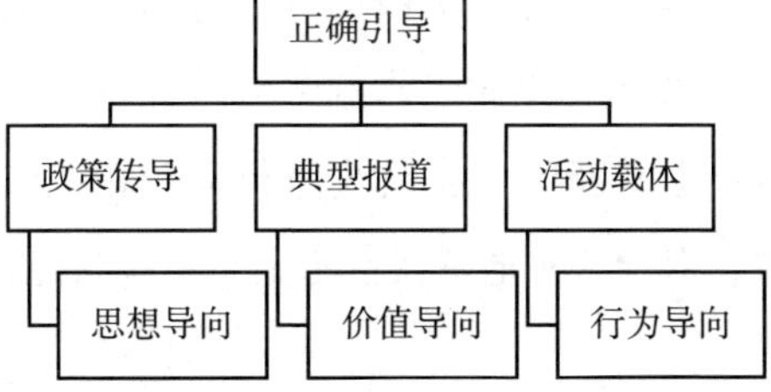


**图2　引导方式**

知。其次，通过典型报道激发民众对于脱贫工作的热情、凝聚民众对于脱贫工作的共识。最后，通过搭建活动载体调动起民众参与脱贫工作的积极性，把动力转化为具体行动。这三大过程层层递进，以思想导向为先导、价值导向为驱动、行为导向为目标，最终引导民众共同参与贫困地区的脱贫建设。

## 四　嵌入—搭建型路径：社会桥梁搭建者

### （一）制度性：配合中央和地方扶贫部门，进行实地帮扶

在脱贫行动中，政府发挥着主导作用，但这并不意味着政府要亲力亲为、事事包办，政府更多的是充当资源提供者、协调者、引导者以及在多元主体之间的角色切换。[①] 随着脱贫行动的逐渐深入，社会力量也相继涌入。国务院于2014年颁发《关于进一步动员社会各方面力量参与扶贫开发的意见》，该意见指出要广泛动员社会力量参与到脱贫攻坚行动中来。媒体作为社会力量的一部分，需要在政府的部署下共同完成脱贫攻坚任务。

依托重庆日报报业集团的战略布局，上游新闻在脱贫行动中配合政府的工作需要，开展了一系列社会救济活动。2019年2月，重庆市规划和自然资源局、重庆市地理信息中心推出了《重庆招牌地图》，助力重庆农产品品牌推广。上游新闻在此基础上发起重庆招牌品鉴系列活动宣传，对各区县的特色资源进行推广，目前已经制作出荣昌夏步、璧山葡萄、石柱黄连、奉节脐橙、木桶山歌五个区县的产品宣传图，实现企业和贫困地区资源的信息互通和有效对接。此外，上游新闻在脱贫的实地行动中也做出了有益的尝试，上游新闻安排了一批基层工作者深入脱贫工作的一线，在进行实地帮扶的同时挖掘脱贫经验。总体而言，上游新闻在脱贫攻坚行动中积极配合重庆市政府的扶贫工作部署，在宣传、引导、实地帮扶上走出了一条特色化的扶贫道路。

---

① 宫留记：《政府主导下市场化扶贫机制的构建与创新模式研究——基于精准扶贫视角》，《中国软科学》2016年第5期。

### （二）公益性：电商发展与新媒体扶贫开发工作机制逐步形成

电商扶贫是当前扶贫工作的重要动能，是实现“互联网＋”产业的深度融合。新媒体助力电商扶贫已经初具规模，不管是在商业模式创新还是技术应用方面都形成了可持续的扶贫机制。淘宝的“村播扶贫”、新浪的“社交扶贫”、拼多多的“拼扶贫”、京东的“星扶贫”等均发挥了不同平台的属性和功能，建立起电商扶贫的差异化运作机制。

2017年重庆市发布了《重庆市深化实施电子商务扶贫行动方案》，表示到2020年重庆扶持电商扶贫示范网店要超500个。上游新闻在传统电商扶贫的基础上开辟“互联网＋扶贫＋媒体”的形式，建设媒介扶贫的新话语，调动社会力量有序有效地参与对困难人群的救助和帮扶。2018年7月，中国（重庆）贫困地区特色农产品品牌推介洽谈会暨第二届重庆电商扶贫爱心购活动启动，重庆日报报业集团作为中国电商扶贫联盟的成员，联合成员单位在重庆设立“14个国家级贫困区县展销区”“18个深度贫困乡镇展销区”①，通过线下展销、线上搭建电商服务平台，解决农产品的出路问题。此外，在电商扶贫的过程中上游新闻助力打造农产品品牌效应，使品牌化销售趋于标准化。总体而言，上游新闻在电商扶贫模式中扮演着重构者角色，以新媒体平台推进长效扶贫，同时促进公益示范效应最大化（见表6）。

**表6　2018～2019年重庆电商扶贫主要形式**

| 电商扶贫行动 | 扶贫类型 | 搭建主体 | 主体构成 | 上游新闻 |
|---|---|---|---|---|
| 阿里巴巴X石柱土家族农产品 | 农产品 | 政府、市场、农户 | 石柱县政府、阿里巴巴、农户 | 报道参与 |
| 重庆电商扶贫“爱心购” | 农产品 | 政府、市场、农户 | 奉节县政府、京东、农户 | 报道搭建 |
| “奉节脐橙电商扶贫文化节” | 农产品 | 政府、市场、农户 | 奉节县政府、电商平台、农户 | 报道搭建 |

① 《重庆电商扶贫爱心购助特色农产品销往全国》，新华网，2019年1月23日。

续表

| 电商扶贫行动 | 扶贫类型 | 搭建主体 | 主体构成 | 上游新闻 |
|---|---|---|---|---|
| 武陵椿上线“农商行” | 农产品 | 市场 | 重庆农商银行、小微企业 | 报道 |
| 合川邮政开展电商扶贫 | 农产品 | 市场、农户 | 合川县政府、邮政、农户 | 报道 |
| 秀山南瓜 | 农产品 | 政府、企业 | 秀山县政府、重庆西云实业有限公司 | 报道参与 |
| “丰都红心柚电商扶贫” | 农产品 | 政府、市场 | 丰都县政府、重庆找果果科技有限公司 | 报道搭建 |
| 安坪镇特色产业扶贫 | 产业扶贫(农业) | 政府、农户 | 安坪镇政府、农户 | 报道参与 |
| 城口县电商扶贫车间 | 产业扶贫(就业) | 政府、农民 | 城口县政府、企业 | 报道参与 |
| “互联网+”忠县电商扶贫 | 产业扶贫(旅游) | 政府、企业 | 忠县政府、企业 | 报道参与 |

资料来源：作者整理。

## 五　行动—重构型路径：脱贫攻坚行动重构者、推动者

新媒体作为一种有效的社会力量，需要进一步挖掘其在脱贫攻坚行动中的作用。各大新媒体平台不断创新扶贫模式，赋能经济发展，探索出了有效的脱贫行动重构路径。芒果 TV 利用其节目优势，建立起“视听+精准扶贫”的新机制，如《快乐大本营》节目中设立心愿树环节，以“家户”和“村”为单位进行帮扶，一期一特产，为贫困户实施持续造血计划。新浪发起扶贫助威团、媒体扶贫纪实联盟、“农品上热搜”计划、“百县千红新农人”计划等四项扶贫行动，[1] 推动扶贫内容在新浪网和微博上传播。快手发起“新媒体扶贫 365 计划”，为贫困地区提供政务合作、新媒体培训等扶贫支持。

行动—重构型路径下，上游新闻也在不断探索新的扶贫模式。一是在新

① 《新浪发起四项扶贫行动 打通农产品销路助力脱贫攻坚》，新华网，2018 年 12 月 3 日。

闻扶贫方面，上游新闻以宣传报道为主阵地，以精神扶贫促进精准脱贫，此外还以信息扶贫的形式，为贫困县打破信息鸿沟，探索新媒体助力扶贫大数据平台建设。二是产业扶贫方面，上游新闻借助《重庆日报》和《重庆晨报》的媒体资源，不断为重庆的消费扶贫、健康扶贫、文化扶贫等能够牵头的领域注入媒体活力。总的来说，上游新闻在行动—重构型路径下不断发挥引导、增能、链接作用，但也面临着职能单一、难以有效融入社会合力的尴尬局面，在多个领域中的牵头重构作用仍有待提升。

## 六　结语

新媒体正成为脱贫行动中的一剂催化剂，不断为脱贫攻坚带来可能性。报道—传导、引导—激发型路径下新媒体能够充分发挥“连接器”和“放大器”的功能，扩展其宣传动员的平台属性。首先，信息生产是媒体的首要责任，在报道—传导型路径下新媒体不仅能够创新内容生产方式，还能进行信息的有效分发，并且通过大数据进行实时互动和精确捕捉，打开脱贫行动中信息分发和接收的全渠道模式。通过在新媒体平台的聚合报道、强力曝光、联合互动等形式，助推脱贫攻坚取得良好效果。其次，引导—激发型路径下新媒体能够以更为灵活和有趣的方式进行价值观念的引导。在脱贫攻坚行动中，各大主流媒体平台纷纷建立了扶贫专栏，并且通过文字、图片、H5 以及短视频的形式传递出脱贫攻坚的精神力量。人民网扶贫频道建立起的扶贫案例专属通道为新媒体平台的价值引导起到示范作用，这一平台以案例辐射，以典型引路，以榜样示范。

以上游新闻作为研究案例，研究发现上游新闻在脱贫攻坚行动中取得了一些成效，但仍存在较大的提升空间。要进一步挖掘新媒体、新技术、大数据在脱贫攻坚中的独特优势，运用大数据整合重庆日报报业集团各个子报的资源，构建大数据技术和精准扶贫的耦合机制。要“对症下药”，创新活动载体。另外，搭建“互联网 + 扶贫 + 媒体”的电商扶贫宣传窗口。例如，可以对贫困山区特色产品进行宣传，链接到市场资源，同时把市场的需求信息提供给农户，实现供需双方的选择性合作，然后利用电子商务平台把当地的农产品销售到全国，打造重庆特色品牌。灵活切换身份，强化角色担当。在能够牵头的扶贫领域，新媒体要强化自身角色担当，实现扶贫资源和扶贫对象的有效对接，减少由各方力量不集中造成的路径成本。

新媒体在脱贫行动中的作用尚未得到充分发挥，需要进一步激活其运作机制。连接—搭建和行动—重构型路径对新媒体的搭建和领导能力提出了更高的要求。这两大路径的践行需要进一步激发新媒体的资源动员能力，另外还需要借助传统媒体以及其他外力合力推动。目前看来，新媒体对于贫困地区资源的搭建和引入仍然是小范围的，更广范围内资源的调配仍然要依靠政府以及社会组织，新媒体增能链接的作用未得到充分发掘。但是，新媒体已经开始由浅入深地在不同领域进行有益尝试，如在教育扶贫领域，各地的新媒体平台联合地方政府和企业力量为学校引入教育资源。在消费扶贫领域，不少新媒体自发组建媒体联盟，搭建起了更为广泛的消费扶贫平台，充分发挥“互联网 + 消费扶贫”的精准定位，利用互联网、大数据等先进技术，为贫困群众架设起供需对接的桥梁。在运作乏力的脱贫领域，新媒体可以作为辅助力量最大化地牵引和帮助其他社会主体，发挥“杠杆”作用，形成脱贫攻坚行动的坚韧合力。

B.13

# 微博意见领袖的社会责任评价与治理*

芦何秋　邵家续**

**摘　要：** 本文以18个典型的不同领域的微博意见领袖作为研究对象，对其发布的2308条微博信息进行量化统计分析，旨在考察微博意见领袖的社会责任履行状况。研究显示，微博意见领袖的社会责任履行状况还有一定的提升空间，所抽样的意见领袖社会责任评价得分均值为2.5936分（得分率为51.87%），刚过满分的1/2。微博意见领袖"信息生产A1"得分处于中等偏上水平，但在"价值引导A2"、"文化教育A3"和"协调沟通A4"方面的社会责任履行效能还需要进一步提高。

**关键词：** 微博　微博意见领袖　社会责任

2019年2月中国互联网络信息中心发布的第43次《中国互联网络发展状况统计报告》显示，截至2018年12月，我国网民规模达8.29亿人，其中，微博使用率为42.3%，较2017年底上升1.4个百分点。[①] 根据2019年

* 本文为2018年国家社科基金"社会责任视角下网络意见领袖传播效能的实证评价"（立项号18BXW111）阶段性成果。

** 芦何秋，新闻学博士，华中科技大学新闻与信息传播学院博士后，湖北大学新闻传播学院副教授，主要研究方向为网络传播；邵家续，湖北大学新闻传播学院2018级研究生。

① 中国互联网络信息中心：第43次《中国互联网络发展状况统计报告》，http：//www.cac.gov.cn/2019－02/28/c_ 1124175677.htm，最后检索时间：2019年6月30日。

3 月 15 日新浪微博数据中心发布的《2018 微博用户发展报告》显示，2018 年第四季度微博月活跃用户达 4.62 亿；微博垂直领域数量扩大至 60 个，月阅读量超过百亿次的领域达 32 个。[①] 网民利用微博行使事件讨论、意见表达等权利，使其逐渐成为网络舆论的策源地。

在微博场域中，微博意见领袖不仅是有着专业知识的个体用户，更是网络舆论的制造者和引导者，具有较大的话语权和影响力。首先，微博意见领袖的微博往往是网民围观的对象，微博体现的话语影响力会在微博传播过程中被层层放大，进而成为微博舆论爆发的“导火索”。其次，由于微博用户之间的交互关系特点，当某一意见领袖主导的事件舆论一旦形成，其他的意见领袖也会迅速加入舆论场，形成积聚态势，大量有价值的信息或观点评论很快将舆论推向高潮。最后，微博意见领袖还可以在舆论发展过程中引领公众关注点的转移，起到“议程设置”的作用。

微博意见领袖作为舆论的引导者和公共事务的推动者，利用自己专业性知识和见解，对众多社会问题和突发事件的解决和应对发挥了积极作用，但是部分意见领袖也存在发布不实信息或偏激言论等缺乏自律和职业素养的现象，导致微博意见领袖的公信力和影响力下降。近年来，微博意见领袖的社会责任研究开始受到重视。

## 一　研究综述

### （一）国外研究

“意见领袖”是传播学经典概念之一，是指在人际传播过程中可以给他人提供信息，并具有一定影响力的活跃分子，在“两级传播”中扮演着重要的角色。20 世纪 20 年代，沃尔特·李普曼首次提出了“领袖人物”一词。李普

① 新浪微博数据中心：《2018 年微博用户发展报告》，https：//www. useit. com. cn/thread - 22578 - 1 - 1. html，最后检索时间：2019 年 5 月 15 日。

曼认为，受众由于受到自身对外界实践能力不足的限制，现实世界与脑海中的世界存在一定差异。受众要想使自己“脑海中的图景”与“真实世界”最大限度地吻合就需要借助大众媒介，除此之外还包括受众信任的可以对媒介信息进行解读的“领袖人物”①。这为意见领袖概念的明确提出做了前期的理论准备工作。1940 年，拉扎斯菲尔德正式提出了“意见领袖”这一概念。他认为：信息传播的方式并不是从大众传播媒介直接到达受众的，而是信息传递中途有意见领袖的中介作用，即大众传播媒介—意见领袖—受众。② 这与之前李普曼的研究结果不谋而合。目前有国外研究者意识到随着社交平台的更替，网络意见领袖的权力也相应地发生变化，从而就该变化的动因展开详细研究③。也有国外学者认为意见领袖可以影响并塑造他人的意见，因此采用标准社交网络分析方法来识别社交媒体中的意见领袖④。

### （二）国内研究

根据曹慧丹的统计，国内对于意见领袖的研究主要分为传统意见领袖研究阶段（2006 年之前）和网络意见领袖研究阶段（2006 年至今）⑤。2006 年周裕琼发表了《网络世界中的意见领袖——以强国论坛“十大网友”为例》⑥ 一文，该文分析了网络意见领袖的特征及其影响力，首次把视线转向了网络意见领袖研究。随后，大量关于网络意见领袖的研究成果相继出现。

网络时代初期，网络意见领袖主要将以互联网为载体的 SNS 论坛、博客等网络社区作为媒介传递信息的平台；在 Web 3.0 时代，网络意见领袖

---

① 〔美〕沃尔特·李普曼：《公众舆论》，阎克文等译，上海人民出版社，2006。

② 〔美〕保罗·F·拉扎斯菲尔德：《人民的选择》，唐茜译，中国人民大学出版社，2012。

③ Mohsin Adalat, Muaz, A. Niazi, Athanasios, V. Vasilakos, “Variations in Power of Opinion Leaders in Online Communication Networks”, *Royal Society Open Science*, 2018, 5 (10) .

④ Jain, L. , Katarya. R. “Discover Opinion Leader in Online Social Network Using Firefly Algorithm”, *Expert Systems With Applications*, 122 (2019): 1 - 15.

⑤ 曹慧丹：《网络传播中的意见领袖研究》，硕士学位论文，湖南师范大学，2015。

⑥ 周裕琼：《网络世界中的意见领袖——以强国论坛“十大网友”为例》，《当代传播》2006 年第 3 期。

的言论平台转向微博，自身也转型为微博意见领袖。研究这一时期我国网络意见领袖的社会责任履行状况，就绕不开对微博意见领袖群体的研究。

以“微博意见领袖”为关键词在中国知网上进行搜索，检索所得论文的研究主题主要是：网络意见领袖的识别、微博意见领袖的识别、微博意见领袖影响力构成和微博意见领袖的培养和引导四个方面。

1. 网络意见领袖的识别

余红采用数据挖掘的方法，借鉴“影响力扩散模型”，以“论坛声望”作为分类指标对活跃分子进行聚类分析，从而筛选出网络论坛中的舆论领袖①。丁雪峰等利用网络数据，构造网络话题参与者的“属性矩阵”，从而提出意见领袖综合评价算法，以此发现网络意见领袖②。黄敏和黄晓钟则从对网络意见领袖的群体分布的探析入手，总结得出网络意见领袖的特征③。陈然着眼于论坛中不同的兴趣空间，采用聚类分析方法构建新的筛选模型，以此识别并确定网络论坛的意见领袖④。

对网络意见领袖的判定所依据的平台主要是早期各大网络论坛，比如百度贴吧、天涯论坛等。该类论坛由于栏目较少，信息空间狭小且用户之间容易形成小群体，在用户样本筛选上存在一定的缺陷，且微博时代的到来导致 BBS 日渐式微，因此对网络论坛意见领袖的研究放在当下显然已经过时。

2. 微博意见领袖的识别

对于“微博意见领袖”这类群体的定义识别，目前我国学者还没有形成统一的标准。张志安把微博意见领袖的衡量指标明确为微博活跃度、互联网影响力、社会争论性、媒体影响力等，只有满足上述指标才能被称为微博意见领袖。王君泽等人基于关注关系对用户样本进行维度考察后，建立识别

① 余红：《网络论坛舆论领袖筛选模型初探》，《新闻与传播研究》2008 年第 2 期。

② 丁雪峰、胡勇、赵文、吴荣军、胡朝浪、杨勇：《网络舆论意见领袖特征研究》，《四川大学学报》（工程科学版）2010 年第 2 期。

③ 黄敏、黄晓钟：《网络意见领袖特征及其舆论影响》，《新闻世界》2009 年第 7 期。

④ 陈然：《网络论坛舆论领袖的识别与筛选——对凯迪社区的实证研究》，《当代传播》2010 年第 2 期。

模型，认为关注用户数量、粉丝数量、是否被验证身份和发布的微博数量这四个方面是识别微博意见领袖的关键①。王平、谢耘耕以突发公共事件“温州动车事故”为切入点对微博意见领袖特征进行分析，认为微博被转载量、评论量、微博用户粉丝数以及认同值是微博意见领袖的衡量标准②。刘志明和刘鲁从用户影响力和用户活跃度两个角度出发，证明微博意见领袖是与主题相关的，只有少数用户可以在不同主题中成为意见领袖，而多数意见领袖只能出现在特定的主题内③。丁汉青等人通过建立一级指标和二级指标构建意见领袖甄别指标体系，采用内容分析法研究 SNS（社交网络服务）中的意见领袖④。

可以看出，目前我国学者对意见领袖的衡量标准有一定的共性，多是以具体的网络数据为基准建立评价指标体系，如意见领袖微博的点赞数、转发数和评论数等，正如王家合等在研究中所指出的，目前大多数对网络意见领袖的研究缺少对网友情感和态度的考察⑤。这样的研究方法是单一片面的，忽略了微博是一个双向互动分享平台，因此研究的结论也往往是趋同的。

3. 微博意见领袖影响力构成

徐茂利认为，在微博平台上，判断网络意见领袖的影响力一般有四个指标：一是粉丝数量；二是意见领袖本身活跃度及与之相应的评论量和转发量；三是认同度；四是意见领袖的影响域⑥。杨长春等人基于媒介影响力形成的接触、接受、保持和提升四个环节，构建了以广度因子、深度因子为主要维度的微博意见领袖影响力评价指标体系，通过对 10 位微博意见领袖进

---

① 王君泽、王雅蕾、禹航、徐晓林、王国华、曾润喜：《微博客意见领袖识别模型研究》，《新闻与传播研究》2011 年第 6 期。

② 王平、谢耘耕：《突发公共事件中微博意见领袖的实证研究——以“温州动车事故”为例》，《现代传播》2012 年第 3 期。

③ 刘志明、刘鲁：《微博网络舆情中的意见领袖识别及分析》，《系统工程》2011 年第 6 期。

④ 丁汉青、王亚萍：《SNS 网络空间中“意见领袖”特征之分析——以豆瓣网为例》，《新闻与传播研究》2010 年第 3 期。

⑤ 王家合、杨倩文：《自媒体时代意见领袖的识别与引导对策研究——基于议程设置理论视角》，《湖北社会科学》2019 年第 1 期。

⑥ 徐茂利：《发现网络意见领袖影响力》，《国际公关》2013 年第 1 期。

行研究，发现粉丝规模、微博接受深度、线下知名度和二次传播力度是扩大影响力的关键①。王艳华等利用多元线性回归分析，研究了意见领袖身份与事件的相关性是否对网络舆情传播存在影响。研究发现，影响网络舆情传播的五个变量分别是评论数、点赞数、粉丝数、是否为“V”认证以及是否为微博会员②。费军等人采用了层次分析法实施意见领袖影响评估，构建由一级指标和二级指标组成的评估体系，以“8·12天津港”事件为例对微博意见领袖进行实证研究。研究发现，网络意见领袖的影响力主要与突发公共事件中的网络行为直接相关，并与其在网络平台中的活跃度、粉丝数、互动力以及平台建设能力联系较为密切③。

以上可以看出，不同的学者在研究微博意见领袖的影响力构成时，由于研究视角与建立的评价指标体系的不同，所得出的结论也就不同。该方面的研究可以有针对性地提升微博意见领袖的网络形象，优化其传播模式，更好地在议程设置和舆论引导中实现自身价值；对于管理者来说，也可以根据微博意见领袖的影响力构成要素来寻求网络治理的对策，有效地利用意见领袖进行网络舆论监督和治理。

4. 微博意见领袖的培养和引导

随着微博意见领袖逐渐成为学者们研究的热门课题，有关意见领袖社会责任的研究也开始启动。关于微博意见领袖的引导对策，大部分是基于具体社会事件展开对意见领袖行为失范原因的探究。如刘心仪和于建华以“凉山格斗孤儿事件”为例展示了微博意见领袖在实践过程中的问题，要求建立合理的社会责任评价体系并完善监督和保障机制④。同时，基于微博意见领袖网络行为现状提出治理对策。李波认为，在网络迅速发展的大环境下，

① 杨长春、王天允、叶施仁：《微博意见领袖影响力评价指标体系研究——基于媒介影响力视角》，《情报杂志》2014年第8期。

② 王艳华、刘岩芳、韩瑞雪：《网络舆情传播中微博意见领袖的影响因子研究》，《情报科学》2018年第6期。

③ 费军、王露：《基于网络意见领袖影响力评估的网络治理研究》，《电子政务》2016年第7期。

④ 刘心仪、于建华：《微博意见领袖社会责任研究》，《东南传播》2018年第4期。

必须重视微博意见领袖的作用，只有正确认识、培养、引导微博意见领袖，才能正确引导社会舆论，构建和谐社会①。与其类似的，还有孙忠良、李俊强等人的相关论述。

## 二　研究设计

本文旨在考察微博平台中意见领袖社会责任履行情况，研究步骤如下：第一，以社会影响力、活跃度以及对公共话题的关注度为标准，在不同领域选取具有代表性的意见领袖研究样本，最终选取 18 个典型账号作为研究对象（见表 1），其中意见领袖身份包括法律类、媒体类、时评类、学者类、科普类和政府类。第二，采取构造周抽样法确定研究对象的微博样本，选取研究对象在 2018 年 10 月至 2019 年 3 月共 6 个月中的 2 个构造周中的微博作为分析样本，日期为 2018 年 10 月 8 日、2018 年 10 月 15 日（周一）；2018 年 11 月 6 日、2018 年 11 月 20 日（周二）；2018 年 12 月 12 日、2018 年 12 月 19 日（周三）；2019 年 1 月 3 日、2019 年 1 月 17 日（周四）；2019 年 1 月 25 日、2019 年 2 月 15 日（周五）；2019 年 2 月 23 日、2019 年 3 月 9 日（周六）；2019 年 3 月 24 日、2019 年 3 月 31 日（周日）。共计得到 2308 条微博分析样本。第三，用新媒体社会责任评价指标体系对研究对象及其微博样本进行实证研究，并针对问题提出改进对策。

**表 1　研究对象**

| 序号 | 用户名 | 地域 | 粉丝数（万人） | 微博数（条） | 认证简介 |
|---|---|---|---|---|---|
| 1 | 岳屾山 | 北京 | 133 | 6905 | 律师 |
| 2 | 徐付群 | 北京 | 181 | 34412 | 《中国社会报》副总编 |
| 3 | 石述思 | 北京 | 236 | 17763 | 知名时评人 |
| 4 | 舒中胜 | 杭州 | 168 | 14221 | 浙江电视台经济生活频道新闻评论员 |

① 李波：《网络舆情中微博意见领袖的培养和引导》，《新闻大学》2015 年第 1 期。

续表

| 序号 | 用户名 | 地域 | 粉丝数（万人） | 微博数（条） | 认证简介 |
|---|---|---|---|---|---|
| 5 | 张颐武 | 北京 | 837 | 14360 | 北京大学中文系教授 |
| 6 | 刘桂明 | 北京 | 150 | 23248 | 《民主与法制》总编辑 |
| 7 | 王利芬 | 北京 | 512 | 24653 | 知名媒体人 |
| 8 | 蒋丰 | 海外 | 353 | 64163 | 《日本新华侨报》总编辑 |
| 9 | 瘦驼 | 北京 | 590 | 34706 | 果壳网主笔 |
| 10 | 樊建川 | 成都 | 276 | 10300 | 四川省人大常委会委员 |
| 11 | 江宁婆婆 | 南京 | 371 | 10236 | 果壳达人 |
| 12 | 中科大胡不归 | 合肥 | 195 | 40074 | 中国科学技术大学副研究员 |
| 13 | 张国庆看天下 | 北京 | 152 | 5929 | 中国社会科学院国际问题专家 |
| 14 | 社会与法频道阎肃 | 北京 | 55 | 23799 | 消费网社会与法频道主编 |
| 15 | 王小东 | 北京 | 195 | 80080 | 著名学者 |
| 16 | 陈里 | 北京 | 3000 | 30858 | 社会学学者；管理学博士 |
| 17 | 自然的张侃 | 北京 | 400 | 39580 | 中国心理学会原理事长 |
| 18 | 狮城苍狼 | 福建 | 167 | 23098 | 政务名微博公益爱心团成员；网络舆情分析师 |

## 三　研究发现

整体来看，微博意见领袖社会责任的总得分平均分为2.5936分（平均得分率51.87%），刚过满分的1/2，社会责任履行状况仍有较大提升空间。在抽样的18个账号中，社会责任得分排名第一的是律师“@岳屾山”，得分为3.6896分（得分率73.79%）；排名最末的是媒体人“@蒋丰”，得分为2.0715分（得分率41.43%）。其中，共有9位微博意见领袖的社会责任总得分超过了满分的1/2（见表2）。

微博意见领袖在4个一级评价指标上的得分从高到低排列依次为“信息生产A1”（平均得分率65.28%）、“协调沟通A4”（平均得分率49.36%），“文化教育A3”（平均得分率29.88%）、“价值引导A2”（平均得分率28.52%）。其中，在“信息生产A1”和“价值引导A2”两个指标中，“@岳岫山”排名均为第一（得分率分别为 87.34% 和 96.79%）；在“文化教育 A3”中，排名第一的是“@ 蒋丰”（得分率 63.54%）；在“协调沟通 A4”方面排名第一的是“@ 江宁婆婆”（得分率 72.67%）（见表 3）。

**表 2　微博意见领袖社会责任评价得分**

单位：分，%

| 用户名 | 社会责任总分 | 得分率 |
|---|---|---|
| 岳岫山 | 3.6896 | 73.79 |
| 徐付群 | 3.2337 | 64.67 |
| 石述思 | 2.8204 | 56.41 |
| 舒中胜 | 2.4382 | 48.76 |
| 张颐武 | 2.6751 | 53.50 |
| 刘桂明 | 2.3939 | 47.88 |
| 王利芬 | 2.3185 | 46.37 |
| 蒋丰 | 2.0715 | 41.43 |
| 瘦驼 | 2.2361 | 44.72 |
| 樊建川 | 2.1085 | 42.17 |
| 江宁婆婆 | 3.1515 | 63.03 |
| 中科大胡不归 | 2.5783 | 51.57 |
| 张国庆看天下 | 3.1673 | 63.35 |
| 社会与法频道阎肃 | 2.5306 | 50.61 |
| 王小东 | 2.1890 | 43.78 |
| 陈里 | 2.6610 | 53.22 |
| 自然的张侃 | 2.1874 | 43.75 |
| 狮城苍狼 | 2.2336 | 44.67 |
| 平均分及得分率 | 2.5936 | 51.87 |

**表 3　微博意见领袖一级评价指标得分及得分率**

单位：分，%

| 用户名 | 信息生产 A1 | 价值引导 A2 | 文化教育 A3 | 协调沟通 A4 |
|---|---|---|---|---|
| 岳岫山 | 2.1891(87.34) | 0.8518(96.79) | 0.1146(19.48) | 0.5341(49.68) |
| 徐付群 | 1.8798(75.00) | 0.5850(66.47) | 0.0849(14.42) | 0.6840(63.63) |
| 石述思 | 1.6343(65.20) | 0.3839(43.62) | 0.0996(16.92) | 0.7027(65.37) |
| 舒中胜 | 1.5729(62.75) | 0.2881(32.74) | 0.0904(15.36) | 0.4846(45.28) |
| 张颐武 | 1.7294(69.00) | 0.1432(16.27) | 0.2714(46.11) | 0.5312(49.41) |
| 刘桂明 | 1.6513(65.88) | 0.1743(19.81) | 0.1081(18.37) | 0.4603(42.82) |
| 王利芬 | 1.5823(63.13) | 0.1817(20.65) | 0.1520(25.83) | 0.4205(37.44) |

续表

| 用户名 | 信息生产 A1 | 价值引导 A2 | 文化教育 A3 | 协调沟通 A4 |
|---|---|---|---|---|
| 蒋丰 | 1. 2701(50. 67) | 0. 0926(10. 52) | 0. 3739(63. 54) | 0. 3349(31. 15) |
| 瘦驼 | 1. 4375(57. 35) | 0. 0650(7. 38) | 0. 2064(35. 07) | 0. 5272(49. 04) |
| 樊建川 | 1. 3045(52. 04) | 0. 0637(7. 24) | 0. 3372(57. 29) | 0. 4032(37. 50) |
| 江宁婆婆 | 1. 8118(72. 28) | 0. 4121(46. 83) | 0. 1464(24. 88) | 0. 7812(72. 67) |
| 中科大胡不归 | 1. 6602(66. 23) | 0. 1722(19. 57) | 0. 2403(40. 84) | 0. 5056(47. 04) |
| 张国庆看天下 | 1. 9550(78. 00) | 0. 1792(20. 36) | 0. 3737(63. 50) | 0. 6594(61. 34) |
| 社会与法频道阎肃 | 1. 5997(63. 82) | 0. 2872(32. 64) | 0. 0799(13. 58) | 0. 5638(52. 44) |
| 王小东 | 1. 5129(60. 36) | 0. 0384(4. 36) | 0. 1389(23. 61) | 0. 4988(46. 40) |
| 陈里 | 1. 6572(66. 12) | 0. 2993(34. 02) | 0. 1420(24. 12) | 0. 5625(52. 33) |
| 自然的张侃 | 1. 5270(60. 92) | 0. 1049(11. 92) | 0. 1108(18. 84) | 0. 4447(41. 36) |
| 狮城苍狼 | 1. 4763(58. 90) | 0. 1944(22. 09) | 0. 0949(16. 12) | 0. 4680(43. 53) |
| 满分 | 2. 5065 | 0. 8800 | 0. 5885 | 1. 075 |
| 平均分 | 1. 63620 | 0. 25094 | 0. 17586 | 0. 53058 |
| 平均得分率 | 65. 28 | 28. 52 | 29. 88 | 49. 36 |

## （一）信息生产

从四个一级指标来看，微博意见领袖相对来讲比较重视“信息生产A1”社会责任，意见领袖在该项上的平均分为 1. 63620 分（平均得分率65. 28%），在满分为 2. 5065 分的条件下处于中等偏上水平。排名第一位的意见领袖账号为“@ 岳屾山”，得分为 2. 1891 分；排名最末的是“@ 蒋丰”，得分为 1. 2701 分。

在“信息生产 A1”的二级指标“信息质量 B1”方面，微博意见领袖账号的平均得分为 2. 4276 分（平均得分率 58. 50%），未到满分的 2/3，处于中等水平。排名第一的是“@ 岳屾山”，得分 3. 5169 分（得分率84. 74%）（见表 4）。

从“信息质量 B1”七个三级指标看，做得较好的是“真实 C1”，平均得分 1. 8260（平均得分率 99. 98%）。除“@ 社会与法频道阎肃”有一条关于“乘客要求军人让座”的视频微博失实外，其他微博意见领袖得分均为满分。这说明微博意见领袖注重信息把关，能对所发布的内容消息进行核实。

**表4　微博意见领袖“信息生产A1”二级评价指标**

单位：分，%

| 用户名 | 信息质量B1 | 得分率 | 流程管理B2 | 得分率 |
|---|---|---|---|---|
| 岳屾山 | 3.5169 | 84.74 | 0.8500 | 100 |
| 徐付群 | 2.8999 | 69.88 | 0.8500 | 100 |
| 石述思 | 2.4100 | 58.07 | 0.8500 | 100 |
| 舒中胜 | 2.2877 | 55.13 | 0.8500 | 100 |
| 张颐武 | 2.5998 | 62.65 | 0.8500 | 100 |
| 刘桂明 | 2.4439 | 58.89 | 0.8500 | 100 |
| 王利芬 | 2.3192 | 55.88 | 0.8373 | 98.51 |
| 蒋丰 | 1.6852 | 40.61 | 0.8484 | 99.81 |
| 瘦驼 | 2.0176 | 48.62 | 0.8500 | 100 |
| 樊建川 | 1.7521 | 42.22 | 0.8500 | 100 |
| 江宁婆婆 | 2.7642 | 66.61 | 0.8500 | 100 |
| 中科大胡不归 | 2.4617 | 59.32 | 0.8500 | 100 |
| 张国庆看天下 | 3.0499 | 73.49 | 0.8500 | 100 |
| 社会与法频道阎肃 | 2.4178 | 58.26 | 0.7733 | 90.98 |
| 王小东 | 2.1679 | 52.24 | 0.8500 | 100 |
| 陈里 | 2.4593 | 59.26 | 0.8465 | 99.59 |
| 自然的张侃 | 2.3481 | 56.58 | 0.6980 | 82.11 |
| 狮城苍狼 | 2.0949 | 50.48 | 0.8500 | 100 |
| 满分 | 4.15 | | 0.85 | |
| 平均分 | 2.4276 | | 0.8363 | |
| 平均得分率 | 58.50 | | 98.39 | |

“客观C7”和“原创C6”指标的平均得分分别为0.4527分（平均得分率45.11%）和0.1354分（平均得分率43.67%），属于中等水平。在“客观C7”方面，有11位意见领袖得分超过平均分，说明意见领袖在发布内容时重视交代消息来源。此举不仅让意见领袖的言论表达显得理性客观，也能提高消息的可信度，有利于维护意见领袖严谨负责的形象。其中，“@岳屾山”得分为1.0034分，接近满分。“@岳屾山”作为律师，对事件发表专

业评论时交代信源的出处，更能凸显其律师身份的专业性。“原创 C6”指标得分中，有 8 位意见领袖得分超过平均分，不足总数的 1/2。在原创内容分类上主要有两类：一类是原创性评论，如媒体人“@ 徐付群”的微博内容均为针对各个社会公共事件发表的原创性评论，得分达到满分；另一类是记录个人生活的微博。其中排名最末的是“@ 社会与法频道阎肃”，得分为 0，其微博均是转发各大媒体机构发布的实时新闻。原创微博作为提高微博意见领袖微博质量的重要途径，可以在以“内容为王”的时代为网友提供多元的观点以供交流，碰撞出思维火花。若意见领袖的微博均为转载，势必会因为缺乏思想的独特性而失去影响力。

剩余的三级指标“全面 C4”、“时效 C3”、“权威 C2”和“深度 C5”得分均属于较低水平。其中，“全面 C4”平均分为 0. 1512 分（平均得分率 36. 18%）。在该指标中，身份类别不同的意见领袖之间得分情况差距较大，得分较高的是时评类意见领袖，如“@ 张国庆看天下”，得分为满分 0. 4182 分；学者类意见领袖得分则较低，如“@ 蒋丰”得分为 0。这是由于不同身份意见领袖的教育背景和对社会公共事件关注程度不同，与公众切身利益挂钩的大多数社会公共事件一般与科技领域和文化领域没有过多交集，因此该类意见领袖能够引用的信源不多。从“时效 C3”得分情况来看，仅有 6 位意见领袖得分超过平均分 0. 1480 分，不足总数的 1/2。可以看出，意见领袖并不强调信息的时效性。近年来，媒体为争夺新闻时效性而忽略新闻真实性和客观性而导致新闻反转的现象层出不穷，造成媒体公信力缺失，这样的前车之鉴使得越来越多的意见领袖在发表微博时更加谨慎。“权威 C2”平均分为 0. 1392 分（平均得分率 26. 82%），有 7 位意见领袖得分超过平均分，且得分差距较大。排名第一的是“@ 岳屾山”，得分为满分 0. 5191，信源为各地方的公安机关发布的警情通报、《中国日报》以及“CCTV 新闻频道”和《共同关注》节目所发布的内容。有部分意见领袖的微博内容未引用任何权威信源，得分为 0。这说明意见领袖在发表微博时对权威信源引用不足。“深度 C5”得分在七个三级指标中得分率最低，有 5 位意见领袖得分为 0。得分最高的“@ 王利芬”在构造周所发布的 38 条微博中，满足条件的微博数也只占到微博总数的21.1%。该得分说明意见领袖可能因为微博字数的限制，在内容表达上依旧采用“短平快”的形式，还未建立用长微博或短视频的方式来进行延伸阅读的意识，无法为公众提供较好的事件纵深。

在“信息生产A1”的二级指标“流程管理B2”方面，18位微博意见领袖账号的平均得分为0.8363分（平均得分率98.39%）。有13位意见领袖得分是满分0.85，优于二级指标“信息质量B1”（见表4）。

从“流程管理B2”三级指标来看，“控制侵权C10”、“规范广告C9”和“信息把关C8”均处于较好水平。在“控制侵权C10”中意见领袖得分全为满分。意见领袖是网络舆论中客观理性的代表，微博内容是严谨严肃的。因此在微博发言中基本不会出现人肉搜索、语言攻击、恶搞图片或视频等可能造成负面影响的行为。在“规范广告C9”方面，平均分为0.9388分（平均得分率99.34%），共有14位意见领袖得分为满分0.945分。意见领袖作为社会中的精英分子，极少有广告行为。在“信息把关C8”方面，平均分为2.1615分（平均得分率96.67%），有16位意见领袖账号信用等级都是极好状态，分数为满分2.236分，“@社会与法频道阎肃”和“@自然的张侃”未达满分，处于较好状态。微博信用等级评价体系主要参考内容贡献、身份特征、信用历史、社交关系和消费偏好五个维度。对于微博意见领袖而言，主要差别体现在内容贡献上。基于真实信息的原创内容点赞量和转发量越多，认可度便越高，内容贡献度就越大。从三级指标得分情况综合来看，意见领袖在职业自律和职业素养方面整体表现较好。

## （二）价值引导

在四个一级指标中，微博意见领袖在“价值引导A2”指标中的得分排名最末，18位意见领袖的平均得分为0.25094分（平均得分率28.52%）。排名第一的是“@岳屾山”，得分为0.8518分（得分率96.79%）；排名最末的是“@王小东”，得分为0.0384分（得分率4.36%）。微博意见领袖作为舆论引导的主力军之一，在网络空间中具有较大的话语权和影响力，在对社会中失范和风险行为进行监督和批评时，更要注重对公众主流价值观和社会风尚的培养。从目前得分情况来看，意见领袖在价值引导方面还有较大的提升空间。

在二级指标中，“塑造共识 B3”的平均得分为 0.6467 分（平均得分率 30.85%），共有 7 位意见领袖得分超过平均分，排名第一的为“@岳屾山”，得分为1.9392 分（得分率92.50%）；排名最末的为“@王小东”，得分为 0.0459 分（得分率 2.19%）。在“社会监督 B4”方面，平均得分 0.7791 分（平均得分率 26.86%），排名第一的是“@岳屾山”，得分为满分；排名最末的是“@蒋丰”和“@樊建川”，得分均为 0。从二级指标得分情况来看，“塑造共识 B3”优于“社会监督 B4”（见表5）。

从“塑造共识 B3”的三级指标来看，“社会风尚 C12”和“主流价值 C11”得分处于较低水平。在“社会风尚 C12”中，平均分为 0.8431 分（平均得分率 34.95%）。排名第一的是“@徐付群”，得分为满分。部分意见领袖能针对公众日常生活中的各类事项给予评价和建议，传递社会正能量。如“@徐付群”在微博中针对多起“高铁占座”事件发表看法，呼吁民众遵纪守法并学会主动维权；在“翟天临学术造假”事件中建议高校要加强对学生学术道德的培养，相关部门也应该加强对学历获得流程的监管；“@岳屾山”针对各地市连续发生的“狗伤人”事件发表评论，呼吁通过立法手段避免该类事件的发生。在“主流价值 C11”方面，得分平均分为 0.6993 分（平均得分率 27.02%），共有 7 位意见领袖得分超过平均分，排名第一的是“@岳屾山”，得分为满分。整体来看，在“主流价值 C11”方面做得较好的是律师类意见领袖，如“@岳屾山”；文化类以及科普类意见领袖较少关注该类话题，这与意见领袖的角色定位和教育背景有关。

从“社会监督 B4”的三级指标得分来看，“国家治理 C13”、“社会风险 C14”和“行为失范 C15”均处于较低水平。在“国家治理 C13”中，平均分为 0.4423 分（平均得分率 22.98%）。得分最高的是“@岳屾山”，得分为满分，他主要针对发生的重大社会公共事件发表意见，并给出治理对策；得分较高的还有时评类意见领袖，如“@石述思”，他提出制定关于

“招聘不得问妇女婚育情况”的政策，以保障怀孕及哺乳期女性的合法权益、“@张国庆看天下”对“大数据反腐”进行相关评论。除文化类、科普类意见领袖外，其他大部分意见领袖都不同程度地发表了与国家治理有关的微博内容，议题大多集中在不同领域的立法以及监管力度上。意见领袖利用微博参与网络政治可以提高自己和公众的话语权，倒逼政府快速回应，有利于巩固民众对自身的政治立场认同，提高自身影响力。在“行为失范 C15”方面，平均分为 0.3662 分（平均得分率 30.52%）。排名第一的是“@岳屾山”，得分为满分，他就“老赖”治理、社会维权、网约车等话题进行了讨论；其他意见领袖也就相关话题发表自己的意见，如“违法犯罪行为”“官员不作为”“社会政策制定”等。在“社会风险 C14”中，平均分为 0.5345 分（平均得分率 28.50%）。排名第一的是“@岳屾山”，得分为满分。在微博场域传播中，传统媒体中的把关人很难进行议程设置，此时微博意见领袖就可以为网民明确讨论事件的目的和舆论监督的方向。如果意见领袖在社会监督方面功能缺失，便不能促进网络舆论的良性发展，也就不能推动现实问题的解决。因此，在“社会监督 B4”指标上，意见领袖还需要有所加强。整体来看，意见领袖的活跃度较之前有所下降，所发表的微博内容中涉及生活琐事的比例增加。其中的原因除了国家加大对微博谣言等不实信息的查处力度外，也有微博意见领袖出于自身风险控制的考虑，不再碰触某些敏感话题以降低被封号的风险。

**表 5　微博意见领袖“价值引导 A2”二级评价指标**

单位：分，%

| 用户名 | 塑造共识 B3 | 得分率 | 社会监督 B4 | 得分率 |
|---|---|---|---|---|
| 岳屾山 | 1.9392 | 92.50 | 2.9005 | 100 |
| 徐付群 | 1.6053 | 76.57 | 1.7184 | 59.24 |
| 石述思 | 0.9029 | 43.07 | 1.2782 | 44.07 |
| 舒中胜 | 0.9291 | 44.32 | 0.7077 | 24.40 |
| 张颐武 | 0.2313 | 11.03 | 0.5822 | 20.07 |
| 刘桂明 | 0.1387 | 6.61 | 0.8518 | 29.37 |
| 王利芬 | 0.4182 | 19.95 | 0.6141 | 21.17 |

续表

| 用户名 | 塑造共识 B3 | 得分率 | 社会监督 B4 | 得分率 |
|---|---|---|---|---|
| 蒋丰 | 0. 5259 | 25. 09 | 0 | 0 |
| 瘦驼 | 0. 1294 | 6. 17 | 0. 2397 | 8. 26 |
| 樊建川 | 0. 3620 | 17. 27 | 0 | 0 |
| 江宁婆婆 | 0. 9192 | 43. 84 | 1. 4223 | 49. 04 |
| 中科大胡不归 | 0. 5481 | 26. 14 | 0. 4302 | 14. 83 |
| 张国庆看天下 | 0. 2761 | 13. 17 | 0. 7421 | 25. 59 |
| 社会与法频道阎肃 | 0. 4982 | 23. 76 | 1. 1338 | 39. 09 |
| 王小东 | 0. 0459 | 2. 19 | 0. 1723 | 5. 94 |
| 陈里 | 1. 0310 | 49. 18 | 0. 6697 | 23. 09 |
| 自然的张侃 | 0. 2144 | 10. 23 | 0. 3818 | 13. 16 |
| 狮城苍狼 | 0. 9262 | 44. 18 | 0. 1784 | 6. 15 |
| 满分 | 2. 0965 | | 2. 9005 | |
| 平均分 | 0. 6467 | | 0. 7791 | |
| 平均得分率 | 30. 85 | | 26. 86 | |

## （三）文化教育

在四个一级指标中“文化教育 A3”的责任履行情况处于较低水平，平均得分为 0. 17586 分（平均得分率 29. 88%）。其中排名第一的是“@ 蒋丰”，得分为 0. 3739 分（得分率 63. 54%）；排名最末的是“@ 社会与法频道阎肃”，得分为 0. 0799 分（得分率 13. 58%）。一级指标“文化教育 A3”下设三个二级指标：“文化传承 B5”、“传播科教 B6” 和 “提供娱乐 B7”。

二级指标中，得分情况较好的是“提供娱乐 B7”，平均得分为 0. 7493 分（平均得分率 82. 80%）。其中得分最高的是“@ 江宁婆婆” 和 “@ 瘦驼”，得分均为 0. 9008 分（得分率 99. 53%）；得分最低的为“@ 社会与法频道阎肃”，分数为 0. 6332 分（得分率 69. 96%）（见表 6）。在其下设的两个三级指标“内容丰富性 C20” 和 “内容健康度 C21” 中，表现较好的是“内容健康度 C21”，平均得分为 3. 1430 分（平均得分率 99. 92%），共有 16 位意见领袖得满分。微博意见领袖是社会各个行业和领域中的高素质人才，其微博言论面向整个社会和公众，因此低俗视频、图片或文字的微博内容基本不会发布。

在“文化传承B5”方面，平均得分为0.4067分（平均得分率17.66%），处于较低水平（见表6）。下设的“传统文化C16”和“当代文化C17”两个三级指标中，“当代文化C17”平均得分0.5608分（平均得分率23.75%），要优于“传统文化C16”平均得分0.3224分（平均得分率12.22%）。大部分意见领袖涉及文化主题的微博数为0。其中，“@樊建川”在两个指标方面表现均较好，他以个人博物馆馆长的身份，在微博中发布了不少关于“红色文化”和“书法文化”的内容，在其发布的微博中，与传统文化相关的微博数占到微博总数的17.65%，得分为2.6384分，名列第一。“@张颐武”和“@张国庆看天下”在“当代文化C17”中表现最为突出，得分分别为2.2574分和2.3616分，远超平均分。其中“@张颐武”在“咪蒙团队解散事件”中发表自己的看法，批评部分自媒体人解构新闻事实，利用社会敏感话题大做文章，以求“流量变现”的做法；同时也对“游戏审批”做出评论。但总体来看，大部分意见领袖在“文化传承B5”指标上没能发挥应有的作用。

在“传播科教B6”方面，平均得分为0.3381分（平均得分率18.81%），处于较低水平（见表6）。在下设的三级指标“教育传播C18”中，履行社会责任良好的是“@蒋丰”，得分为满分2.6123，在其构造周97条微博中，共有14条是关于汉语在日本的推广；其次是“@张国庆看天下”，得分为1.8564，与教育传播有关的微博数占微博总数的10.3%。在三级指标“科技传播C19”中，履行社会责任最好的是“@中科大胡不归”，得分为满分2.3759，这与账号主体是科技工作者身份有关。

科教类话题的传播一般不是以社会公共事件为载体，难以与社会公众的切身利益紧密结合，不能快速引发社会热点和生成舆论，因此大部分意见领袖可能在某种程度上视文化教育类话题为“无效”话题，便不再专门为其设置议程。这说明意见领袖对话题关注不够深入广泛，不能充分发挥教化民众的作用。从文化类和科教类意见领袖的微博内容上看，意见领袖开始脱离严肃生硬的传教模式，重视寓教于乐，依靠发布娱乐质量较高的内容来吸引粉丝。

表 6　微博意见领袖“文化教育 A3”二级评价指标

单位：分，%

| 用户名 | 文化传承 B5 | 得分率 | 传播科教 B6 | 得分率 | 提供娱乐 B7 | 得分率 |
|---|---|---|---|---|---|---|
| 岳岫山 | 0.2719 | 11.81 | 0 | 0 | 0.7019 | 77.56 |
| 徐付群 | 0 | 0 | 0.0856 | 4.76 | 0.6356 | 70.23 |
| 石述思 | 0 | 0 | 0.1442 | 8.02 | 0.7019 | 77.56 |
| 舒中胜 | 0 | 0 | 0 | 0 | 0.7682 | 84.88 |
| 张颐武 | 1.1745 | 51.01 | 0.4954 | 27.57 | 0.6356 | 70.23 |
| 刘桂明 | 0.2164 | 9.40 | 0.0664 | 3.69 | 0.6356 | 70.23 |
| 王利芬 | 0.1812 | 7.87 | 0.3424 | 19.05 | 0.7682 | 84.88 |
| 蒋丰 | 1.4097 | 61.22 | 0.9389 | 52.25 | 0.8286 | 91.56 |
| 瘦驼 | 0.1311 | 5.70 | 0.7218 | 40.17 | 0.9008 | 99.53 |
| 樊建川 | 1.8387 | 79.86 | 0.1913 | 10.65 | 0.8345 | 92.21 |
| 江宁婆婆 | 0 | 0 | 0.3431 | 19.09 | 0.9008 | 99.53 |
| 中科大胡不归 | 0.1395 | 6.06 | 1.0679 | 59.43 | 0.8345 | 92.21 |
| 张国庆看天下 | 1.2641 | 54.90 | 1.1426 | 63.58 | 0.7682 | 84.88 |
| 社会与法频道阎肃 | 0.0457 | 1.98 | 0 | 0 | 0.6332 | 69.96 |
| 王小东 | 0.2417 | 10.50 | 0.2368 | 13.18 | 0.7019 | 77.56 |
| 陈里 | 0.2270 | 9.86 | 0.2109 | 11.74 | 0.7682 | 84.88 |
| 自然的张侃 | 0.0752 | 3.27 | 0.0984 | 5.47 | 0.7682 | 84.88 |
| 狮城苍狼 | 0.1043 | 4.53 | 0 | 0 | 0.7019 | 77.56 |
| 满分 | 2.3025 | | 1.797 | | 0.905 | |
| 平均分 | 0.4067 | | 0.3381 | | 0.7493 | |
| 平均得分率 | 17.66 | | 18.81 | | 82.80 | |

## （四）协调沟通

“协调沟通 A4”在四个一级评价指标中排名第二，平均分为 0.53058 分（平均得分率 49.36%），处于中等水平，共有 8 位意见领袖得分超过平均分。排名第一的是“@江宁婆婆”，分数为 0.7812 分（得分率 72.67%）；排名最末的是“@蒋丰”，分数为 0.3349 分（得分率 31.15%）。在下设的两个二级指标“协调信息 B8”和“沟通效能 B9”中，“协调信息 B8”平均分为 0.8864（平均得分率 53.83%），优于“沟通效能 B9”的平均分

1.7018 分（平均得分率 50.75%），如表 7 所示。

在二级指标“协调信息 B8”方面，排名第一的是“@张国庆看天下”，得分为满分；排名最末的是“@樊建川”，分数为 0.1218 分（得分率 7.40%），如表 7 所示。下设的三级指标“议题公共性 C22”和“身份多样性 C23”中，表现较好的是“身份多样性 C23”，平均得分为 1.0025 分（平均得分率 77.77%），有 8 位意见领袖得分为满分；而在“议题公共性 C22”上，意见领袖平均分为 1.6892 分（平均得分率 45.52%），处于中等水平。有 10 位意见领袖的得分超过平均分，排名第一的是“@张国庆看天下”，分数为满分 3.7111 分，构造周内涉及公共议题的数量占总议题数的 48.72%。整体来看，意见领袖关注的大多是与社会安全和公众利益相关的议题，其他方面的议题，比如对环保议题、性解放议题、性少数群体议题和消费者维权议题的关注度还不够。微博意见领袖作为“网络媒介”，应该承担起让公众全面多元地认知社会的责任。对于这一点，微博意见领袖还有较大的提升空间。

在二级指标“沟通效能 B9”方面，排名第一的是“@江宁婆婆”，得分为 2.8439 分（得分率 84.80%）；排名最末的是“@王利芬”，得分为 1.1994（得分率 35.77%），如表 7 所示。在其下设的四个三级指标“公众参与度 C24”“公众认同度 C25”“平台互动度 C26”“平台回复度 C27”中，表现较好的是“公众认同度 C25”，平均分为 1.3135 分（平均得分率 93.32%），除微博内容缺少原创性评论的意见领袖，如“@社会与法频道阎肃”外，其他意见领袖的意见和观点都能在评论中得到网友的积极响应。在“平台互动度 C26”中，意见领袖的平均分为 0.6938 分（平均得分率 58.90%），表现较好。其中做得最好的意见领袖是“@江宁婆婆”，得分为满分 1.1782 分。作为科普达人，她能够针对网友的提问在评论中进行回复，还会开设专门的问答专题进行答疑，能够发挥意见领袖的积极作用。在“平台回复度 C27”方面，意见领袖平均分为 0.1811 分（平均得分率 24.07%），有 7 位意见领袖在构造周所有微博中未答复网友的留言评论。由此可以看出，部分意见领袖只是把微博作为一个自我发声的平台，未能履行答疑解惑的责任，微博传播活动不够“接地气”。“公众参与度 C24”在四个三级指标中得分处于低水平，意见领袖的平均得分为 0.3490 分（平均得分率 20.96%），有 4 位意见领袖得分超过平均分。其中做得最好的是“@徐付群”，在构造周内微博平均收获的网友回复量为 165 条，涉及的话题包括“老人碰瓷”“西安卷宗丢失案”“翟天临学术造假案”“杀妻骗保案”，这些公众议题能一下子抓住网友的痛点和敏感点，成为公众关注的焦点，这也体现了其作为一名专业时评人的职业素养。整体来说，目前微博意见领袖未能注重与公众之间的信息交流。意见领袖的言论会影响到群众的价值判断与行为选择，要想积极正确地引导舆论，意见领袖更需要俯身倾听群众的声音，这样才能判断舆论真实的走向，预防和解决舆论发展中的问题，维护网络舆论的良好生态。

**表 7　微博意见领袖“协调沟通 A4”二级评价指标**

单位：人，%

| 用户名 | 协调信息 B8 | 得分率 | 沟通效能 B9 | 得分率 |
|---|---|---|---|---|
| 岳屾山 | 1.2194 | 74.06 | 1.3859 | 41.33 |
| 徐付群 | 1.1176 | 67.87 | 2.2189 | 66.17 |
| 石述思 | 1.2511 | 75.98 | 2.1767 | 64.91 |
| 舒中胜 | 1.0294 | 62.52 | 1.3453 | 40.12 |
| 张颐武 | 1.1622 | 70.59 | 1.4288 | 42.61 |
| 刘桂明 | 0.8259 | 50.16 | 1.4193 | 42.32 |
| 王利芬 | 0.7639 | 46.39 | 1.1994 | 35.77 |
| 蒋丰 | 0.2142 | 13.01 | 1.4194 | 42.33 |
| 瘦驼 | 0.4697 | 28.53 | 2.1019 | 62.68 |
| 樊建川 | 0.1218 | 7.40 | 1.8449 | 55.01 |
| 江宁婆婆 | 0.9667 | 58.71 | 2.8439 | 84.80 |
| 中科大胡不归 | 0.8016 | 48.69 | 1.6649 | 49.65 |
| 张国庆看天下 | 1.6465 | 100 | 1.5699 | 46.81 |
| 社会与法频道阎肃 | 1.0732 | 65.18 | 1.6769 | 50.00 |
| 王小东 | 0.6089 | 36.98 | 1.8241 | 54.39 |
| 陈里 | 1.1411 | 69.31 | 1.6028 | 47.79 |
| 自然的张侃 | 0.6802 | 41.31 | 1.4889 | 44.40 |
| 狮城苍狼 | 0.8615 | 52.32 | 1.4214 | 42.38 |
| 满分 | 1.6465 | | 3.3535 | |
| 平均分 | 0.8864 | | 1.7018 | |
| 平均得分率 | 53.83 | | 50.75 | |

## 四　对策展望

### （一）提高信息生产传播效能

从四个一级指标上看，微博意见领袖社会责任履行较好的是“信息生产 A1”，得分最高。其中“真实 C1”“客观 C7”“原创 C6”这三个指标做得最好。这主要是因为微博意见领袖有着其在专业领域方面渊博的知识，对于事件或现象的真伪能够进行一定的判断；同时他们也会注重所发布信息的质量，能对内容和信源进行有效把关。但是在“深度 C5”“全面 C4”“权威 C2”和“时效 C3”上还有提升空间。意见领袖为了微博内容的可读性和创新性，很少直接转发现成的各大媒体机构已编辑好的内容，这就导致信源的采用减少，尤其是内容偏向于严肃刻板的权威信源的引用。同时意见领袖为了保证内容的真实性，降低不实信息传播的风险，往往不会在公共事件发生的第一时间发声，因此微博时效性会大打折扣，一定程度上会降低意见领袖的影响力。作为微博意见领袖，应当运用自己专业领域的话语权和影响力，以积极的态度参与公共事件的讨论，更应深入剖析事件，对目前发生的事件或存在的现象的解读不应该就事论事，而是要用前瞻性的眼光对其他可能出现的情况加以预测，并给出规避对策。只有如此，才能加深微博内容的深广度。

### （二）加强社会价值引导

就当前微博意见领袖在“国家治理 C13”和“主流价值 C11”方面的得分来看，还有较大的提升空间。意见领袖的社会监督主要是集中在社会风险和行为失范两方面，比如“官员腐败”“学术腐败”“生产事故”“犯罪行为”等；在“塑造共识 B3”上则更多地讨论“社会风尚 C12”，比如生活中的“尊老爱幼”“保护环境”等议题。意见领袖在国家政策方面的言论往往容易触及一些禁区，因此意见领袖的发言比较谨慎，甚至不做评论。这时管理部门应该在制度层面上保留意见领袖的言论权利，建立健全网络言论规范与保障体系，放宽话语权，保证意见领袖在舆论环境中有声可发，这样意见领袖才能加强主流价值引导，实现自身的社会价值。

### （三）加大文教宣传力度

从得分情况来看，微博意见领袖在“文化传承 B5”和“科教传播 B6”方面还有所欠缺。在我国，微博的功能主要是娱乐和新闻属性，所以意见领袖在微博场域中更多的是关注社会新闻、现象和人物，对与科教文化相关的议题关注还不够，除非是专门领域的意见领袖。因此微博意见领袖在今后的舆论引导中，需要更加关注文化、科教方面的传播，并且在传播过程中要发扬批判精神，要抵制腐朽愚昧等糟粕文化，引领大众提升文化品位。

### （四）拓宽互动渠道和范围

从三级指标“平台回复度 C27”和“平台互动度 C26”来看，大多数微博意见领袖没有达到平均分，甚至很多意见领袖未与网友互动过。尽管从微博内容上，意见领袖开始变得“接地气”，但是态度上还是不够亲民。意见领袖应该主动融入网友中去，不仅要多与网友沟通意见，还要用多样化的方式进行互动，比如开设问答专区等。微博意见领袖还可以基于自己的专业领域和兴趣爱好与其他意见领袖进行话题互动，由此形成意见联盟，有助于稳定传播结构，也能促进彼此粉丝群体间的互动，帮助民众拓展交流途径。

## 参考文献

徐旭初、李晓曼：《网络意见领袖：一个基于国内文献的述评》，《当代青年研究》2015 年第 3 期。

孙忠良：《微博时代网络意见领袖的管理和引导》，《电子政务》2015 年第 12 期。

刘果：《微博意见领袖的角色分析与引导策略》，《武汉大学学报》（人文科学版）2014 年第 2 期。

姚旭:《自媒体时代网络意见领袖的舆论引导特征及影响》,《新闻研究导刊》2016年第10期。

王家合、杨倩文:《自媒体时代意见领袖的识别与引导对策研究——基于议程设置理论视角》,《湖北社会科学》2019年第1期。

李俊强:《浅析微博意见领袖在信息传播中的社会责任》,《新闻研究导刊》2018年第12期。

倪亚娜、王彪、沙伯安:《微博意见领袖网络行为失范的社会治理研究》,《今传媒》(学术版)2018年第9期。

罗宜虹、周文平、孙玉红:《微博意见领袖在信息传播中的社会责任——以新浪微博为例》,《河北经贸大学学报》(综合版)2014年第4期。

王森、李杰:《浅谈微博意见领袖的社会责任》,《新闻世界》2014年第8期。

# B.14
# 健康类微信公众号的传播现状、效果与策略

余秀才　黄 静*

**摘　要：** 随着微信社交新媒体的发展，健康类微信公众号以一种全新的健康传播方式出现，满足了人们对健康信息的需求与渴望，逐渐成为健康信息传播的主要渠道。为了挖掘健康类微信公众号的信息传播潜力，改善健康传播微信公众平台建设，本文选取以传统媒体类、医疗机构类、互联网类、草根类为代表的共12家健康类微信公众号，结合相关问卷调查数据，分析健康类微信公众号的传播现状与传播效果，并将相关理论与调查数据相结合，总结健康类微信公众号的传播优势及不足之处，以期为健康类微信公众号在健康传播中的有效应用提供经验借鉴。

**关键词：** 微信公众号　健康传播　知信行模型

随着微信的快速崛起，微信公众平台上的健康信息呈指数级增长。微信公众号多维灵活的传播优势契合健康传播的发展需要，健康类微信公众号顺势而生。美国传播学者麦库姆斯认为，大众传媒的一项重要功能就是通过议题建构形成社会的“议事日程”，并在潜移默化中影响着公众的认

* 余秀才，博士，中南财经政法大学新闻与文化传播学院教授，研究方向为网播传播与网络舆情；黄静，中南财经政法大学新闻与文化传播学院研究生，研究方向为网络传播。

知和关注点。[①] 微信是健康信息传播活动的主要平台，具备一定的议程设置功能，可以从知识科普、疾病防治拓展到医疗行业新闻、政策解读等各个方面进行议题设置，向用户群体普及医学常识。同时，健康类微信公众号在建构社会认知、提升全民健康素养、塑造科学健康观、促进健康事业发展方面发挥了重要作用。本文主要研究以传播健康信息为主的微信公众号，此处提及的健康信息是指包括疾病、卫生、医疗、药品、瘦身、美容、保健等与健康相关的一切信息。[②]

## 一　健康类微信公众号的传播现状

从“普通草根”到“网络大 V”，健康类微信公众号的发展与其自身的传播活动密不可分。在任何一场传播活动中传播主体是谁、说了什么、通过什么渠道说以及对谁说等问题，都是健康类微信公众号现状研究的重要内容。而了解健康类微信公众号的现状则是研究微信公众号的传播效果与问题、明确健康类微信公众号在传播过程中的社会责任的前提。

为了更好地探究健康类微信公众号的传播现状，本文健康类微信公众号的案例选取来源于清博大数据平台，并借鉴清博大数据平台上中国健康类微信公众号 100 强排行榜，将健康类微信公众号按账号主体的不同分为四大类型：传统媒体类、医疗机构类、互联网类、草根类。传统媒体类的传播主体包括电视台、广播电台、报纸等；医疗机构类的传播主体包括医院、卫生行政部门、疾病预防控制机构等；互联网类的传播主体包括门户网站的健康频道、专业健康网站、健康论坛等；草根类指关注养生保健的网络科技公司或个人。

由于健康类微信公众号数目众多，本文主要挑选每一个类型中微信传播

---

① 〔美〕沃纳·赛佛林（Werner J. Severin）、小詹姆斯·坦卡德（James W. Tankard，Jr.）：《传播理论：起源、方法与应用》（第 4 版），郭镇之等译，华夏出版社，2000，第 56 ~ 61 页。

② 李富：《成都老年人健康传播效果初探》，硕士学位论文，西南交通大学，2012，第 59 页。

指数（WCI）[①] 最高的前3个微信公众号作为典型研究对象，选取样本具体情况如表1所示。研究时间段随机选定在2018年10月1日到2018年12月31日，三个月内推送文章数量巨大，每隔五天抽样一次，抽取文章数量共计869篇。

**表1　健康类微信公众号样本选择**

| 类型 | 公众号 | WCI | 类型 | 公众号 | WCI |
|---|---|---|---|---|---|
| 传统媒体类 | 新老人 | 1258.32 | 互联网类 | 丁香医生 | 1456.89 |
| | BTV 我是大医生官微 | 1205.38 | | 华医网 | 1151.76 |
| | 健康时报 | 1162.15 | | 医学界 | 1151.13 |
| 医疗机构类 | 四川大学华西医院 | 1029.78 | 草根类 | 三甲传真 | 1280.08 |
| | 邵逸夫医院 | 1015.02 | | 脉脉养生 | 1275.38 |
| | 浙医二院 | 963.59 | | 健康养身 | 1186.33 |

## （一）健康类微信公众号的传播主体与传播格局

美国心理学家卡尔·霍夫兰在其著作《传播与说服》中证实，“可信度高的传播者比可信度低的传播者更能说服人，更能使传播奏效”。从传播者角度来说，具有医学和传播学专业背景的团队，相较于一般团队，可信度更高，更具有说服力。当前中国健康类微信公众号，尽管传播主体身份多元，但共同点是传播的内容朝专业化方向靠拢。

在定位方面，当前中国健康类微信公众号较为清晰，如传统媒体类的“新老人”将自己定位为“关注老年人的健康和生活”；医疗机构类的“四川大学华西医院”定位为“四川大学华西医院门诊专家坐诊信息查询、预约挂号”；互联网类的“丁香医生”标注自己为“新一代大众健康媒体”，致力于做有温度、有知识、有态度的医学科普；草根类的“脉脉养生”主页的“功能介绍”是其宣传口号，即“每日更新健康养生常识，三百万读

① 微信传播指数（WCI）是指通过微信公众号推送文章的传播度、覆盖度、账号的成熟度和影响力来反映微信整体热度和公众号的发展走势。

者，健康美好的人生从这里开始”。清晰的定位是提高自身辨识度与塑造品牌影响力的重要基础，可以使目标受众对微信公众号产生正确的认识，从而决定是否对其进行关注。从以上分析可见，当前我国健康类微信公众号大多具有明确的功能定位，其定位可概括为“健康传播”。

在传播格局方面，健康类微信公众号大多形成微信集群，建立起“1 + N”微信矩阵。“1 + N”是一种思路和策略。健康类微信公众号构建“1 + N”微信矩阵，在日常情况下，主号推送健康信息，出现企业品牌推广需求时矩阵子号齐齐上阵，进行大规模的科普，呈现百花齐放之态势。依托“丁香园”微信公众号主号，杭州联科美讯生物医学技术有限公司建立起面向用户的矩阵子号，旨在形成微信公众号“1 + N”矩阵式传播模式，例如，面向医学、医疗、药学和生命科学专业工作者的“丁香说”“丁香智汇”“丁香医考”“丁香公开课”“丁香通研选”；面向大众、消费者及患者的“丁香头条”“丁香生活研究所”“丁香关爱”“丁香好孕”“丁香药师”“丁香带你瑜伽”“丁香妈妈学园”等 64 个微信公众号。“1 + N”微信矩阵不仅能满足不同用户群体的需求，还可以有效锁定精准用户，扩大影响力。

### （二）健康类微信公众号的传播内容

传播内容是当前健康类微信公众号传播策略的核心。在“内容为王”的时代，传播内容的好坏直接决定健康类微信公众号能否在激烈的竞争中脱颖而出，获得持续发展的空间。本文选取清博大数据平台上中国健康类微信公众号 100 强排行榜上四种类别公众号中每个类别前 3 家微信公众号，共 12 家健康类微信公众号的 869 篇推送信息为研究样本，主要从文章主题、标题制作、表达方式与呈现方式等方面分析健康类微信公众号的传播内容与特征。

由于医疗行业的特殊性，健康类微信公众号的最大优势在于医疗资源丰富。依赖充足的社会资源，健康类微信公众号推送的文章内容涉及健康知识、健康新闻、膳食营养、美容减肥、生活辟谣等各方面主题。具体如表 2 所示。

**表 2　健康类微信公众号的内容类型**

单位：篇

| 类别 | 公众号 | 健康知识 | 健康新闻 | 疾病预防 | 膳食营养 | 美容减肥 | 生活辟谣 | 营销推广 | 其他 |
|---|---|---|---|---|---|---|---|---|---|
| 传统媒体类 | 新老人 | 20 | 6 | 15 | 10 | 0 | 0 | 1 | 76 |
| | BTV 我是大医生官微 | 27 | 0 | 20 | 13 | 5 | 2 | 4 | 3 |
| | 健康时报 | 21 | 13 | 14 | 4 | 1 | 4 | 0 | 1 |
| 医疗机构类 | 四川大学华西医院 | 1 | 3 | 0 | 0 | 0 | 0 | 1 | 0 |
| | 邵逸夫医院 | 11 | 2 | 2 | 1 | 0 | 0 | 0 | 0 |
| | 浙医二院 | 5 | 5 | 5 | 0 | 0 | 0 | 0 | 1 |
| 互联网类 | 丁香医生 | 64 | 0 | 4 | 1 | 16 | 16 | 18 | 8 |
| | 华医网 | 35 | 42 | 16 | 2 | 1 | 3 | 2 | 27 |
| | 医学界 | 11 | 53 | 7 | 0 | 0 | 1 | 9 | 12 |
| 草根类 | 三甲传真 | 8 | 15 | 2 | 3 | 0 | 1 | 0 | 0 |
| | 脉脉养生 | 27 | 0 | 16 | 18 | 2 | 0 | 0 | 4 |
| | 健康养身 | 29 | 0 | 12 | 31 | 0 | 0 | 1 | 55 |

互联网时代，要使自己的传播内容在信息的瀚海中脱颖而出离不开吸引人眼球的标题。健康类微信公众号提炼标题的基本方法主要包括求知策略、权威策略、恐惧策略与数字策略等。

对所选样本 869 个标题的归纳发现：如图 1 所示，健康类微信公众号提炼标题所运用的方法中，求知策略占 37.01%，数字策略的运用紧随其后，占 17.36%，恐惧策略的使用占总体的 11.03%，以上三种策略在健康类公众号文章标题中较为常见。权威策略的使用最少，仅为 3.06%。另外，有 16.26% 的标题杂糅了两种及以上的技巧。上述标题策略的正确运用可以提升推文的阅读量和点赞量。剩余的是没有运用传播技巧的标题，多为一些通知公告即一般策略，占 15.28%（见图 1）。总体看来，健康类微信公众号为了追求轰动效应，打造爆款标题，快速吸引受众视线聚焦，引发受众强烈的阅读欲望。

在传播方式上，为了把晦涩难懂的医学专业知识变得更加通俗化，“BTV 我是大医生官微”在专家讲解过程中，增添了 H5 案例分享、形象道

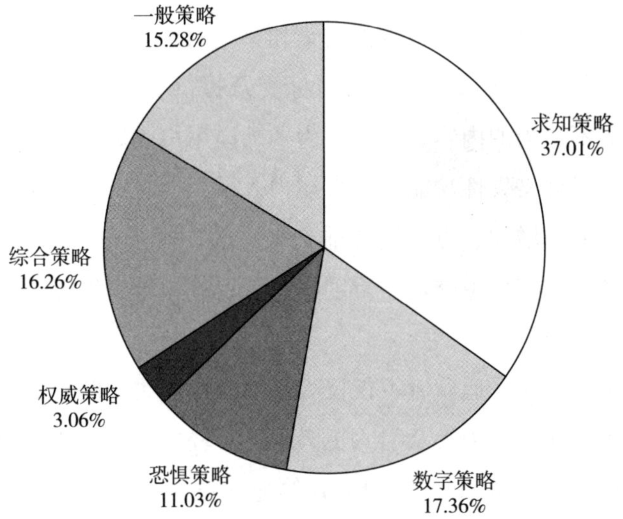


**图 1　健康类微信公众号的标题策略**

具等多种表现手段，知识讲解深入浅出，让知识“显”而“易”见。在语言风格上，健康类微信公众号发布的文章更加生活化、口语化，具有对话感和亲和力等特征。例如“四川大学华西医院”在语言风格上多采用“四川方言”和“网络流行语”，表现出明显的口语化倾向，避免了生僻字、专业词汇的出现，与受众进行平等沟通，非常亲切。有的还巧妙地运用了时下非常热门的表情包元素，十分活泼生动，传播效果极好。

### （三）健康类微信公众号的传播受众

在传播活动中，运营者如果不了解受众的需求而盲目进行传播，那它就是无效的。为了顺应分众化的传播趋势，当前健康类微信公众号锁定目标用户群体，专注于不同领域，满足对应的用户群体的需求，提供差异化的信息内容。

在具体的差异化运作策略方面，健康类微信公众号的传播者主要是以大数据为支撑，利用技术优势进行精准传播。数据采集和分析在整个微信公众号运营工作中扮演着重要的角色，运营者如果不实时了解图文发送量、阅读率、转发量、粉丝属性等数据波动情况，就无法评测传播活动的效果，也就难以优化传播方式和企业决策[1]。为了更好地进行健康传播活动，健康类微信公众号传播者通过获取后台数据收集和整理用户的信息，根据不同用户的需求打造个性化的传播策略，针对目标受众提供更有效、更有针对性的信息，避免传播不适当的内容。例如，为了劝说用户戒烟，针对男性群体，可以从吸烟可使男性丧失性功能和生育能力入手；针对女性群体，重点放在吸烟可导致流产概率增加、更年期提前到来方面；对于有吸烟者的家庭来说，强调儿童被动吸烟容易患肺炎、重度哮喘等。这样健康传播的有效性将大大提高。

健康类微信公众号运营者不仅仅为受众制作优质的健康资讯，同时还开发拓展移动医疗业务，为大众引入更为先进、轻松和便捷的就诊模式，将移动计算、医疗传感和 Wi-Fi/3G、RFID 等通信技术，通过智能手机、PDA 等移动终端设备向用户提供医疗信息和服务[2]。从线下到线上，移动医疗不仅仅在医疗机构进行，互联网类公众号也打造了专业的健康咨询及就医指导平台，为受众提供全程电子病历信息服务。例如，“来问医生”是“丁香医生”针对病患群体创立的在线问诊平台，为病患群体提供在线医疗服务和远程会诊服务。“互联网 + 医疗”的新模式不仅促进了优质医疗资源的积极流动、医疗资源的社会共享，而且优化了就医流程，提升了患者就医获得感，成功获取了潜在用户的关注。

微信运营中的互动性主要由微信公众号的留言功能和回复功能体现。经统计，当前健康类微信公众号大多设置了自动回复，回复内容为对本公众号的简单介绍、感谢新用户的关注或今日推送的内容。微信推文底部则设立留言区与受众进行互动，用户评论对公众号的持续良好发展至关重要，积极的评论有助于赢得潜在用户的信任，帮助企业建立良好的声誉。经统计，除了医疗机构类的“邵逸夫医院”和草根类的“健康养身”未设置留言功能外，

---

① 王传宝、郭晓航：《微信公共账号传播的机制与策略》，《南京邮电大学学报》（社会科学版）2014 年第 4 期。

② 李杨凤、罗萍、程龙等：《我国移动医疗及相关 App 使用的现状研究》，《现代医院管理》2016 年第 2 期。

其余公众号图文下面均推出“朋友留言”和“精选留言”功能。从文章留言区的回复数量来看，“丁香医生”和“四川大学华西医院”很重视与粉丝的互动，无论是对文章内容的疑惑，或是日常调侃，都在留言区进行了一一回复，从而增加了用户活跃度和黏性。

## 二 健康类微信公众号的传播效果

传播效果是指传播活动对人的行为产生的有效结果。本文对微信公众号的传播效果研究主要采用问卷调查方式，问卷调查内容设计依据知信行（KAP 或 KABP）模型。知信行模型已被广泛应用于不同文化背景下健康行为的促进研究，其基本思路是：当知识积累到一定程度时必然引起态度的改变，并最终导致行为的改变。只有当人们了解到有关的健康知识，建立起积极、正确的信念与态度时，才有可能主动地形成有益于健康的行为[①]。

本次问卷在“问卷星”平台上集中发放，问卷投放历经两个月时间（2018 年 11 月 1 日至 2018 年 12 月 31 日），邀请朋友圈好友协助发放，主要针对不同年龄段、不同教育层次的微信用户、家属及朋友发放问卷。问卷发放共计 437 份，排除其中并未关注健康类微信公众号的用户问卷 116 份，最终获得有效答卷 321 份，在进行有效问卷控制后，本次调查有效问卷回收率为 73.46%。根据调查问卷数据统计的结果，本文现将健康类微信公众号传播效果的呈现状态归纳如下。

### （一）黏性相对较高，健康新闻关注度低

在快速变化的互联网时代，尽管面临着微博、视频网站等内容平台的激烈竞争，但微信还是后来居上，成为用户接收健康信息的主要来源，在日常生活中，关注健康知识的女性群体明显更多，她们花费了大量的时间和精力了解健康知识，从而改善自己的健康状况。

---

① 刘瑛：《互联网健康传播：理论建构与实证研究》，华中科技大学出版社，2013。

统计结果显示，七成以上的被调查者关注了一个或多个健康类微信公众号，说明了微信的出现为健康传播带来了更加广阔的传播平台。健康类微信公众号迅速崛起的原因主要包括健康信息内容丰富、获取健康信息便捷、随时随地在线咨询专家等。

移动互联网信息技术的不断更迭对传统媒体提出了严峻的挑战，仅有44.86%的被调查者觉得传统媒体和书籍是他们接触健康信息的主要来源。在这个日新月异的时代，传统媒体面临着巨大的冲击，互联网公司或草根类微信公众号异军突起，这一现象值得深入关注和探讨。

在对健康内容的期待方面，81.38%的被调查者觉得健康类微信公众号提到的健康信息“全部实用”、“大部分实用”或“部分实用”，“健康知识”和“疾病预防”是他们最为关注的内容，对“美容减肥”和“膳食营养”也较为关注，但对“健康新闻”期待较低。“健康新闻”不太受用户欢迎的原因，一是可能目前健康新闻的关注范围较窄，应多关注互联网+健康、慢病防控、健康产业、健康养老、医药政策、中医药发展等话题；二是可能健康新闻的专业程度较高，晦涩难懂。

### （二）信任程度偏低，半信半疑是主流

总体来说，健康类微信公众号传播的内容可信度偏低。据统计，超过五成的用户对健康类微信公众号传播的相关信息持半信半疑态度，超过三成的用户表示会对健康信息的真实性进行验证，不会验证健康信息真实性且非常信赖健康类微信公众号传播内容的用户仅为27.53%，数据表明加强媒介公信力目前变成了健康类微信公众号运营者亟须解决的重大问题。

超过七成的用户认为，目前微信公众平台参差不齐、伪专家横行、养生保健产品推销情况过多、信息内容同质化严重、无关内容冗杂是健康类微信公众号存在的主要问题。接近一半的用户觉得警示性内容太多、医学知识太深奥、健康谣言泛滥、在线咨询沟通不顺畅也使得健康类微信公众号的运营者以及其传播的健康信息难以赢得信任。

还有一点需要关注，觉得监管缺失、投诉无门的被调查者所占比例不足两成，远远低于以上问题。这个数据产生的原因，其一可能是微信公众平台投诉举报功能的设置，使用户拥有了随时举报并得到及时反馈的权利；其二可能是大多数用户存在对微信健康信息传播不太信任的心理状况，他们没有直接实施相关的行为，因此身体不会受到损伤。

### （三）影响因素多样，行动效果不明显

影响健康类微信公众号传播效果的因素有很多，可总结为“权威性”、“专业性”、“互动性”、“传播形式”和“商业性”。权威性是指微信公众平台的健康传播者包括媒体、医疗机构、社会组织和个人所具有的声望和背景。专业性是指健康传播主体具备一定的专业知识和经验积累。互动性是指健康类微信公众号优化了信息互动方式，为用户提供了沟通交流的机会。传播形式对传播效果的影响不可低估，推送形式多样化更受用户欢迎。微信推送中广告发布得越多，健康类微信公众号的商业性就越强。

就有利于提高健康类微信公众号传播效果的影响因素而言：在权威性方面，用户更加信任权威媒体、医疗机构或卫生行政部门的官方微信；在专业性方面，用户期待医学类科普文章不仅是一种知识分享，更应具有实用价值；在互动性方面，用户倾向于相信互动性强的、其他用户评价高的健康类微信公众号；在传播形式方面，受众喜欢健康信息图文并茂，有时附加视频发布。就无法提高健康类微信公众号传播效果的影响因素而言：在权威性方面，那些未经认证的企业或个人申请注册的、每天更新太过频繁的微信公众号对维护用户忠诚度毫无裨益；在专业性方面，晦涩深奥、缺乏实用性的医学科普文章对用户无所助益；在传播形式方面，仅仅以纯文字的形式推送的健康内容对用户没有吸引力。就对健康类微信公众号传播效果产生消极效应的影响因素而言：主要体现在商业性层面。用户对于那些商业广告与健康信息难以辨别、商业广告推送密集的健康类微信公众号会产生不良印象，导致他们难以产生信任的感觉。

尽管用户对健康类微信公众号提出的反馈意见众说纷纭，也有很多健

康信息的传播效果不尽如人意，但是在媒介影响与传播层面，81.38%的用户给予直接的肯定性评价，其中48.58%的用户明确表示会将健康类微信公众号提到的健康行为推荐给其他人。这表明了健康类微信公众号维护用户黏性时，虽然劝服用户改善健康行为的作用并不明显，但会在不知不觉中唤醒人们的健康意识，这种悄无声息的变化，将促进社会形成一种积极向上的健康观。

## 三 健康类微信公众号的传播责任及建议

健康类微信公众号旨在为大众传播健康信息，倡导健康的生活方式，提升全民健康素养。在对用户注意力激烈的争夺中，健康类微信公众号若想突出重围，只有在传播主体、内容生产、经营维护三个维度规范管理与加强创新，这样才能最终实现健康传播的目的，更大程度地使受众获益。

### （一）加强健康传播的人才建设与把关力度

传播者自身能力决定了传播效果的具体呈现，根据霍夫兰信息源可信性效果理论：一般来说，信源的可信度越高，其说服效果越大，可信度越低，说服效果越小[①]。Jennifer Rowley 等指出，虽然互联网已普及，但个体对于通过网络传播的健康信息仍无法达成共识，信息来源的可信任程度将影响个体对信息寻求渠道的选择。[②] 由此不难发现，受众信任程度与传播效果的好坏，受传播者自身形象、传播内容的权威性和专业性影响较大。因此，要使健康类微信公众号在信息传播中较好地履行其所担负的社会责任，积极参与传播正能量信息，就必须培养大量的兼具医学背景和传播素养的人才。

美国学者 Gary Kreps 曾经说过，“健康传播中存在着一个矛盾——拥有

① 郭庆光：《传播学教程》（第2版），中国人民大学出版社，2011。

② Rowley, J., Johnson, F., Sbaffi, L., “Students’ trust Judgements in Online Health Information Seeking,” *Health Informatics Journal*, 4（2014）: pp. 316 – 327.

最好的传播途径的人他可能没有最好的健康信息，但是拥有最好健康信息的人他却可能没有最好的传播途径，我们需要为有最好途径的人提供高质量的健康信息”①。作为健康信息的制定者和传递者，健康类微信公众号运营人员应提高职业素养，着力培养医学与传播专业相结合的复合型人才，竭力打造一支兼具医学背景和传播素养的高水准团队，记者、编辑、医学专家等协同合作，避免出现不具备医学专业知识的媒体新闻报道失实的现象，在医学专家的帮助下，综合素质较高的记者能够科普健康知识，写作优质的医疗资讯，提升健康信息的专业性。

随着新媒体平台成为受众获取健康信息的主要途径，表达场景的过度自由也使得谣言在此类环境下大行其道。新媒体平台的高参与性给谣言传播者提供了方便，一些以骇人听闻的标题博人眼球的虚假信息在微信这样的私密社交空间内快速传播。普通百姓因其健康素养处于较低水平，很容易轻信那些用专业术语精心包装的健康谣言，其中认知水平较低的老年群体更容易受到伤害。因此，健康类微信公众号在日常传播中，有必要建立一个专业性健康资讯辟谣平台。目前由新华网牵头成立的“中国食品辟谣联盟”已经在这方面迈出了重要的一步，然而该组织仅仅是针对食品安全领域的谣言进行澄清，综合性的健康辟谣组织平台付诸阙如。这需要卫生计生部门联合食药监管等政府监督管理机构和中华医学会等行业协会牵头成立一个专门性的权威辟谣平台，从而最大限度地阻击健康领域相关的谣言。

### （二）注重内容的专业性与创新性

在当前这个信息爆炸增长、虚假信息泛滥的新媒体时代，信息来源不明确、传播队伍的职业素质参差不齐、医疗知识的普遍匮乏滋生了各种伪科学及谣言，受众对于传播者的信任度遭受严峻考验，这对专业性要求非常高的健康传播工作造成了巨大的冲击。在此情形下，相关部门应顺应潮流，积极

① 陈虹、梁俊民：《风险社会背景下中国大陆健康传播研究的历史、现状与发展趋势》，《第八届中国健康传播大会论文集》，清华大学国际传播研究中心，2013，第 18 页。

推动健康信息在新媒体场域下的传播，构建权威健康信息资源无疑起着举足轻重的作用。权威信息资源主要是指受众可轻易地从微信公众号传播主体发布的文章中找到信息来源，且该信息来源是权威的、专业的。对于健康类微信公众号而言，科学而权威的信息源可以大大增强其内容的可接受性。

为了给公众提供更精准、高效的医疗健康服务，国家卫生健康委员会搭建了健康医疗大数据平台，为其配置了健康科普专家库及资源库，同时确保了相应的权威医学专家和信息来源，通过涵盖全生命周期的健康医疗大数据，实现医疗信息系统、医疗信息存储共享、精准医疗数据分析等服务。依托健康医疗大数据平台，健康类微信公众号可以有效地解决当前各传播主体面临的医疗资源分配不均衡的难题：互联网类公众号可以帮助医生对患者的病情进行鉴别诊断，更加准确地分析患者的发病原因，实时掌握患者的病情变化，制订因人而异的个体化治疗方案；草根类公众号如若要从信源的根本上去除受众的疑虑，则可以引用知名专家学者讲解的常见疾病及重大疾病的防治知识，通过在文章中规范署名的方式进行更好的“说服性传播”。

随着健康类微信公众号的进一步发展，人们对健康信息质量的要求也愈加高了。特吕弗曾说：“吸引观众的并非规则，而是例外。”在新媒体时代，作为健康信息的生产者和分享者，健康类微信公众号在信息传播过程中不仅要提升运营团队的专业水准，还必须坚守“内容为王”的发展理念，多推送精耕细作的优质原创内容，如若都是抄袭复制转载，将健康信息胡乱拼凑和糅合，不仅无益于健康信息的流动和共享，反而给用户的搜索浏览带来一定的干扰。唯有以质量求生存，用创新求发展，满足受众对健康信息的更高品质需求，健康类微信公众号才能赢得粉丝的认可和追捧。原创类文章更有可能吸引用户关注，科普文章贴切有趣，以理晓之，以情动之，这样才能促使读者主动分享转发，在微信好友之间或者朋友圈产生裂变般的传播效果。健康类微信公众号的运营团队要保持自身的独特性，用理论武装头脑，想用户之所想，创作符合用户口味的新内容，在极短的时间内抓住用户的注意力，获取用户更高的关注度。

创新是一个战略命题，内容创新与形式创新皆不可偏颇，要有机结合。

在内容的表达形式方面，版式设计、文字风格、语言类型的各项取舍，都关乎受众对健康知识的认知和理解。首先，运营者适当增加短视频、语音、GIF 动图，采用漫画方式或者制作 H5 页面来丰富表达形式，以契合互联网时代微信读者的阅读需求；其次，运用适宜的传播技巧，将枯燥沉闷的医学知识变得生动有趣，帮助用户有效吸收。关于推送文章的标题拟定，设置亮点又不似“标题党”充满悬疑和噱头，增加内容的吸引力和人性光辉，吸引用户产生点击行为；最后，对于重复的语句表达，选择多次变换语言风格的方式，或科学严谨或平易朴实，或幽默风趣或明朗绚丽，凸显句式的多样性，提升科普宣传效果。

根据世界卫生组织对健康的定义，“健康”不仅仅指躯体健康，更包含心理健康、社会适应良好和道德健康。近年来，我国心理疾病的患病率仍处于持续上升的阶段，产妇抑郁跳楼、青少年自杀自残，这些新闻提醒健康传播者大众心理健康问题已不容忽视。健康类微信公众号在进行相关疾病问题的议题构建时，关注焦点始终是“患者得了什么病”“这种病症的具体表现”“如何预防这种疾病”等，并未对患者本身做出较多关注，忽视了个人的情感。如果患有心理疾病的患者能够得到朋友、亲人的关怀及接纳，必然能够大大消减内心的不适，减少自杀等极端行为。作为健康传播的主要渠道，健康类微信公众号需要结合健康传播身心交融的特点，抓住适宜时机开设一些心理健康教育专题，与用户建立情感上的联系，促进读者身心保持良好的状态。

### （三）做好渠道联动与品牌传播

在移动互联网时代，健康类微信公众号应该强化主体意识，塑造健康品牌。品牌传播是指品牌授权者通过各种大众媒介不断向目标群体传递和交流品牌信息，以最优化品牌资产增加的过程①。健康传播者公共信任资本的积

① 洪海玲、杨灿荣：《微信在品牌传播中的应用》，《郑州航空工业管理学院学报》2014 年第 4 期。

聚，或者个人的品牌打造，也是优先于健康知识的科普——一个缺乏良好品牌形象和社会信任感的组织机构，能够从事复杂的医疗行业并成功教会受众医学知识是不太可能的。因此，从健康传播角度来讲，健康类微信公众号的传播者应该慎独自律，传播科学的、确保身心健康的信息，对公众号里发布的每一条信息，都应该保持认真细致、客观公正的态度，媒体人要心凭良善，坚守底线，不要为了微不足道的名利自毁前程。

传播行为是在特定情境下发生的，健康类微信公众号的传播主体还可以建构体验式传播活动。例如在健康类微信公众号互动环节或栏目中，邀请高级讲师坐镇授课，聘请知名专家直播答疑互动，组织开展健康教育宣传活动，召开健康传播学术研讨会等创新健康理念，融入更丰富的趣味元素，有效提升用户的参与感，刺激新老用户的活跃度。在健康类微信公众号中，虽然"华医网"设置了在线咨询专栏，"丁香医生"设有在线服务功能，在互动与对话、信息共享方面做出很多努力，但还远远不够。健康类微信公众号的传播者应该营造轻松和谐的多元对话氛围，"俯下身来"从患者的视野出发，站在与用户平等的位置上进行对话，为用户提供交流思想、抒发情感的平台。

当前，在微信公众号泛化发展的趋势下，竞争也日趋激烈。要想突出重围，寻求可持续发展空间，还需要充分利用传统媒体进行辅助传播，通过整合新旧媒体互动传播，形成多种媒介传播态势，以获得最大的传播效益。在媒介融合背景下，微信、微博等新媒体与广播、电视等传统媒体共享融合，形成融媒体传播矩阵是必然趋势，应加强新旧媒体优势互补，促进互利共赢，熟练掌握多渠道联动传播的能力，通过线上线下各种传播渠道进行多态互动，集中宣传，吸纳更多的粉丝和流量涌入，以实现最佳的传播效果。

"酒香不怕巷子深"的时代已经过去，目前最热门的健康类微信公众号，在品牌营销活动当中，也需未雨绸缪、积极策划。健康类微信公众号应开拓新闻媒介新途径，实现线上线下营销活动结合，从而构建全方位、多层次的健康传播模式。在线上，精准定位目标用户群体，借助 QQ、微博、邮件、通信录、论坛，社交网站、App 等社交方式，以话题互动、商品植入及资源置换的方式联合其他品牌进行推广，帮助微信公众号更全面地覆盖目标受众。在线下，首先在微信平台发起活动号召，负责前期活动预告、报名等，组织开展内容丰富、形式多样的微公益活动，在广场、学校、机场、汽车站、火车站等重要地段和人群密集的场所，举办品牌宣传推介活动，不仅可以增加微信健康传播的活跃度，完成与用户面对面的交流互动，还能促进线上与线下用户流量的深度融合，不断扩大用户交流的规模与范围，最终达到吸粉和口碑双赢的传播效果。

## 四　结语

健康传播是新闻传播学领域的热点。随着移动互联网技术的更新，微信的快速崛起为健康传播创造了新的发展机遇。传统媒体类、医疗机构类、互联网类及草根类等健康类微信公众号在微信平台上呈现百家争鸣的局面，本文从传播主体、传播格局、传播内容、传播受众四个维度来分析健康类微信公众号的传播策略，立足于知信行模型通过调查问卷来考察健康类微信公众号的传播效果，试图提出健康类微信公众号的优化策略，推动健康类微信公众号的可持续发展，从而促进受众健康素养水平的提升。

在新媒体环境下，微信健康传播有着健康内容实用性、信息解读日常生活化、沟通互动及时性的巨大优势。与此同时，也存在传播者专业素养不足、信息内容同质化严重、微信平台健康谣言泛滥、受众信任程度较低等难题。在未来的发展中，健康类微信公众号运营者必须承担其应有的社会责任：首先，加强健康传播的人才建设与把关力度；其次，注重传播内容的专业性与创新性；最后，做好渠道联动与品牌传播。

本文主要从微观角度研究了健康类微信公众号的传播效果，忽视了传播效果产生的宏观过程，对有关概念或变量的测量还有进一步改善的空间，比如对个体所掌握的健康知识、个体感知健康行为的能力、个体的健康状况对其采纳健康行为的影响等，笔者将在以后的研究中对相关的变量进行测量，进一步研究健康类微信公众号的传播效果影响因素的构成。

## 参考文献

〔美〕沃纳·赛佛林（Werner J. Severin）、小詹姆斯·坦卡德（James，W. Tankard，Jr.）：《传播理论：起源、方法与应用》（第4版），郭镇之等译，华夏出版社，2000。

李富：《成都老年人健康传播效果初探》，硕士学位论文，西南交通大学，2012。

王传宝、郭晓航：《微信公共账号传播的机制与策略》，《南京邮电大学学报》2014年第4期。

李杨凤、罗萍、程龙等：《我国移动医疗及相关App使用的现状研究》，《现代医院管理》2016年第2期。

刘瑛：《互联网健康传播：理论建构与实证研究》，华中科技大学出版社，2013。

郭庆光：《传播学教程》（第2版），中国人民大学出版社，2011。

陈虹：《风险社会背景下中国大陆健康传播研究的历史、现状与发展趋势》，《第八届中国健康传播大会论文集》，清华大学国际传播研究中心，2013。

Jennifer Rowley，Frances Johnson：Laura Sbaffi. Students' Trust Judgements in Online Health Information Seeking，*Health Informatics Journal*，4（2014）：pp. 316 – 327.

# B.15

# 中国新媒体科学传播与社会责任

## ——基于微博账号“@中科院之声”“@果壳”“@博物杂志”的内容分析

贺建平　刘　娟　谢　宇　张思静*

**摘　要：** 如今更加广泛的科学传播活动走进公众视野。本文以微博账号“@中科院之声”、“@果壳”和“@博物杂志”为研究对象，运用内容分析的方法比较了其科学传播主题、内容生产特征以及微博互动情况，研究发现：“@中科院之声”的内容科学程度高，趣味性低，科研语境居多，传播模型更偏向单向模型；“@博物杂志”“@果壳”科学程度高、趣味性高，更倾向于使用生活化语境，传播模型更加接近公众参与科学模型。同时，本文调整了新媒体社会责任评价体系以适应科学传播语境，并对研究对象的社会责任履行情况进行了分析。

**关键词：** 科学传播　社会责任　“@中科院之声”　“@果壳”　“@博物杂志”

* 贺建平，西南政法大学新闻传播学院教授，主要研究方向为传播理论与应用、新媒体研究；刘娟，博士，西南政法大学新闻传播学院副教授，主要研究方向为科学传播、健康传播与跨文化传播；谢宇，西南政法大学新闻传播学院硕士生；张思静，西南政法大学新闻传播学院硕士生。

## 一 引言

随着互联网社交媒体的快速发展，公众通过网络获取科学知识的比例在不断提升，相关数据显示①，2018 年，中国公民每天通过互联网获取科技信息的比例为 64.6%，且呈现逐年上升的趋势。中国网络用户正在逐步形成通过网络社交媒体获取科学知识的习惯，这也对基于互联网新媒体的科学传播活动提出了更高、更具体的要求，对新媒体科学传播活动的社会责任评价成为学界不可忽视的问题。然而学界对于新媒体科学传播活动中所涉及的社会责任等相关的理论研究体系还尚待完善，科学传播新媒体的社会责任评价体系研究也还处于起步阶段。

截至 2018 年 12 月 31 日，新浪微博（以下简称“微博”）月活跃用户数量达 4.62 亿人，连续三年增长 7000 万人②，2009 年至今，微博已发展成为最具影响力的新媒体之一。微博账号“@中科院之声”（418 万粉丝）是中国科学院的官方微博账号，其运营主体代表中国最权威的科研机构；微博账号“@果壳”（909 万粉丝）是科技传播网站“果壳网”的官方微博账号；微博账号“@博物杂志”（1034 万粉丝）是《中国国家地理》旗下《博物》杂志的官方微博账号。其科学传播活动，分别反映了不同主体的科学传播特点。本文旨在对三个账号发布的内容进行量化比较分析，对其差异进行总结。同时，本文也整理了科学传播相关理论对科学传播实践的要求，结合已有的针对新媒体社会责任履行情况的评价体系，尝试性地提出一套科学传播语境下针对新媒体科学传播活动的社会责任履行情况评价量表，并利用研究样本进行测试与验证，从而了解当前新媒体科学传播的社会责任履行情况。

---

① 何薇、张超、任磊、黄乐乐：《中国公民的科学素质及对科学技术的态度——2018 年中国公民科学素质抽样调查报告》，《科普研究》2018 年第 6 期。

② 新浪微博数据中心：《2018 年微博用户发展报告》，http://data.weibo.com/report/reportDetail? id =433，最后检索时间：2019 年 3 月 15 日。

## 二 文献回顾

### （一）科学传播及其传播模型

学界对科学传播的研究大致可分为传统科普、公众理解科学和有反思的科学传播三个阶段[①]。其研究模型被广泛接受的有传统科普的单向模型、公众理解科学的缺失模型以及公众参与科学的对话模型，也称民主模型、与境模型（或参与模型）[②]。传统科普的理论模型是“自上而下”的单向模型，或者说是“中心广播”模型；公众理解科学的理论预设是“缺失模型”，指公众由于不了解而无法认同专家的意见，以至于无法支持科学发展；而公众参与科学模型源自批判性的科学传播所奠定的研究成果[③]，这一模型认为真正的公众参与科学，不是为了让公众接受科学，而应该抛弃科学的主导地位，提倡各种有意义的知识平等对话，让科学的发展通过与公众的讨论取得合法性[④]。

在传播内容方面，“科普”和“科技新闻”一直是传统科学传播的两大内容[⑤]。由于我国科研政策的特殊性，以及我国科学传播对于传统科普模式的继承，批判性的科学传播者所推崇的公众参与科学还不能成为广泛的实践[⑥]，具体的科学知识依然是科学传播过程中的主要内容。但是，科学传播过程中，科学知识只是传播内容的一部分，而更重要的是涵盖了科学精神、

---

① 刘华杰：《整合两大传统：兼谈我们所理解的科学传播》，《南京社会科学》2002 年第 10 期。

② 翟杰全、杨志坚：《对“科学传播”概念的若干分析》，《北京理工大学学报》（社会科学版）2002 年第 3 期。

③ Bauer, M. W., Allum, N. & Miller, S., “What Can We Learn from 25 Years of PUS Research? Liberating and Widening the Agenda,” *Public Understanding of Science*, 15 (2007): pp. 1 – 17.

④ Irwin, A. , “Constructing the Scientific Citizen: Science and Democracy in the Biosciences”, *Public Understanding of Science*, 10 (2001): 1 – 18.

⑤ 孙文彬、李黎、汤书昆：《整合“普及范式”和“创新范式”两大传统——兼谈我们所理解的科学传播》，《科普研究》2013 年第 2 期。

⑥ 贾鹤鹏、闫隽：《科学传播的溯源、变革与中国机遇》，《新闻与传播研究》2017 年第 2 期。

科学思想、科学史等内容，以及对于科学这种人类文化活动和社会活动的整体理解，或者说是科学的文化属性和社会属性①。当下，科学的新发现、媒介技术的发展以及新媒体使用的普及共同推动着科学传播的内容变得更加广泛和多样。其内容要具有时代性、满足公众需求、保持高质量，科学传播应该是用通俗易懂的语言来解释最新的重大科学进展和学科发展动向，而不是传播书本中的老旧知识②，要保持科学内容中知与信的统一，通过建立公众对科学的信任，引导公众对科学产生真理性可靠性的理解③。所以，考量新媒体科学传播活动，除了要考量其科学传播模型的科学性外，同时也要考量科学传播具体内容的科学性。

## （二）新媒体与公众参与科学模型

公众参与科学模型是伴随着互联网的诞生而逐步成型的④。社交媒体中各主体平等对话这一特点，使得科学传播活动，尤其是在热点或危机实践中，同时进行单向度的传播和双向度的沟通互动在理论上成为可能⑤，这种可能性也自然地契合着公众参与科学模型中关于科学传播活动要促进公众参与科学讨论的要求。微博等新媒体平台也被认为是大众可以进行质疑批判和自由交流的“科学公共领域”⑥。然而，这种契合不会成为一个现成的平台，简单地让科学家参与网络对话并不能达到公众参与科学的理想状态⑦，有更为复杂的构成要素影响着公众参与科学模型的形成。

① 田松：《科学传播——一个新兴的学术领域》，《新闻与传播研究》2007 年第 2 期。

② 张朝军、肖英、赵霞、王大锐、王霞：《科学传播共同体：推动科技创新的轴心》，《科技传播》2019 年第 3 期。

③ 刘华杰：《论科普的立场与科学传播的信条》，《自然辩证法研究》2004 年第 8 期。

④ 金兼斌、江苏佳、陈安繁、沈阳：《新媒体平台上的科学传播效果：基于微信公众号的研究》，《中国地质大学学报》（社会科学版）2017 年第 2 期。

⑤ Dalrymple, K. E., Young, R. & Tully, M., “Facts, Not Fear”: Negotiating Uncertainty on Social Media During the 2014 Ebola Crisis, *Science Communication*, 38 (2016): pp. 442 – 467.

⑥ 杨鹏、史丹梦：《真伪博弈：微博空间的科学传播机制——以“谣言粉碎机”微博为例》，《新闻大学》2011 年第 4 期。

⑦ 贾鹤鹏、范敬群、彭光芒：《从公众参与科学视角看微博对科学传播的挑战》，《科普研究》2014 年第 2 期。

一方面，我国在新媒体时代的科学传播仍然呈现“自上而下”的总体特征。部分制度的缺陷影响着科学信息的扩散速度和时效性。传播活动长期局限于同行业的交流，在基于互联网新媒体平台的科学传播中不重视面向公众进行科学传播，忽略对公众的话语接受特征的把握，在传播过程中与公众的实际情况脱节，阻碍良性互动的生成。公众参与科学模型正在面临着公众对科技议题缺乏参与兴趣这一挑战[①]；而对于热点科学议题，由于权威科学的不足，非科学、伪科学等内容持续占据着网络空间。另一方面，从科学传播受众的层面看，其科学素养呈现不平衡的特点。在一些热点科学实践的讨论中，公众媒介素养与科学素养水平影响了公众参与科学讨论的正面效果[②]。公众的科学态度在直觉反应的认知模式下，是由非理性、情绪化的因素决定的，因此这一模型的研究需要融合传统科学传播实务以及公众科技态度研究，以提供可行的传播策略和公众参与科学的方案[③]。

综上所述，如何把握公众需求，以及如何正确引导公众的非理性认知因素也成为科学传播主体在对科学主题的选择、发布形式的偏好以及对公众需求的回应等方面的新要求。

### （三）科学传播的新媒体责任

1. 新媒体社会责任评价体系

新媒体的社会责任被认为是媒体社会责任在网络时代的延伸，随着移动社交媒体的变革、智能技术的涌现、平台集中趋势显现，我国的新媒体在社会责任的履行方面面临着新形势[④]。学界也对此展开了诸多研究，钟瑛等结

① Horst, M. , “On the Weakness of Strong Ties”, *Public Understanding of Science*, 23 (2014): pp. 43 –47.

② 贾鹤鹏、范敬群、彭光芒：《从公众参与科学视角看微博对科学传播的挑战》，《科普研究》2014 年第 2 期。

③ 贾鹤鹏、闫隽：《科学传播的溯源、变革与中国机遇》，《新闻与传播研究》2017 年第 2 期。

④ 钟瑛、邵晓：《新媒体社会责任实践的新形势：场景转换与治理升级》，载《中国新媒体社会责任研究报告（2017）》，社会科学文献出版社，2018。

合其自2014年开始编撰《中国新媒体社会责任研究报告》的实践，总结、完善了一套基于信息生产、价值引导、文化教育、协调关系4个一级指标的新媒体社会责任评价体系①。在随后的几年中，其评价体系在多个研究中得到应用。周葆华等（2017）在对腾讯网进行新媒体社会责任评价时选用了包括内容质量、法律、伦理道德、政论公共事务报道、文化、公益在内的6个用于内容分析的一级指标，以及1个用于调查主观评价的一级指标——受众主观评价②，将内容分析与用户调查结合进行，相互印证。曾润喜等（2018）从受众视角利用相关理论开发了受众的新媒体社会责任感知量表，并通过对几个主流网络新闻媒体的受众进行调查，验证了量表的科学性③，丰富了新媒体社会责任研究的受众视角。

2. 新媒体科学传播的社会责任评价

我国对于科学传播的研究散见于新闻传播学、科学技术史、科技哲学④，对于科学传播活动中媒体的社会责任研究也不够系统，尚未形成一套得到广泛共识的评价体系。对于科学传播的媒体社会责任，应该将其置于科学传播这一特殊语境中考量和评价。本文在钟瑛等确立的新媒体社会责任评价体系基础上，结合其他相关研究，从科普信息生产、科学价值引导、科学教育、协调沟通四个主要方面对科学传播新媒体的社会责任履行情况进行分析。

第一，科普信息生产。新媒体科学传播信息质量方面的社会责任主要包括科学信息的权威性、时效性以及信源的多样性。科学信息报道被称为科学的媒介化，不准确、误读和过于简单化的信息生产可能会加剧公众对科学主

① 钟瑛、芦何秋、刘利芳：《智能互联中的新媒体社会责任：现状回顾与框架调试》，载《中国新媒体社会责任研究报告（2018）》，社会科学文献出版社，2019。

② 周葆华、范佳秋、田宇：《新媒体社会责任表现的实证研究——以腾讯网为个案的量化评估》，《新闻大学》2017年第6期。

③ 曾润喜、顿雨婷：《面向受众的新媒体社会责任感知量表的开发与验证》，载《中国新媒体社会责任研究报告（2018）》，社会科学文献出版社，2019。

④ 王国燕、岳朦朦：《管窥科学传播的十年国际研究趋势嬗变——基于SSCI期刊Science Communication 2008～2017年文献分析》，《科普研究》2018年第5期。

题的负面看法[①]，有研究指出，专业的卫生组织与权威的科研机构应该通过社交媒体平台及时针对不实信息进行矫正，以确保民众不产生错误认知并产生一些危害健康的行为[②]。Kajsa 等人（2016）在对“埃博拉”爆发期间推特平台内容的分析中发现，公共卫生组织等权威机构在危机事件中，及时、权威、准确的信息，能对公众关于风险的看法发挥重要的影响[③]。科学信息信源多样性同样也是社会责任履行情况中重要的考量指标。有研究发现受众更倾向于接纳除权威信源外与自身更为相似的信息来源，并鼓励媒体通过选取与公众更为贴近的信息来源进行科学传播活动[④]。

第二，科学价值引导。除具体的科普信息之外，树立科学价值观、宣传科学方法、宣扬科学精神同样是科学传播活动的重要内容。有效的科学传播通过其对公众知识价值取向的改造和渗透，不断更新我国公众科学知识样态，从而走向现代性生成之路[⑤]。同时，科学价值的引导也体现为通过科学传播监督社会发展。最新的研究发现，在科学议题的舆论极化过程中，科研人员对相关议题的关注、参与程度在大众传播平台和内部交流平台中表现出差异，体现出在大众传播平台上的“失语”，并认为这一现象可能会加剧舆论极化，因此丧失科研人员与机构的公信力[⑥]。

第三，科学教育。科学教育主要考察科学传播新媒体传播内容的科学性、趣味性，以及科学传播语境的选取。科学传播应该是用更加通俗易懂的语言解释科学，尤其是最新的研究和发现。Christopherson 等人关于基因编

---

① Sumner, P. , Vivian-Griffiths, S. , Boivin, J. , et al. , “Exaggerations and Caveats in Press Releases and Health-Related Science News,” *PLoS ONE*, 12 (2016): pp. 1 – 15.

② Vraga, E. K. , Bode, L. , “Using Expert Sources to Correct Health Misinformation in Social Media,” *Science Communication*, 39 (2017): pp. 621 – 645.

③ Dalrymple, K. E. , Young, R. & Tully, M. , “Facts, Not Fear”: Negotiating Uncertainty on Social Media During the 2014 Ebola Crisis, *Science Communication*, 38 (2016): pp. 442 – 467.

④ Hwanseok, S. , Mccomas, K. A. , Schuler K. L. , Source Effects on Psychological Reactance to Regulatory Policies: The Role of Trust and Similarity, *Science Communication*, 40 (2018): pp. 591 – 620.

⑤ 刘宽红：《公众科学知识价值取向与科学传播模式建构》，《当代传播》2011 年第 1 期。

⑥ 李杨、金兼斌：《网络舆论极化与科研人员对科学传播活动的参与》，《现代传播》2019 年第 3 期。

辑议题的受众调查发现，公众更加关注基因编辑的社会应用，而不是对技术人员自身的流程进行高深难懂的细节描述①。在科学传播进行文化教育方面，科研语境与生活、应用语境的变化影响着受众的接受程度。

第四，协调沟通。协调沟通主要考察科学传播新媒体是否通过传播平台与公众形成良性对话，是否促进科学传播的正向效果。本文借鉴此前已有的研究中所使用的“微博互动数”（转发、点赞、评论数量之和）②③ 考察微博账号在账号运营之中的影响力与互动效果。科技馆、科普基地等传统的科普载体也是提升公民科学素养的重要场所④。统计显示，我国公民参观科技馆等科普场所、参加线下科普活动的比例逐年提升⑤。所以，除线上活跃程度外，协调沟通指标还需考察新媒体科学传播过程中对线下科普场所的协调。

本文要回答以下两个问题：

第一，不同背景下的三个账号的科学传播活动分别采用哪种科学传播模型，具体的差异表现在哪些方面？

第二，作为科学传播新媒体，“@ 中科院之声”、“@ 果壳”与“@ 博物杂志”在科学传播过程中对社会责任的履行情况如何，反映了什么问题？

# 三　研究设计

## （一）研究方法与样本

本文采用内容分析法，对三个微博账号所表现出的科学传播现状进行描

---

① Christopherson, E., Scheufele, D. A. & Smith, B., The Civic Science Imperative, *Stanford Social Innovation Review*, 2018, Spring.

② 李祥洲、钱永忠、邓玉、宋卫国、廖家富、杨明升、廉亚丽：《2016 年我国农产品质量安全网络舆情监测与分析》，《科学通报》2017 年第 11 期。

③ 戴歆紫、郁志珍：《科普微博的发展现状及传播特点分析——基于 14 个主流科普博主数据的实证研究》，《科普研究》2018 年第 5 期。

④ 龚明霞：《以公众需求为导向构建全方位科学传播平台》，《科技传播》2019 年第 4 期。

⑤ 何薇、张超、任磊、黄乐乐：《中国公民的科学素质及对科学技术的态度——2018 年中国公民科学素质抽样调查报告》，《科普研究》2018 年第 6 期。

述并加以分析。在样本的采集上，本文使用基于 Python 的数据爬取系统，爬取了三个账号的微博内容（博文、配图、视频、网页链接等要素）与相应的数据（转发数、评论数、点赞数）。我们选取了 2018 年 1 月 1 日至 2018 年 12 月 31 日发布的全部内容，对其中“@中科院之声”与“@果壳”所发布的内容进行等距抽样，“@博物杂志”因内容发布数量较少，保留全样本；另外，在编码过程中剔除部分因原发微博或附带链接被原地址删除而无法显示全部内容的微博。最终获得“@中科院之声”864 条、“@果壳”932 条、“@博物杂志”881 条，共 2677 条微博作为分析样本。本文以“条”为分析单位，即以一条微博为一个分析单位，用 SPSS 23.0 进行数据统计分析。

### （二）类目建构

在已有相关研究文献基础上，本文将微博内容建构为以下类目加以测量。

1. 科学传播主题

研究表明科学传播媒体对科学传播主题的选取存在偏好①，结合三个微博账号的具体内容，我们将科学传播主题分为以下 9 类：（1）生物/生命科学；（2）公共卫生/医疗；（3）食品/农业科学；（4）地球/太空科学；（5）科技与工程；（6）社会人文科学；（7）基础科学；（8）科学精神/科学政策；（9）其他。

2. 科学信息的内容生产特征

这部分共有 11 个二分变量：（1）是否含有权威信源（1 = 是/0 = 否）；（2）内容是否具有时效性（1 = 是/0 = 否）；（3）信源是否具有多样性（1 = 是/0 = 否）；（4）内容是否原创（1 = 是/0 = 否）；（5）内容是否进行广告控制（1 = 是/0 = 否）；（6）是否塑造科学共识（1 = 是/0 = 否）；（7）是否体现及社会监督（1 = 是/0 = 否）；（8）科学程度（1 = 高/0 = 低）；（9）趣味性（1 = 高/0 = 低）；（10）科学传播语境（1 = 生活与应用语境/0 = 科研

---

① Sweetser, K. D., Golan, G. J., "Wanta, W., Intermedia Agenda Setting in Television, Advertising, and Blogs During the 2004 Election," *Mass Communication & Society* 11 (2008): pp. 197 - 216.

语境)；(11) 是否协调线下科普 (1 = 是/0 = 否)。

3. 微博互动与公众参与

本文将微博互动与公众参与概念操作化为：公众对三个微博账号发布的微博的转发、评论和点赞，以每条微博下面的点赞数、转发数和评论数为统计数。具体如下：公众对单条微博的 (1) 转发数，(2) 评论数，(3) 点赞数，对这三类微博互动讯息进行抓取，相加计算得出“微博互动数”，并将其划分为五个等级 (1 = 0 ~ 100，2 = 101 ~ 500，3 = 501 ~ 1000，4 = 1001 ~ 5000，5 = 5001 及以上) 作为评判科学传播过程中引起的讨论热度以及互动与参数程度。

### (三) 编码与信度检验

本文的编码工作由两位编码员完成，编码员在正式编码前接受了编码训练，用以达成对各类目的一致性共识。编码前抽取全部样本的 10% (268 条)，由两名编码员分别进行编码并采用 Holsti 公式进行一致性检验。科学传播主题为 0.98；是否具有权威性为 1.00；是否具有时效性为 0.87；信源是否具有多样性为 0.97；内容是否原创为 1.00；内容是否进行广告控制为 0.98；是否塑造科学共识为 0.98；是否涉及社会监督为 0.98；科学程度为 0.89；趣味性为 0.89；科学传播语境为 0.98；协调线下科普为 1.00。整体一致性 0.90，信度检验通过。

## 四 微博主体的科学传播

这一部分通过数据统计分析回答研究的第一个问题，检视三个新媒体科学传播主体在科学传播活动中的科学传播主题、科学信息的内容生产特征以及微博互动与公众参与。

### (一) 科学传播主题

三个微博账号在科学传播主题的选取上存在显著差异 ($\chi^2 = 670.284$，

$df=16$，$p<0.001$）。在三个微博账号中，生物/生命科学主体的内容都是占比最高的，其中“@博物杂志”在生物/生命科学领域发布的内容明显更多。“@果壳”更加关注公共卫生与医疗领域。“@中科院之声”对于科技与工程、基础科学、科学精神与科学政策的内容安排相对更多。与“@中科院之声”相比，“@果壳”“@博物杂志”更加关注社会人文科学（见表1）。

**表1　科学传播主题与微博账号（N=2677）**

单位：%，条

| 微博账号 | 科学传播主题 | | | | | | | | | 总计 |
|---|---|---|---|---|---|---|---|---|---|---|
| | 生物/生命科学 | 公共卫生/医疗 | 食品农业/科学 | 地球/太空科学 | 科技与工程 | 社会人文科学 | 基础科学 | 科学精神与科学政策 | 其他 | |
| @中科院之声 | 20.3 | 8.1 | 3.0 | 14.5 | 19.8 | 15.3 | 11.0 | 3.0 | 5.0 | 100.0 |
| | (175) | (70) | (26) | (125) | (171) | (132) | (95) | (26) | (44) | (864) |
| @果壳 | 31.4 | 11.3 | 7.4 | 12.9 | 7.1 | 15.9 | 3.5 | 0.2 | 10.3 | 100.0 |
| | (293) | (105) | (69) | (120) | (66) | (148) | (33) | (2) | (96) | (932) |
| @博物杂志 | 58.1 | 1.4 | 6.9 | 2.7 | 1.5 | 14.5 | 1.0 | 0.1 | 13.8 | 100.0 |
| | (512) | (12) | (61) | (24) | (13) | (128) | (9) | (1) | (121) | (881) |

注：$\chi^2=670.284$，$df=16$，$p<0.001$。

## （二）科学信息的内容生产特征

除科学程度方面三个微博账号不存在明显差异外，其他内容生产特征均存在不同程度的差异。其中，信源多样性卡方显示（$\chi^2=571.763$，$df=2$，$p<0.01$），“@果壳”相比另外两个微博账号具有更好的信源多样性。在内容时效性上（$\chi^2=928.572$，$df=2$，$p<0.01$），“@中科院之声”74.2%的内容具有时效性。内容的原创性方面（$\chi^2=197.378$，$df=2$，$p<0.01$），“@中科院之声”微博发布的内容86.3%为原创，原创程度最高。在广告控制方面（$\chi^2=224.834$，$df=2$，$p<0.01$），“@果壳”与“@博物杂志”的广告比例明显高于“@中科院之声”。社会监督一项差异明显（$\chi^2=$

171.949，$df=2$，$p<0.01$），“@果壳”33.8%的内容涉及社会监督。在塑造科学共识方面（$\chi^2=220.061$，$df=2$，$p<0.01$），“@中科院之声”表现最佳，有30.7%的内容涉及科学精神、科学政策等科学共识的塑造。在内容的趣味性特征上（$\chi^2=1324.871$，$df=2$，$p<0.01$），“@博物杂志”与“@果壳”均超过90%的内容具有较高的趣味性，而相比之下“@中科院之声”的内容趣味性整体偏低。科学传播语境的选取差异尤为显著（$\chi^2=1214.380$，$df=2$，$p<0.01$），“@果壳”与“@博物杂志”绝大部分的内容采用生活与应用语境，而“@中科院之声”超过50%的内容采用科研语境进行科学传播。值得注意的是，在协调线下科普方面，虽然三个账号表现出差异，但总体表现依旧不佳（见表2）。

**表2　三个微博账号内容生产特征（N=2677）**

单位：%，条

| 内容生产特征 | 选项 | 微博账号 | | |
|---|---|---|---|---|
| | | @中科院之声 | @果壳 | @博物杂志 |
| 是否含有权威信源 | 是 | 92.6(800) | 89.5(834) | 97.8(862) |
| | 否 | 7.4(64) | 10.5(98) | 2.2(19) |
| | — | $\chi^2=51.034, df=2, p<0.01$ | | |
| 是否具有信源多样性 | 是 | 15.5(134) | 71.7(668) | 45.5(401) |
| | 否 | 84.5(730) | 28.3(264) | 54.5(480) |
| | — | $\chi^2=571.763, df=2, p<0.01$ | | |
| 是否具有时效性 | 是 | 74.2(641) | 16.6(155) | 12.6(111) |
| | 否 | 25.8(223) | 83.4(777) | 87.4(770) |
| | — | $\chi^2=928.572, df=2, p<0.01$ | | |
| 是否原创 | 是 | 86.3(746) | 57.0(531) | 62.9(554) |
| | 否 | 13.7(118) | 43.0(401) | 37.1(327) |
| | — | $\chi^2=197.378, df=2, p<0.01$ | | |
| 是否具有广告控制 | 是 | 99.4(859) | 88.7(827) | 76.2(671) |
| | 否 | 0.6(5) | 11.3(105) | 23.8(210) |
| | — | $\chi^2=224.834, df=2, p<0.01$ | | |
| 是否体现社会监督 | 是 | 13.0(112) | 33.8(315) | 12.1(107) |
| | 否 | 87.0(752) | 66.2(617) | 87.9(774) |
| | — | $\chi^2=171.949, df=2, p<0.01$ | | |

续表

| 内容生产特征 | 选项 | 微博账号 | | |
|---|---|---|---|---|
| | | @中科院之声 | @果壳 | @博物杂志 |
| 是否塑造科学共识 | 是 | 30.7(265) | 11.6(108) | 5.9(52) |
| | 否 | 69.3(599) | 88.4(824) | 94.1(829) |
| | — | $\chi^2=220.061, df=2, p<0.01$ | | |
| 科学程度 | 高 | 78.0(674) | 76.8(716) | 78.1(688) |
| | 低 | 22.0(190) | 23.2(216) | 21.9(193) |
| | — | $\chi^2=0.529, df=2, p>0.1$ | | |
| 趣味性 | 高 | 25.1(217) | 92.5(862) | 94.0(828) |
| | 低 | 74.9(647) | 7.5(70) | 6.0(53) |
| | | $\chi^2=1324.871, df=2, p<0.01$ | | |
| 科学传播语境 | 科研语境 | 56.4(487) | 0.1(1) | 0.8(7) |
| | 生活语境 | 43.6(377) | 99.9(931) | 99.2(874) |
| | | $\chi^2=1214.380, df=2, p<0.01$ | | |
| 是否协调线下科普 | 是 | 1.0(9) | 4.1(38) | 6.2(55) |
| | 否 | 99.0(855) | 95.9(894) | 93.8(826) |
| | | $\chi^2=32.476, df=2, p<0.01$ | | |

## （三）微博互动与公众参与

三个账号的微博互动与公众参与等级存在显著性差异（$\chi^2=2745.262$，$df=8$，$p<0.01$）。“@中科院之声”96.6%的内容互动等级分布在一、二级；“@果壳”76.7%的内容互动等级分布在二、三级；“@博物杂志”96.3%的内容互动等级分布在四、五级。由此可以看出在科学传播过程中三个微博账号引起的讨论热度，微博互动和公众参与程度有很大不同（见表3）。

**表3　三个微博账号微博互动与公众参与等级分布**

单位：%，条

| 项目 | | | 微博账号 | | | 总计 |
|---|---|---|---|---|---|---|
| | | | @中科院之声 | @果壳 | @博物杂志 | |
| 微博互动等级 | 一级 | (0~100) | 58.3 | 11.7 | 0 | 22.9 |
| | | | (504) | (109) | (0) | (613) |
| | 二级 | (101~500) | 38.3 | 62.1 | 0 | 34.1 |
| | | | (331) | (579) | (0) | (910) |
| | 三级 | (501~1000) | 2.0 | 14.6 | 3.7 | 6.9 |
| | | | (17) | (136) | (33) | (186) |

续表

| 项目 | | | 微博账号 | | | 总计 |
|---|---|---|---|---|---|---|
| | | | @中科院之声 | @果壳 | @博物杂志 | |
| 微博互动等级 | 四级 | (1001~5000) | 1.0 | 10.0 | 38.7 | 16.5 |
| | | | (9) | (93) | (341) | (443) |
| | 五级 | (5001以上) | 0.4 | 1.6 | 57.6 | 19.6 |
| | | | (3) | (15) | (507) | (525) |
| 总计 | | | 100.0 | 100.0 | 100.0 | 100.0 |
| | | | (864) | (932) | (881) | (2677) |

注：$\chi^2 = 2745.262$，$df = 8$，$p < 0.01$。

## 五　新媒体科学传播社会责任评估

这一部分参考钟瑛等（2019）确立的新媒体社会责任评价体系，通过选取、调整获得适合科学传播语境的评价指标，按照科学传播内容特征对各二级指标进行赋分（是=5分，否=0分；高=5分，低=0分；科研语境=0分，生活语境=5分），交流沟通指标使用“微博互动等级”的五个等级进行赋分，计算所有样本相应指标得分的总和平均值即为对应的二级指标得分，除协调沟通指标下协调线下科普和交流互动两个二级指标采用0.2与0.8的权重进行加权平均外，其余二级指标均使用总和平均计算得出相应的一级指标。

三个科学传播微博账号在科普信息生产指标下的得分均在2.9分以上，但在科学价值引导方面得分较低。科学教育和协调沟通方面，具有传统科普媒体背景的“@博物杂志”得分最高（见表4）。

**表4　新媒体科学传播社会责任评价一级指标得分**

单位：分

| 微博账号 | 一级指标 | | | |
|---|---|---|---|---|
| | 科普信息生产 | 科学价值引导 | 科学教育 | 协调沟通 |
| @中科院之声 | 3.680556 | 1.090856 | 2.445988 | 1.184491 |
| @果壳 | 3.234979 | 1.134657 | 4.486767 | 1.862232 |
| @博物杂志 | 2.950057 | 0.451192 | 4.521377 | 3.692849 |

## （一）科普信息生产

在科普信息生产方面，三个不同背景的账号在信源权威性上都有较高的得分。在时效性这一指标上，“@中科院之声”平台内容大部分为最新的科研进展，或转载科研人员最新的学术论文，其时效性指标得分最高，“@博物杂志”因博物学内容的特殊性在时效性方面得分较低。“@中科院之声”在信源选择上较为单一，信源多样性得分低于1分（见表5）。

**表5　科普信息生产二级指标**

单位：分

| 微博账号 | 二级指标 | | | | |
|---|---|---|---|---|---|
| | 权威性 | 时效性 | 多样性 | 原创性 | 广告控制 |
| @中科院之声 | 4.629630 | 3.709491 | 0.775463 | 4.317130 | 4.971065 |
| @果壳 | 4.474249 | 0.831545 | 3.583691 | 2.848712 | 4.436695 |
| @博物杂志 | 4.892168 | 0.629966 | 2.275823 | 3.144154 | 3.808173 |

## （二）科学价值引导

三个平台在科学价值引导方面的责任履行情况不佳。其中“@中科院之声”在塑造科学共识方面的履行情况优于“@果壳”与“@博物杂志”；“@果壳”在体现社会监督方面得分高出“@中科院之声”与“博物杂志”约1分（见表6）。

**表6　科学价值引导二级指标**

单位：分

| 微博账号 | 二级指标 | |
|---|---|---|
| | 塑造科学共识 | 社会监督 |
| @中科院之声 | 1.533565 | 0.648148 |
| @果壳 | 0.579399 | 1.689914 |
| @博物杂志 | 0.295119 | 0.607264 |

## （三）科学教育

三个账号在科学程度方面的得分均接近4分，但“@中科院之声”内容趣味性得分远低于“@果壳”与“@博物杂志”。在科学传播语境指标上，“@中科院之声”所发布的内容更多选择易读性较弱的科研语境，故得分整体低于3分，而“@果壳”“@博物杂志”则选择易读性更强的生活与应用语境进行科学传播活动，因此得分均接近5分（见表7）。

**表7　科学教育二级指标**

单位：分

| 微博账号 | 二级指标 | | |
| --- | --- | --- | --- |
| | 科学程度 | 趣味性 | 科学传播语境 |
| @中科院之声 | 3.900463 | 1.255787 | 2.181713 |
| @果壳 | 3.841202 | 4.624464 | 4.994635 |
| @博物杂志 | 3.904654 | 4.699205 | 4.960272 |

## （四）协调沟通

三个账号在协调线下科普方面的社会责任履行情况不佳，得分均低于1分，没有很好地协调线下科普活动，以辅助基于线上的科学传播过程。在交流互动方面，“@中科院之声”表现最差，而拥有相对固定读者群的“@博物杂志”将微博账号用于与实体杂志的读者进行交流互动，对普通用户的反馈有着积极的回应，主动与用户展开讨论，得分较高（见表8）。

**表8　协调沟通各二级指标**

单位：分

| 微博账号 | 二级指标 | |
| --- | --- | --- |
| | 协调线下 | 交流互动 |
| @中科院之声 | 0.052083 | 1.467593 |
| @果壳 | 0.203863 | 2.276824 |
| @博物杂志 | 0.312145 | 4.538025 |

## 六　结论与讨论

### （一）结　论

通过上述统计分析以及对三个账号在新媒体科学传播过程中的社会责任履行情况进行检测，在此对前文所提的两个研究问题进行回应。

1. 单向模型在新媒体领域的延续和参与模型的浅化实践

通过相关数据的分析，总结内容生产特征，以及梳理不同科学传播模型的理论概念，本文发现，“@中科院之声”的科学传播活动依然更加符合“中心广播”式的单向模型，是单向模型在新媒体之中的延续；“@果壳”与“@博物杂志”的科学传播活动虽然在不同方面、一定程度上贴近公众参与科学模型，但其传播实践仍然相对浅化。具体的差异表现如下：

“@中科院之声”微博账号具有官方科研机构背景、代表科学共同体立场，其微博账号定位是中国科学院的对外发布平台。在选择科学传播主题时，主要以科研语境对其下属科研单位的最新实验发现、科研成果等进行发布，信源权威性高，但信源选择大部分局限于中科院下属各科研单位。微博内容多为转发科学家发表在行业交流类期刊或中科院网站上的科研论文，易读性和趣味性较低。依然未改变在专业小圈子内进行交流的习惯[①]，即便是在面向公众的新媒体平台上。在微博互动方面，“@中科院之声”忽视公众通过新媒体平台进行的讨论与参与，表现出不在乎粉丝对内容的回应，未考虑公众对科学信息的需求，从而无法积极引导读者参与到科学对话中来，这也是数据统计分析显示出其微博互动等级主要分布在第一、二级的原因。总体上，“@中科院之声”科学传播活动，依然属于“中心广播”的单向

① 陈刚：《“不确定性”的沟通：“转基因论争”传播的议题竞争、话语秩序与媒介的知识再生产》，《新闻与传播研究》2014 年第 7 期。

模型。

“@果壳”是商业科普网站果壳网的官方微博账号，定位为专注生产高质量内容的科普社区。其内容权威性较高，相比官方背景的权威科研机构，由于没有机构内部条件的限制，内容生产上往往选取更加平实的话语形式①，从而提高科学的易读性。从科学传播主题的选取上看，“@果壳”更能把握公众关注的公共卫生与医疗等话题，一定程度上关注科学与社会发展的关系，积极尝试通过科学传播进行社会监督。“@果壳”在内容与形式上都更加契合公众参与科学模型，在与微博用户互动方面，“@果壳”积极引导用户在相关议题上的讨论与参与，但就微博互动程度，“@果壳”表现一般，也再次印证了其在“公众理解科学层面”还显得较为浅薄②，在“公众参与科学”模型的发展层面，依然不全面。

“@博物杂志”脱胎自隶属于《中国国家地理》的科普杂志《博物》，是其为实体杂志读者提供反馈、交流的互动平台。其内容更多地契合实体杂志《博物》的主题，具有相当高的权威性，但在主题选取上存在明显的偏好、内容的时效性较低。相比于“@中科院之声”与“@果壳”，“@博物杂志”的平均微博互动等级最高，说明“@博物杂志”拥有更加牢固的读者基础，有与读者互动的习惯，表现为其大部分内容是直接回复普通用户的提问，解释过程也全部采用生活与应用语境；这也从另一个方面体现出传统媒体更懂得把握读者需求的特点。整体上提高了公众参与科学讨论的积极性，但即便如此，内容主题的局限和对科学精神、科学政策等内容的忽视导致公众无法参与到更加深入的科学讨论中。这也使其虽然形式上契合参与模型，但依然无法真正达到“公众参与科学模型”的理论预期。

综上所述，我们认为三个账号的新媒体科学传播活动，在向着“公众

---

① 金兼斌、江苏佳、陈安繁、沈阳：《新媒体平台上的科学传播效果：基于微信公众号的研究》，《中国地质大学学报》（社会科学版）2017 年第 2 期。

② 王玲宁、陈昕卓：《自媒体科学传播内容与媒体显著性之研究——以微信公众号“果壳网”为例》，《新闻大学》2017 年第 5 期。

参与科学模型”发展的过程中，仍然有可以完善的空间。

2. 新媒体科学传播社会责任履行状况

（1）科学信息生产

从履行情况看，信息权威性得到相应的保障，但在时效性上表现出一定的差异，且在信源多样性上均表现一般。分析其背后的原因，“@ 中科院之声”承担着中国科学院对外传播的责任，出于对公众关于科学发展的知情权的考虑，将其下属科研机构的研究成果及时地展现在其微博账号上，故时效性得分较高；也正是因为其具有对外传播中科院工作的主要功能，使其忽略了作为科研机构官方微博，在面向大众的科学传播之中应该尽到保证信源多样性的社会责任。“@ 果壳”在信源多样性上表现较好，在该项指标中得分最高。果壳网的内容生产主要来自科普达人、微博科普意见领袖、签约科普作者等，且涵盖的学科领域更广①。在广告管控上，由于其商业互联网背景，需要保证盈利，无法避免出现商业推广、抽奖互动等内容，但广告控制比例得分依然较高。“@ 博物杂志”在原创性上得分最高，在时效性以及广告控制上得分最低。不难看出，具有传统科普媒体背景的新媒体科学传播主体在内容原创性上仍然延续着传统媒体的基因，更加注重内容的原创程度。而关于时效性，“@ 博物杂志”受限于其实体杂志本身科普内容的限定，在提高时效性上表现乏力。在广告控制上，其微博账号所发布的涉及商业推广的内容，绝大多数都集中在提高其实体杂志及衍生文创商品的销量上，并善于将广告信息融入科学知识中。

（2）科学价值引导

三个微博账号的表现都不佳。主要表现为塑造科学共识上的缺失，具体表现在缺少对科学政策、科学精神等内容的安排。“@ 中科院之声”在该项指标中虽得分高于其余两个平台，但相关内容也是散见于科学家讣告、科学家生平或转载其他新闻媒体对科学政策等相关议题的报道中。另

① 朱鸿军、季诚浩：《扩散、参与和生产：科学传播范式的演进——以果壳网为例》，《传媒》2015 年第 23 期。

外，无论是官方科研机构还是新兴自媒体，抑或是传统科普媒体，都表现出了在热点科学议题上的“集体失语”。而通过科学传播对社会发展进行监督，是构成“公众参与科学模型”的重要一环，故通过科学传播进行社会监督，是中国新媒体科学传播在接下来的发展之中亟待履行的社会责任。

（3）科学教育

“@中科院之声”综合得分较低，主要表现为尽管科学程度较高，但科学传播过程中的内容趣味性较弱，无法在互联网语境中吸引更多的用户，以达到更高效率的科学传播。绝大多数内容选用了科研语境进行科学传播，没有对高深的科学发现或成果进行通俗易懂的解释，表现出其在面对整体科学素养较低的互联网用户时，缺乏来自公众视角的考量，不在乎、不关心读者接受与否。这也是“@中科院之声”在接下来完善其科学传播结构时应该重新考量的问题。

（4）协调沟通方面

首先，三个账号都较少地关心线下科普。另外，在交流互动方面，“@中科院之声”得分最低，履行情况最差。这与之前所提到的内容趣味性低、不关心热点话题等因素有关。交流互动是公众参与科学讨论的前提，只有在良好的交流互动状态下才能吸引更多公众参与科学讨论、甚至参与科学研究，才能更好地建构“公众参与科学模型”。

## （二）问题及建议

这一部分主要综合上述传播活动特征与社会责任履行情况，阐述反映出的几个问题，并提出相应的建议。

### 1. 对线下科普空间缺少线上的映射

忽视协调线下科普是三个账号共同表现出的问题，传统科普载体在寻求与互联网联动的同时，基于互联网平台的新媒体科学传播活动同样也应该积极寻求与线下科普资源的协同与联动，更多开展线上宣传、线下展示的科普模式。挖掘潜在的科普资源，开展对智慧博物馆、虚拟博物馆等技术的探索，扩大科普影响面[①]。

2. 缺位的共识塑造与社会监督

在引导科学价值的社会责任方面，三个账号的履行都不到位。科学传播过程中要兼顾更加广泛的与科学相关的文化属性、社会属性[②]，这其中就包括塑造科学共识与进行社会监督。一方面，科学传播活动的内容要加入科学发展的历史维度，以此探究科学精神的起源[③]。另一方面，传统的“科学家→媒体→受众”的科学传播模式在自媒体发展中被多元交互的“N－N”模式所取代[④]，在科学共同体有能力掌握自媒体时，原本属于媒体的社会监督责任，随之转移到作为科学传播主体的科学共同体肩上。科学技术的发展往往伴随着诸如道德、伦理、安全、社会等多方面的议题，公众极易产生偏差的风险认知，只有通过高质量的科学传播才能对其进行纠正。因而科学共同体要在与媒介、记者的关系重构中充分利用权威性的优势，积极消除谣言的流动[⑤]。另外，对于热点的社会议题，科学传播主体需要通过对相关科学知识的普及、正确的科学精神引导，从而带动对社会发展的监督。同时科学共同体要通过回应公众感兴趣的话题来吸引公众关注，争夺成为意见领袖的权利[⑥]，从而塑造科学共识、行使社会监督。

3. 向内化的交流语境

“@中科院之声”在科学教育方面表现不佳，主要原因是将用于同行交流的科学传播内容，简单移植在面向大众的新媒体传播平台，低趣味性与科研语境增加了公众的理解难度。代表中国科学界最权威机构的官方微博账号，不应该仅仅是一个汇报单位内部工作日常的“公告栏”。而应该将自身

---

① 龚明霞：《以公众需求为导向构建全方位科学传播平台》，《科技传播》2019 年第 4 期。

② 田松：《科学传播——一个新兴的学术领域》，《新闻与传播研究》2007 年第 2 期。

③ 焦郑珊：《当代语境下的科学传播研究》，《自然辩证法研究》2017 年第 10 期。

④ 杨辉、尚智丛：《微博科学传播机制的社会网络分析——以转基因食品议题为例》，《科学学研究》2015 年第 3 期。

⑤ 陈刚：《转基因争议与大众媒介知识生产的焦虑——科学家与新闻记者关系的视角》，《国际新闻界》2015 年第 1 期。

⑥ 杨辉、尚智丛：《微博科学传播机制的社会网络分析——以转基因食品议题为例》，《科学学研究》2015 年第 3 期。

的定位向“具有最高权威性”的科学传播主体转变，选取更加多样的科学信息来源，同时更广泛地考虑公众对科学知识、科学发展、研究进展等内容的需求，换以生活化语境进行传播；定期发布调动公众参与的问答、讨论话题等，逐步开辟面向公众的科学讨论空间。

### （三）局限与贡献

本文存在一定的局限性，表现在以下几个方面。在类目建构方面，一些程度性的变量，如科学程度、趣味性，为方便研究开展，仅选用了“高”“低”两个程度指标，导致对程度的准确表达上存在一定的局限性。另外，本文在考量交流互动方面，仅统计了微博账号的“微博互动数”，并未对公众回应的内容进行进一步的分析，是一大遗憾，也会是未来研究中值得深化的一个方面。

贡献方面，本文在综合了此前科学传播相关理论对科学传播实践的要求，结合已有的针对新媒体社会责任履行情况的评价体系，尝试性地提出一套科学传播语境下针对新媒体科学传播活动的社会责任履行情况评价量表。其包含的指标，既有对以往评价体系的继承，也有针对科学传播活动特点的改良。在一定程度上解决了以往新媒体社会责任评价体系在科学传播中不适用的问题。但由于研究样本以及研究方法的局限性，该评价体系还需要在接下来的研究中继续调整与完善。

# 案　例　篇

**The Case Part**

# B.16

# 移动阅读 App 用户个人信息安全研究*

## ——基于 10 款移动阅读 App 的调查分析

李卫东　李　宁**

**摘　要：** 本文以 10 款移动阅读 App 为主要研究对象，详细考察了其用户的个人信息安全状况。研究发现，App 平台信息收集行为，信息开放、共享行为以及平台本身安全状况是危及用户个人信息安全的重要因素。而社会规范不足、数据价值属性凸显、数据权属不清、企业违规成本低以及相关部门监管不力是当

* 本文系国家自然科学基金重点项目“非传统安全问题风险识别与防范机制——以智慧城市治理中的信息共享与使用为例”（项目编号：71734002）、华中科技大学“双一流”建设项目“国家传播战略智库”及华中科技大学学术前沿青年团队项目的研究成果之一。

** 李卫东，博士，华中科技大学新闻与信息传播学院教授，博士生导师，主要研究方向：云传播与人工智能（智能社会治理），国家战略传播（传播学基础理论），政府信息资源管理（智慧城市治理）；李宁，华中科技大学新闻与信息传播学院博士研究生，主要研究方向：智能社会治理、新媒体与数字出版。

前用户个人信息安全状况堪忧的深层次原因。

关键词： 移动阅读 App 用户 个人信息 信息安全

## 一 引言

近年来，移动阅读作为一种新的阅读方式随着智能移动终端设备的普及逐渐进入大众视野，成为公众获取信息、娱乐消遣的重要方式。用户规模正在快速增长，月均使用次数多，使用时间长，用户黏性高[①]。但用户在深度使用移动阅读 App 过程中主动、被动披露的一系列个人信息也面临一定程度的完全风险。研究显示，有高达 99.9% 的受测应用程序需要获取用户隐私权限，给用户的个人信息安全带来极大隐患，进而可能引发用户隐私信息被窃取，被用于恶意营销、网络诈骗，甚至造成用户经济损失等风险[②]。此外，云计算、大数据分析技术以及移动阅读 App 平台本身的开放性和共享性也使用户个人信息被泄露的风险与日俱增[③]，对用户的个人信息安全构成了极大的威胁。因此，全面、系统排查移动阅读 App 用户个人信息安全风险，深入分析相关风险成因确有必要。

## 二 研究设计

### （一）移动阅读 App 类型

当前移动阅读类 App 依据承载内容差异可分为新闻资讯类、财经资讯

① 艾瑞咨询：《2018 年中国移动阅读白皮书》，http：//http report. iresearch. cn /report/201804/3198. shtml？ s = enable，2018 年 4 月 19 日。

② 腾讯社会研究中心：《网络隐私安全及网络欺诈行为研究报告》，https：//m. qq. com/security_lab/ news_ detail_ 473. html，2018 年 8 月 8 日。

③ 李卫东：《云传播时代：人类传播与治理的云端化、平台化、泛在化、社交化和智慧化革命》，科学出版社，2018。

类 App、轻阅读类 App 以及纯阅读类 App。为便于研究、聚焦问题，本文以 QQ 阅读、书旗小说搜狗阅读等纯阅读 App 为主要研究对象，对 QQ 阅读、咪咕阅读、起点读书、搜狗阅读、多看阅读、书旗小说、追书神器、宜搜小说、微信阅读以及掌阅 10 款 2018 年上半年阅读类 App 排行榜前 10 位的 App 进行了详细考察①。

### （二）研究对象

研究显示，当前我国移动智能终端市场安卓系统占据绝大多数市场份额②，而 iOS 系统较为封闭，安全系数较高，因此，本文以各移动阅读 App 安卓版本为主要考察对象，详细版本号分别为：掌阅 V7. 7. 0、QQ 阅读 V6. 6. 3、咪咕阅读 V7. 8. 5、书旗小说 V10. 6. 9、多看阅读 V5. 3. 7、追书神器 V3. 1. 6、搜狗阅读 V4. 7. 5、微信读书 V2. 4. 8、起点读书 V7. 2. 1、宜搜小说 V3. 1. 3。

### （三）研究方法

研究首先对 10 款移动阅读 App 的“用户服务协议”、“隐私政策”以及“隐私保护声明”③ 等相关详细文本进行抓取和分析，对软件是否收集用户信息、如何收集、收集范围以及后期开放情况进行详细考察；其次，密切关注软件安装过程中对手机系统权限的获取和调用状况，并与前述相关隐私保护文本进行文本对照，核查是否存在过分调用和获取权限的情况；最后，借助 360 网络安全实验室相关检测平台对各 App 本身的潜在安全风险进行详细扫描。

## 三　研究发现

借助上述方法详细考察后发现，现阶段移动阅读 App 用户个人信息安

① 浅秋：《2018 上半年度 App 分类排行》，《互联网周刊》2018 年第 13 期。

② 《2017 年移动互联网行业发展报告》，https：//www. useit. com. cn/thread - 18188 - 1 - 1. html，最后检索时间：2018 年 3 月 5 日 .

③ 多数移动阅读 App 涉及用户个人信息保护的协议文本以此三种形式出现。

全风险较为突出，主要集中在三个领域：App 平台信息收集风险、App 平台安全风险和个人信息开放共享风险。

## （一）App 平台信息收集风险

大数据时代，数据化生存已然成为现实。技术的进步使得个人身份可识别信息的范围在不断扩大[①]。包含我们行为模式、习惯偏好以及隐私等各种内容的数据若被不法分子利用，轻则生活安宁被扰乱，重则财产被诈骗、窃取，甚至人身安全遭到威胁和侵害[②]，因此，任何收集用户个人信息、接触用户个人信息的行为对用户而言都是一种潜在的安全风险。

### 1. 以强制性“告知－同意”方式收集用户个人敏感信息

个人敏感信息是指一旦泄露、非法提供或滥用可能危害人身和财产安全，极易导致个人名誉、身心健康受到损害或歧视性待遇等的个人信息[③]。国家标准——《信息安全技术 个人信息安全规范》（GB/T 7714－2015）将个人财产信息、生理健康信息以及生物识别信息等六大类数十项信息定义为个人敏感信息。对照发现，除追书神器未公开信息收集范围外，其余 9 款应用均存在以强制性“告知－同意”方式收集用户个人敏感信息的行为。各应用虽遵从法律、法规规定的“告知－同意”原则在相关隐私保护文本中明确告知用户收集信息范围及用途，并征求用户同意，但在实际操作过程中更接近于强制用户接受 App 的信息收集行为。因为若用户不同意或者不勾选相关隐私保护协议就无法使用服务或者无法使用核心服务。研究选取的 10 款移动阅读 App 占据了绝大多数市场份额，垄断了大多数热门 IP 资源，用户拒绝一款 App 则面临另一款 App 近乎相同甚至更多的隐私信息收集请求，用户别无选择。以书旗小说为例，完整下载、安装 App 后，正式进入

---

① 王瑞霞、刘晓纯：《大数据时代个人信息保护立法视角探析》，《吉首大学学报》（社会科学版）2018 年第 S2 期。

② 肖冬梅、文禹衡：《数据权谱系论纲》，《湘潭大学学报》（哲学社会科学版）2015 年第 6 期。

③ 国家质量监督检验检疫局总局：《信息安全技术 个人信息安全规范》（GB/T 7714－2015），中国标准出版社，2015。

App 内页开始阅读之前需首先勾选主页“同意《阿里文学用户服务协议》《隐私保护政策》”，否则无法使用，只能退出 App。各移动阅读 App 收集用户个人敏感信息详细状况见表 1。

**表 1　各移动阅读 App 收集用户个人敏感信息情况**

| 个人信息 | App | | | | | | | | |
|---|---|---|---|---|---|---|---|---|---|
| | 掌阅 | 宜搜小说 | 微信读书 | 搜狗阅读 | 书旗小说 | 咪咕阅读 | 多看阅读 | QQ阅读 | 起点读书 |
| 电话号码 | √ | √ | √ | √ | √ | — | √ | √ | √ |
| 姓名 | — | √ | — | √ | — | — | √ | — | √ |
| 生日、性别 | √ | √ | — | √ | — | — | √ | — | √ |
| 身份证号 | — | √ | — | √ | √ | — | — | — | — |
| IP 地址 | √ | √ | √ | √ | √ | √ | √ | √ | √ |
| 国际移动设备身份码(IMEI) | √ | √ | √ | √ | √ | √ | √ | √ | √ |
| 移动网络信息 | — | √ | — | — | — | — | — | — | — |
| 国际移动用户识别码(IMSI) | — | √ | — | — | — | — | √ | — | — |
| 设备型号 | — | √ | — | √ | √ | — | √ | √ | — |
| 设备物理地址(MAC) | — | √ | — | — | √ | — | √ | — | — |
| 操作系统版本 | — | √ | √ | √ | √ | √ | √ | — | √ |
| 支付宝账号 | — | √ | — | — | — | — | — | — | — |
| 微信账号 | — | √ | — | — | — | — | — | — | — |
| 邮箱 | √ | √ | √ | √ | √ | — | √ | √ | √ |
| 银行账户 | √ | √ | √ | √ | √ | — | √ | — | — |
| 位置信息 | — | √ | √ | √ | √ | √ | √ | — | √ |
| 使用服务时的浏览、搜索、阅读记录、使用时长 | √ | √ | √ | √ | √ | √ | — | √ | √ |
| 评论、笔记信息 | √ | — | √ | — | — | — | — | — | — |
| 分享内容包含的信息(元数据) | — | — | √ | — | — | — | — | — | — |
| 曾使用的应用和软件信息 | — | — | √ | √ | — | — | √ | — | — |
| 个人生物识别信息 | — | — | — | √ | — | — | — | — | — |
| 住址 | — | — | — | √ | — | — | √ | √ | √ |
| 职业 | — | — | — | √ | — | — | √ | — | — |
| 教育程度 | — | — | — | √ | — | — | √ | — | — |
| 第三方账户登录时账户的公开信息 | — | — | — | — | — | — | — | √ | — |

从表 1 可知，各移动阅读 App 收集用户个人信息的范围之广、条目之多超出我们想象。尤其是用户生物识别信息、身份证号、银行账户等与个人生命、财产安全紧密相关，一旦泄露或被违法、违规使用其后果将难以估量。

2. 以获取设备权限的隐性方式收集用户个人重要信息

考察发现，通过安装和使用过程中获取和调用用户设备系统权限，各移动阅读 App 存在接触和收集用户个人信息的潜在安全风险。各移动阅读 App 在安装的过程中会集中申请获取用户设备系统权限，主要涉及用户位置权限、读取联系人权限、读取日历活动权限、录音权限、拍照、视频权限以及读取、收发用户邮件权限等。且一旦授权成功，App 调用上述权限之时将无须再次征求用户同意。借助上述权限各移动阅读 App 可自由调用用户设备相关权限，接触和获取用户位置信息、邮件信息、联系人信息、短信信息、录音视频信息、设备运行状态信息等，存在全方位掌控用户尤其是手机用户日常活动状况的可能。相关信息一旦被收集、泄露或恶意分享、利用将给用户带来灾难性后果。各移动阅读 App 获取和调用用户设备权限的详细情况见表 2。

**表 2　移动阅读 App 获取、调用用户设备权限**

| App | 位置权限 | 读取联系人权限 | 邮件权限 | 拨打电话权限限 | 日历活动权限 | 录音权限 | 拍照视频权限 | 设备状态日志权限 |
|---|---|---|---|---|---|---|---|---|
| 追书神器 | √ | √ | √ | — | — | — | √ | √ |
| 掌阅 | — | — | √ | — | — | — | √ | √ |
| 宜搜小说 | √ | — | — | √ | — | — | √ | √ |
| 微信读书 | — | — | — | — | — | √ | √ | √ |
| 搜狗阅读 | — | — | √ | — | — | — | — | √ |
| 书旗小说 | √ | — | — | √ | — | √ | √ | √ |
| 咪咕阅读 | √ | — | √ | — | — | √ | √ | √ |
| 多看阅读 | √ | — | √ | — | — | — | √ | √ |
| QQ 阅读 | — | — | √ | — | √ | √ | √ | √ |
| 起点读书 | — | — | — | — | — | √ | √ | √ |

《中华人民共和国网络安全法》（以下简称《网络安全法》）第四章第四十一条规定，“网络运营者不得收集与其提供的服务无关的个人信息”。分析表 1、表 2 中各阅读 App 的信息收集和设备权限获取情况后发现，部分权限获取和信息收集情况情有可原，但亦有相当一部分内容过于牵强，其必要性有待进一步探讨。

## （二）App 平台安全风险

上述研究发现，各移动阅读 App 在用户使用过程中接触和收集了大量信息。鉴于相关信息敏感度高，价值属性突出，信息在收集、传输和存储过程中安全性和可靠性值得关注。而当前除少数腾讯、阿里系移动阅读 App 外，大多数移动阅读 App 厂商量级较小，安全防护能力有限。且诚如 Facebook、Google 之类的全球科技巨头近年来都接连爆出系统安全漏洞，因此对各移动阅读 App 平台本身安全状况的考察确有必要。

1. App 安全风险类型及分布情况

以 360 网络安全实验室相关分析平台为基础进行检测，研究共发现安全风险类型 21 种，其中 12 种在各个移动阅读 App 中均有分布，即动态注册广播、隐式意图调用、“unzip”解压缩、“activity”绑定“browserable”与自定义协议、“DEX”文件动态加载、“webview”启用访问文件数据、“Intent Scheme URLs”攻击、“AES”弱加密、“SSL”通信客户端检测信任任意证书、未使用编译器堆栈保护技术、“SSL”通信服务端检测信任任意证书、“webview”存在本地 Java 接口，涉及数据加密、身份认证、访问控制、数据传输等诸多领域，分别用 f1 – f12 表示。另外 9 种分布较少，不做统计（见表 3）。

2. 安全风险源引发的风险后果

深入分析发现，上述广泛分布的 12 种安全风险类型作为潜在安全风险源存在引发“App 被越权调用”、“解压缩过程中执行任意代码”以及“私有目录被任意访问”等不同危害程度安全后果的可能。相关风险点一旦被利用将对用户个人信息安全造成严重威胁。各风险源引发的详细安全风险后果见表 4。

**表 3　各移动阅读 App 存在安全风险类型及数目**

单位：个

| App<br>风险 | 书旗小说 | 搜狗阅读 | 微信读书 | 宜搜小说 | 掌阅读书 | 追书神器 | 起点读书 | 咪咕读书 | 多看阅读 | QQ阅读 |
|---|---|---|---|---|---|---|---|---|---|---|
| f1 | 25 | 36 | 12 | 0 | 40 | 21 | 77 | 129 | 22 | 119 |
| f2 | 23 | 30 | 16 | 0 | 18 | 12 | 56 | 42 | 27 | 97 |
| f3 | 20 | 19 | 19 | 0 | 30 | 16 | 6 | 13 | 5 | 15 |
| f4 | 29 | 4 | 2 | 7 | 4 | 6 | 4 | 5 | 3 | 3 |
| f5 | 10 | 3 | 5 | 0 | 8 | 1 | 9 | 3 | 5 | 13 |
| f6 | 2 | 7 | 0 | 0 | 1 | 3 | 2 | 0 | 2 | 18 |
| f7 | 6 | 4 | 3 | 0 | 1 | 1 | 5 | 4 | 11 | 1 |
| f8 | 2 | 8 | 2 | 0 | 2 | 5 | 1 | 8 | 5 | 2 |
| f9 | 3 | 8 | 1 | 0 | 6 | 5 | 2 | 58 | 3 | 0 |
| f10 | 13 | 5 | 3 | 1 | 1 | 0 | 6 | 0 | 1 | 3 |
| f11 | 2 | 8 | 1 | 0 | 6 | 5 | 2 | 4 | 2 | 2 |
| f12 | 4 | 7 | 1 | 0 | 2 | 3 | 3 | 5 | 3 | 3 |
| 其他 | 13 | 12 | 0 | 1 | 3 | 7 | 11 | 6 | 4 | 9 |
| 合计 | 152 | 151 | 65 | 9 | 122 | 85 | 184 | 277 | 93 | 285 |

**表 4　各移动阅读 App 安全风险类型引发风险后果情况**

| 安全风险源类型 | 引发安全风险后果 |
|---|---|
| 动态注册广播 | 数据泄露、越权调用、App 拒绝响应 |
| 隐式意图调用 | Intent 被第三方劫持，读取隐私、数据泄露 |
| Unzip 解压缩 | 解压缩过程中执行任意代码，设备失控 |
| Activity 绑定 Browserable 与自定义协议 | App 被越权调用 |
| DEX 文件动态加载 | 执行任意代码，设备失控 |
| Webview 启用访问文件数据 | 私有目录文件被任意访问，用户隐私泄露 |
| Intent Scheme URLs 攻击 | 私自启动 App 相应组件，提升攻击者权限 |
| AES 弱加密漏洞 | 降低破解难度和文件安全性 |
| SSL 通信客户端检测信任任意证书 | 引发中间人攻击、加密内容泄露 |
| 未使用编译器堆栈保护技术 | 数据丢失 |
| SSL 通信服务端检测信任任意证书 | 引发中间人攻击、加密内容泄露 |
| Webview 存在本地 Java 接口 | 远程执行任意代码、设备失控 |

## （三）个人信息开放共享风险

研究发现，《网络安全法》自颁布、实施以来移动阅读 App 运营合理、合法、合规程度得到较大程度的改善，但仍存在一定的安全风险，尤其是在对用户个人信息的处理领域。一方面用户个人信息传播范围被不断扩大，超出运营商本身范畴；另一方面在用户个人信息传播范围被不断扩大的同时相关关键保护性措施存在可逆化可能。进而导致用户个人信息在开放共享过程中不可控风险的增加。

1. 个人信息传播范围扩大

研究发现，10 款移动阅读 App 中微信和追书神器在对用户个人信息开放和共享领域管控严格，明确表示不会向第三方开放共享，剩余 8 款均存在不同程度向第三方开放、共享用户个人信息的状况。开放对象主要包括被授权的合作伙伴、企业集团成员和生态链上下游企业。其中被授权的合作伙伴主要包括广告、分析服务提供商，金融、征信服务提供商以及软件服务、系统服务、硬件服务提供商等；向企业集团成员开放共享 App 以腾讯系应用为代表，明确表示会与阅文集团以及其他腾讯系企业开放、共享；向生态链上下游企业开放共享 App 以小米系多看阅读为代表，明确表示会与产业生态链企业开放、共享。用户个人信息在开放共享过程中超出运营商本身范畴，在形形色色主体中流转，扩展了用户个人信息传播的基本面，无形中增加了信息曝光、泄露以及违法、违规与不合理利用的风险。至于多数企业声称的对开放、共享信息进行脱敏化处理，与相关企业签订严格的数据保护协议等保护性措施其具体执行状况我们无从得知，亦缺乏相应的监督管理机制。

2. 关键保护技术的可逆性

研究还发现，匿名化、脱敏化技术是当前各移动阅读 App 运营商开放、共享用户个人信息过程中的关键保护技术，但开放、共享过程中如何匿名化、脱敏化，是否执行，执行程度如何，既无国家或行业性规范亦缺乏有效监督。且匿名化、脱敏化技术是否可靠、是否可逆亦有待商榷。有研究显示，基于假名替换、数据扰动的匿名化具有相当程度的可逆性，且去匿名化效率和准确率较高①，亦有针对扰动泛化、K 匿名、分布式隐私保护以及差分隐私保护的去匿名化方法不断出现②。

## 四　结论与反思

综上所述，现阶段移动阅读 App 用户个人信息安全面临诸多潜在风险，涉及用户信息从收集到开放、共享的全过程，且受测平台本身安全状况堪忧，整体安全形势不容乐观。深究其原委，本文认为主要存在以下三方面原因。

### （一）社会规范的局限

社会规范是一个社会用以指导其社会成员行为的规则和期待③，包括道德、传统、法律、法规等多个层面。研究显示，现阶段我国有多部法律、行政管理条例涉及个人信息保护，但缺乏专门立法，普遍存在针对性不强、权责主体不清、防护措施趋同、技术指导性不够等问题④。法律、法规层面社会规范的局限致使其在用户个人信息保护的过程中难以切实发挥作用，保护效果有限⑤。社会传统层面，在“苟利国家生死以”的家国情怀和集体主义至上原则的长期影响下，社会对个人关注不足，个人信息隐私保护仍以社会利益为中心，较多地受到社会利益、国家利益的限制⑥。最后，在社会道德层面，“过去四十年中国社会道德体系的解体是显著存在的现象。命系一

① 陈震宇、张敏、付艳艳、张振峰、李昊：《一种面向轨迹数据发布场景的用户去匿名化攻击方法》，《信息安全研究》2017 年第 10 期。

② 孙广中、魏燊、谢幸：《大数据时代中的去匿名化技术及应用》，《信息通信技术》2013 年第 6 期。

③ 〔美〕约翰·J·麦休尼尼斯：《社会学》，风笑天等译，中国人民大学出版社，2009。

④ 黄如花、苗淼：《中国政府开放数据的安全保护对策》，《电子政务》2017 年第 5 期。

⑤ 邵国松、薛凡伟、郑一媛、郑悦：《我国网站个人信息保护水平研究——基于〈网络安全法〉对我国 500 家网站的实证分析》，《新闻记者》2018 年第 3 期。

⑥ 吕耀怀：《隐私的伦理辩护：西方的视角与中国伦理学可能的选择》，《哲学动态》2007 年第 1 期。

‘钱’的中国社会，人们只认钱，不认人，为了钱什么都可以做。作为整体，中国公民社会的道德意识远较其他社会薄弱”[①]。长此以往，社会缺乏对个人信息的基本尊重，加之数据价值属性凸显，成为众多 App 运营商疯狂收集、开放和共享用户个人信息的重要原因。

### （二）数据的价值属性凸显，数据权属不清

数据作为“二十一世纪的石油”，逐渐成为一种战略资源，引发全球关注。谁掌握了更多的数据和信息谁就可以在竞争中获得更大的利益与主动权[②]。数据价值属性逐渐凸显，数据需求旺盛，引发企业逐利行为，甚至出现完整的互联网信息地下产业链[③]。本文发现的众多移动阅读 App 运营商以“增进服务”为名，甚至不惜通过“打擦边球”等众多边缘性违法、违规方式大量收集用户信息的行为便有了合理解释。而数据权属不清则进一步助长了部分运营商疯狂收集、开放和共享用户个人信息的气焰。当前数据权属问题仍在热议之中，社会各界对信息数据的归属、分割尚无定论的状况，进一步强化了部分企业先占先得，占有即拥有，拥有即可处置的既定观念[④]。

### （三）企业违法违规成本低，监管不足

2018 年 5 月欧盟《通用数据保护条例》出台后，包括微软、谷歌、Facebook 在内的众多全球性科技巨头投入大量资源进行合规化工作，部分业务甚至暂时退出欧盟市场，“全球营业额 2% 或 4% 的罚款”巨额违规成本是主要原因。2019 年 7 月，英国信息监管局甚至对英国航空公司开出了 1. 8339 亿英镑（约 18. 8 亿元人民币）的巨额罚单。对比而言，国内《网络

---

① 郑永年：《郑永年论中国：中国的文明复兴》，东方出版社，2018。

② 董杨慧、谢友宁：《大数据视野下的数据泄露与安全管理——基于 90 个数据泄露事件的分析》，《情报杂志》2014 年第 11 期。

③ 陈瑞华、郑洁萍：《在利益与人格之间：社交网站个人信息保护研究——基于 10 家社交网站的分析》，《新闻界》2018 年第 5 期。

④ 李宁、李卫东：《移动阅读 App 用户个人信息安全研究——基于 10 款移动阅读 App 的调查分析》，《图书馆学研究》2019 年第 21 期。

安全法》中获利金额“一倍以上十倍以下”的违规成本不可同日而语，威慑效果亦相差太远。此外，监管层面的不足亦是导致本文中各 App 运营商各种边缘性违法、违规行为的重要因素。上述社会规范层面的不足固然需要为相关危害用户个人信息安全事件爆发后执法主体不明、无法可依的尴尬局面负责，但有法不依，执法不严，甚至执法过程中相互推诿现象更使得侵犯个人信息的违法犯罪活动甚嚣尘上[1]。

① 涂萌、张绵伟：《第三方支付用户个人信息安全风险及对策研究》，《情报理论与实践》2018 年第 12 期。

# 科学传播中的新媒体呈现与伦理责任

## ——以“基因编辑婴儿”事件为例

余 红 余梦珑*

**摘 要：** 信息技术与以社交化为主要特征的新媒介的快速发展，为科学传播提供了新的契机与挑战。作为科学传播中的关键主体及科学界、公众沟通交流的重要桥梁，媒体对科学知识的传播普及、科学发展的规制监督以及影响公众对科学的认知态度起着重要作用。特别是在争议性科学事件中，新媒体空间开放、多元、互动的特征为公众参与科学事件讨论提供了平台，信息的快速传播、意见的动员聚合催生着网络空间到现实空间公共议题的形成，在信息层、传播层、价值层对新媒体提出了更高的要求。在新的媒介情境下，我们需要重新审视与聚焦科学传播中的新媒体责任，以期更好地发挥媒体价值与实现公共服务。本文以“基因编辑婴儿”事件为例，分析新媒体在这起争议性科学事件中的角色呈现、议题建构与舆论引导，探讨科学传播中的新媒体责任。

**关键词：** 科学传播 风险感知 公共议题 新媒体责任

---

* 余红，华中科技大学新闻与信息传播学院传播系教授、博士生导师，主要研究方向为风险传播、新媒体与社会、网络舆情；余梦珑：华中科技大学新闻与信息传播学院博士研究生，主要研究方向为网络与新媒体。

科学传播（Science Communication）[①] 是指借助大众媒介向公众普及科学知识、弘扬科学思想、培养科学精神的传播活动，旨在帮助公众理解科学、促进公众对科学活动的支持与参与、提升公众的科学素养。作为科学与公众之间的桥梁，媒体承担着衔接二者并帮助其实现“学科跨越”与共识达成的责任。

新媒体的出现与发展，为科学传播提供了新的契机与挑战。就传播模式而言，区别于传统媒体时代的单向科普与中心化传播模式，新媒体环境下传播者、媒介与受众的角色与功能正走向融合，“科学—媒体—公众”间的信息流与意见流传播呈现多中心、多维度的互动模式。就传播内容而言，新媒体环境下的科学传播，已不局限于围绕科学信息本身的传播，而是逐渐演变成包含科学（Science）、健康（Health）、环境（Environment）和风险（Risk）（简称“SHER”）[②] 因素在内的传播范畴，就媒体在传播过程中对各相关要素的把控提出了更高的要求。

关于“科学传播中的新媒体责任”，目前国内外学者的讨论主要集中在以下几个方面：一是新媒体技术影响着科学传播主体参与科学传播活动的方式及科学传播的效果，推动着新的科学传播范式的形成与媒体责任的重塑。Hans Jonas 认为“技术与责任具有高度关联性，技术所带来的改变必须以责任为原则”[③]。新媒体打破了过去在科学传播中由传统媒体提供单一权威信息的局面，为多元信息与意见的呈现提供了空间，促进了科学家和民众的交流[④]。在科学传播中的“公众理解科学”强调了传播过程中的互动交流性，相较于传统媒体，新媒体的开放多元为公众参与科学对话提供了渠道[⑤]。新

---

① 〔英〕J. D. 贝尔纳：《科学的社会功能》，陈体芳译，商务印书馆，1982，第 23 页。

② 金兼斌：《科学传播：争议性科技的社会认知及其改变》，清华大学出版社，2018，第 93 页。

③ 李欣：《论汉斯·尤纳斯的责任伦理》，华南师范大学硕士论文，2012，第 88 页。

④ 杨霜：《危机事件中的科学传播与民意——基于“互媒体性”视点的考察与分析》，《新闻大学》2013 年第 6 期，第 83 ~ 90 页。

⑤ 贾鹤鹏、苗伟山：《公众参与科学模型与解决科技争议的原则》，《中国软科学》2015 年第 5 期，第 58 ~ 66 页。

媒体技术的发展推动科学传播新范式的生成，即围绕科学事件展开多主体的持续对话，促成科学与公众这两个语意空间的意义协调和共识达成[①]。技术与责任相伴，新媒体技术的发展对媒体在科学传播活动中的责任表现形态与伦理道德规范提出了更高的要求。二是当前科学传播活动中，新媒体失责现象频繁，需要进一步审视新媒体责任。媒体“失职”一定程度上造成了科学传播困境[②]。媒体承担着向公众传播准确科学信息的责任[③]，但媒体在对科学信息进行二次创作的过程中，常常陷入以迎合受众需求、盲目扩大传播范围为诉求的陷阱，忽视科学传播的本质[④]。三是新媒体环境中的科学传播的责任主体、责任范围正发生变化。关于责任主体，有学者指出，在新媒体环境下，科学传播的过程通常涉及多元主体的互动，科学传播的责任应落在各参与主体的身上，媒体应发挥调节各主体的作用，促成科学传播的良性互动[⑤]。关于责任范围：在媒体功能方面，科学传播中的媒体责任范围包含两个维度，其一传递信息，将科学话语转换为公众可理解的话语形态并进行传播，其二引导公众对科学议题的讨论，在开放自由的公共讨论空间中促成公众对科学信息的可理解性与可接受性[⑥]；在道德伦理方面，科学传播中的媒体责任不仅包含传统意义上的媒体功能责任，还包含对公众、对政府、对社会的道德责任，在传播中遵循科学伦理规范，维护科学精神[⑦]；在社会效应方面，科学传播中的新媒体责任，应该包含监督科学界承担社会责任和警示

① 王学锋：《针对科学流言的意义协调：从强力纠错到长期对话》，《新闻记者》2016 年第 10 期，第 26 ~ 33 页。

② 韦敏：《科学传播困境背后的技治主义——以黄金大米的科学传播为例》，《科学与社会》2018 年第 1 期，第 88 页。

③ 胡西伟、王瀚东：《科学报道中的问题与创新》，《湖北大学学报》（哲学社会科学版）2013 年第 4 期，第 199 页。

④ 覃晓燕：《科学传播中传媒责任审视》，《现代传播（中国传媒大学学报）》2010 年第 4 期，第 17 ~ 19 页。

⑤ 王大鹏：《科学传播的责任》，《民主与科学》2015 年第 4 期，第 38 ~ 40 页。

⑥ 梁德学：《科学传播中“公共领域”的建构与维持》，《新闻界》2012 年第 11 期，第 16 ~ 19 页。

⑦ 王洪贤、钱伟量、李东松：《浅议科学传播伦理的两个问题》，《科协论坛》（下半月）2007 年第 7 期，第 62 ~ 63 页。

其他科学共同体的作用①；在责任履行方面，DannyElliott 在传播责任观中提到媒体的责任包含“显性责任”（Visible Responsibility）和“隐性责任”（Invisible Responsibility），前者表现为大众媒介组织的公开承诺，后者则体现为由媒体从业人员的宗教信仰、教育程度和家庭背景等形成的个人道德价值体系的差异，对其责任的认知和履行程度②。

目前，科学传播中的新媒体责任研究仍处于探索期，我们有必要审视与聚焦科学传播中新媒体的责任，以期更好地发挥媒体价值与实现公共服务。本文以“基因编辑婴儿”事件为例，分析新媒体在这起争议性科学事件中的角色呈现、议题建构与舆论引导，探讨科学传播中的新媒体责任。

## 一　媒体呈现：“基因编辑婴儿”事件的新媒体报道

2018 年 11 月 26 日，中国深圳科学家贺建奎宣布，一对名为露露和娜娜的基因编辑婴儿在中国诞生，并声称这对双胞胎的一个基因经过修改，使她们出生后即能天然抵抗艾滋病，这是世界首例免疫艾滋病的“基因编辑婴儿”。

### （一）舆论发酵与传播路径

1. 舆论发酵快且周期短

该事件在 2018 年 11 月 26 日人民网深圳频道以“世界首例免疫艾滋病的基因编辑婴儿在中国诞生”为题发布后，便在新媒体平台迅速发酵，在微博实时热搜的话题等级为“沸”。11 月 27 日达到舆论顶峰，当日微信公众号关于“基因编辑”10w + 的文章达 50 篇，日阅读量 24509153。但整个事件的舆论持续周期短，在 12 月 1 日后便逐渐走向式微，活跃天数仅为 7 日（见表 1、图 1）。

① 刘华杰：《科学传播读本》，上海交通大学出版社，2007，第 59 页。

② 展江：《一个自由而负责的新闻界》，中国人民大学出版社，2004，第 77 页。

表1 2018年11月24日至12月4日微信公众号阅读指数及舆论走势

| 关键词 | 篇数（篇） | 涉及公众号（个） | 阅读数（人次） | 点赞数（个） | 10w+篇数（篇） | 原创篇数（篇） | 活跃天数（天） |
|---|---|---|---|---|---|---|---|
| 基因编辑 | 19081 | 10831 | 92815796 | 1193339 | 213 | 3298 | 7 |

资料来源：新榜有数。

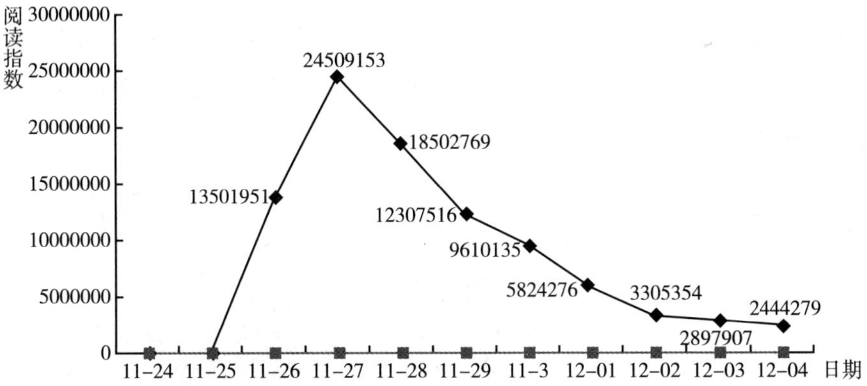


图1 2018年11月24日至12月4日微信公众号阅读指数与舆论趋势

2. 媒体议题焦点的转变

“基因编辑婴儿”事件公布之初，国内主流媒体的报道主要围绕“免疫艾滋”“世界首例”“历史性突破”等内容展开，呈现的是对事件肯定性的议题报道。但在新媒体场域内，科学家的联名反对、系列科普文的发布，以及相关单位的官方声明都呈现对该事件的否定性态度，主流舆论逐渐围绕基因编辑的“伦理道德”“秩序规范”“不可控风险”等展开，媒体对该事件的报道也转为批判性与调查性议题方向，由传统主流媒体为新媒体设置议题走向了新媒体为传统主流媒体设置议题。事实上，“科学议题”本身具有较高的门槛，媒体与公众在接触科学信息时都需要进行学科知识跨越，在构建议题时若迷信于部分专家的意见或单一信源，很容易形成误判。“基因编辑婴儿”事件中，新媒体空间多主体的参与和互动，多方位的信源与多视角的观点碰撞，促成了议题焦点的转化。

3. 新媒体形态传播矩阵

新媒体有不同的平台属性与定位差异，其擅长领域和职能发挥也各有侧重。可以看出，社交网站是此次“基因编辑婴儿”事件传播的主要平台。较之其他新媒体平台，社交网站的特性在于其不仅是信息传播的空间，同时也是公众展开公共讨论的空间。而新闻网站、新闻客户端与微信公众号则更多侧重于资讯内容生产，尤其是高质原创性内容的生产，为社交网站的信息传播提供内容。内容端与传播端的共通，以及文字、图片、视频等多媒体传播形态的相融，互为补充，形成自发式传播矩阵，并在网络空间内进行信息的裂变式传播。

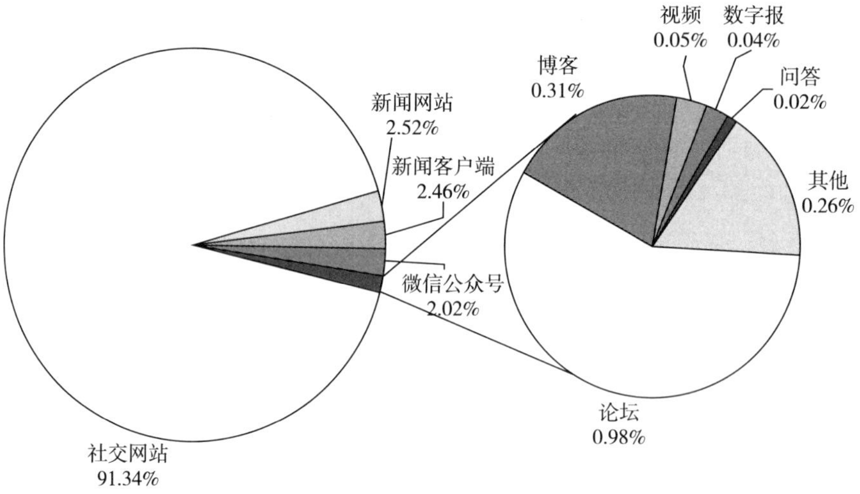


**图 2　“基因编辑婴儿”事件中新媒体传播平台**

资料来源：鹰眼速读网。

## （二）新媒体报道主题

“基因编辑婴儿”事件中的新媒体报道包括网络新媒体与垂直自媒体的新闻报道、主流媒体在新媒体端发布的报道，以及科学共同体借助新媒体平台发声并获得新媒体转载的报道。不同传播主体或同一主体在事件进程不同阶段的报道框架与内容导向上有所不同。此次事件，新媒体传播平台中社交网站占比91.34%，是最主要的内容传播平台。因此，本研究选取国内最大的综合性社交网站新浪微博中的传播内容作为研究样本。利用八爪鱼采集器对关于“基因编辑婴儿”的775条热门微博①进行数据爬取和文本挖掘，提取出835个关键词，通过进一步的筛选、去重、合并，进一步提取出权重 > 0.007的关键词75个，如表2所示。

表2　关键词概率分析

| 关键词 | 概率 | 关键词 | 概率 | 关键词 | 概率 |
|---|---|---|---|---|---|
| 基因编辑婴儿 | 0.25646292 | 南方科技大学 | 0.01749416 | 胚胎 | 0.01225299 |
| 贺建奎 | 0.10071535 | 健康 | 0.01728168 | 抵抗 | 0.01218217 |
| 首例 | 0.07833416 | 医学 | 0.01685672 | 露露 | 0.01211134 |
| 免疫艾滋病 | 0.09802394 | 出生 | 0.01614845 | 婴儿 | 0.01189886 |
| 中国 | 0.05616545 | 报道 | 0.0160068 | 深圳和美 | 0.01119059 |
| 伦理 | 0.04929528 | 委员会 | 0.01508605 | 基因组 | 0.01048233 |
| 诞生 | 0.04391246 | 科技部 | 0.01501523 | 人体 | 0.01019902 |
| 研究 | 0.03994617 | 第二届 | 0.013882 | 儿科 | 0.00991572 |
| 人类 | 0.03343013 | 实验 | 0.01374035 | 双胞胎 | 0.00991572 |
| 科学家 | 0.03272186 | 联合声明 | 0.01352787 | 修改 | 0.00984489 |
| 回应 | 0.0298888 | 消息 | 0.01338622 | 反对 | 0.00984489 |
| 深圳 | 0.02679161 | 国际 | 0.01324456 | 122位 | 0.00977406 |
| 调查 | 0.02089383 | 副教授 | 0.01310291 | 核实 | 0.00963241 |
| 项目 | 0.02018557 | 媒体 | 0.01303208 | 风险 | 0.00927828 |
| 争议 | 0.01990226 | 国家卫健委 | 0.01274878 | 强烈谴责 | 0.00871167 |
| 声明 | 0.01926482 | 专家 | 0.01260713 | 伦理审查 | 0.00835753 |
| 医院 | 0.01820242 | 峰会 | 0.01239465 | 电影 | 0.00779092 |

通过对微博文本进行内容分析，在消息报道的关键词中，涉及的机构主要有“学校”“医院”“委员会”“公司”“国家卫健委”；涉及的人物关键词是“科学家”“专家”“副教授”“记者”；涉及地区主要是“深圳”“中国”“香港”“广州”（见图3、图4）。将关键词与报道标题和内容进行对应，大致可以归纳出以下四种报道类型。

① 根据《热门微博管理规范》，热门微博的热度数值是根据该微博转发数、点赞数和微博发布时间等各项因素，算出热度基数，和热度权重相加，得出最终热度值。

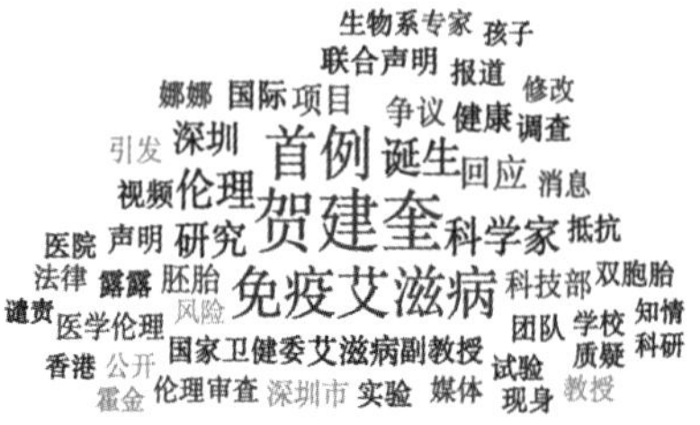


图3　关键词云分析

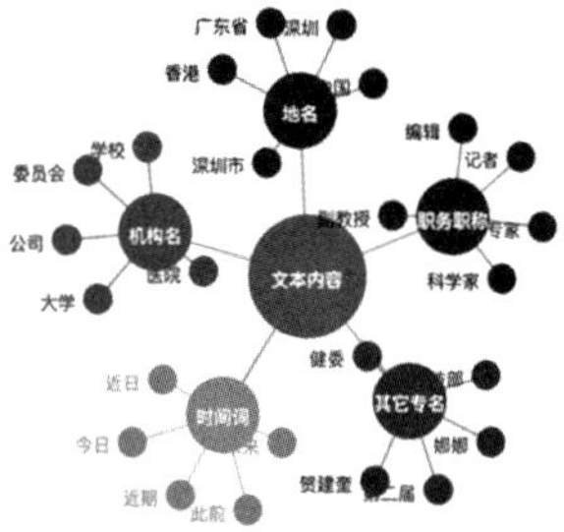


图4　各相关主体

**表3　“基因编辑婴儿”事件新媒体报道类型**

| 报道类型 | 关键词 |
|---|---|
| 科普型 | 基因编辑、免疫艾滋病、研究、健康、医学、实验、胚胎、基因组等 |
| 调查型 | 调查、回应、核实、声明、审查等 |
| 评论型 | 争议、反对、对抗、强烈谴责、质疑、接受、道歉、呼吁、底线、道德、风险、伦理等 |
| 想象型 | 电影等 |

在科普型报道中，值得关注的是新媒体是专业化垂直类媒体的科普报道。在科普内容上，凭借其在特定领域的专业性能对事件进行原生性权威解读，实现科普内容的生产传播一体化。如“果壳”、“丁香医生”、中国法律评论等垂直自媒体分别从科学界、医学界、法律界等专业视角对该事件进行深度剖析与解读；在时效性上，扁平化运营机制与对互联网传播逻辑的熟悉，使其在突发事件中能迅速做出反应；在传播效果上，垂直自媒体清晰的受众定位增强了传播的到达率，而核心受众在社会化媒体空间内的分享裂变式传播又进一步增加了科普广度，评论区的设置也为公众讨论提供了空间，提升科普效果。

在调查型报道中，以新型主流媒体的报道居多，包括人民日报、新京报等传统媒体的新媒体发布端，也包括环球网、新华网等主流媒体门户网站渠道，以及新浪科技、腾讯科技等商业门户网站的科技类频道。报道内容主要聚焦于对医院、学校、伦理委员会等涉事单位，以及国家卫生健康委员会、科技部等官方机构的回应进行报道。

在评论型报道中，主要是科学共同体、新型主流媒体评论部、微博意见领袖对该事件的意见态度呈现，对引导舆论的走向起着重要作用。评论内容主要围绕科学伦理道德、科学行为规范、法律秩序规则建设等问题展开，在标题中多用问号与感叹号将态度与观点进行直接表达。

在想象型报道中，部分新媒体将该事件与科幻小说、电影等非真实事件进行类比式报道。并非从科学事实层面对事件进行阐释，而更多是从情感层面出发，抓住网络传播用户猎奇心理，寻求与受众对该事件的观点契合和态度共鸣。

## 二　科学传播中新媒体报道折射出的问题

### （一）信息生产层：传播事实与传播观点

大众媒体是公众获取信息形成科学认知的主要渠道。科学传播中，新媒体在信息生产阶段的基本要求与责任是坚持真实性与客观性。“基因编辑婴儿”事件中新媒体的问题，并非出现“失实”报道，而是在事件信息生产与传播的过程中夹杂了媒体主观“价值判断”，并且这种判断是存在争议的。“客观性的实现要求新闻（news）与意见（views）分开”①，即分清事实与价值。当媒体忽视客观性，把“意见”当作“事实”进行传播时，很容易对公众造成误导。这并非是指新媒体不能做出价值判断，关键在于其是否在恰当的时间、正确的地点（体裁）中呈现价值判断。这在科学传播中具体表现为：其一，新媒体是否应该在事件报道伊始就做出价值判断；其二，新媒体是否有能力在短时间内对跨专业领域事件做出恰当判断；其三，新媒体对科学议题的价值判断是以新闻报道类呈现还是以新闻评论的体裁呈现。

如表 4 所示，人民网、新浪新闻等媒体在对“基因编辑婴儿”事件进

---

① 〔美〕J·赫伯特·阿特休尔：《权力的媒介》，黄煜、裘志康译，华夏出版社，1989，第 87 页。

行“首次”报道时便轻易做出了价值判断，并且将这种观点在“消息”的体裁中呈现。其问题不仅仅是因新媒体科学素养不足造成了价值误判，还有新媒体在信息的生产传播环节中对新闻事实与意见的模糊判断以及对时间体裁的不恰当使用，本质上是专业素养的不足与责任缺失。

**表 4　部分媒体对“基因编辑婴儿”的报道体裁**

| 媒体 | 报道时序 | 体裁 | 标题 |
|---|---|---|---|
| 人民网深圳频道 | 首次报道 | 消息 | 世界首例免疫艾滋病的基因编辑婴儿在中国诞生 |
| 新浪新闻 | 首次报道 | 消息 | 免疫艾滋的“神奇宝宝”在中国诞生了 |
| 头条新闻 | 首次报道 | 消息 | 世界首例免疫艾滋病的基因编辑婴儿在中国诞生 |

### （二）议题建构层：聚焦事件与聚焦情绪

科学研究存在风险，媒体报道与议题呈现的是公众形成风险感知的重要渠道。科学传播中，新媒体的责任是通过对科学研究事件进行理性全面的报道，让公众知晓该研究显在或潜在的科学风险与伦理问题。在“基因编辑婴儿”事件中，我们既可以看到聚焦事实客观呈现风险的理性报道，如央视新闻报道的《基因编辑原来这么回事，一张图看懂了》、果壳网《首例基因编辑婴儿如果真的诞生意味着什么》，但同时也存在不少聚焦情绪、放大风险感知的非理性报道。比如不少媒体在议题呈现的过程中，将《千钧一发》《逃离克隆岛》等与基因编辑相关的科幻电影与事件进行类比，但科幻电影本身是想象的艺术而非现实的科学。新媒体在报道“基因编辑婴儿”事件本身的不确定性与争议性时，带有的主观臆测使其在议题建构的过程中带有明显的情感偏向。这种情感偏向对科学议题的呈现不是以事实为基础，而是以满足受众偏好、吸引受众眼球为目的，偏离了事件本应关注的焦点，在主观臆测与议题建构中放大了公众的风险感知。

### （三）舆论导向层：引导争鸣与引导思考

“基因编辑婴儿”事件从萌芽、爆发到式微的整个舆论周期不过 7 天，在这场短暂的舆论风暴中，我们可以看到新媒体在对科学议题的舆论引导与履责上仍存不少问题。一是舆论萌芽期，盲目跟风、原创不足。事件报道伊始，舆论的焦点呈现为“基因编辑婴儿”叫好，这期间新媒体大多没有原创报道，而多直接转载来自传统媒体的信源。在大量科学共同体和其他领域专家发出质疑后，又转到对“基因编辑婴儿”声讨，在未厘清事实的情况下盲目跟风，报道大量同质性文章。事实上，当新媒体场域内呈现太多不确定信息与意见时，媒体自身的立场与观点就显得格外重要，对内容进行把关、慎重表明态度是在科学传播中对媒体的基本责任要求。二是舆论爆发期，忙于喧嚣、疏于引导。在相对开放自由的新媒体场域内，舆论爆发期声音意见多元化表达，对抗与争鸣较传统媒体时代更为激烈。在这种允许和鼓励多种声音的环境下，新媒体的责任是适应和利用这种环境优势，实现科学传播的目的，即传播知识、增强理解、培养思想。在“基因编辑婴儿”事件的舆论爆发期，大部分新媒体的关注点仍停留于对事件本身的争议，疏于对公众意见和情绪的引导，沉溺于喧嚣却没有回答“喧嚣与争议过后留下什么”的问题。三是舆论式微期，偃旗息鼓、缺乏深度。“基因编辑婴儿”事件在经历短暂的舆论沸腾后，随着媒体报道的减少，很快淡出公众视野。新媒体对新鲜热点的追求无可厚非，但就新闻专业主义而言，媒体对时新性的追求并不能以降低新闻深度性为代价。此次事件中，许多在初期报道中就模糊或争议的问题并没有得到新媒体的深度挖掘与持续跟进。但在科学传播中，对争议性事件进行持续性动态关注恰恰是新媒体的责任所在。“基因编辑婴儿”事件值得被公众关注与讨论，但这个过程需要媒体不断推动，为公众提供讨论的路径与空间。

## 三　科学传播中新媒体失责的原因

新媒体在科学传播中的“失职”或“责任缺失”不能仅仅归结于媒介素养或专业素养不足，更深层次的原因是在特定的社会背景与社会情境下，科学传播所涉及的各主体间的结构性差异与鸿沟，以及在不同价值立场中产生的不同运行逻辑间的博弈与冲突。

### （一）知识沟

科学传播中，科学、媒体与公众是彼此独立又相互关联的场域，它们之间实际上存在着科学与公众、科学与媒体、媒体与公众三种传播关系，三种知识文化的跨越。其一，就科学与公众而言，人类社会进入18世纪后，科学研究的专业化扩大了精英知识阶层与普通民众间的知识沟（knowledge gap）[①]，尽管近年来，为拉近科学与公众距离，科学传播开始强调“Popularize”，即科学传播的普及化、通俗化，但这种鸿沟的存在，本质上具有必然性，科学与公众的对话仍是在知识跨越中进行。其二，就科学与媒体而言，当媒体作为科学与公众中介时，即科学信息从科学界到媒体，再从媒体到公众时，实际上经历了两次跨知识传播。理想状态下，媒体传播的应是围绕科学本身的“事实性信息”，但实际上在跨越双层知识沟后，传播的内容不仅包含事实性信息，更是“情境化信息”。事实性信息的知识沟可能引发的问题是对内容本身的判断与理解错误；而情境化信息的知识沟可能引发的问题是在媒体框架下对知识的解构与建构，公众在对知识的选择性接触、理解、记忆中，不可控或不可避免地造成对知识内容和意义的偏向与消解。其三，就媒体与公众而言，知识沟不仅是媒体与大众两种文化间的知识沟，还有因媒介使用差异带来的数字鸿沟。新媒体环境下，知识沟究竟是扩大还是缩小，尚不能妄言，但可以确定的是，公众因媒体使用情况不同而对科学知识的知晓、理解、参与程度也会不同，并影响媒体传播效果。

### （二）话语沟

史蒂芬·施耐德（Stephen H. Schneider）认为，传播科学通常面临着“双重伦理绑定”：其一，科学伦理要求说真话，即“完全的真话”，这意味着会有许多专业术语的使用，并且叙事完整而非碎片化；其二，科学传播要

---

① 翟杰全、张丛丛：《科技传播研究：“普及范式”和“创新范式”》，《北京理工大学学报》（社会科学版）2008年第1期，第9页。

求公众能够知晓与理解科学研究，这就需要发挥媒体的作用，要有抓人眼球的内容与话语。① 事实上，在科学传播中，科学与媒体有两重关系。一是以科学共同体为主体，即科学共同体利用新媒体工具进行的科学传播。这个阶段最容易出现的问题是科学与公众之间的话语鸿沟。尽管科学共同体传播的是严谨的“一手”信息，但公众可能存在看不懂或者不愿意看的情况，传播效果受到局限。二是以新媒体为主体，即新媒体把科学信息作为传播内容进行的科学传播。这种情况下，新媒体并非科学研究的实践者与科学内容的生产者，而是作为转述者将科学信息筛选、编排、再生产后进行“二次传播”。其优势在于，通过提炼信息，将专业术语转化为公众话语，并借助新媒体图文视听的呈现形式与智能化、场景化渠道分发的方式，拉近了科学界与公众的“阅读距离”。但同时又不可避免地出现另一种形式的“话语沟”，即科学与媒体之间的话语鸿沟。这是在新媒体转述科学内容的过程中出现信息失真或偏差。其原因或是科学素养不足使新媒体在理解科学内容上出现偏差；或是专业能力不足使新媒体在信息筛选、加工、呈现中造成噪声堆积或符号失灵；或是动机不端使新媒体为追求或制造新闻效果而刻意曲解科学内容或放大争议，引起关注与讨论。其结果都是对公众造成误导，并进一步加大了公众与科学的话语沟。

### （三）立场沟

科学传播中各主体对同一事件往往会有不同的出发立场与价值判断。科学共同体关注的是事实的、客观的技术意义维度，采用的是科学专业主义立场；媒体关注的是内容的时新性及其是否具有新闻点与传播价值，采用的是媒介逻辑出发点和立场；公众关注的是认知上的情绪、伦理、价值，采用的更多是基于情感判断的感性的、情绪性立场。这就决定了各方对事件的理解与处理方式上存在鸿沟与冲突。以“科学新闻”为例，现代社会中，科学

① 〔美〕莎朗·M. 弗里德曼、〔美〕莎朗·邓伍迪、〔美〕卡罗尔·L. 罗杰斯编著《传播不确定性：对新兴和争议性科学的媒体报道》，刘军等译，北京科学技术出版社，2016，第120页。

新闻是科学传播的主要方式之一，但并不等同于科学传播。科学新闻的核心问题是其遵循的是新闻传播逻辑，在素材选取上通常只有新兴科学才会被视为新闻。所谓“新兴科学”，布鲁诺·拉图尔（Bruno Latour）认为是指科学真相还没得到科学界与公众的共识的状态①。“基因编辑”是新兴科学中的新闻，尚未形成共识且具有争议，能够引起媒体关注产生新闻。但是在传播时媒体的立场不是以科学家视角传播，即要求系统全面深入严谨地科学传播；而是在新闻传播逻辑下的对时新性、重要性、趣味性等新闻要素的追求。从这个角度出发，我们便不难理解为什么新媒体场域内，科学新闻、科学报道很难持续深入，这是其出发立场与运行逻辑决定的。科学传播中，新媒体失责的主要原因也在于媒体没有找到自己的立场和角色，在下文将具体阐释。

## 四　科学传播中新媒体的角色呈现与责任审视

责任的审视与评估不能脱离责任主体所处的社会情境与社会身份角色，不同的社会情境，不同的角色定位，对应、聚焦了不同的细化责任。因此，我们在探讨科学传播中的新媒体责任时亦不能一概而论。结合钟瑛教授在新媒体责任指标中的信息生产、价值引导、文化教育、协调沟通四大范畴②，笔者认为新媒体在科学传播中存在科普者、瞭望者、引导者与协调者四种身份角色，并具象承担着特定的社会责任。

### （一）科普者：普及科学知识，回归媒体本责

认知中介模式（cognitive mediation model）③ 提出，信息首先需要被人们注意，进而才有机会去思考信息并促成相关知识的形成。公众对科学事件

---

① 〔法〕布鲁诺·拉图尔：《科学在行动》，刘文旋、郑开译，东方出版社，2005，第55页。

② 钟瑛主编《中国新媒体社会责任研究报告（2018）》，社会科学文献出版社，2018，第30～35页。

③ Evaland，J. T.，W. P.，*The Cognitive Mediation Model of Learning From the News：Evidence From：A Quantitative Content Analysis of Media Frames and Sources.*（Science Communication，2001）p. 60.

的态度是由其认知水平决定的，现代社会中，媒体是公众获取认知信息的主要来源，科学事件通过媒介有了可见度与公共性。但新媒体在科学传播中面临一个重要问题，他们在一定程度上既缺乏时间（或是对时效性的追求压缩了时间），也缺乏专业能力去判断科学信息的真伪与伦理价值。不少学者认为应该通过提升媒体的“科学素养”来更好地履行其责任，笔者在这里持不同意见。一是科学领域具有高“专业性”，并非新媒体从业者依靠平日里提升“科学素养”就能企及。二是科学因本身的不确定性难下定论。就“基因编辑”而言，其“未来”走向究竟是人类福祉还是潘多拉的魔盒，即便是学界专家也很难做出绝对正确论断，更何况是跨专业的媒体？我们在谈论科学传播中的新媒体责任时，如果一味寄希望提升“科学素养”来提升传播效果并不切实际。新媒体应注重回归媒体角色，细化媒体责任，责任越具体，实施越明细，追责也更清晰。

作为科普者的新媒体，围绕“传播什么”“怎么传播”“传播效果如何”三个基本问题，在传播内容上，应做好信息的“传播者”与“把关者”，对科学事件信息进行客观、真实、全面的报道，梳理事件信息；对新媒体空间海量繁杂信息内容进行筛选甄别，提取高质量核心内容传递给公众。在传播方式与效果上，做好链接信息的“桥梁者”，利用新媒体的技术优势提升科学传播的有效性。语言提炼上，将专业性较强的科学语言转化为公众易读易懂的亲民语言；内容分发中配合渠道移动化、碎片化的特征；信息呈现上，借助新媒体的多媒体特征，图文化、视频化科学信息，帮助公众理解科学内容。需要注意的是话语亲和与易读并不等同于“去科学化”，新媒体可以在一定程度上丰富科学知识的表现形态，但需要把握一定的“度”，而非喧宾夺主，科普的内容依然应围绕“四科”[①]，即科学知识、科学方法、科学思想、科学精神展开，链接科学与受众，帮助公众完成“学科跨越”，消除话语与认知藩篱。

① 黄时进：《论哈贝马斯“公共领域”理论对科学传播实践的启示》，《自然辩证法研究》2009 年第 8 期，第 76 ~ 80 页。

### （二）瞭望者：规范科学行为，实现社会监督

新媒体作为社会的“瞭望者”承担着参与社会监督、履行社会控制的责任。科学研究需要在一定的规则与秩序内进行。当其超过现存社会秩序规范时，或与人们的道德伦理共识价值观冲突时，会被认为是“越轨行为”。越轨（deviance），是指违背一个群体或社会规范的行为[①]，是对人们行为的价值判断与事实判断。“基因编辑婴儿”事件之所以引起争议，是其违背了目前国际上主流医学界对基因科学的约定俗成（不成文法）或成文法的规定，也就是对已有“社会契约”的背离。社会学家罗斯认为，当越轨行为出现时，为维持现有社会秩序，需要进行社会控制（social control）[②]，旨在促进社会整合与发展，维护社会和谐。媒体作为社会控制的有效手段，在科学传播中需要对失范行为予以警示，规范科学发展行为，其社会责任可细化为以下三个层面。一是国家治理层面的社会控制。社会控制的手段包含强制性与非强制性手段。现代社会中，社会评价、公共舆论、群体共识等非强制手段正在发挥着越来越重要的作用。新闻媒体作为非制度化的社会控制手段，通过公开报道与舆论制裁的方式对越轨行为起到了很好的控制、教化作用。二是社会风险层面的社会监督。在科学传播中媒体通过对越轨新闻信息的传播，对越轨行为进行披露，将被掩盖的或被社会忽视的科学不确定与风险告知社会，引发公众与决策者的关注，发挥媒体的社会监督责任。三是行为失范层面的社会规范。媒体应对越轨科学行为进行否定性传播，从而达到对越轨者进行警示与规范，并对相关部门的失职予以监督、促进相关法律法规完善，保障公众安全与社会秩序，避免不可预知的后果与社会风险，实现维持社会秩序的目的。

---

① 〔美〕戴维·波普诺：《社会学》（上册），刘云德、王弋译，辽宁人民出版社，1987，第99～105页。

② 〔美〕E. A. 罗斯：《社会控制》，秦志勇等译，华夏出版社，1989，第11页。

## （三）引导者：培养科学理念，塑造社会共识

作为有责任担当的新媒体，在科学传播中应努力发挥自身职责，增强公众对科学的理解、知晓，进一步推动公众参与科学的热情，培养公众的科学精神、科学思想与科学理念；塑造公众、科学、社会的共识；促进社会和谐、推动科学文化与社会文化的发展。基于以上目的，新媒体在科学传播中作为“引导者”在责任细化时，又对应了以下具体责任。

1. 引导“争议”，鼓励公众参与科学

基因工程等科学技术涉及的伦理问题很容易引发社会争议。而这些“争议”在一定程度上能有效吸引公众注意力，新媒体在科学传播中应利用“争议”的契机，带动公众参与到科学传播中，促进他们对科学知识的知晓与理解。需要注意的是，引导“争议”，并不是无序状态下的争吵、喧闹、博取眼球，而是媒体主动围绕“鼓励公众参与科学、促进科学共识”的目的，有秩序地设置争议议程，引导不同主体多元意见的碰撞、对抗与融合。引导公众从“围观”到“争鸣”，促进信息、知识、价值观点的流通，在对“科学事件的不确定性与争议”中，层层建构公众对科学事件的理解。

2. 引导“舆论”，实现主流共识机制

有秩序地引导争议有助于鼓励公众参与科学，但是新媒体在科学传播中仅仅通过“他说”的方式聚合争议是不够的。引导者强调了新媒体在科学传播中的关键角色，不能仅仅停留于“报道事实”层面，因为这些科学信息的“事实”本身就含有争议，还需要在争议的过程中进行共识引导，即表明“我说”的观点或对“他说”的态度，展示对科学“事实”之外的合理解读，也就是解决“争议之后留下什么”即传播深度的问题。

3. 引导“理解”，培养公众理解科学

新媒体在进行科学传播时需要把握好两个维度：一阶（first order）科学传播，即围绕科学事件或知识本身的传播；二阶（second order）科学传

播，即围绕科学元层次内容，包括科学思想、科学文化、科学精神等传播[①]。二者并不独立断裂而是共生融合，其中二阶科学传播目的的实现更多的不是依靠灌输，而是培养。斯图亚特・艾伦（Stuart Allan）认为，知识是公众理解科学、凝聚共识的对话基础[②]。新媒体在科学传播中，应在传播一阶科学知识信息的基础上，有意识地渗入科学文化、思想、精神等二阶深层次内容，培养公众理解科学。

### （四）协调者：协调科学主体，敦促社会履责

科学传播是一项涉及多主体互动的社会事业[③]，参与传播的各主体都应承担起相应的科学传播责任。新媒体在科学传播中作为协调者的主要责任，是通过发挥自身的协调互动作用，推动各主体在公共空间中就科学事件展开主动的、理性的讨论与决策，敦促各主体承担起他们在科学传播中应尽的责任，推动科学传播健康发展。

1. 科学与公众

媒体作为协调者应促进科学家与公众间的相互理解与平等对话。一方面，公众理解科学，通过科学参与对话，使公众融入科学，帮助公众从对科学议题的“知其然”到“知其所以然”。但理解并不等同于认同，而是一种双向交流的思维态度。公众对科学议题中的争议与不确定性有质疑与监督的权利，而媒体在其中需要将公众意见进行汇聚与呈现。另一方面，科学家理解公众，不再视公众为无知者进行单向给予，而应建立科学传播的反馈机制。了解公众对科学的意见与态度，正确对待公众的质疑与监督。新媒体作为协调者，应着力创造网络公共讨论空间与开放氛围，增强科学界与公众就科学议题的可理解性与可接受性。

2. 科学与决策界

互动科学模型认为，科学不能独立于它的社会联系与机制化联系。科学

---

① 刘华杰：《科学传播读本》，上海交通大学出版社，2007，第 20 页。

② Allen, S. , *Media*, *Risk and Science* (Buckingham: Open University Press), 2002, pp. 40 ~ 47.

③ 王大鹏：《科学传播的责任》，《民主与科学》2015 年第 4 期，第 38 ~ 40 页。

研究需要在政策秩序的规制下进行，而制度决策的产生需要以广泛而深远的社会共识为基础。这种基础并非与生俱来，而是在社会传播与互动中形成。互动意味着“各主体对传播内容流程的共同控制”①。协调科学界与决策界的“互动”，是指在共通的语义空间下，通过双向渠道交换信息，互相传达对科学的理解与回应，在共同控制中实现对科学活动的规范。正如乔万尼·卡拉达所言，“有效的科学传播政策应是在科学与社会间建立信任互惠的氛围”②，媒体作为协调者的责任是帮助科学界与决策界实现真正的对话，推动共识性科学决策的出台。

3. 科学与共同体

科学传播中的新媒体责任，应该包含监督科学界承担社会责任和警示其他科学共同体的作用。对于存在争议与观点对立的科学议题，媒体的重要性不仅体现在对声音的选择上，还体现在对声音的协调上。因为在科学的规范结构中，“同行评议”（peer review）被认为是最重要的规则之一③。同行评议扮演着科学行业内监督的角色，而媒体则扮演着社会监督的角色，通过协调并呈现科学争议中不同的意见，帮助公众与决策界更完整清晰地了解事件全貌，推动科学行为的规范与社会秩序的完善。

① 〔美〕梅尔文·德弗勒、〔美〕桑德拉·鲍尔：《大众传播学诸论》，杜力平译，新华出版社，1990，第58～60页。

② 〔意〕乔万尼·卡拉达：《科学家传播能力指南》，王大鹏译，中国科学技术出版社，2017，第34～37页。

③ 刘华杰：《科学传播读本》，上海交通大学出版社，2007，第40～42页。

# B.18 新媒体时代公民突发健康风险传播参与特征

## ——对问题疫苗事件的网民跟帖分析*

张　雯**

**摘　要：** 近年来以微博、微信为代表的社交媒体的广泛应用改变了风险事件的建构格局。了解风险事件发生后公众对政府及主流媒体传播信息的回应逻辑及风险传播参与有助于改善风险传播现状。考虑到我国风险的特殊性及传播具有的民主属性，本研究以2018年问题疫苗事件的615篇新闻与1434条跟帖为样本进行内容分析。研究发现，虽然公众接受官方科学话语，对疫苗风险有着广泛的正确认知，但他们担心风险事件再次发生，放大风险存在的概率。主要原因在于主流媒体面对突发风险事件，仍没完成从“传达者”到“沟通者”的转型，其巨大影响力限制了社交媒体舆论场话语的多元性，单一的风险建构方式增加了公众的疑虑和不确定，社会化媒体还有待真正发展成为弥合风险传播双方鸿沟的利器。

**关键词：** 风险传播　公众　跟帖　疫苗

---

* 中南财经政法大学中央高校基本科研业务费专项资金资助项目“基于新媒体平台的公共卫生风险信息演化博弈与公众风险感知研究”（批准号：2722019JCG043）成果之一。

** 张雯，博士，中南财经政法大学新闻与文化传播学院，讲师，主要研究方向：风险传播，健康传播和网民行为。

转型期我国制度结构和社会关系的巨变带来了各种社会矛盾，风险事件频发，给政府治理带来新挑战。传统风险传播模式倚重“科技范式”，政府希望通过专家权威对公众进行单向灌输和说服，试图以教育消除民众对风险的恐惧和对抗，[①] 使他们按照专家传达的方式理解风险问题或者接受风险事实，[②] 但因专家和公众风险感知间的巨大差异往往导致警告和解释不仅不被公众接受，而且缺乏民主性限制了公共政策议题决策的正当性。[③] 当下风险传播范式强调风险信息在专家、风险管理部门和民众之间的流动，引导政府与公众之间建立新的伙伴关系，促成良性对话。[④] 以微博为代表的新媒体不仅承担着向公众发布风险信息、解释风险政策、应对突发事件的职责，同时也成为公众表达想法、交流沟通的平台，使风险的政民共治成为可能。

网民跟帖是公众对官方风险信息的直接回应，是公众参与民主最简单普遍的形式。公众越来越重视在微博下表达意见，据统计，《人民日报》每条微博下平均跟帖数接近1000条，公安部微博所发布新闻的平均跟帖也超过200条，某些重大风险议题下的跟帖数高达18万条。[⑤] 一方面，这些海量民间话语因接近社会本身可给风险政策制定提供重要参考，有助于避免科学理性诠释下的误判。另一方面，这导致政府和专家不再是风险的唯一阐释主体，风险意义经由跟帖信息被不断重塑，其讨论、评判、质疑可以置换、扭转原本的信息重点与价值取向。负面跟帖容易激起阅读者的负面情绪及偏见[⑥]，让阅

① 强月新、余建清：《风险沟通：研究谱系与模型重构》，《武汉大学学报》（人文科学版）2008年第4期。

② 张洁、张涛甫：《美国风险沟通研究：学术沿革、核心命题及其关键因素》，《国际新闻界》2009年第9期。

③ 李明颖：《科技民主化的风险沟通：从毒奶粉事件看网路公众对科技风险的理解》，《传播与社会学刊》2011年第15期。

④ 曾繁旭、戴佳：《风险传播（b）——通往社会信任之路》，清华大学出版社，2015。

⑤ 张雯：《风险传播中网民在线评论行为研究：情境分析视角》，博士学位论文，华中科技大学，2017。

⑥ Ng, E., Detenber, B., “The Impact of Synchronicity and Civility in Online Political Discussion on Perceptions and Intentions to Participate”, *Journal of Computer-Mediated Communication* 10 (2005): pp. 35-58.

读者产生对政府的不信任感,[①] 跟帖对阅读者的影响甚至超过新闻本身。[②]有鉴于此，研究微博跟帖，既可以及时拓展对公众风险逻辑的规律性认识，也可以为政府有的放矢地展开风险传播和治理提供依据。

## 一 文献回顾

### （一）风险传播中公众地位的确立

1985 年以前是“前风险传播”阶段，专家们把精力集中于风险规制、科技设计、执行和运转，他们认为只要能将风险控制在可接受范围内，就没必要向公众谈及风险。因为“公众大部分是愚蠢、非理性的，必须保护他们的健康和环境，但不能让他们参与风险政策制定，因为他们只会把事情搞砸”[③]。直到 1984 年底的印度博帕尔农药厂爆炸事件发生，美国政府立法强调民众“知情权”，风险传播模式开始建立。

最初的风险传播模式限于单向告知，官方有向公众传递科学和技术信息的义务，其目的在于告知、教育、说服公众。该模式认为公众会毫无反抗、完全接受风险信息，把公众的情绪、意见、认知排除在决策过程之外。另外，该阶段的风险传播被视作政府的公关活动，强调如何利用媒体最大限度消除风险的负面影响、维护政府形象。这种公共关系似的风险传播模式导致政治信任逐渐坍塌，因为专家传达给公众的信息是经过筛选的、片面而隐匿。随后的经验证明专家和公众对风险的感知存在巨大差异，官方的警告和解释不为公众接受。人们开始审视风险传播中的公众参与。美国风险认知与

---

① Mutz, D. C. , Reeves, B. , “The Videomalaise: Effects of Televised Incivility on Political Trust,” *American Political Science Review*, (2005): pp. 1196 - 1211.

② Yang, H. , “The Effects of the Opinion and Quality of User Postings on Internet News Readers' Attitude toward the News Issue,” *Korean Journal of Journalism & Communications Studies*, 2 (2008): pp. 254 - 281.

③ 张洁、张涛甫:《美国风险沟通研究：学术沿革、核心命题及其关键因素》,《国际新闻界》2009 年第 9 期。

传播委员会将风险传播重新定义为“个人、团体、机构间交换信息和观点互动的过程”，且进一步指出“它不仅直接传递与风险有关的信息，还包括风险性质的多重信息和其他信息，这些信息表达了对风险信息或风险管理合法的、机构的关注、意见和反映”。① 风险传播的目的变更为促进风险多元交流、公众与政府协商制定风险政策、重建信任关系。

虽然公众无论是在知识拥有量还是在话语权上都无法与官方抗衡，但是其接近社会本身的身份和经验可为风险政策的制定提供重要参考，有助于避免科学理性诠释下的误判。Griffin 等提出的风险信息搜索处理模型（RISP）强调了公众参与是风险社会语境中的必然要求，认为理解公众的风险感知、信息使用和需求是风险传播成功的保障。② 总而言之，参与式风险传播以全面的风险知识和背景数据供给为前提，尊重公众的回应与互动，理解公众的风险逻辑。只有这样，才可能在对话中有效消除公众顾虑，促进公众对风险政策的接受和信任。

### （二）公众的风险传播不是社会抗争

已有研究者在风险传播框架下分析了风险决策过程中的公众风险逻辑，发现公众大多缺乏科学素养，不足以应对现代风险的复杂性。公众缺乏风险知识，容易混淆风险发生的因果关系，③ 通常不会主动就风险议题寻求科学资料，常常凭个人经验和身边案例来反驳专家的科学话语。④ 他们对科学不信任，易采纳民间经验化解风险，偏爱简化与二分法的信息，要求绝对性的回答。这证明了专家“科学理性”与民众“社会理性”之间存在巨大鸿沟，

---

① 曾繁旭、戴佳、王宇琦：《技术风险 VS 感知风险：传播过程与风险社会放大》，《现代传播（中国传媒大学学报）》2015 年第 3 期。

② Griffin, R. J. , Yang, Z. , Ellen, H. T. , et al. , “After the Flood: Anger, Attribution, and the Seeking of Information,” *Science Communication*, 29 (2008): pp. 285 – 315.

③ Furnham, A. , *Lay Theories*: *Everyday Understanding of Problems in the Social Sciences*, New York: Pergamon Press. 1988, p. 78.

④ Áine McConnon, “Strategies for Dismissing Dietary Risks: Insights from User-generated Comments Online,” *Health Risk & Society*, 16 (2014): pp. 308 – 322.

政府更应该真正理解公众的风险逻辑。忽视公众的表达、缺乏与民众沟通的技巧将导致风险传播的失败。Irwin 和 Wynne 发现政府在制定风险政策时，将地方居民对工厂排污的回应纳入考虑后，提高了人们对风险政策的接受度。①

我国风险传播研究从单一官方主体研究逐步演变为多元主体研究。早期学者视媒体为最重要的风险建构者，借助分析传统媒体的议程设置、框架、话语、信息来源等来考察风险建构，以媒体的话语政治推断社会权力关系的分布以及社会场域内依附传媒的意识形态之间共生、冲突的关系与过程。②随着线上公众风险抗争现象日益兴起，研究者开始关注风险事件中的公众参与，强调行动者的理性特征与情感宣泄，运用“资源动员”“政治机会”“框架策略”等概念探究中国公众进行集结与抗争的策略、逻辑。但事实上，公众在风险事件中的抗争目的往往是阻止项目进行，并非寻求关于风险的有效沟通，这样难以提高公民的风险认知；其与政府的关系也是上下关系，并非沟通中所推崇的平等伙伴关系，背离了参与式沟通的本质。如果仅从抗争角度看待公众的风险表达，那么政府对策容易受制于如何“遣散”，即通过策略/机制使得个体动员与群体抗争最终归于平静③，而并非建立有效沟通机制。长此以往会逐渐陷入“抗争 - 遣散”困境，问题并未解决。

不仅如此，这种以公民行动理性特质为前提的研究导致数据样本多集中于民间意见领袖的微博、地方 BBS 以及民众自发成立的 QQ 群等，来正面民间意见领袖“有组织策略性的对抗”。但是风险传播中的公众表达往往依赖从直觉出发的经验判断，分散且无组织，是一种普遍存在的政治回应机制，

---

① Bauer, M., Misunderstanding Science? The Public Reconstruction of Science and Technology, by A. Irwin, B. Wynne, *Science Technology & Human Values*, 22 (1997): pp. 254 - 258.

② 曾繁旭、戴佳、郑婕：《框架争夺、共鸣与扩散：PM2.5 议题的媒介报道分析》，《国际新闻界》2013 年第 8 期。

③ 黄杰：《互联网使用、抗争表演与消费者维权行动的新图景——基于“斗牛行动”的个案分析》，《公共行政评论》2015 年第 4 期。

是政府进行自我调节的工具。[①] 因此，需突破传统政治对立视角，重新从风险传播的理论框架审视公众风险逻辑。

## （三）作为协商民主的公众跟帖

跟帖是以新媒体为中介的人际传播，直接发布于新闻网站或者提供在线传播服务的新闻媒体的新闻文本下。网民接受主流媒体或者政府微博信息后，撰写跟帖、产生互动。西方不少学者视跟帖为参与商议民主最简单和最普遍的形式，跟帖区被视作公共领域的雏形，是当代的"18 世纪的咖啡馆"。[②] 公民可以通过跟帖与人辩论、交流，贡献观点和经验，使公共协商成为可能，[③] 削弱了专家对信息的控制和把关，变由上而下讲座式的传统单向传播模式为公开的对话方式。[④] 从新闻专业主义和审查角度来说，这种由用户互动行为产生的话语在公共事务上促进了公共协商，塑造了舆论，有助民主的形成。[⑤] Ruiz 等研究者从英国的《卫报》、法国的《世界报》、美国的《纽约时报》、西班牙的《国度报》以及意大利的《共和报》的主流网络平台选出超过 15000 条跟帖作为样本，发现跟帖内容普遍与新闻内容联结紧密、有意识形态特征、能对政策性条例提出选择性方案、提供附加的信息与数据、以质疑的方式让观点更清晰、多为与其他参与者辩论。[⑥]

---

① 黄荣贵：《互联网与抗争行动：理论模型、中国经验及研究进展》，《社会》2010 年第 2 期。

② Domingo, D. , Quandt, T. , Heinonen, A. , Paulussen, S. , Singer, J. B. , Vujnovic, M. "Participatory Journalism Practices in the Media and Beyond," *Journalism Practice*, 2 (2008): pp. 326 – 342.

③ Rowe, Ian, "Deliberation 2. 0: Comparing the Deliberative Quality of Online News User Comments Across Platforms," *Journal of Broadcasting & Electronic Media*, 4 (2015): pp. 539 – 555.

④ Paulussen, S. , Heinonen, A. , Domingo, D. , & Quandt, T. , Doing it Together: Citizen Participation in the Professional News Making Process, *Observatorio Journal*, 2007 (3): 131 – 154.

⑤ Manosevitch, E. , Walker, D. , Reader Comments to Online Opinion Journalism: A Space of Public Deliberation. April 17 – 18, 2009. 10th International Symposium on Online Journalism, Austin, TX. Retrieved April 7, 2012 from http: //online. journalism. utexas. edu/ 2009/papers/ ManosevitchWalker09. pdf.

⑥ Ruiz, C. , Domingo, D. , Micó, J. L. , et al. , "Public Sphere 2. 0? The Democratic Qualities of Citizen Debates in Online Newspapers," *The International Journal of Press/Politics*, 16 (2011): pp. 463 – 487.

在这个意义上，风险新闻下的网民跟帖是风险传播中的公众回应行为，不仅包含对风险机构的监督和评价信息，更提供了常人风险经验信息与态度。Lei 等通过分析 2012 ~2013 年的 36 篇接种流感疫苗新闻下的 1163 条评论挖掘公众对强制接种流感疫苗的态度，发现超过一半的评论者对强制接种态度消极，75%的评论者则不支持强制接种。[①] Gao 和 Koo 分析了航空公司网站跟帖内容，认为飞行感受、票价、安全性、登机是否需要签证等因素影响公众的飞行风险感知。[②] Feinberg 等学者通过分析 71 篇有关 HPV 和人乳头状瘤病毒的新闻下的 3073 条评论，发现 1/2 的网民支持 HPV 疫苗，1/3 态度消极。支持者认为疫苗是安全有效的，反对者则质疑其安全性和效果，表达了对制药公司和政府的不信任。理解风险中的公众态度，可使风险政策的制定与执行更人性化。[③]

## 二　研究方法与资料来源

西方国家已完成现代化转型、渐入平稳期，风险以常态、科技型风险为主，这类风险的出现与资本主义工业化的发展密不可分。正如贝克所定义的风险——“一种系统地处理现代化自身引致的危险和不安全感的方式，与早起的危险相对，是与现代化的威胁力量以及现代化引致的怀疑的全球化相关的一些后果”。[④] 然而我国正处在社会全面转型期，风险一般以突发的风险事件为表现形式，随时可能爆发且来势凶猛、破坏程度极大。所以为了准

① Lei, Y. , Pereira, J. A. , Quach, S. , et al. “Examining Perceptions about Mandatory Influenza Vaccination of Healthcare Workers Through Online Comments on News Stories,” *Plos One*, 10 (2015): pp. 654 –659.

② Gao, Y. & Koo, T. T. R. , “Flying Australia – europe Via China: A Qualitative Analysis of the Factors Affecting Travelers Choice of Chinese Carriers Using Online Comments Data,” *Journal of Air Transport Management*, 39 (2014): pp. 23 –29.

③ Feinberg, Y. , Pereira, J. A. , Quach, S. , et al. , “Understanding Public Perceptions of the Hpv Vaccination Based on Online Comments to Canadian News Articles,” *Plos One*, 10 (2015): pp. 1 –13.

④ 〔德〕乌尔里希·贝克:《风险社会》，何博闻译，译林出版社，2004，第 19 页。

确描述我国公众的风险逻辑，我们选择冲突性风险事件为研究对象，以期了解社交媒体上风险事件建构现状，并探寻其与公众回应之间的深层关系。

## （一）对象选取

2018 年 7 月 15 日，国家药品监督局发布通告指出长春长生生物科技有限公司冻干人用狂犬疫苗生产存在记录造假等行为，迅速引起媒体与公众的高度关注；随后武汉生物制品研究所有限责任公司也爆出问题疫苗事件，引发“国民级”热议。微博作为公共话语平台，在突发性重大风险事件发生时的快速反应和开放传播功能难以被替代，新浪微博关于本次事件的跟帖数超过 500 万条，信息量大且相对容易获得。因此，本文选择新浪微博作为研究对象。

## （二）样本获取

长春长生疫苗事件爆发于 2018 年 7 月 15 日，鉴于平均每个网络舆情热点议题存活时间为 16.58 天，大多数集中于爆发后两周之内。[①] 本文抓取 7 月 15 日至 7 月 29 日相关新浪微博为样本，首先利用微博高级搜索工具，以“疫苗”为关键词，选择全部类别，限制新闻发布时间为 7 月 15 日至 7 月 29 日，未限制地点与账号类别进行检索，共检索到相关新闻 669 条，过滤内容无关与重复的数据，最后获得微博样本 615 条。

随后获取跟帖样本，为了保证公众跟帖样本的全面性，本文首先识别微博框架，以框架为“层”进行抽样。恩特曼提出的框架四大功能是学者识别框架的常用依据。本文根据这一方法将微博内容中涉及的风险议题分为“风险定义”“风险解释”“风险化解”“道德判断”四种框架，具体框架定义如表 1 所示。在此基础上，以框架为“层”，将获得的 615 条微博样本设为抽样框并按新闻热度排序，抽取每类框架热度排名前四的新闻，共 16 篇，并抓取其后热度排名前 100 条跟帖，删除重复以及无内容或不相关（广告类）跟帖，共获得 1437 条跟帖，其中风险定义框架下跟帖 351 条，风险解

① 喻国明：《网络舆情热点事件的特征及统计分析》，《人民论坛》2010 年第 11 期。

释框架下跟帖369条，风险化解框架下跟帖364条以及道德判断框架下跟帖350条。跟帖数据包括文本、日期数据以及被点赞数。

**表1　框架相关的议题内容**

| 框架 | 相关议题内容 |
| --- | --- |
| 风险定义 | 对(涉事)疫苗存在风险的解释与辟谣<br>对事件进展和事实的报道<br>对上市疫苗的排查情况等 |
| 风险解释 | 对出现此次事件的归因,包括对企业违法事实,(含企业受贿事实)、政府监管不力、机器设备损坏、国家体制问题等原因的推测 |
| 风险化解 | 对此次事件的解决方法,包括:事件控制,如公安机关抓捕相关人员;检察机关控制相关人员;监管人员行政处罚;纪委追责;司法介入;领导人批示;证监会停牌、股份限售等经济处罚<br>对可能存在风险的控制方法,包括疫苗补种方案执行、疫苗的召回以及停止使用政策下达、其他预防和补救措施的科普等 |
| 道德判断 | 对事件以及解决方法的质疑与追问,对公众事件态度、情绪的分析等 |

## （三）研究方法与过程

本文主要使用内容分析法。与问卷调查、实验法等介入方法相比，内容分析能够在非介入的情况下发现隐藏在文本内容中的核心信息。研究尝试回答三个问题：

RQ1：风险事件发生后，政府和主流媒体在说什么？

RQ2：面对铺天盖地的风险信息，公众如何回应？

RQ3：公众青睐的风险回应有何种特征？

为了回答RQ1，本文首先采取描述性统计与卡方检验考察社交媒体舆论场上的风险建构现状以及不同媒体的风险议题倾向。其中变量设置包括媒体类型（媒体微博 =1，政务微博 =2，大V =3）以及框架（风险定义 =1，风险解释 =2，风险化解 =3，道德判断 =4）。

RQ2拟采取词频分析进行考察，首先对1437条跟帖分词后进行词频分析，其中为了提高高频词及语义网络分析的特征显著性，对400条跟帖进行预分析，设置包括“转发”“评论”“一个”“就是”“这么”等无特别意义词语在内的高频词过滤词典。分词后统计跟帖中出现的高频词，挖掘公众话语中的核心信息。

网民会对自己青睐的跟帖点赞，我们最后使用逻辑回归方法检验高点赞数的跟帖包含何种特征，推理出公众中隐含的风险焦虑。自变量测量通过文本分析提取特征变量。我们以 Ziegele、Breiner 和 Quiring 的研究结果为基础①，选择 1437 条跟帖中点赞数前 100 条跟帖为样本（258 ~ 9180 个赞），对照以上因素逐句分析，结合本土风险传播特点，最终假设高点赞跟帖可能包括攻击性、实用性、质疑性、绝对性以及戏谑性五大特征。除此之外，开放性编码只能提供内容要素的共性，不包含客观要素。通过阅读跟帖发现，发表得越早的跟帖越容易被其他网友阅读且点赞。美国社会心理学家洛钦斯于 1957 年提出首因效应的存在，认为人们在感知事物的时候，最容易受到最先接收的信息的影响，构成脑中的核心知识或记忆图式。跟帖时间可能影响跟帖获得点赞的概率。

随后以 16 篇新闻跟帖（$n = 1437$）为抽样框，选取每篇新闻下前 18 条高点赞跟帖以及 18 条非高点赞跟帖共 576 条跟帖作为样本。高点赞跟帖取点赞数前 18 条；非高点赞跟帖数量较多，按点赞排列顺序从第 21 条到最后一条跟帖系统抽样抽出 18 条。随后对高点赞跟帖与非高点赞跟帖的跟帖数进行独立样本 t 检验，高点赞组点赞数（$M = 467.6$）显著高于非高点赞组（$M = 4.8$），认为此种划分方式具有效度，$t(283) = -6.213$，$p < 0.001$。

样本依据 Papacharissi 提供的流程展开编码：② 首先建立特征编码表（见

① 研究者对 25 名典型德国网民进行了 30 ~ 90 分钟的面对面的深入访谈，通过开放性地提出如“请你描述你会回复的评论”以及“请你概括你收到他人回复的评论的特征”等问题，获得文本资料，通过对资料的定性分析提炼出了 10 个影响因素，分别是攻击性（aggression）、争议性（controversy）、内幕性（facticity）、质疑性（uncertainty）、意料外（unexpectedness）、针对个人（personalization）、简化论（simplification）、幽默（humor）、可理解（comprehensibility）以及负面性（negativity）。

② Papacharissi, Z., “Democracy Online: Civility, Politeness, and the Democratic Potential of Online Political Discussion Groups,” *New Media & Society*, 6 (2004): pp. 259 – 283.

表2)，再依据编码表判断跟帖是否具有此特征，使用二分判定（包含 =1，不包含 =0），其中如果跟帖时间间隔在 1 小时以内，则为及时 =1，否则为不及时 =0。两名编码员间信度使用 Krippendorff's α 测量。研究过程与思路如图 1 所示。

**表 2　高赞贴特征的操作性定义与编码**

| 因素 | 操作定义 | α |
|---|---|---|
| 攻击性 | 使用贬低或者辱骂性语言对某个目标(政府、媒体、新闻人物或其他网民)进行语言攻击 | 0.81 |
| 实用性 | 提供客观有用的信息或确认的事实,类似某方面的专家或知道内幕者 | 0.82 |
| 质疑性 | 对新闻中的细节观点或者根据推理不合理的地方、错误信息提出疑问 | 0.86 |
| 绝对性 | 认定事件发生完全由某一个因素(比如个人经验)引起而忽略复杂或其他原因,发言者可能没有认真读完新闻或进行合理思考 | 0.82 |
| 戏谑性 | 用比喻、夸张、反语等手法对某个人、现象、事件等进行批评或者嘲笑 | 0.94 |
| 时间 | 1 个小时之内为发布及时,其他为发布不及时 | 1 |

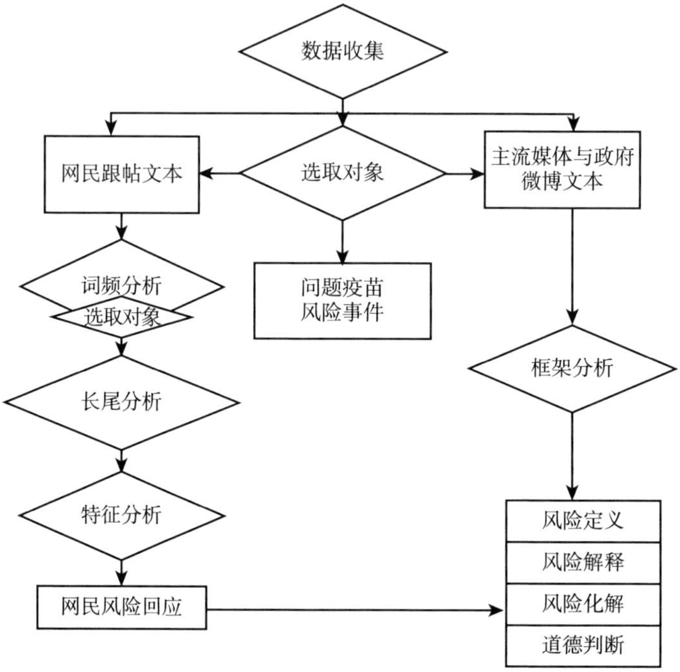


**图 1　研究思路**

# 三 研究结果

615 篇新闻以及 1437 条跟帖的内容分析结果可以清晰地回答三个研究问题：首先媒介类型与框架使用的频次统计和交叉表回答了风险事件发生后媒体和政府在“说什么”及媒体的框架偏爱；其次通过高频词提取、长尾分析考察面对媒体的风险信息，公众“如何回应”；最后通过高点赞跟帖的逻辑回归回答公众青睐何种跟帖，背后隐藏了何种风险逻辑。

## （一）风险议题呈现及媒体偏向

首先从框架呈现来看（见表 3），通过对四种框架的统计，可以发现风险化解框架占比最大，53.9% 的媒体采取此框架，紧随其后的是风险定义框架，近三分之一的媒体陈述事件进展、定义风险事实，使用风险解释和道德判断框架的媒体数量相对较少。

$$X^2 = 12.204, \quad P = 0.058$$

其次从博主类型来看，媒体在数量上占据绝对优势。虽然社交媒体破坏了线性传播方式，具有复杂网络特征，但一旦发生重大风险事故，传播力最强的仍然是新媒体平台上的媒介组织，它们以专业报道迅速取得风险建构中的话语优势，呈现风险主要建构者为官方和媒体、兼有其他行业精英的分布特点。

**表 3　博主类型与议题框架的关系**

| 类型 | 风险定义 | 风险解释 | 风险化解 | 道德判断 | 合计 |
|---|---|---|---|---|---|
| 媒体 | 131(30.0%) | 46(10.6%) | 235(53.9%) | 24(5.5%) | 436(100%) |
| 政府 | 3(21.4%) | 1(7.1%) | 9(64.4%) | 1(7.1%) | 14(100%) |
| 大 V | 50(30.5%) | 17(10.4%) | 75(45.7%) | 22(13.4%) | 164(100%) |
| 合计 | 184 | 64 | 319 | 47 | 614 |

最后，卡方检验显示，热门微博中，不同主体在框架选择上并未呈现明显的区别，虽然大 V 在道德判断框架上具有一定倾向性，但整体来看，各

类主体的框架选择基本一致。分析原微博，可以发现614篇微博内容同质性较高，以官方媒体（比如央视新闻、《人民日报》等）发布的新闻为基础，其他博主全文转载或做稍许修改，导致风险建构中风险定义类框架占优，道德判断类鲜有。这说明社交媒体时代，虽然风险建构者数量多但影响力小，存在长尾效应，公众接收到的风险信息并未呈现多元化，主流媒体垄断舆论场的局面依然存在。

## （二）公众的风险信息回应

词频分析虽然是一种较为初级的文本方法，但通过它可以有效了解公众在风险传播中的主要诉求。本文对1434条跟帖、四类框架跟帖的词频分别统计，从中考察公众的风险回应特征。

### 1. 公众在风险传播中关心什么

从排序前30位的总体高频词（见表4）来看，公众对四类框架与总体的回应话语保持了基本一致，说明公众对风险话语框架感知差异性并不明显，即公众风险认知呈现整体性，各个部分相互联系。对共有高频词做进一步分析，发现公众风险回应高频词主要分为四种类型，包括风险定义、风险解释、风险化解以及道德判断类词语，具体词频分析如下。

**表4　风险传播中公众跟帖高频词**

| 序号 | 总体 | 风险定义 | 风险解释 | 风险化解 | 道德判断 |
|---|---|---|---|---|---|
| 1 | 疫苗 | 疫苗 | 疫苗 | 疫苗 | 我们 |
| 2 | 武汉 | 武汉 | 武汉 | 风险 | 数量 |
| 3 | 问题 | 生物 | 生物 | 武汉 | 什么 |
| 4 | 生物 | 中国 | 没有 | 生物 | 新闻 |
| 5 | 我们 | 问题 | 我们 | 他们 | 疫苗 |
| 6 | 什么 | 没有 | 长生 | 怎么 | 孩子 |
| 7 | 没有 | 怎么 | 问题 | 企业 | 还有 |
| 8 | 中国 | 我们 | 国家 | 什么 | 悲哀 |
| 9 | 孩子 | 日本 | 利润 | 没有 | 国家 |
| 10 | 怎么 | 狂犬病 | 进口 | 孩子 | 中国 |

续表

| 序号 | 总体 | 风险定义 | 风险解释 | 风险化解 | 道德判断 |
|---|---|---|---|---|---|
| 11 | 国家 | 造假 | 知道 | 应该 | 没有 |
| 12 | 还有 | 现在 | 怎么 | 你们 | 武汉 |
| 13 | 企业 | 严惩 | 为什么 | 中国 | 忘记 |
| 14 | 数量 | 你们 | 国产 | 希望 | 生物 |
| 15 | 长生 | 知道 | 合格 | 相关 | 奶粉 |
| 16 | 新闻 | 还有 | 企业 | 现在 | 自己 |
| 17 | 你们 | 不能 | 专家 | 补种 | 问题 |
| 18 | 应该 | 为什么 | 生命 | 死刑 | 应该 |
| 19 | 为什么 | 应该 | 中国 | 我们 | 监管 |
| 20 | 他们 | 处理 | 勾兑 | 法律 | 不会 |
| 21 | 现在 | 所以 | 什么 | 山东 | 人民 |
| 22 | 知道 | 百白破 | 检验 | 长春 | 药品 |
| 23 | 希望 | 整改 | 你们 | 家长 | 厉害 |
| 24 | 不能 | 孩子 | 领导 | 部门 | 事情 |
| 25 | 自己 | 希望 | 不合格 | 不合格 | 媒体 |
| 26 | 因为 | 什么 | 关系 | 处理 | 关注 |
| 27 | 处理 | 但是 | 处理 | 公司 | 现在 |
| 28 | 奶粉 | 不会 | 资本 | 必须 | 出来 |
| 29 | 合格 | 生产 | 出来 | 过来 | 为什么 |
| 30 | 悲哀 | 他们 | 利益 | 自己 | 企业 |

（1）风险定义类词语：包括“武汉”“生物”“疫苗”“造假”“孩子”“狂犬病”“百白破”等，一种回应基本是重复新闻中已有事实，如“这次的假疫苗数量巨大”“武汉生物也有问题”等等，围绕事件本身复述，是公众风险回应的基本特点。另外一种是对风险定义的追问，认为自己是潜在风险受害者，不信任官方安全声明，认为专家仪式性的解释是为官方开脱责任的手段。如“宝宝万一注射了该怎么办?”“你说没事儿自己注射啊”。

（2）风险解释类词语：包括“怎么”“没有”“为什么”“中国”“利润”“资本”“领导”等，归因词语呈现追问趋势，公众常常挑战官方的归因。当官方归因为企业违法时，公众则指责根源在于监管；当官方谈到监管问题时，公众上升到体制原因。这种错位恰恰体现公众对风险管理者无法履行保护公民健康利益的职责的不满，通过挑战官方归因进行批评，表达不满。在归因中较少看到对疫苗本身存在风险的疑虑，说明公众认同疫苗本身低风险的事实。

（3）风险化解类词语：包括“处理”“法律”等词语，此类词语所占频次最高，这正是公民对风险化解机构的评价与监督，具体分析发现，公众认为只有借助司法机关才能使政府部门以及企业对其风险行为负责。

（4）道德判断类词语：包括“悲哀”“没有”“应该”等词语，此类词语反映出风险事件中公民的道德判断既包括理性推理，又饱含情感成分，是受我国风险社会环境影响形成个体经验的判断结果。

从中可以看出公众风险回应话语与媒介框架都包括四类，但是受众框架是媒介框架的转移吗？我们通过各框架下高频词分析进行挖掘。

2. 不同框架下的公众参与表达

以上词频显示，不同框架下的前 30 位高频词存在交叉。为了进一步识别公众在风险传播中对不同框架回应的差异，分别将总体评论和不同框架评论中前 200 个高频词的序号和频数作为变量进行曲线拟合，结果显示高频词符合幂指数分布，模拟方程判定系数 $R^2$ 值分别为 0.9915、0.9617、0.9734、0.9642、0.9622（见图 2、图 3、图 4 和图 5）。从幂指数函数合优度高可以看出，跟帖词频呈现了明显“长尾”分布特征，即公众风险表达由核心话语与边缘话语构成，其中核心话语高频词拟合曲线头部，每种框架下的长尾词则是公众的边缘表达，反映出公众对不同框架的回应特征（见表 5）。

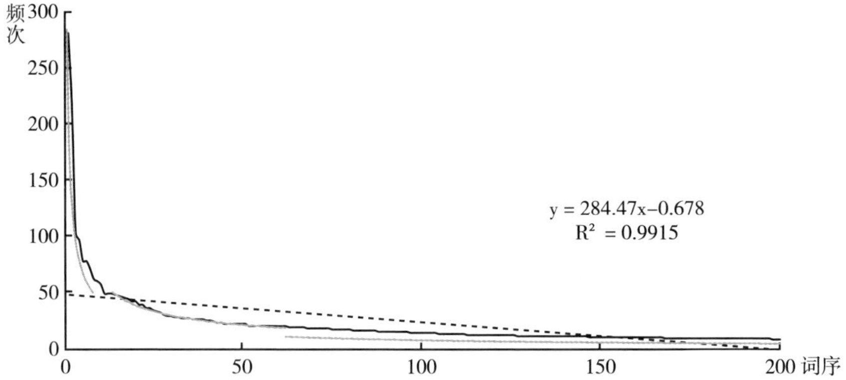


**图 2　总体跟帖词频幂指数拟合**

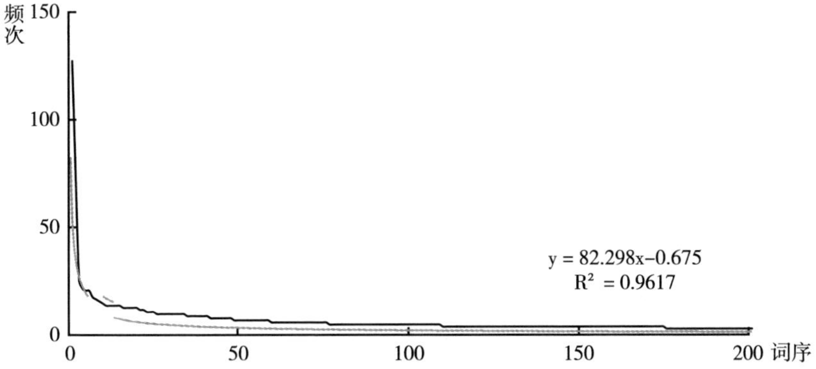


**图 3　风险定义框架下跟帖词频幂指数拟合**

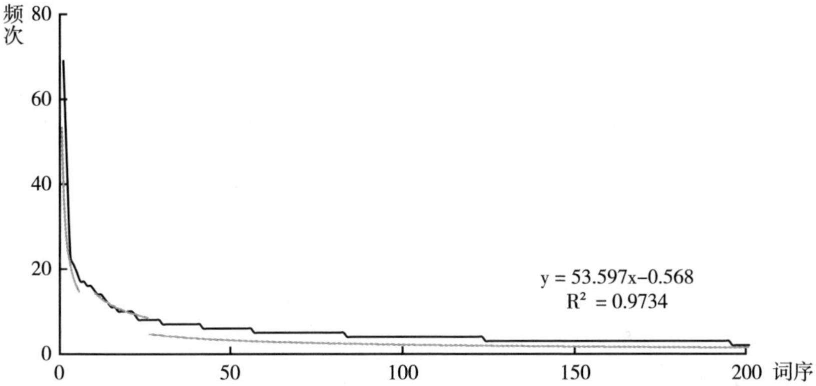


**图 4　风险解释框架下跟帖词频幂指数拟合**

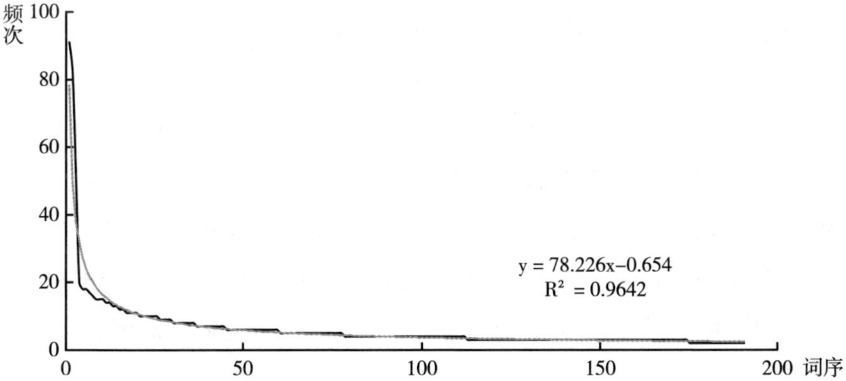


**图 5　风险化解框架下跟帖词频幂指数拟合**

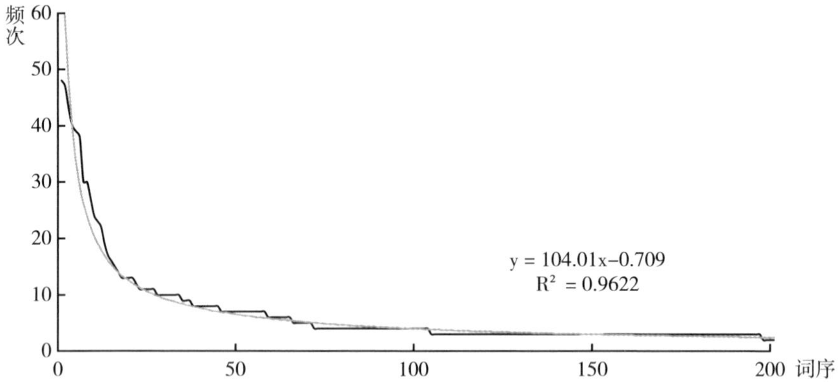


**图 6　道德判断框架下跟帖词频幂指数拟合**

**表 5　不同框架下公众回应（部分）**

| 风险定义框架 | | 风险解释框架 | | 风险化解框架 | | 道德判断框架 | |
|---|---|---|---|---|---|---|---|
| 词语 | 频次 | 词语 | 频次 | 词语 | 频次 | 词语 | 频次 |
| 狂犬病 | 20 | 国家 | 17 | 法律 | 11 | 孩子 | 30 |
| 怎么 | 14 | 利润 | 16 | 处理 | 10 | 悲哀 | 27 |
| 还有 | 13 | 企业 | 14 | 移民 | 8 | 奶粉 | 17 |
| 不会 | 9 | 枪毙 | 8 | 以毒攻毒 | 6 | 人民 | 13 |

媒介在风险传播中的地位不言而喻，媒介在风险传播中担当预警者、建构者、批评者以及沟通者角色。① 这意味着每种框架都有其对应的功能，风险定义框架在于准确地将政府、专家信息传达给民众，降低不安感，提升公众对政府的信任度，然而在风险定义框架下“怎么”“还会”等词语呈现公众的风险疑虑，而且多出现在事件层面；风险解释框架在风险议题中地位尤为突出，表面上是对风险事件原因的知觉和解释，背后更是社会各风险主体之间“归责游戏”背后的权力争斗。风险解释框架和风险化解框架下的长尾词具有一定的同质性，说明公众认为风险解释和风险化解是密不可分的，正是风险化解的不彻底性才导致风险再次发生，并且在解释原因和解决办法

① 郭小平：《风险社会的媒体传播研究——社会建构论的视角》，学习出版社，2013，第 47 ~ 69 页。

上尝试使用个人经验，如“还是移民吧，德国那边疫苗都很安全”。道德判断框架探讨何种风险行为是道德的，此下的回应也多以道德判断为主，公众通过强调“风险承担者是孩子”来探讨风险道德。

从中可以看出公众通过定义事实、归因、解决和道德判断来认识风险。在风险知识层面上，公众基本接受官方科学话语，对疫苗风险有着广泛的正确认知，公众的风险恐慌来源于对风险机构的信任危机，他们认为在风险承担者是孩子的情况下，却依然存在风险监管漏洞，这进一步导致公众形成政府监督不力、企业唯利是图的刻板印象，放大风险感知。

3. 公众更青睐何种回应

表 6 列举了以“是否有高点赞数量”为因变量的 Logistic 模型分析结果。从数据结果来看，3 个因素显著地影响一条跟帖成为热门跟帖的概率：发布时间、实用性以及绝对性。质疑性和攻击性则不显著。模型 1 仅包括内容因素，未纳入发布时间。模型 1 中质疑性和绝对性显著，这表明如果不考虑跟帖时间，单纯从内容因素观察，疫苗事件中，带有质疑性和绝对性的跟帖有更高概率获得点赞。带有质疑性内容的跟帖获得高赞数的可能性是不含有此特征跟帖的 1.814 倍。绝对性特征跟帖获得高赞数的可能性则是不含有此特征跟帖的 4.395 倍。虽然两个特征显著，但模型拟合一般。

随后模型 2 加入跟帖时间，除了质疑性和绝对性保持显著之外，实用性也变得显著，模型拟合优度显著提高，说明时间是一条跟帖是否能获得高赞的重要原因，结果显示发布及时的跟帖获得高点赞数的概率是不及时的跟帖的 40 倍。回答了 RQ3。

**表 6　以二项逻辑回归系数进行预测**

| 自变量 | Logistic 回归模型<br>主要影响(是否影响跟帖成为热门的概率) | | | | | |
|---|---|---|---|---|---|---|
| | 模型 1 | | | 模型 2 | | |
| | B | S. E. | Exp(B) | B | S. E. | Exp(B) |
| 攻击性 | .027 | .412 | 1.027 | .106 | .440 | 1.112 |
| 质疑性 | .596*** | .200 | 1.814 | −2.434*** | .542 | 0.088 |

续表

| 自变量 | Logistic 回归模型<br>主要影响(是否影响跟帖成为热门的概率) | | | | | |
|---|---|---|---|---|---|---|
| | 模型 1 | | | 模型 2 | | |
| | B | S. E. | Exp(B) | B | S. E. | Exp(B) |
| 绝对性 | 1.481*** | .258 | 4.395 | 1.449** | .274 | 4.258 |
| 戏谑性 | .443 | .357 | 1.557 | .536 | .393 | 1.709 |
| 实用性 | .224 | .181 | 1.251 | .447* | .201 | 1.564 |
| 时间 | | | | 3.693*** | .529 | 40.180 |
| -2 对数似然值 | 741.666 | | | 626.635 | | |
| $\chi^2$ | 56.728 | | | 171.77*** | | |
| Nagelkerke$R^2$ | .125 | | | .344 | | |
| N | 576 | | | 576 | | |

注：* $p<0.05$，** $p<0.01$，*** $p<0.001$。

## 四　研究讨论

虽然早在20世纪80年代国际上就肯定了公众参与风险传播有益于科学风险决策的达成，但由于我国现行政策体制缺乏制度化的公民参与渠道和方式①，无论是风险传播理论还是实践都存在忽视公众参与的现象。本文在梳理风险传播模式和跟帖研究的基础上论证了风险议题下的网民跟帖本质上是公众风险传播参与行为。通过对新浪微博615篇新闻以及其中16篇热门新闻下1434条跟帖进行内容分析，有以下发现。

风险事件发生后，一般认为社交媒体破坏传统线性传播方式，复杂网络特征打破主流媒体垄断舆论场的局面，但通过对615条热门微博的分析发现70%的博主仍然是专业媒体组织，大V数量上不占优势，在风险信息上多复制专业媒体组织新闻信息，并未出现激烈的框架争夺现象。虽然社交媒体

① 于建嵘：《共治威权与法治威权——中国政治发展的问题和出路》，《当代世界社会主义问题》2008年第4期。

表面上消解了权力，但影响力的不平衡导致拥有话语权的仍然是少数。主流媒体账号天生拥有高权威性和众多粉丝，保证了微博的转发量和阅读量，加上商业网站媒体没有合法采访和首发新闻的资质，也只有转发新闻的职能，这更加剧了风险建构的单一性。

主流媒体垄断风险舆论场意味着社交媒体时代风险建构仍与传统媒体保持一致。当一种话语获得了广泛的社会认同，而且被认为是一宗理所当然的文化存在时，或者说当这种话语有足够的力量使得特定的政策和实践合法化时，被视为当前时代的主导性话语①，风险化解和风险定义框架成为主导性话语，内容上以“事件进展”“政府行动与措施”议题为主，说明风险事件突发后，“维稳”仍是首要考虑，其次是充当政府喉舌。面对敏感舆情，商业媒体的运作逻辑开始出现回归大众媒体主导的趋势，其言论和意见具有明显的党派特征和宣传意味，缺乏公共性和开放性②。这使得整个网络上关于此事的报道仍以政府工作宣传优先，以重建政府公信力为目的，受到政治经济结构限制的互联网呈现“单极化”特征③。社交媒体平台上的主流媒体在重大突发风险事件发生时，仍然没有完成从“传达者”到“沟通者”的转型。

正因如此，公众对官方的风险建构感到失望，开始以解构、推翻媒介框架的方式表达自己的不满，这并不是对风险科学话语的否定，而是对风险管理机构不信任的表现。一方面，公众在风险事实上保持与媒介的一致性，他们从媒体报道中获取风险知识，接受官方信息科普，并未放大疫苗本身可能存在的耦合风险。另一方面，公众恐慌风险事件再次发生，因此在风险话语中最关注风险的解决，他们将多种风险相关元素串联后放大风险存在的概率，以“风险承担者是孩子”“类似事件屡次发生”“风险发生结果严重（如狂犬病疫苗失效导致死亡）”“风险事件本可避免”作为证据做出风险解

① 刘涛：《环境传播：话语、修辞与政治》，北京大学出版社，2011，第161页。
② 王维佳、杨丽娟：《“吴英案”与微博知识分子的“党性”》，《开放时代》2012年第5期。
③ 吴靖：《精英控制互联网议程的机理分析：资本裹挟下的网络公共领域“单极化”》，《人民论坛学术前沿》2013年第12期。

读，而此时媒体又无法充分发挥反思风险的作用，统一口径、消除了“不确定性”的风险报道反而增加了公众的疑虑①。

虽然公众风险回应呈现反抗主流媒体风险报道范式的趋势，但这种存在较强情绪的讨论仍然是一种民主参与，应该被充分倾听。逻辑回归检验发现跟帖的及时性极大提高了跟帖获赞的概率，说明公众的风险回应更多是一种直觉行为，而非长时间思考的结果。这意味着风险话语鲜有“温柔理性”的修饰。但攻击、戏谑并不能提升跟帖的认可度，相反提供常人经验的实用信息获得广泛好评，哪怕带有绝对性，这正是公众“社会理性”的体现。后马克思主义理论的旗手墨菲在对协商民主理论反思和批判中提出“抗争多元主义”（agonistic pluralism）政治参与模式，认为协商民主强调的“理性辩论”是一种假想情境，对抗与冲突才是现代政治的本质属性，激情是推动政治的原始动力②。墨菲认为各种声音一致性融合之所以可能，要么是生活方式的一致所导致的，要么是以正义的名义剥夺了发言权的结果。不同公民群体拥有不同价值观、哲学、宗教等观点，从而导致多元群体对平等与自由有完全不同的理解，各种终极价值观的差异与冲突无法通过所有人的自由和无限制的理性的公共协商来解决。虽然多元群体价值观存在差异，但依然共同分享、支持自由与平等的民主制度的政治原则，因此对抗双方并不是敌对关系，他们之间的相互对抗竞争是民主政治的核心。

总之，社交媒体平台上对突发风险事件的建构仍然保持与传统媒体的一致，这种单极化的舆论空间导致网民的风险回应呈现对抗特征，但这种话语并非单纯攻击或情绪发泄，而是公众对风险管理者的批评和提醒，背后折射出网民对本可避免的风险事件再次发生的焦虑，如何重新建立公众信任是风险传播实践面临的重要课题。

---

① 郭小平：《风险社会的媒体传播研究——社会建构论的视角》，学习出版社，2013，第47～69页。

② Mouffe, C., “Deliberative Democracy or Agonistic Pluralism?” *Social Research*, 3 (1999): pp. 745－758.

**B**.19

# 反转新闻中关于自媒体新闻报道策略的思考

## ——以“10·28”万州公交车坠江事故为例

徐敬宏　游鑫洋　郭婧玉　胡世明*

**摘　要：** 注意力经济时代，自媒体乱象频生，出现了反转新闻等媒介失范的现象，反转新闻的频发将导致社会的公信力危机和媒体的形象危机。本文以“10·28”万州公交车坠江事故为研究对象，采用内容分析法对自媒体的新闻生产过程和报道进程展开研究。研究表明，自媒体在报道过程中无法保证新闻真实，采用了情绪化的叙事策略对新闻做了标签化的处理，导致了反转新闻的产生。预防反转新闻、纠正行业乱象和维护风清气正的媒体环境需要媒体、政府部门和公众三方共同努力。

**关键词：** 自媒体　反转新闻　社会责任

## 一　研究背景

互联网时代的到来，使信息传播模式发生了巨大变革。传统媒体失去了

* 徐敬宏，博士，北京师范大学新闻传播学院教授，博士生导师，主要研究方向：新媒体与互联网治理；游鑫洋，北京师范大学新闻传播学院2018级硕士研究生，主要研究方向：新媒体与互联网治理；郭婧玉，北京师范大学新闻传播学院2018级硕士研究生，主要研究方向：新媒体与互联网治理；胡世明，北京师范大学新闻传播学院2017级硕士研究生，主要研究方向：新媒体与互联网治理。

对传播渠道的垄断，互联网给予了每个个体平等的话语权。在这样的背景之下，以微博、微信为代表的自媒体兴起，自媒体的自主性、平民性和便利性契合了网络空间发展的态势，吸引了大批用户，自媒体的话语权增加，对舆论的影响力和引导力加大。

凡事有利必有弊，在注意力经济时代，自媒体在流量变现的压力之下缺失对新闻的把关，甚至为了盈利制造虚假新闻。信息如洪水涌来，受众陷入信息过载的状况中，媒介素养较低的受众被自媒体的情感动员策略煽动后，极易对某个新闻做出片面化、偏激化的评价。并且当下主流媒体的传播渠道失灵，对舆论场的把控力度变小，错误的报道往往在发酵之后才被澄清，由此导致一地鸡毛。

## 二　文献回顾

### （一）反转新闻

反转新闻是指一些引发广泛关注的社会新闻在被长期跟踪报道之后，呈现了与前期报道截然相反的事实全貌的新闻现象[①]。当下国内学界对于反转新闻的研究大致可以分为三类：一是研究反转新闻的成因以及发生机制；二是基于舆情反转的态势对反转新闻展开研究，探索反转新闻对社会带来的负面影响；三是反思传媒行业内部的责任缺失。

首先，反转新闻是近年来出现的一个新闻现象，它的成因和发生机制是研究的重中之重。反转新闻的成因主要涉及媒体的传播方式、受众的群体情绪与媒介素养、传统媒体澄清能力几个方面。反转新闻发生的根源是信源的首发失真，媒体作为信息的把关人，并未对信息的真实性进行全面的检验，为求时效性而忽略了新闻的真实性[②]。同时，自媒体在传播信息时往往采取

① 胡波：《浅谈“舆论反转”中的媒体责任》，《新闻战线》2017 年第 1 期。

② 黎勇：《透过发生机制看新闻“反转”》，《中国记者》2016 年第 6 期。

先入为主的固有新闻模式，在报道新闻时带有刻板印象，这样直筒式、片面化的传播方式使受众掉入媒体设置的逻辑陷阱中，激发了受众的群体情绪，加之受众的媒介素养不高，对信息的辨别能力不强，舆论才会出现一面倒的情况[①]。

其次，反转新闻往往与舆论反转直接挂钩，反转新闻是舆论反转的源头，对社会造成了极大的负面影响。反转新闻通过激起群体情绪，引发舆论狂潮，导致舆论监督异化[②]，带有偏向性的舆论不仅会对当事人造成二次伤害，还会影响国家公共部门和媒体的公信力。[③]

最后，反转新闻来源于媒体，恶果也会反噬到媒体，反转新闻是媒体的新闻伦理缺失、社会责任失当的后果。媒体应当坚守价值观，既关注热点，也追求真相，注重调查核实。主流媒体应发挥示范作用，公众应提高媒介素养[④]。

相较于国内对反转新闻不断上升的研究热度，国外对于反转新闻（Reversal News）的研究极少，甚至于并不使用 Reversal News 这一名词，而是从后真相的角度，以假新闻（Fake News）为研究主题，尤其是自 2016 年美国总统大选之后，国外对于假新闻的研究增加。国外的假新闻类型主要分为新闻讽刺、新闻模仿、操纵、广告和宣传五类[⑤]，研究对象为社交媒体中出现的假新闻或社交媒体机器人假新闻，以及假新闻带来的负面影响和社交媒体假新闻的测量方法。如 H. Allcott 等人以 2016 年总统大选中的社交媒体假新闻为主题，讨论了假新闻在美国普通民众所浏览的新闻中出现的频率，表达了对假新闻的担忧[⑥]；而N. J. Conroy 等学

① 李斌、陈勃：《“反转新闻”的成因及其规制》，《编辑之友》2016 年第 8 期。

② 王志立：《网络舆论场域中新闻反转现象的传播学反思》，《新闻爱好者》2018 年第 2 期。

③ 樊淑琴：《网络热点事件中反转新闻的负效应及对策》，《新闻爱好者》2017 年第 5 期。

④ 宋祖华、李艳：《反转新闻再思考》，《新闻爱好者》2016 年第 11 期。

⑤ Tandoc Jr, E. C. , Lim, Z. W. , Ling, R. , “Defining ‘Fake News’ A Typology of Scholarly Definitions,” *Digital Journalism*, 6 (2018): pp. 137 – 153.

⑥ Allcott, H. , Gentzkow, M. “Social Media and Fake News in the 2016 Election,” *Journal of Economic Perspectives*, 31 (2017): pp. 211 – 36.

者，致力于探索社交媒体假新闻的探测模型建构和自动探测技术的完善。①

### （二）国内外对自媒体的研究现状

“自媒体”概念最初出现在 Dan Gillmor 提出的“新闻媒体 3.0”的理论中，他提出“新闻媒体 1.0”是指传统媒体（Old Media），“新闻媒体 2.0”是指新媒体（New Media），“新闻媒体 3.0”是指自媒体（We Media）②。2003 年美国新闻学会下属媒体中心出版了关于“We Media”的研究报告，该报告对自媒体概念做出了界定：“自媒体是指在普通大众由连接全球知识的数字技术赋权的背景下，一种去理解普通大众如何参与提供与分享他们自己的事实和新闻的途径。”③ 互联网的发展成为自媒体的一块跳板，自媒体借助于互联网的海量信息和互通性打破了传统媒体“广播式”的传播形式，利用互联网的普泛化、自主化和平民化将媒体主要传播方式变为个体与个体之间平等沟通的“点对点”的传播方式。

自媒体概念在 2005 年传入我国，经过数年的研究，国内外对于自媒体的研究可以概括为自媒体自身、社会环境和自媒体社会责任三个方面。

第一是对自媒体本身的界定与探讨，学者们针对自媒体自身的概念、传播特点、传播机制以及运营方式等展开研究。自媒体自出现以来发展速度惊人，具有自主性、广泛性、影响力巨大等特点，为媒体环境注入了新的活力④。它改变了传统媒体“点对面”式的传播方式，打造了“节点共享式”的传播网络，通过节点间的“弱关系传播”和“圈层化传播”，提高用户黏

① Conroy, N. J., Rubin, V. L., Chen, Y., “Automatic Deception Detection: Methods for Finding Fake News,” *Proceedings of the Association for Information Science and Technology*, 52 (2015): pp. 1 -4.

② 周晓红：《自媒体时代：从传播到互播的转变》，《新闻界》2011 年第 4 期。

③ Dale Peskin., Introduction. in J. D. Lasica (ed.), “We Media: How Audiences are Shaping the Future of News and Information,” http://www.hypergene.net/wemedia/weblog.php? id = p3.

④ 邓新民：《自媒体：新媒体发展的最新阶段及其特点》，《探索》2006 年第 2 期。

性和影响力[①]。同时，在注意力经济时代，以微博、微信为代表的自媒体账号利用社群经济也开辟了一个新的盈利模式，以微信公众号为代表的自媒体采用精准营销、众筹打赏、电商模式、线下活动以及原生广告等方式吸金无数，流量变现的天花板被打破，自媒体成为互联网行业的后起之秀[②]。

第二是对自媒体给社会大环境所造成的影响进行分析。凡新生事物必有利弊两面：一方面，自媒体带了话语权的平等；另一方面，自媒体所产生的虚假新闻对政府、司法部门的公信力造成了极大损失，官方和官媒在舆论格局中居于被动地位，社会舆论呈现碎片化、多元化、复杂化等特点，社会舆论变得越来越不容易被控制[③]。同时自媒体进行的犯罪报道等社会新闻报道也带有一定的娱乐色彩，会导致受众的注意力发生偏差[④]。

第三是自媒体的社会责任研究。一方面，自媒体的蓬勃发展削弱甚至夺走了传统媒体的部分媒介权力，从对报道事件的选择到新闻内容的框架制定，自媒体的发展对传统媒体的新闻生产过程、新闻传播过程以及传播效果造成了巨大影响，颠覆了传统媒体对话语权和解释权的垄断[⑤]。自媒体在改变行业内部生态的同时也对新闻专业主义和媒体的社会责任产生了冲击，自媒体改变了既有的媒介环境和媒介生态，自媒体时代网络信息的自由化削减了传统媒体长期以来对社会新闻去谣言化的积极作用，导致了虚假新闻、反转新闻的滋生[⑥]。这些问题的产生都反映了自媒体社会责任的缺失，因此学者们针对自媒体应该承担的社会责任展开了研究。当下，自媒体社会责任的缺失有着内外的双重原因。首先，传媒体制所造成的社会效益和经济效益的对立、政府传统管控模式的失灵、把关人身份的弱化对自媒体造成的外部压

---

① 代玉梅：《自媒体的传播学解读》，《新闻与传播研究》2011 年第 5 期。

② 徐达内：《微信公众号的五类商业“变现”模式》，《新闻与写作》2015 年第 7 期。

③ 丁柏铨：《自媒体时代的舆论格局与舆情研判》，《天津社会科学》2013 年第 6 期。

④ Schlesinger, P. , Tumber, H. , *Reporting Crime: The Media Politics of Criminal Justice.* Oxford: Clarendon Press, 1994.

⑤ 潘祥辉：《对自媒体革命的媒介社会学解读》，《当代传播》2011 年第 6 期。

⑥ 严励、邱理：《自媒体时代网络谣言的产生与变迁》，《新闻爱好者》2014 年第 1 期。

力，导致自媒体对于新闻时效性和流量的过度追求①；其次，自媒体传播者对虚拟身份的不恰当利用、行业自律和自我约束机制的不完善等因素从内部削弱了自媒体的社会责任意识②。自媒体应该承担相应的社会责任，例如传播真实信息、提供健康内容、保证舆论导向正确、保护个人隐私及信息安全，③ 以及维护社会共识、维持社会稳定④。

## 三 事件概述

2018 年 10 月 28 日上午 10 点 08 分，重庆万州一公交车在万州长江二桥桥面与一小轿车发生碰撞后坠入江中。“一点资讯”最先对此进行报道，其后各媒体相继开展报道。在事故原因尚未查明之时，《新京报》等媒体以及众多自媒体将报道重点放在了对小轿车女车主的报道上，暗示该名“女司机”逆行导致了公交车坠江事故的发生，并引起社交媒体中对“女司机”的舆论暴力。2018 年 10 月 28 日 19 点，警方公布初步调查结果，认定系公交客车突然越过中心实线，撞向正常行驶的私家车，舆论得以反转。2018 年 11 月 2 日，经过一系列调查，警方发布通报，认定该事故系源于公交车乘客与司机发生肢体争执，舆论达到最高潮。

## 四 研究设计

### （一）研究思路及方法

经过前文对于文献的回顾，可以了解到导致反转新闻产生的原因是多元

① 刘日照：《论我国媒体社会责任缺失现象》，《今传媒》2018 年第 12 期。

② 贾佳：《风险社会语境下自媒体的社会责任研究》，硕士论文，西南交通大学，2016。

③ 王怀东：《自媒体传播的社会责任探析》，《东南传播》2017 年第 1 期。

④ 何正权：《自媒体传播的社会责任思考——以河南四考生高考答题卡“被掉包”事件为例》，《新闻爱好者》2019 年第 1 期。

化的，大致可以分为媒体本身失职、社会环境的影响以及受众媒介素养较低这三个方面。本文将自媒体作为主要研究对象，因此暂且排除社会环境和受众素养的影响，仅仅讨论自媒体在反转新闻中的表现。

本文将根据内容分析法，通过考察消息来源、议题类型、新闻框架、报道倾向以及人物形象建构这五个方面对自媒体在反转新闻中的表现进行分析。

### （二）样本选取

1. 时间选定

本文以“公交车坠江”为关键词进行搜索，得到网民对于该事件的搜索趋势，该图亦能反映出社会对于该事件的关注度的变化。万州公交车坠江事件发生在2018年10月28日，经过舆情发酵，警方于2018年11月2日公布调查结果，将事件真相公之于众。2018年10月29日和2018年11月2日是舆情反转的两个节点。因此本文将研究时间划分为两个阶段，分别是新闻反转前（2018年10月28日~2018年11月1日）和新闻反转后（2018年11月2日~2018年11月3日）。

2. 样本选取

本文通过检索“万州”“公交车坠江”等关键词，对2018年10月28日至2018年11月3日互联网上采集到的167061条信息进行了分析。如图1所示，在对该事件的报道中，微博、微信报道数量居多，其中微博自媒体报道数量占84.8%，微信自媒体占比6.0%。因此本文将以微博、微信中的部分自媒体代表作为研究样本。

由于反转新闻的特殊性，部分自媒体在新闻反转后迅速删除了之前的错误报道，笔者在尽力寻找被删除新闻的痕迹的同时，采用关键词等进行条件搜索，以阅读量、互动量为标准，从能够搜集到的相关报道中筛选出了92篇报道进行分析，涉及的自媒体包括头条新闻、一点资讯、梨视频等等。由于样本数目较多，无法在文中一一列举，因此，本文将列举传播力较强的几篇报道，如表1所示。

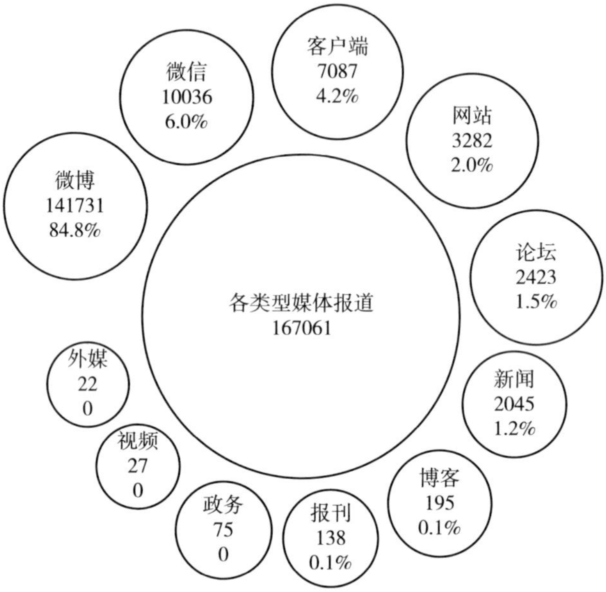


**图1　各媒体来源占比**

资料来源：新浪微博微热点。

**表1　“万州公交车坠江事故”自媒体文章**

| 序号 | 标题/节选 | 文章来源 | 发布时间 |
| --- | --- | --- | --- |
| 1 | 重庆万州22路公交车坠江，疑因一女司机驾驶私家车导致 | 头条新闻微博 | 2018. 10. 28 |
| 2 | 区政府回应大巴坠江原因：系小车逆行与大巴发生碰撞 | 梨视频微博 | 2018. 10. 28 |
| 3 | 重庆大巴坠江……肇事小车女司机已被警方控制 | 老徐时评 | 2018. 10. 28 |
| 4 | 重庆大巴坠江事件最新：私家车主已被控制，大巴沉入水底 | 侠客岛 | 2018. 10. 28 |
| 5 | 竟是轿车女司机逆行！重庆坠江公交车沉入江底，已打捞出两具遗体 | 新闻坊 | 2018. 10. 28 |
| 6 | ……事故是女司机逆行导致，女司机全责，死了活该 | 韩东言 | 2018. 10. 28 |
| 7 | 重庆大巴车坠江事故！坠江事故女司机穿着高跟鞋开车！…… | 何天恩 | 2018. 10. 28 |
| 8 | 重庆公交车坠江事件，先别急着喷女司机 | 赛雷 | 2018. 10. 29 |
| 9 | 万州公交坠江真相：视频公布，我只想为这5件事痛哭 | 闲时花开 | 2018. 11. 02 |
| 10 | 公交坠江唯一幸存者：人群散了，她哭了 | 娱乐新青年 | 2018. 11. 03 |

## （三）类目建构

1. 消息来源

消息来源也称新闻来源，是指新闻中所涉及的相关事实和材料的出处，没有消息来源的新闻就是无源之水、无本之木。消息来源可以是事件目击者、权威人士或新闻发言人等。结合该事件报道材料的情况，可将消息来源分为：

①目击者：消息来源为事件目击者；

②亲属：该事件中当事人的亲属；

③媒体：从其他媒体处获得或转载的消息；

④救援部门：现场参与救援工作的相关部门；

⑤政府：当地有关部门或政府部门的官方通报、人员发言、采访消息；

⑥其他：无法确定来源或不包含在以上分类中的消息来源。

2. 议题类型

媒体对于某一新闻的议题设置表达了对于该事件某个角度的关注程度。笔者将该事件新闻报道的议题分为以下几类：

①事件进展：指该事件的发展情况，以传递事件信息为主；

②客观分析责任归属；

③以“女司机逆行”为标签进行报道；

④从遇害者及其家属角度进行报道；

⑤对舆论的冷思考；

⑥对女司机家庭及丈夫的报道；

⑦对澄清后的事实（司机与乘客争执的情况）的报道（仅出现在研究第二阶段）；

⑧对救援工作人员的报道；

⑨对大桥质量等问题追责。

由于一个报道或许含有多个议题类型，因此依情况而定，可以包含多个议题。

3. 报道倾向

主要指自媒体对于该事件的报道是否中立，是否带有一定的情感倾向。具体可以分为：

①客观中立：报道无明显的态度倾向，等待事件责任归属的判定，立场较为中立客观；

②报道倾向较为明显，有暗示某方为责任方的意味；

③对该事故表示遗憾，主要出现“遗憾”“悲伤”“惋惜”等情绪词。

4. 报道框架

戈夫曼在其著作《新闻框架》中将框架定义为人们用以认识并解释社会生活经验的一种认知结构。其后，框架理论被引入新闻领域内，形成了新闻框架的概念，即指新闻工作者将复杂的社会现实用某种既有的惯例或常规加以组织，并形成新闻报道[①]。惠特曼曾提出框架的四种功能，即“问题界定”、“责任归属”、“道德评判”和“解决方案”，而 Semetko 和 Valken Burg 将新闻框架总结为五种类型：冲突框架、人情趣味框架、经济影响框架、道德评判框架和责任归属框架[②]。本文借鉴了以上几位学者的观点，并结合该新闻的相关报道材料确定具体框架（见表 2）。

**表 2　报道框架**

| 框架类型 | 编码 | 框架解释 |
|---|---|---|
| 冲突 | 1 | 强调事故的戏剧性,具有导向性,用激烈的话语或刻板印象标签化当事人 |
| 事件界定 | 2 | 客观概述事件发生、发展的情况,认定事件性质或细节 |
| 后果 | 3 | 强调事件发生的经济后果、社会后果 |
| 人情趣味 | 4 | 用悲情叙事呈现事件或问题或以“标题党”形式获取注意力 |
| 其他 | 5 | 无明显报道框架或不属于以上报道框架类型 |

5. 人物形象塑造

学者陆学莉将新闻人物分为了悲情形象、恶俗形象、普通形象、特权形

① 陈阳：《框架分析：一个亟待澄清的理论概念》，《国际新闻界》2007 年第 4 期。

② 赵靳秋、汪明慧：《新闻漫画与社会现实的构建：以〈中国日报〉为例》，《华中师范大学学报》（人文社会科学版）2010 年第 S2 期。

象和英雄形象五种。[①] 本文借鉴其分类标准，结合该新闻具体报道情况，将新闻人物分为普通形象、悲情形象、恶俗形象三种（见表3）。

**表3　人物形象塑造**

| 人物形象建构 | 编码 | 评判标准 |
| --- | --- | --- |
| 悲情形象 | 1 | 着墨于遇难者和遇难家属,构建遇难者的悲情形象 |
| 恶俗形象 | 2 | 刻画“女司机”的刻板形象,标签化,以带有攻击性的言辞加以形容 |
| 普通形象 | 3 | 并无过多情感色彩,仅仅将人物作为当事人加以报道 |

# 五　研究发现

## （一）新闻真实的失落

“真实是新闻的生命”这句话曾经被每个新闻人奉为圭臬，传递真实的信息是新闻媒体的天职所在。当新闻事件发生时，媒体应当对事件进行全面的调查，保证每一个信息来源的高可信度。新闻真实是指新闻报道中的每一个具体事实都必须合乎实际，新闻的五要素：时间、地点、人物、何事以及原因必须经得起核对。新闻是对正在发生的事件所进行的持续性的报道，因此新闻真实也是一个动态的过程，马克思曾用“报纸的有机运动”对此进行解释，他认为在日复一日的报道下，事实的全部真相就会被完全揭露出来。[②] 反转新闻的出现正是因为媒体没有对事件进行完整的把握，没有理解到新闻真实的动态变化过程，没有耐心等待事件变化的全过程，而是在事件刚发生时就急匆匆地下论断。同时，自媒体由于“把关人”作用的弱化，没有对信息进行把关，将错误的信息广泛传播，造成了恶劣的舆论影响。

新闻来源是多样化的，但无论是何来源，都应当对新闻源头进行把关，保证信源的真实性和准确性。在对万州公交车坠江事故的报道中，梨视频曾

① 陆学莉：《反转新闻的叙事框架和传播影响》，《新闻记者》2016年第10期。

② 陈力丹、闫伊默：《新闻真实与当前新闻失实的原因》，《新闻传播》2007年第7期。

发布一条新闻，意指女司机即罪魁祸首，诸多自媒体在未经调查的情况下转发了梨视频的信息。梨视频作为自媒体的代表，在未调查清楚的情况下发布了不实的信息，而诸多自媒体在未经把关的情况下转发了该条新闻，将错误的信息扩大化。信息的源头被污染后，整个舆论环境都遭到污染。如图 2 所示，样本中一些媒体在信源不明的情况下对事件进行了报道，且其中不乏具有强号召力的“大 V”，身为自媒体却无法承担其最基本的责任，导致了新闻真实的失落。

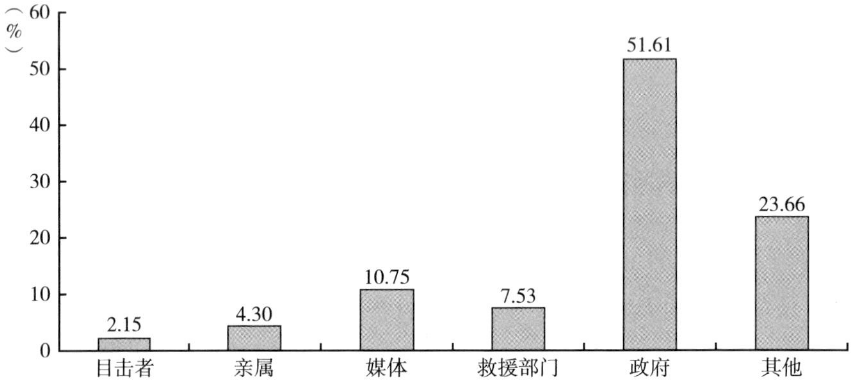


**图 2　自媒体消息来源**

## （二）新闻框架与叙事策略

文字的处理是文学的艺术，但新闻与艺术不同，艺术可以天马行空，可以用激情昂扬的文字为情感作铺垫，但新闻的文字应该是谨慎、克制而理智的。媒体具有传播信息、引导舆论的功能，新闻文字中潜藏的每一个情感倾向都将影响舆论的风向。协调社会关系、平息社会矛盾是新闻媒体的职责所在，客观、公正的报道是一张创可贴，将社会的“伤口”缝合。但在流量的诱惑下，部分自媒体却选择了通过新闻框架的设置，撕裂社会伤口，将社会矛盾激化，以获得经济收益。

在自媒体对万州公交车坠江事故的报道中，自媒体巧妙地通过新闻框架的设置和叙事话语的调整将新闻变得戏剧性。首先，在整体的报道框架上，自媒体选择了最具有吸引力的冲突性框架，将当事人刻画为典型的对立形象，两方之间的冲突是受众关注的重点；其次，在报道倾向方面，自媒体先入为主地设置了具有冲击力的价值语境，通过“开车逆行撞公交，公交连人带车坠入江底”等耸人听闻的标题，将笔墨重点放在了女司机逆行、车上多人无辜殒命方面，忽略了对事实真相的调查；最后，在叙事层面，自媒体用虚构细节和叠加信息的方式，将多次重复的关键词和看似更具可信性的细节传递给受众，固化受众印象①。

如图 3 所示，92 篇自媒体报道中有 40% 的媒体以“冲突性”的框架来撰写新闻，他们通过对新闻标题、文本结构的设置凸显了事件的冲突；有 23% 的媒体以“人情趣味”的框架来撰写新闻。如图 4 所示，26% 的自媒体在撰写报道时有明显的报道倾向，暗示女司机是事故责任方，并通过“行车时脚穿高跟鞋”等文字着重刻画了一个不守交通规则的逆行女司机的恶俗形象，而 40% 的媒体采用了较为悲伤的基调，对遇难者家属进行报道，挖掘“遇难者生前最后一句话”这样的细节。公交车坠江本是一个灾难，数条鲜活的生命葬身江中，媒体除了应当客观地报道事件进展、追问责任以外，适当地寄托对逝者的哀思并无不妥，但过度地烘托悲情气氛，不仅会使报道偏离正常的方向、激起舆论浪潮，更会对遇难者家属造成二次伤害。

### （三）刻板印象下的“标签化”处理

19 世纪末，黄色新闻在美国爆发之时，人们总结出了吸引读者的“3xing”法则，即“性、腥、星”；在 21 世纪互联网高度发达的今天，自媒体也深谙此道。注意力经济时代，市场规律和媒介伦理之间的平衡被打破，流量为王的信条指挥着自媒体生产着毫无意义的新闻，刺激着人们的感官，消耗着社会的信任。当下，社会阶层分化、性别对立现象凸显，自媒体人敏锐地洞察到社会内部的暗流涌动，并立刻抓住机会大造声势。从“马路杀

① 陆学莉：《反转新闻的叙事框架和传播影响》，《新闻记者》2016 年第 10 期。

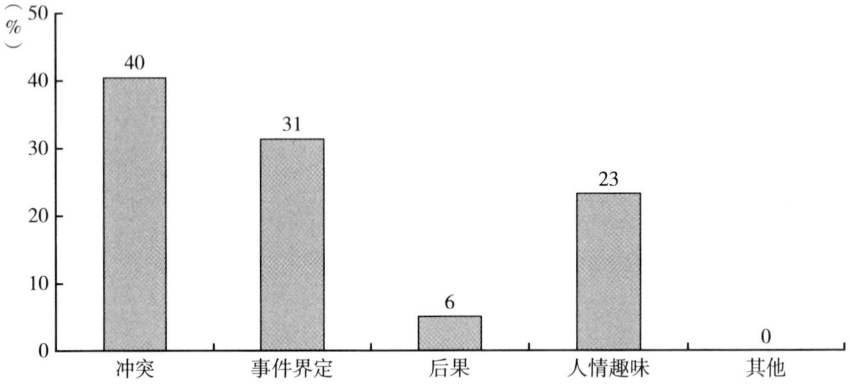


**图 3　自媒体报道框架**

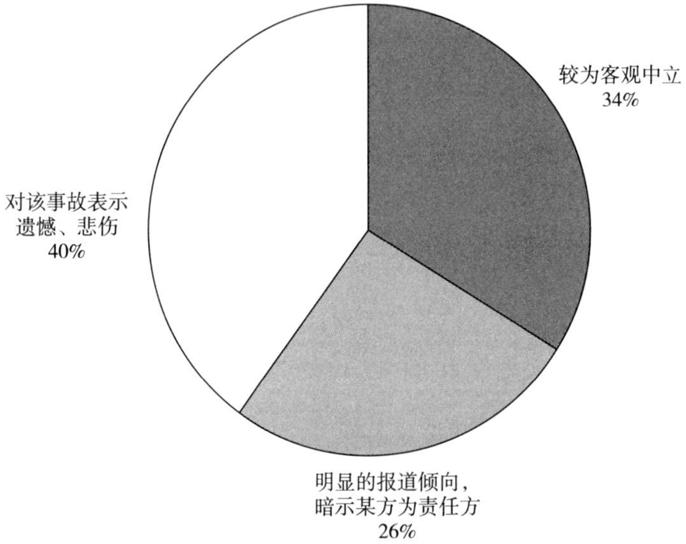


**图 4　自媒体报道基调**

手女司机”到“直男癌”，从“绿茶婊”到“中央空调式渣男”，自媒体抓住一切社会敏感点进行宣传，为“10 万 +”铺路。近来，自媒体的标签化报道开始不满足于软新闻领域，而是向时事新闻、民生新闻蔓延，从“红黄蓝幼儿园事件”到“江歌案”，自媒体的身影穿插其中，掀起了一波又一波舆论高潮。

在自媒体对“万州公交车坠江事故”进行报道的过程中，充斥着“女司机”等带有刻板印象的敏感词。自媒体人利用了社会对“女司机”存在的刻板印象，并抓住了“性别歧视”这个痛点，在警方尚未彻底查清案情之时，样本中便有31.75%的自媒体以“女司机”逆行作为标签进行报道，吸引受众眼球（见图5）。如图6所示，在该事件新闻报道中“女司机”毫无疑问地成为报道重点，新浪微博自媒体对该事件的众多报道中共出现了75719次“女司机”的字眼。

利用受众的刻板印象大肆炒作不仅会导致受众对媒体公信力的质疑，还会导致“罐头思维”的恶性循环①。罐头思维是指受众忽略掉逻辑推理过程，在媒体制造的信息不对等、缺乏证据链的情况下盲目接收媒体下的结论，在不进行任何思考的情况下对媒体的新闻报道“开盖即食”②。但罐头思维只会存在于受众领域吗？答案是否定的。当自媒体用刺激性的言论和片面化的信息一次次成功地吸引到受众、获取巨大流量的同时，自媒体也将形成对新闻片面化、刻板化处理的罐头思维，在遇到新闻之时，“求刺激”将代替“求真实”，“煽动性”将代替“客观性”，在一次反转新闻带来的舆论浪潮背后，新闻人的专业精神和行业伦理正在被侵蚀。

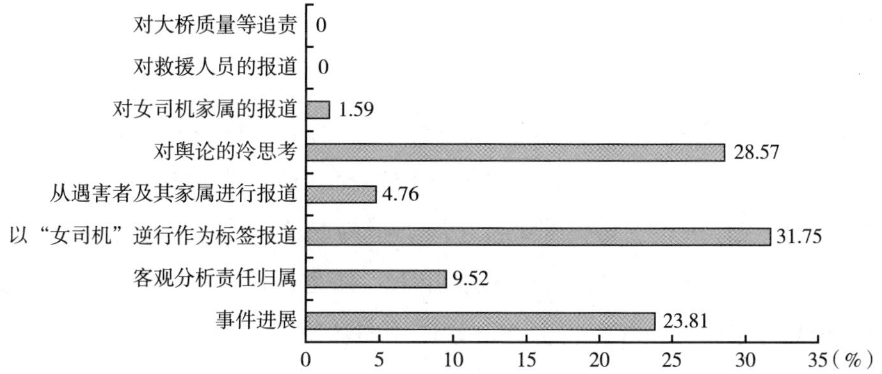


**图5　第一阶段议题类型**

① 李斌、陈勃：《“反转新闻”的成因及其规制》，《编辑之友》2016年第8期。

② 江作苏：《“罐头思维”与新闻反转剧》，《中国新闻出版广电报》2017年4月27日第3版。

图6　关键词云分析

## （四）情绪感染下的集群行为

悲情与愤怒，是激化社会矛盾、煽动社会情绪的催化剂。从“女网红殴打孕妇事件”到“快递小哥雨中哭泣”，这些曾引起舆论哗然的反转新闻有着共同的特点，就是无限放大人们的同情与愤怒心理。凄惨的受害者，十恶不赦的施害者，自媒体们利用人们的正义感和同理心，通过脸谱化形象成功地塑造了二元对立的社会情境。在社会情绪的催化下，真真假假已经不重要，受众仿佛化身罗宾汉，为维护正义在所不辞。在自媒体对“万州公交车坠江事故”的报道中，这样的情绪化策略再次出现。

在对万州公交车坠江事故的报道中，从一开始自媒体就完成了二元对立情境的建构，“被冲撞坠江的公交车遇难者”和“造成事故的高跟鞋女司机”，自媒体采用女司机等敏感字眼，极易触碰到公众的敏感神经，引起受众的情感共鸣。在共情心理的作用下，加之自媒体的大力渲染，公众自发地划分了集体边界，将自己划分到“弱势”或“正义”的一边[①]，为了维护集体边界、加强群体认同感，受众会在情绪感染的情况下做出网络集

① 徐明华、江可凡：《自媒体公众号的情感卷入策略与责任研究问题——以“江歌案”和“红黄蓝幼儿园虐童事件”为例》，载钟瑛等主编《中国新媒体社会责任研究报告（2018）》，社会科学文献出版社，2018，第348～367页。

群行为。

网络集群行为是指网民基于共同的情感诉求或利益，在网络空间推动的具有一定规模、一定影响力和一定威胁的非制度化参与事件，包括人肉搜索、舆论暴力、网络抗争等等①。网络空间是现实空间的投射，受众会将现实社会中的情感诉求以及心理投射到网络空间，并且由于网络的群体化和匿名化，受众更易被自媒体的情绪策略打动，做出不理智的行为。

## 六　反转新闻产生的原因探析

### （一）被市场逻辑主导的自媒体

自新闻产生以来，新闻专业主义就作为职业记者的“金科玉律”存在着。新闻专业主义最早起源于19世纪末的西方，由1947年哈钦斯委员会提交的《一个自由而负责的报业》提出。西方新闻界认为，新闻专业主义是一种独立于任何权威之外的新闻从业理念，要求记者以客观、真实、准确的态度去报道新闻，并且持有非党派、非团体的立场，挖掘事情真相，将事情的原貌还原给受众。新闻专业主义和公共性要求新闻媒体独立存在，不依附于市场逻辑，在互联网蓬勃发展之前，人们尚未受到信息过载的困扰，长篇大论的深度报道和访谈性新闻拥有大批的拥护者，媒体人在新闻专业主义的指导下致力于维护公共利益、挖掘公共性话题、引导社会舆论朝着理性的方向发展。但随着互联网时代的到来，自媒体开始崛起。与传统媒体不同，自媒体从一开始就脱离了“精英主义立场”的新闻专业主义，围绕着市场逻辑野蛮生长，本身应该是出身草根、代表草根、为民众发声的自媒体在市场竞争中演变成了收割流量的机器，自媒体乱象频生，社会责任不再是媒体的底线，“10万+”阅读量才是他们的圣经。

---

① 郭小安、王国华：《网络群体性事件的概念辨析及指标设定》，《情报杂志》2012年第2期。

在19世纪末的美国，新闻专业主义是美国精英媒体的尊严，它们不依附于市场逻辑，独立于政治与商业而存在。在21世纪的当下，自媒体生于注意力经济时代，成长于影响力经济时代，对于它们而言阅读量才是最重要的。为了获得经济收益，自媒体迎合受众追求刺激的猎奇心理、关注八卦的窥私心理以及掌控全局的好奇心理，热衷于生产各种“狗血文章”和假新闻以博人眼球。

### （二）把关人环节的缺失

在传统媒体时代，由于传播渠道的单一，媒体机构对于新闻的生产和传播具有相对强大的掌控力，在新闻传播的过程中存在着一个“把关人”的角色，把关人根据新闻专业主义、社会责任、社会价值观、媒介机构利益等多个因素对新闻内容进行审核，把不符合标准的新闻拦截在传播渠道之外，因此受众能够接收到的信息往往是经过了层层审核后的，信息的纯粹性较高。但随着互联网和自媒体的出现，传播渠道单一化的情况被打破，互联网将话语权下放，“人人都有了麦克风”，当舆论场变得喧哗，传播权力终端对于内容的把控便开始失灵，把关人的权力在网络环境中消散。不仅如此，互联网在赋予了人们表达权之后，还悄无声息地放宽了新闻的内容限制，从鸡毛蒜皮的小事到刺激狗血的丑闻，这些原本“难登大雅之堂”的信息也不受控制地出现在了受众的面前。这一切都为自媒体的崛起创造了绝佳的条件，其内容生产变得异常顺利且迅速，没有审核过的消息被释放出来并大肆传播，造成了虚假新闻、信息过载等问题。

### （三）行业监管与自我约束机制的缺失

俗话说没有规矩不成方圆，自媒体行业乱象频出的原因之一就是规则意识的缺乏。这个规则意识的缺乏不仅仅指自媒体行业本身，还指监管自媒体的相关部门。一方面，监管部门缺乏对自媒体进行管理的经验和相关条例，既无条例可查也无前例可循，在面对错综复杂的情况之时就会显得有心无力；另一方面，自媒体行业内部也缺乏有力的约束机制，整个行业就像一盘散沙，没有具有权威性的领导者和协会组织，因此都是各自为政，较为混乱。在这样的灰色地带里，自媒体的野蛮生长必定会对媒介生态造成伤害。

### （四）后真相时代的狂欢

1992 年，美国《国家》杂志首次采用“post-truth”一词来形容“水门事件”“海湾事件”的共同特点；2016 年，牛津词典首次将“post-truth”（后真相）作为年度词。后真相时代，真相已经变得不再重要，人们只讨论自己想看到的、听到的，并围绕自己的观点或判断做出评价①。传统的媒体中存在着“把关人”的角色，把关人对外界信息进行筛选和过滤，并将具有多样性的、围绕公共利益的信息传播给大众，使大众在把关人有意的、理性的引导下认知世间百态，并形成理性的思考、展开理性的讨论。然而在自媒体领域，把关人角色失落，人们都沉浸在自己的信息气泡中，圈层的隔阂和固化开始产生，不同圈层和群体之间平等、公开、理性对话的土壤开始贫瘠。公众之间的对话更像是“歇斯底里的自说自话”，真相不再重要，公众需要的仅仅是压力、情绪的释放，公众理性讨论的空间也被挤压。当情绪的刺激和娱乐的快感取代了人们对于真相的追逐时，反转新闻产生的土壤也就越发肥沃。

## 七　建议

虽然本文仅讨论自媒体在反转新闻中扮演的角色，但事实上反转新闻并不是由自媒体一方造成的，政府部门疏于监管、受众的媒介素养不高等都是导致反转新闻发生的原因。因此，要改变行业乱象，还需要自媒体行业、政府部门和受众三方的共同努力。

---

① 易艳刚：《“后真相时代”新闻价值的标准之变——以“罗尔事件”为例》，《青年记者》2017 年第 4 期。

### （一）优质内容为王，坚持可持续发展

近年来，Vlog、短视频等媒介形态的走红说明了媒介环境和受众口味正在发生改变，比起冗长、冷静的深度报道，受众更偏好碎片化的、有趣的内容，但短、平、快的碎片化的内容生产方式并不代表优质内容的陨落，即使在当下变幻莫测的媒介环境中，受众依然更偏好优质的内容。自媒体人不应该被华丽的形式和传播技术所困住，而应该认识到优质的内容才能为自媒体带来强劲且持久的发展动力。因此，即使是自媒体人，也应该在报道过程中做到“客观、真实、公正、全面”，具备媒体人严谨、认真的专业态度。当新闻事件发生时，不盲目、不极端，客观地看待事件，将理性置于情感之前；在调查过程中，公正、全面地调查人和事，使披露的信息做到整体真实和细节真实；在事件真相不明时，不跟风、不偏听偏信，谨慎客观地对事件进程做出真实的报道，杜绝出现反转新闻的可能性。同时，依附于市场逻辑也并不是自媒体权力寻租的理由，顺应市场获取利益是正当的，但打着经济利益的旗号枉顾社会责任的做法却是万万不可的。

### （二）行业监管与法律约束双管齐下

仅仅依靠行业内部的自律是不可靠的，外界的监管也必不可少。法律与市场的双重监管是新闻在发展轨道上的标尺。以法律加以规制，做到有法可依，从立法层面对自媒体新闻生产的流程做出严密界定；同时，加强行业内部的监管，避免市场逻辑完全主宰新闻的发展。

技术是外衣，新闻是内核。无论用怎样的形式，都不可得鱼忘筌，在使用新技术的同时我们也应该合理规划，避免对新闻内核的侵蚀。在行业内部，各媒体之间可以成立相关的监督协会，制定相关的标准，约束自媒体权力寻租、有偿新闻等乱象；同时，加强媒体内部工作人员的媒介素养培养和专业能力培养，使媒体人在做到真实、客观的报道的同时也能够有着“铁肩担道义，妙笔著文章”的人文情怀。在法律层面，

司法部门应该严查假新闻源头，并设立相关的条例，对其施以处罚，有了硬性的法律约束，自媒体在进行新闻生产和传播的过程中也会严守红线，避免受到法律处罚。

### （三）做“后真相时代”的理性公众

网络空间是现实世界的投射，但网络空间的情绪和舆论也会影响到现实世界。反转新闻不仅会消磨受众的热情、消费社会信任，还会使新闻媒体和政府机构陷入信任危机中，使社会稳定的基础被动摇。作为受众，我们在观看新闻的时候也应该带有思辨的思维，慎思慎言，提高自己的媒体素养，不被牵着鼻子走、做网络暴力的帮凶。

首先，受众不仅要多看多听，还要学会分辨信息的真假、优劣，最直接有效的分辨方法就是当轰动性新闻出现时，关注具有权威性的官方媒体，等待官方媒体的情况通报，不着急站队、发声。其次，敏感地对待自媒体的情绪化言论，当听到具有煽动性甚至于恶意的言论时，谨慎思考，避免自己的情绪被煽动。再次，关注口碑好、有人文关怀、有深刻思考的优质博主，在新媒体时代，意见领袖的作用越来越大，其对于普通受众的影响力也在不断增强，因此普通受众应该尽量选择关注优质博主，获得正向的内容反馈。最后，受众最应该做的就是提高自己的个人素养，树立正确的“三观”，不以有色眼镜或刻板印象看待他人，只有提高自己的素养，才能在后真相时代成为理性的观众。

## 八　结语

通过以上分析可以看出，反转新闻的产生源于自媒体对新闻来源的把关失责，在没有核实新闻真实性的情况下盲目跟风。同时，相关自媒体也并没有遵守新闻专业主义，以“真实、客观、公正、全面”为新闻报道的宗旨，而是用标签化、恶俗化的人物形象构造二元对立的情境，激起受众的共情心理，使受众在集体认同感和正义感的推动下做出不理智的行为。反转新闻的产生并不是哪一家自媒体的责任，而是整个行业在市场逻辑下的“狂欢”之举。

反转新闻并不是自媒体野蛮生长下的唯一问题，权力寻租、有偿新闻屡见不鲜。自媒体行业仿佛陷入一个怪圈，一方面是噱头带来的巨大流量和经济利益；另一方面却是这些错误报道激起受众情绪反弹，周而复始，板砖与利益齐飞，最后一地鸡毛。自媒体的野蛮生长将损耗社会信任、损害媒体形象，不利于维护社会的和谐稳定，唯有自媒体行业、政府和公众三方共同努力才能改变自媒体行业的乱象。

# B.20
# 自媒体公众号的虚构写作边界和责任问题研究*

徐明华　余檬檬**

**摘　要：** 2018年微信的日活量已经达到了10.1亿人次，形成的巨大流量池吸引着自媒体从业者入驻。其中，相比于晓之以理的逻辑派，人类原生渴望的情感共鸣更受到大众的偏爱，于是“以情动人”的文章写作手段成为倍受追捧的传播策略，其中现象级情感自媒体公众号M，在同质化日趋严重的公众号市场中脱颖而出，原因就在于其顺应拟剧理论的框架，从谈话的形式、运用仪式、关键边界等七个维度出发，探寻出一条独特的网络写作之路。本研究以公众号M在4年（2015～2019年）内发布的文章为研究样本，通过分析其虚构写作模式和情感运营模式的特点，来探讨自媒体虚构写作的边界意识与社会责任的承担问题。文章指出，自媒体人应承担起保证信息质量和守护意识形态的社会责任。

**关键词：** 自媒体　虚构写作　社会责任

---

* 基金项目：本文系国家社会科学基金项目“人工智能时代中国故事海外传播的‘情感动员’研究”（项目编号：19BXW051）的阶段性成果。

** 徐明华，华中科技大学新闻与信息传播学院教授，博士生导师，主要研究方向包括国际传播、跨文化传播、形象传播与人工智能技术创新应用等研究；余檬檬，华中科技大学新闻与信息传播学院硕士研究生。

## 一 研究缘起

在工业革命、信息革命浪潮的推动下，人类文明得以加速发展，人们的身体功能通过各种媒介得到延伸。从口语传播到印刷传播，再到如今的数字传播，传播的信息也从稀有到丰富。在媒介迅速发展以前，人类的世界是简单且平静的，每日没有过多的新闻，而当媒介日益发达之后，我们对细微变动变得异常敏感，任何一件事情都可以被当作新闻，借由自媒体发布出来。然而，信息量大并不等于信息质量高，远离真实世界的我们，实际上始终活在媒介构筑的城墙当中。

自媒体公众号逐渐融入大众的理性生活与感性生活，尤其是在虚拟网络空间的情感生活，媒介把人关进“小黑屋”里，人们只能通过它提供的平台获取信息，于是人们一方面将网络作为学习与工作的工具用来辅助个人理性生活，而另一方面孤独的现代人也通过视频、语音、文字获取情感世界的养料。单昕认为，自媒体文学应和着群体的心理，影响着受众的阅读习惯，用催化情感的方式表达了对当代人的生存处境与内心际遇的共鸣①。其中，张嘉佳睡前故事的写作模式最能凸显自媒体文学的特质，文学的创作成为一个交互的过程，叙事节奏轻快，情节推演更加戏剧化，极易使读者产生代入式体验，符合年轻人浅阅读的习惯。但这只是自媒体文学的冰山一角，随着受众需求的转变，一种风格更犀利的文体逐渐得到大众的青睐。

众多媒体人敏锐地察觉到受众的此种情感需求，纷纷涌入自媒体写作的洪流，站在亲历者的角度向受众传递所见所闻，这种介入式的写作姿态形成了新媒体写作的独特文本——虚构写作，即一种融合媒体人个人经历、情感和部分虚构情节的文本写作范式。自媒体的虚构写作文本创造了各种各样的拟态世界，处在裂变之中的人们，面对信息化、虚拟化形成的仿真文化，重

① 单昕：《自媒体写作与当代文学生态的嬗变——以张嘉佳的“睡前故事”为例》，《当代文坛》2017 年第 4 期。

建一种被遮蔽的真实信念。于是新媒体文本与它的名称一样极具暧昧意味，虚构写作包含部分真实和部分虚构，未亲眼见证的读者早已失去判断信息真与假的能力。但是在目前的自媒体文字市场中，作者试图通过强调并非完全虚构来暗示文本的真实性，以获取受众的信任、培养忠实粉丝，进而加速催熟具有独特魅力的虚拟现实，也加速唤醒受众的情感体验。因此，文本中虚构的部分是任由媒体人掌控的，合适与不合适的界限成了媒体人的自我素质的综合体现，就目前的研究现状而言，业界与学界也尚未提出明确的标准。

人类本身的情感是极其复杂的，既受到社会情感文化的影响，也与具体的社会情境相关联，但是学者戈登认为情感文化可以划分为两种方向：组织情感与冲动情感。组织情感偏向于驯化的情感，它们往往是符合社会文化规制的，情绪强度低且长期稳定；冲动情感是爆发释放的情感，它们往往是违反禁忌，甚至与社会标准发生对抗的，情绪强度高且短暂①。当自媒体站在主流文化的角度上，传播的观点也与组织规则一致，接收信息的受众便会朝向“维稳”的组织情感良性发展；而当自媒体脱离惯例与组织规范，其引动的受众情感或将转向混乱、释放的复杂态势。一旦公众号的表达偏离社会组织航道，沉浸在感性世界当中的受众会更接近冲动情感方向，即便人们在情感生活中得到满足，也容易失去正常理智判断的机能，损害社会秩序与安定。

许多情感类公众号，为了增加受众的情感投入，主动去唤醒受众的冲动情感。微信公众号 M 最具代表性，作者最常做的便是以自我为主角原型进行“虚构写作”，将文章当作虚拟角色情绪喷薄的出口，加上边界性的语言，传递与传统价值观相对抗的文化内容、核心观点，引来众多追崇者竞相模仿。由权威数据平台的阅读统计数据可知，这一策略对读者的吸引力有增无减。在当下的中国网络空间，这种“伪中立式”的触界行为一方面并不被社会组织规范认可；另一方面存在着违背客观真实、扭曲网络拟态环境的

① 〔美〕乔纳森·特纳、〔美〕简·斯戴兹：《情感社会学》，孙俊才、文军译，上海人民出版社，2007，第 27 页。

隐患。

综上所述，本研究将以公众号 M 为例，结合数据挖掘、数据清洗、数据分析与文本分析方法，多角度地分析和研究其传播内容，并从中探寻自媒体公众号的虚构写作边界，以及作为自媒体人应从哪些角度承担起内容传播的社会责任，尝试提出相关建议。

## 二　文献综述

### （一）虚构写作的概念界定

《新华字典》对“虚构”一词有两种解释：①凭想象编造：写通信报道不能虚构。②文艺创作的一种艺术手法。指作家在掌握已有生活素材的基础上进行综合创作加工，从而塑造典型艺术形象的过程。“虚构”本身就是一种很常见的文学创作手法，所谓虚构写作，即作者根据自身真实生活经验，创造了一个想象的、虚构的世界。但“虚构写作”这一概念鲜少被人提起，而“非虚构”的概念一经提及就备受关注。

追溯文学历史可以发现，“非虚构”最早是针对虚构性的小说而提出来的，在 20 世纪 60 年代，美国一小说家杜鲁门·卡波特在发表其作品《冷血》时，明确提出这是一部“非虚构小说”[①]。其意图很明显，是在暗示故事的真实性，以勾起大众对血腥事实的好奇心和对真实感的变态追求。文学家董鼎山先生也认为，非虚构写作这一概念的提出不过是噱头，是为了引起公众关注、增大销量。

任何文学上的创作必定来源于生活，绝非空中楼阁。真正按照科学领域的定义来讲，“虚构写作”与“非虚构写作”之间的边界实际上是模糊不清的。

首先如表 1 将虚构背景编码为 A、虚构人物编码为 B、虚构情节编码为

① 洪治纲：《论非虚构写作》，《文学评论》2016 年第 3 期。

C，将真实背景编码为 D、真实人物编码为 E、真实情节编码为 F。再根据数理逻辑排列组合的规律，虚构写作则如图 1 所示元素 A、B、C 与 D、E、F 之间形成矩阵后相互任意排列组合，最终会形成图 2 所示的九种组合形式，若元素本身再加入虚构与真实两个维度将产生更复杂的组合，也意味着事实真相更加难以辨认。

**表 1　虚实元素**

| 编号 | 虚构元素 | 编号 | 真实元素 |
|---|---|---|---|
| A | 虚构背景 | D | 真实背景 |
| B | 虚构人物 | E | 真实人物 |
| C | 虚构情节 | F | 真实情节 |

A 虚构背景　D 真实背景
B 虚构人物　E 真实人物
C 虚构情节　F 真实情节

**图 1　写作元素**

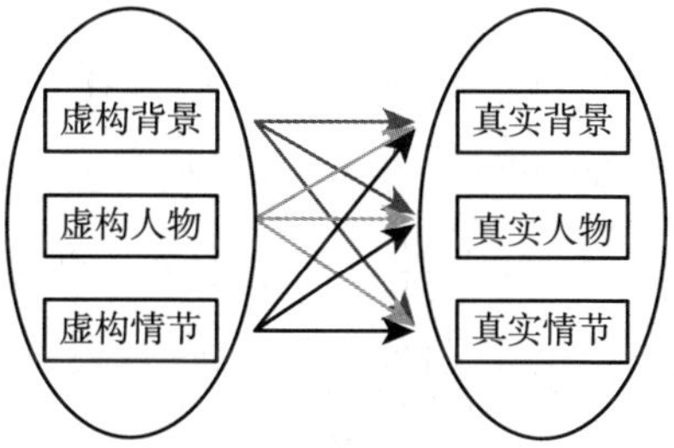


**图 2　虚构写作**

由创作者虚构的情节借助“部分真实”的面具，极易对受众造成传播内容全部真实的片面误导，也更加表明了假如不对虚构的尺度加以度量、设限，实质是在变相鼓励传播者以利益为准绳而不顾道德去编造故事、欺骗读者。因此，在本研究中虚构写作与非虚构写作是一组相同的概念，均由以上素材组成，为了避免使文学领域的定义产生歧义，本研究将选取“虚构写作”作为核心概念。即本文中的“虚构写作”指的是，作者以亲历者的身份进行写作，并将真实生活经验进行虚构化处理后带入文本当中的一种写作手段。本研究将重点围绕文本中的虚构元素聚合后产生的虚拟现实与价值观导向等的传播效果展开研究。

### （二）自媒体虚构写作的研究梳理

自媒体从业者们热衷于写作阅读量10W+的热门文章，因此当前对于自媒体写作的研究，侧重于写作技巧的偏多，论文基本以“xxx文章的写作技巧”或“10W+文章的写作技巧分析”为标题，有如学者邓筱媚的《浅议微信公众号文本的写作技巧》和耿嘉宜的《“咪蒙”10W+文章的写作技巧分析》。同时，自媒体写作也离不开调动受众积极情绪的运营手段，写作与推送运营早已合为一体，于是学者李安和潘天波在《微信公众号运营：人设、情感与设计》中探讨了自媒体运营人格化特征日益明显的现象。但是也有研究者以批判的眼光关注到自媒体发展的伦理与价值问题，有些自媒体试图运用出格的话语表达和新奇的事例噱头，利用读者的猎奇心理，增加阅读流量以谋取利益。

学者邓筱媚在《浅议微信公众号文本的写作技巧》中将微信标题划分为悬念型、新奇型、唯美型、借势型、对比型、拟人型、数据型等七种①。另外，话题选取也十分重要，甚至由此延伸出“题材决定论”等理论，话题必须切中受众痛点，引发共鸣；内容也要紧跟时事热点，扩大广度，叙事呈现多样化等，这一类都是学者总结的技巧。在众多情感自媒体中，咪蒙的写作风格受到诸多追捧，大量分析10W+写作技巧的文章均基于对咪蒙的研究，比如学者耿嘉宜的《“咪蒙”10W+文章的写作技巧分析》，多层次分析了咪蒙的标题、选题策略②，却忽视了更重要的部分。而本文研究对象公众号M不仅在写作技巧上更胜一筹，在自媒体形象构建、价值观输出、语言表达偏好等方面也都具有自己的特色。尽

---

① 邓筱媚：《浅议微信公众号文本的写作技巧》，《传媒评论》2016年第4期。

② 耿嘉宜：《“咪蒙”10W+文章的写作技巧分析》，《视听》2018年第11期。

管对于自媒体写作的研究很丰富，但是鲜少有人关注到自媒体本身不再作为简单的文本对象存在，而呈现“人格化”的趋势。自媒体人对其所属公众号形象的构建逐步转向拟人化，每一个公众号都有特定的人物性格特征，即“人设”。拥有相应的人设以后，自媒体能够主动迎合个性化的受众，打造更忠实的平台粉丝群体。李安和潘天波在《微信公众号运营：人设、情感与设计》中表示，有针对性的人设定位有助于提高微信公众号的传播力①。

而虚构写作研究方向主要包含三方面：文体界定与文本写作方法论，以及文体边界与价值。第一，文体界定，从内容角度去界定何为虚构写作则开始关注经验与深度创作，学者洪治纲有言，虚构写作在叙述内容之中包含两个维度：其一为咀嚼历史、回味往事，将厚重的史料重新整合、梳理及辨析之后，从中或可得种种“新史实”，或为某重要人物“正名”，如袁敏的《重返 1976》等作品；其二则为深入现实，重塑感知，作者抛去浮华的纸醉金迷，潜入现实生活的中心地带，就人性最隐晦的一面进行场景式的呈现与多维度、多梯度、多层次的思考②。而自媒体公众号在虚构写作中将作者本人的经验融入文章的方式可被称为“介入式写作”。因此本文考察的文本内容正是作者个人经历与社会现实杂糅并济的一种虚构文本。

第二，文体写作方法论。学者庄永志根据自身从教经验，发觉当代新闻学子在虚构写作时，在选题、采访和对文学手法的运用等方面存在着各种各样的问题，他建立了由题材、采访和叙事组成的授课系统性模型③；而学者叶黎明则关注到虚构写作的教育缺失，在中学语文教育中虚构写作是被轻视的一种写作形式，于是他呼吁大家从观念上转变对虚构写作的看法，作文教学也应从“任务型命题”转向“技能型练习”④。

---

① 李安、潘天波：《微信公众号运营：人设、情感与设计》，《电子商务》2017 年第 7 期。

② 洪治纲：《论非虚构写作》，《文学评论》2016 年第 3 期。

③ 庄永志：《非虚构写作教学：模块构建与实践路径》，《新闻与写作》2018 年第 8 期。

④ 叶黎明：《虚构写作：写作教学的另一个向度》，《语文学习》2012 年第 10 期。

第三，文体边界与价值。在虚构写作主义的盛行之下，自然有学者关注到繁荣背后的隐患。太过随意的虚构写作导致超出虚构写作的文体界定，若再假借暗示真实性的“非虚构写作”之名大力宣传，难免会陷入难以自圆其说的文体陷阱，这也是虚构写作在当代中国时常会遭遇的尴尬①。在强调新闻真实、“以事实说话”的背景下，目前国内学界对于新闻类虚构文本的争论主要集中在新闻特稿式写作的细节性虚构层面上，对于非传统新闻的自媒体虚构写作关注度较低，而对其中的虚构细节尺度的衡量更无人问津。

任何学说都不会是孤立存在的，学者张莉就将虚构写作与女性主义相结合，抛出虚构女性写作中女性叙述人对虚构文本起着重要作用的核心论点。继而分析了女性对于重构“私人领域”与“公众空间”、对于个人记忆与集体记忆的同构方面产生着不一样的影响的观点②，彰显了虚构写作的价值之一。本文研究对象公众号 M 的创始人 M 便是一名女性，写作常从女性身份出发，因此其输出的女性形象、女性价值观如何影响读者等问题是值得思考与研究的。另外，学者单昕就认为自媒体文学在叙事伦理、生产机制等方面均呈现与传统文学相异的新特质，在即时分享、层层扩散的过程中自媒体文学作品产生了巨大反响，也参与了当代文学生态的转变过程③，表现出自媒体虚构写作对文学的积极影响。

但是研究始终缺少对自媒体虚构写作边界的研究，在允许虚构的情况下，我们的边界尺度设置在了哪里？又允许在哪些方面进行虚构？这些虚构会如何影响读者所感受到的世界？这些问题都是自媒体应该思考的社会责任问题。

---

① 孙桂荣：《非虚构写作的文体边界与价值隐忧——从阿列克谢耶维奇获“诺奖”谈起》，《文艺研究》2016 年第 6 期。

② 张莉：《非虚构女性写作：一种新的女性叙事范式的生成》，《南方文坛》2012 年第 5 期。

③ 单昕：《自媒体写作与当代文学生态的嬗变——以张嘉佳的“睡前故事”为例》，《当代文坛》2017 年第 4 期。

## 三　研究设计

### （一）研究思路及方法

美国著名记者李普曼在其著作《公众舆论》中提出了一个术语——拟态环境。所谓拟态环境，是指由大众传媒在受众与客观环境之间构筑的虚拟环境。它并不完全是客观现实镜像式的再现，而是经过大众传媒进行选择、加工、处理以后向人们展示的模拟环境。可人们似乎容易忽视传播媒体选择和加工的过程，总是顺其自然地接受这种“拟态现实”，认定拟态即事实。在自媒体发达的今天，我国的拟态环境已经不仅仅由主流媒体构建，还有许多具有影响力的自媒体人、意见领袖加入其中。虽然我们生活在拟态环境中，但依旧做出真实的行为反应。因为媒介构筑的虚拟现实形成了某种文化脚本，一方面限制着受众的行为；另一方面又引导着人们的社会行动，可称为“表演效应”。于是为了分析自媒体是如何参与拟态环境构建的，我们结合戈夫曼的拟剧理论来进行分析。戈夫曼认为，特定的社会场景会聚合成不同的文化脚本，而这些文化脚本会为受众指导使用策略。简而言之，自媒体所发布内容离不开主流价值观等虚拟现实建构要素，而反过来其发布的内容也会对价值观等元素的流行造成一定的影响。

本文将根据戈夫曼互动的一般模型（见图3），结合文献分析法和文本分析法，综合谈话的形式、运用仪式、关键边界、使用道具、分类、角色扮演、表情这七个维度：①谈话的形式即人们使用的语料及语速；②运用仪式即根据文化脚本确定的谈话序列，能够标明谈话起始的系列符号；③关键边界即社会意识形态的框架，是人们互动的边界线；④使用道具即人们会借助特定空间的设备辅助自我行为的表现；⑤分类即情境的设定，如家庭领域、工作领域、庆祝仪式等；⑥角色扮演即每个人承担的社会角色，如一个女人既可以作为女儿也可以作为母亲出现等；⑦表情即通过面部表情传达对他人的情感等，来分析自媒体虚构写作模式与边界以及相关责任问题。这些维度实际上对应了自媒体写作与运营的诸多指标，例如话语使用偏好、媒介形象符号、社会主流价值观框架、运营手段、场景化介入式写作方式和配图使用等。本文以微信公众号 M 所发布的虚构文本为研究对象，从中探寻虚构写作的边界与新媒体从业者应当承担的社会责任问题。

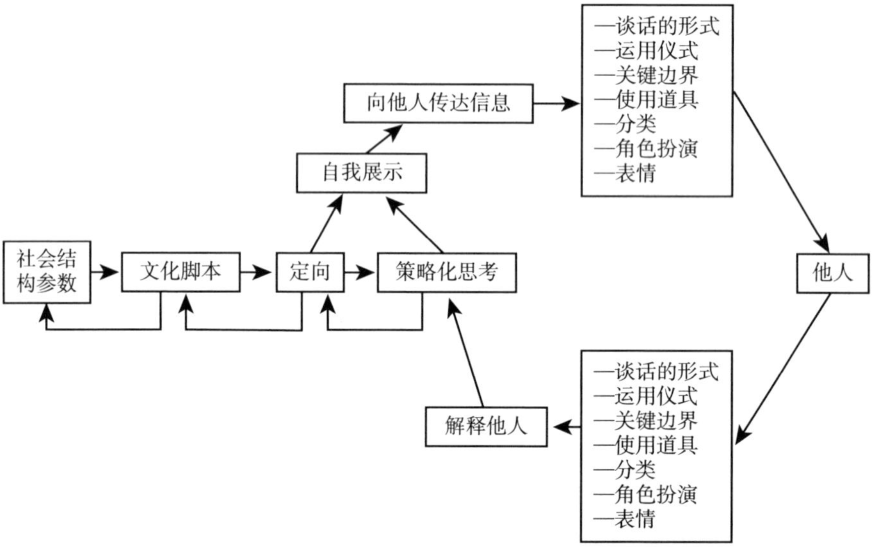


**图 3　戈夫曼互动的一般模型**

## （二）研究内容

本文研究内容分为如下两方面。

第一，模式与边界研究。根据戈夫曼互动的一般模型的相关分析维度以及结合对当前自媒体写作研究现状的总结，笔者进一步将研究框架概括为工业化虚构写作模式与人格化情感运营模式两大板块。工业化虚构写作模式又可细分为三个方面：①独特的自媒体话语体系；②场景化的介入式写作；③多元认同的女性形象塑造。而人格化情感运营模式也将细分为三个方面：①煽动性题眼策略；②自贬式丑化营销；③IP 化运营策略。随后，会相应地针对写作模式与运营模式的过界行为进行探讨。首先，自媒体在拟剧理论的外衣下呈现人格化的趋势，在当下的网络空间环境中，个体拥有权利在交际时展示自我风格。随着微信公众号的拟人化，越来越多公众号开始与粉丝进行深层次对话，在受众脑海中形成各种各样的媒体风格。这些风格包含温暖治愈、沉着冷静、幽默逗趣、犀利毒舌等多种类型，这一趋势也对如今的自媒体提出形象构建的高要求。其次，信息传播实质上就是情感传播，自媒体的情感唤醒功能愈来愈强。有时候信息的传播者并不重要，重要的是受众从中找到的价值共识与情感归属。尽管大多数自媒体原则上遵循了主流价值的标准，但还是有些公众号试图通过试探边界的方式，在主流价值观边缘徘徊，而此种行为或会产生误导受众的结果，加上女性对于感性思维的依赖和对自媒体内容的依赖，会造成对女性价值观情感化的激发与驱动。最后，新媒体环境下，情绪语言的应用日益突出，其对传播效果的影响力不容忽视①。对于这些创作者来说，合理地进行情绪表达，不仅能坚守传统文学写作的初心，还能够在新网络环境下求生存，而关键点在于能够在传统与新潮中找到一个语言应用的合理情境与平衡点，同时也能保持高水准的文字美学价值。

第二，责任问题研究。针对模式与边界研究的六个子维度，也有众多的社会责任问题亟待研究。首先，我们要关注通过形象塑造的手段，在取得相应传播效果的同时，自媒体所构建的虚拟现实是否符合客观事实。其次，自媒体公众号以情动人，若以正面、得当的价值观向受众传递真实的情感信号，帮助受众脱离精神萎靡，则可称之为正当传播；但倘若传播歪风邪说、虚假新闻，甚至传递完全扭曲的价值观，影响受众心灵，则存在严重失责，有与正面力量相对抗的偏向。最值得提及的一点便是，如今网络空间盛行“丧文化”，伴随着公众号“毒鸡汤文学”的流传，一种裹挟着负面情绪的“丧文化”席卷而来，腐蚀当代年轻人思想。信息传播讲求真实的原则不可违背，但是过度写实甚至夸大现实也越过了“虚构写作”的红线。最后，自媒体用语理应文明，肆意宣泄负面情绪容易导致受众的理性全面崩塌，打

① 王子海、任美娟：《微信公众号写作中的情绪语言表达》，《写作》2018 年第 6 期。

开悲观情绪的缺口。文笔犀利不为过，但不随意进行辱骂、谩骂，是每一位自媒体人应坚守的创作良知。

## （三）研究对象

本文选取曾位于微信指数榜单影响力前十的情感类微信公众号——M作为研究对象。公众号M在创立后短短几个月的时间里就占据情感公众号榜首。文章风格以爽辣的毒鸡汤著称——骂人不善、怒己不争。以最直接的方式揭露现实、直击人心深处；语言风格也十分独特，常常通篇俚俗口语，将人们想言而不敢言的内心独白，以最直白的方式呈现在读者面前，形成集体情绪喷薄而出的火山口，留下宣泄的快感。尽管粗鄙，却依然收获颇多拥趸。对M的争议也从未停过，有人说它媚俗功利、冠之以“女流氓”的称号；也有人为她摇旗呐喊，称赞其鲜丽的女性风格，呼其为“鸡汤女王”。于是本研究结合大众对于M公众号热议的舆论导向，对相应的文章进行多层次文本分析，目的在于剖析虚构写作手法与自媒体写作的责任边界。

## （四）样本选取

M公众号于2015年9月开设至2019年2月注销，共发表文章（包括分享图片）1478篇，由于M账号已注销，部分文章资料无法获取，在收集整理后得到文章1111篇。在对每年发表篇数、阅读数与点赞数综合排名后，选取了每年阅读数超过10万人次，点赞数排名前五或前十的最热文章数篇，详情可见表2～表6。

**表2　2019年点赞数前五名**

| 序号 | 点赞 | 标题 |
|---|---|---|
| 1 | 9396 | 说出来你可能不信，有钱男人喜欢丑女人 |
| 2 | 6821 | 吴x波：当我小三吗？送你去坐牢的那种！ |
| 3 | 5969 | 现代人的秘密，都藏在手机备忘录里 |
| 4 | 5786 | 分享图片 |
| 5 | 5656 | 《2018爆笑段子合集》哈哈哈哈哈哈哈哈哈 |

**表 3　2018 年点赞数前十名**

| 序号 | 点赞 | 标题 |
|---|---|---|
| 1 | 89763 | 是的,我要离婚了 |
| 2 | 86948 | 那个职场霸凌我的主管,被我炒了! |
| 3 | 43341 | 俞敏洪:直男癌别的不行,甩锅很行! |
| 4 | 36828 | 她被人渣强奸了一次,再被舆论强奸了一次 |
| 5 | 35413 | "我的 4 岁孩子,被烫得血肉模糊" |
| 6 | 35212 | 分享图片 |
| 7 | 34328 | 世界很坏,还好你们在 |
| 8 | 33954 | 我是个坏老板,只会用钱收买人心! |
| 9 | 33728 | 张雨绮离婚:我挑男人不行,但打人渣还是 ok 的! |
| 10 | 33188 | 因为胖,我想捅死我自己! |

**表 4　2017 年点赞数前十名**

| 序号 | 点赞 | 标题 |
|---|---|---|
| 1 | 100001 | 刘鑫江歌案:法律可以制裁凶手,但谁来制裁人性? |
| 2 | 100001 | 别! 再! 劝! 我! 生! 二! 胎! 了! |
| 3 | 100001 | 宋仲基 & 宋慧乔:对于一见钟情这件事,我该道歉,还是结婚? |
| 4 | 88094 | "轻点,没看我女人在睡觉吗!" |
| 5 | 86132 | 985 学霸,生于农村,死于传销 |
| 6 | 84176 | 看过你爱弟弟的样子,才知道你从没爱过我 |
| 7 | 84019 | 我把你当老公,你把我当子宫 |
| 8 | 74582 | 这一次,我真的骂不动了 |
| 9 | 68122 | 说来惭愧,我的助理月薪才 5 万 |
| 10 | 57785 | 陈世峰被判 20 年,江歌妈妈被判无期 |

**表 5　2016 年点赞数前十名**

| 序号 | 点赞 | 标题 |
|---|---|---|
| 1 | 64847 | 你凭什么穷得心安理得? |
| 2 | 64514 | 终其一生,我只想取悦一个人 |
| 3 | 59855 | 求你了,拉黑我吧 |
| 4 | 51261 | 我想替这个世界,夸夸女性 |
| 5 | 48871 | "我怕死。因为我死了,我妈会疯" |
| 6 | 46129 | 我的女朋友,活在 1999 年 |

续表

| 序号 | 点赞 | 标题 |
|---|---|---|
| 7 | 44879 | 职场不相信眼泪,要哭回家哭 |
| 8 | 42482 | 我的婚礼,新娘睡过了头 |
| 9 | 41503 | “我们男人出轨,不是为了性” |
| 10 | 39877 | 屎尿淋在头上,你跟我说这是玩笑? |

**表 6　2015 年点赞数前五名**

| 序号 | 点赞 | 标题 |
|---|---|---|
| 1 | 20644 | 我是因为你,才爱上了这个世界 |
| 2 | 16077 | 很抱歉,我只对我喜欢的人善良 |
| 3 | 14485 | 我是如何成功地把一家公司开垮的 |
| 4 | 13327 | 为什么我们要这么拼? |
| 5 | 10431 | 是的,我更喜欢努力的自己 |

## （五）案例概述

2019 年 2 月 1 日，曾经风靡一时的自媒体公众号 M 突然宣布停更两个月，21 日被发现其永久注销账号。事实上这不是 M 第一次陷入封号风波，2017 年高考前夕，M 发布头条文章《嫖娼简史》，讲述大学生共享嫖娼，怒斥大学生三观不正，引起大学生集体抗议，并且恰好发布在高考前夕，更加引发公愤。而这一次公众号 M 所属公司则再次因为发表文章失实，陷入停更，乃至最后注销。起因为其旗下公众号——才华有限青年于 2019 年 1 月 29 日发表了一篇名为“一个出身寒门的高考状元之死”的文章，数小时后此文迅速引发朋友圈刷屏，但随后立即发生反转，许多人质疑此文内容有杜撰之嫌，多处细节不符合常理，更有网友称之为“细节庞大的魔幻鸡汤”。舆论立即调转枪头，由共鸣转为声讨，全网抵制该公司又一次编造虚假文章。30 日下午三点左右，公众号 M 转发了“关于状元之死文章的回应”，称文章并非一篇新闻报道，而是非虚构写作，故事核心真实，但出于对当事人的保护原则，对许多真实情况进行了模糊处理。即使该团队及时发布声明，可广大网友和部分学者对其虚构故事的行为坚决抵制，事情持续发酵，最后公众号 M 永久性关停。

在公众号 M 遭遇封号之前，不论是新闻界还是自媒体写作界对强调部分真实的虚构写作的追捧，已然达到热衷的境界。但此次事件一出，不免让人在唏嘘的同时反思此类虚构写作的价值原则，虚构写作的边界在何方？自媒体人以笔为剑时，应怎样承担起共同的社会责任？

## 四　虚构写作策略与边界分析

本文在综合分析 M 的 1111 篇自媒体文章的基础上，结合写作的三要素——语言、内容和意旨，总结出工业化虚构写作的基本模式。由于此模式同样离不开其创始人 M 个人丰富的自媒体从业经验，故该模式带有一定的“个人属性”，也符合前文所提及的理论依据——戈夫曼的表演策略。可将其细分为三个方面：①独特的自媒体话语体系；②场景化的介入式写作；③多元认同的女性形象塑造。M 所采用的自媒体运营策略也具有人格化运营倾向，每篇文章都显现出该自媒体着力于塑造一个人格特征鲜明且复杂的虚拟形象，因此依据从局部到整体的规律，本研究也将人格化情感运营模式细分为三个方面：①煽动性题眼策略；②自贬式丑化营销；③IP 化运营策略。根据前文中的梳理可知，本文研究的虚构写作即将个人经历与社会现实杂糅并济的一种虚构文本。而关于虚构写作的边界界定问题，实质上是价值判断的问题。一直以来，人类社会是以社会关系为纽带、社会生活为内容，由无数单个人组成的社会共同体，并以民族、国家、社会组织等共同活动的群体构成和表现。在这样的社会共同体当中，无数个人的意志之间必然存在着冲突的可能，因此必须用一定的制度和规范来加以约束或控制[①]。此种制度和规范构成了人类日常生活的种种边界。但对于价值判断难以制定出具有普适性的规则，本文很难给出确定的衡量指标，只能基于中庸之道去把握粗

① 曾小波：《论社会监督的边界与底线》，《政党研究》2020 年第 1 期。

略的方向。于是本研究关于自媒体从虚构写作到运营策略这个议题，选取了以上几个比较小的切入口，从多数人认同的价值视角去讨论自媒体从业者应该如何去把握这条边界线。

## （一）工业化虚构写作模式与边界分析

### 1. 独特的自媒体话语体系

微信于 2011 年问世，自媒体真正进入大众生活也不过八年，但是其自由的话语方式早已打破传统藩篱，替代了传统媒体在人们心中的位置。以如今的眼光来看，传统媒体的话语体系向来将专业、权威、严肃作为基本准则，不仅在语法上要求严格，而且要求语义必须单纯、不可多生歧义，所讨论的话题也均与道德伦理、精神文明、形而上学和意识形态等主流话语体系相关。而自媒体则从多角度、多层面打破和消解这一没有弹性与活力的话语体系，将从前不敢使用的字眼、不敢明目张胆讨论的话题，纷纷送上文化盛宴的餐桌。

污秽话语和色情话语在 M 的文本中相当常见，如图 4 所示的脏话和色情词汇的词云分析，“妈蛋”、“贱人”、“犯贱” 和 “性生活” 等在传统媒体中少见甚至鲜见的词，成了 M 文章中的高频词。M 试图用独特的话语体系，将私密的话语空间呈现在读者面前，以获取读者更大的信任与认同感。采用一种“表演与尖叫”的方式，裹着偏好骂脏话的语言外衣，踩踏在敏感元素边缘，为自媒体标榜。

但人类社会的话语体系是长期发展并积累而成的，尽管在不同的社会习惯与制度下，话语表征略有不同，总体而言仍旧以正谕话语系统为主。当下看似繁荣的表演式自媒体话语体系从草根中脱颖而出，可若一直偏离主流媒体所坚持的正谕话语，则会造成大众整体低俗化的后果，毁坏当前积极的文化与意识形态发展态势，进而影响整个中国社会的文化进程。甚至，随着历史变迁，正谕话语会经历沉重的打击。因此，自媒体话语体系不能只以猎奇为标准，脱离社会正谕话语体系是超出了边界的创作。

**图 4　脏话 & 色情词汇**

2. 场景化的介入式写作

公众号 M 的第二把利器便是在微信文本中高度还原自我现实中的形象与生活场景，可将此定义为“场景化的介入式写作”。其文章多从亲历者、过来人的角度叙说，给读者现身讲述的感觉。然而，事实并非如此，出现在大众面前，看似个人化、独特化、天性化的自媒体 M，其实是其团队精心策划和大数据后台选择的结果。从图 5 可看出，除了创始人 M 本人多次出现并作为主要人物以外，其他女性人物均只出现了一次。并且公众号 M 擅长以第一人称口吻进行写作，使读者更容易以为 M 在讲述亲身生活经历，此种手法更容易产生共情、共鸣的传播效果。

在一篇关于二孩的文章中，M 分享了个人微信亲友群的部分聊天内容，表达自己被亲戚催生二孩的生活状态，并且引用了主持人谢楠因不生二孩被骂的微博来佐证“拒绝二孩”的文章观点，该文章发布之后，再次挑起许多职业女性的生育不满，纷纷在底部留言诉苦。这样一来，不仅增加了女性的生育压力，同时也加大了婚姻风险以及强化抵制生育“二孩”在社会舆论中的风向。自从二孩政策全面开放以来，“生”与“不生”成了许多现代家庭的难题，当社会充斥“不敢生”的言论时，有学者为大家切实描绘了当前的生育意愿图景，他们以南京、保定五类行业 558 名青年为样本，加上

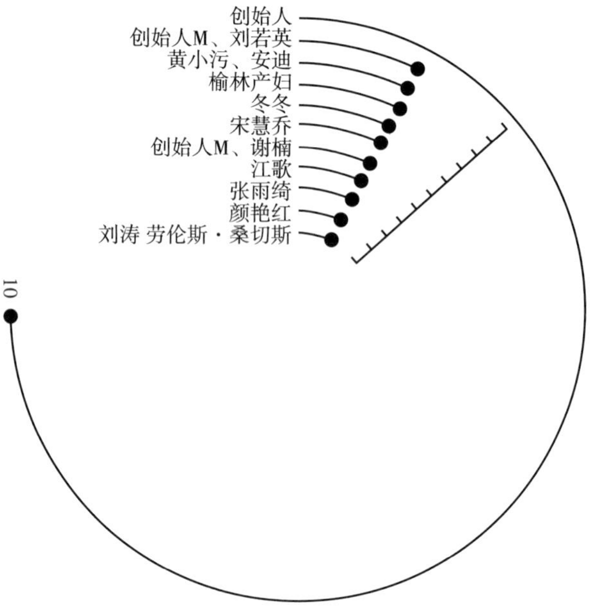


**图5　主要女性人物与出现频率**

先前研究提供的力证，对比研究城市“单独夫妇”“双独夫妇”“双非夫妇”的二孩生育意愿，事实上，在理想子女数和意愿生育子女数方面，这三类夫妇中约70%的表示愿意生育2个孩子①。

而M私自将个人情感带入公共领域，忽略了她作为意见领袖与文字商人的双重身份，引起了舆论风波。自媒体领域的内容生产者在内容创作上较传统媒体确实拥有更大的自主性，但是应牢记“媒体不等于真相，媒体不能造假”。个人经验在拉近与读者的距离的同时，也容易造成以偏概全的阅读误区。越是受到关注，越应该谨言慎行，适当运用情感策略才不会导致理性的天平完全倾斜。

① 贾志科、风笑天：《城市“单独夫妇”的二胎生育意愿——基于南京、保定五类行业558名青年的调查分析》，《人口学刊》2015年第3期。

3. 多元认同的女性形象塑造

M的价值认同感和感召力极大一部分源于她的立场足够鲜明，她是自媒体人中率先标榜自己基于女性视角，并全心全意为女性发声的人。她的文章从多方面塑造了新时代女性形象，M总结的女性形象关键词涵盖许多特质，包含“聪明”“金钱独立”“自信”“人格独立”“勇敢”“坚强”“快乐”“正义”“越努力越幸运”“洒脱的爱情观”“追梦”等。而“不卑不亢”“性别平等”等女性主义色彩浓厚的词，更不止一次出现在文章中，强调女性独立、努力的重要性（见图6）。尽管如今的中国妇女解放程度已远远高于从前，但是各方面的社会调查结果显示，还是有中国女性对于在家庭空间或公共空间所遭受的不公平对待、性别歧视有苦难言。她们的情绪一天天膨胀，迫切需要情绪发泄口，而此时M作为有话语权的自媒体人对她们表示体谅，并为她们的正当权益仗义执言，不断暗示她们主动摆脱性别的枷锁。

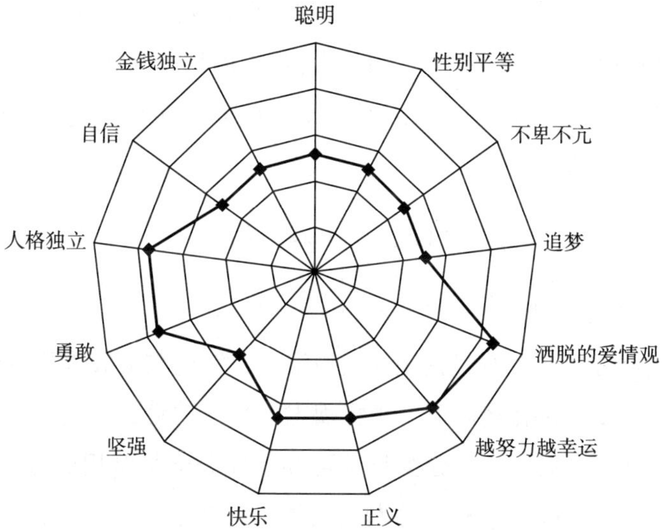


**图6　女性形象特质**

特纳说，情感总是包含生物成分，但情感并不像二氧化碳那样是自然生成的，它是在人与人之间积极互动后产生的，并经过独特的符号和路径来体现与传递。而这些文章实质上构成了传者与受者交流的链条，读者受到刺激后不断产生的情感正是足以维护这段关系的养料，久而久之形成了互动交流的符号象征，进而完成了流畅的情感互动。良性的情感互动是两个人之间的相互作用，使得对方不经意间就进入自我状态和意向性感受的过程。M 通过有情感化互动脉冲的文章形成了多条良性的互动链，拥有了一批忠诚的粉丝。

研究者李安和潘天波指出，微信公众号的最大功用就在于让那些拥有共同价值追求或情感体验的人，即使在天南地北也能聚集在一起①。但仍值得思考的是，情感互动不应变成一种教条抑或一种教唆方式。自媒体传播的社会现实应与实际客观环境保持一致，当代中国社会的女性发展呈现积极乐观走向，无论是在家庭还是在社会环境中，女性地位逐步上升，始终保持平等、相互尊重的性别观念，既符合我国的社会道德，也是媒体应向大众特别是女性所传播的信息。

用生活中的小事去以小见大，从而传达自我观点是一种著文策略，但是不应该以此教唆女性去反感自我的性别身份，而是应该以身为女性为荣，以女性身份去实现自己的多种人生价值。诸如此类的积极情感化互动，理应成为情感生活中涓涓细流般的养护者。

## （二）人格化情感运营模式与边界分析

### 1. 煽动性题眼策略

有学者曾研究 M 公众号话题的选择策略，发现在微信话题中获得阅读、点赞、转发最多的为搞笑娱乐、情感励志、文化教育这三类，而 M 的选题都紧紧围绕这三类展开。从分类目录可知，M 公众号常用的选题有 11 种：职场、励志、爱情故事、社会话题、情感、征集、亲子、吐槽、娱乐、逗比、生活方式等。传播效果居于首位的当属“职场、励志、爱情故事、情感”等情感励志类。“吐槽、娱乐、逗比、征集”则被归入搞笑娱乐类，

---

① 李安、潘天波：《微信公众号运营：人设、情感与设计》，《电子商务》2017 年第 7 期。

“生活方式、亲子”更偏重文化教育方面。但 M 为了提升热度，在选题方面存在一个大幅度的转变阶段。创立之初，首月推送文章中，娱乐与情感类平分秋色，均为 7 篇，励志文章仅有 2 篇；进入 2016 年后，娱乐类逐渐退下舞台中心，励志类文章表现出明显的上升趋势，最后占据首位。

与其他的自媒体工作者一样，为了进一步提升流量、热度，M 也热衷于文章的标题拟定策略——“题眼策略”。将四年的 40 篇顶级热门文章标题进行词频分析后，得出图 7 的标题词频统计结果。除去“世界”等不具明显情感导向意义的名词之后，出现频率最高的名词便是男人与女人。使用的动词以“喜欢”频次最多，“离婚”次之，可见标题的拟定与话题的选择均无法与两性、婚姻等分离开来，符合 M 公众号整体的文章风格定位。另外，M 擅长使用文字煽动性策略，标题当中的每一个名词、动词、形容词都经过团队、粉丝的精挑细选，力求达到隔靴搔痒但又不止于此的程度，如“秘密”“收买”“刺激”“犯规”“惭愧”等具有冲动情感指向的词语，极易勾起受众的好奇心理，如同一双无形的手催促读者阅读下去。

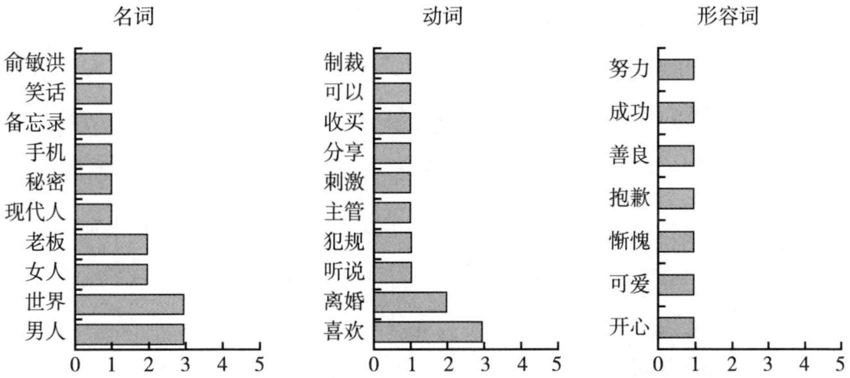


**图 7　标题词频统计**

但过度玩弄标题也容易降低自媒体人的品格，文字市场上最不缺的就是夸张、血腥、暴力、色情的标题党。若非治理得当，标题党恐怕如今早已泛滥成灾。M 的写作标题偶尔也有过界之痕迹，往往侥幸躲过追究，可这样的侥幸终究不会成为违反常理的保护衣，生产真正优质的内容、为受众诚心服务才是自媒体人的正道。否则一味地刺激读者感官、追求流量从而引发负面舆论的传播者，迟早会落入黑名单。依据议程设置理论，当媒体在讨论社会议题的同时，大众的注意力会随之发生偏移，受众的关注重点会被改变，导致受众对拟态环境的感知被影响。当主流媒体在宣传推广二孩政策时，自媒体公然抵制生育二孩、抵制婚姻就会使受众意见产生极端性摇摆。

2. 自贬式丑化营销

M 公众号有专属自己的漫画形象，漫画中的她和真实的她差别很大，她利用自贬式的丑化营销方式将自己塑造成一个长相有点难看、又矮又胖，甚至色情化的角色。用她的话来说，“90 后”的言语规则就是既自信又自嘲、自黑、自恋，每次在正文部分她都会自恋地称自己为“美少女”，但结尾又会狠狠地自黑一把，主动爆料自己与公司之间的自黑趣闻，拉近与受众的距离。这些自黑语言策略归根结底是一种“他者化”手段，将自我剥离并弃于地践踏后，还没心没肺地嘲讽一番。心理学研究表明，个人形象越是光鲜亮丽，越容易让人产生距离感、虚幻感，于是为了平衡普通人的心理落差，自黑、自嘲的表演手段被充分运用到互联网营销策略当中，为了扮演和大多数受众一样的小角色，无底线的自黑只是第一阶段。

在四年来最热门的 40 篇文章中，从统计数据来看，81.6% 的文章由 M 亲自撰写，而由其他人单独写作或者与 M 合写的文章只占总数的 18.4%（见图 8）。

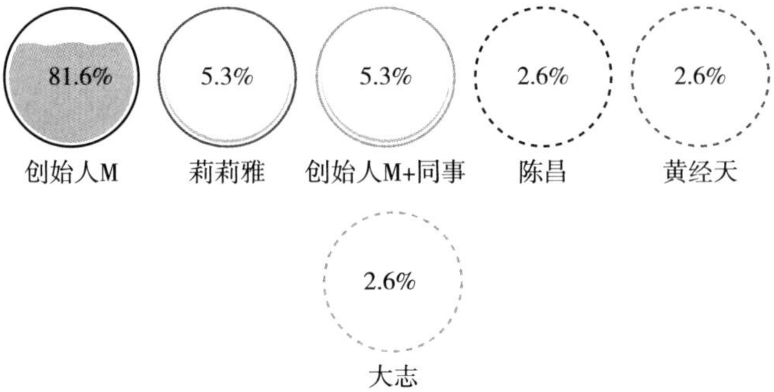


**图 8　作者分布**

丑化倾向最突出的是2016年后半年发布的一篇文章，文章开篇是教大家如何做自己以及做更好的自己，在第一个部分“先搞清楚你是谁”就向读者展现M的自恋特点，声称明星胡歌的理想型便是她。然后在“不要拿自己的短板去比别人的长板”当中，她又相当自信，从前因身材不佳而自惭形秽的她，不再羡慕别人的纤细腰肢，只因她挖掘出自己独特的优点——能一口气吃5盒小龙虾，而且还能够“吃的时候油溅得到处都是，眼睛都不眨一下”。看到这里人们不免会为她的直爽会心一笑。在常人看来，反逻辑、超乎常理的自信才是M的制胜法宝。接着，她通过自嘲告诉人们“接受不能接受的事”，青春期的她因为个子不高而深深自卑，但后来她发现努力过后仍旧无法改变，便选择坦然接受，也能自嘲一句“我特么身高150了不起啊”。最后她笔锋一转，语重心长地说“其实我们终其一生，没有多少事是非做不可的，只做讨好自己的事就好”，还不忘自黑一句“反正我就是个自私的人”。在她的笔下，M没有高高在上的光环加持，和大多数平凡的人一样，甚至有时候还有点不如常人。因此，在受众面前经过善意丑化后的M更能获得关注、支持与喜欢。

但是受众并不是会一直沉浸在自媒体人创造的世界当中，当他们跳脱出自媒体人精心策划的形象矩阵、获知真相之后，便会产生心理落差进而衍生被欺骗感。质疑、反感的情绪会吞噬受众的信任与偏爱，以至于对文章中的任何人物形象都会产生怀疑——疑惑其是否带有目的性而刻意虚构人物，而这最终会影响文章的传播。

3. IP化运营策略

由于M自我塑造的漫画形象已经深深根植于受众心中，人们越来越喜欢这个有点矮、有点胖，又有点接地气，但很努力、正义、风趣的M形象。从数据采集结果来看，M以第一人称写作的文章超过一半，约占56.10%，M正在以自己的方式创造专属自己的“IP帝国”。所谓IP（intellectual property），指的是在受众主动性被最大激活的新媒体环境下，受众跨越媒体主动寻找、消费、解构、重塑媒介文本，从而形成的以消费为核心的“粉丝文化”现象。传播学界将这种文化现象定义为IP，即知识产权项目。IP 原本存在于网络文学作品中，它们常被改编为影视剧本，但自媒体人格化趋势也诱导着自媒体形成粉丝团。对自媒体人而言，能够生产出一款拥有同一受众群体或者有扩大趋势的群体，主动跨越不同媒介平台，并能够重复性消费的产品，已成为移动互联网时代的第一要务。

在 M 庆祝 M 公众号成立 3 周年的文章中，她在感谢完粉丝之后，承诺会送出上千份以 M 漫画形象为核心的系列周边，如抱枕、布偶等。自媒体人为了留住粉丝，就必须打造更专业、优质、成功的内容产品，需要依据受众偏好进行分众化、拟人化处理，以满足某一特定群体的情感需求、内容需求等。微信公众号问世的初衷原本是更好地服务大众，但是在资本推手、商业推手的推动下，其运作逐渐变得流程化、工业化、商业化，结果导致 IP 文化产业链迅速崛起。但是根据近年来的影视剧 IP 报告可知，许多热门 IP 改编后的传播收益并不佳，原因有二：一是制作不够精美细致；二是 IP 市场泛滥成灾，受众在信息洪流中失去方向，无法做出选择。这个规律也为自媒体界敲响了警钟，负载 IP 过大会造成流量瞬间崩溃。

## 五　公众号虚构写作的责任问题分析

在前文中我们通过案例分析发现，虚构写作与自媒体写作完美地融合在一起，衍生出诸如“自贬式丑化营销”、“IP 化运营策略”、“场景化的介入式写作”、“煽动性题眼策略”、“多元认同的女性形象塑造”与“独特的自媒体话语体系”等自媒体传播手段与规则。同时，这些方法在职业操守层面和道德伦理角色上给予写作者警醒。自媒体人不得不停下吸引流量与扩张的脚步，去思考情感自媒体公众号的社会责任问题，学者钟瑛研究著述中构建了一套较成熟的移动新媒体社会责任指标体系，主要分为四大方面：信息生产、社会监督、文化教育、协调关系。M 作为情感微信公众号文章发布主力军，主要在信息质量与塑造共识两个维度没能承担起相应的社会职责，有越界虚构写作之迹象。

## （一）虚拟空间话语交互频繁，混淆受众视听

首先，M在文章中曾透露每篇文章都由她亲笔撰写，这一模式看似符合真实、客观、原创的标准，实质上忽略了她擅长“介入式写作”这一特点，公众号M发布的推文中都有她出现，但是细节是否真实我们无从考证，M注销公众号的导火索《一个出身寒门的高考状元之死》，便是跌倒在真实与捏造的边界线上，种种虚构证据被更有公信力的媒体披露出来，而此前网络上也曾有M抄袭的传闻，说她擅长收集素材，善于将他人经历化为己用。互联网发展到今天，同质化倾向愈演愈烈，如果你愿意去尝试，复制粘贴只需要两秒钟，然后稍做调整，修饰一下过重的抄袭痕迹，就能够拥有标注着你姓名的“作品”。

其次，虽然其文章格调并未下降至情色文学的地步，但其一味追求感官刺激，在推文中毫无顾忌地使用市井俚语，动则以“老子”“老娘”自称，或随意地将“他妈的”呈现在受众面前。这些市井词汇确实能够营造受众追求的“真实感”，却也主动将读者任意丢弃在文化不毛之地。

## （二）“媒介人格化风险”冲击主流价值话语意义建构

当人们阅读一篇文章时，仿佛在同一位睿智的长者交谈，这是写作的最高境界。实际上，我们一直在探讨的是与传播效果有关的受众定位，当媒介拥有了更清晰的受众定位之后，在接触者心目中会形成如同人一样清晰、性格鲜明的人物形象，可称之为IP或人格化，公众号M最重要的文章模块是情感励志类，而当中又多以女性视角讨论女性话题。恰巧，城市女性的社会经济地位得到显著提高，独立意识也与日俱增，她们以独立女性标榜自己，渴望挣脱家庭、社会的束缚，追求自我、崇尚个性，情感也日益丰富、开放、多样。为了顺应“潜在消费者”的偏好，贴合越来越多元化的女性情感消费价值观，自媒体展开了全方位的媒介表演。

于是，为突破传统藩篱的限制，M将中国社会人际关系中的所有女性角色几乎都“扮演”了一遍，从职场女性、女生、妻子、女儿到母亲等等。

再适时转变表演策略与行为，就女性过往、当前或未来可能遭遇的难题和心事以知心姐姐般的口吻娓娓道来，迅速塑造了为中国女性认同的性别共识。在女性通过阅读公众号文本，感受到现实生活中难以得到的情感滋养的同时，压抑的情感终于得到抒发。但这种情感消费也会逐渐显露其隐藏起的脆弱性，即寻求自我肯定的方式过于激烈。M 在推文中反复强调女性金钱自由的重要性，却也可能激发女性对“拜金主义”极端的崇拜，此种拜金的价值观念毫无疑问是与主流意识形态相悖的。

## 六 提出的建议

媒体社会责任本身是一个跨越不同学科的复杂概念①，其背后的影响因素包含市场竞争压力、媒体自身体制、媒体管理规范、社会环境等。因此要想承担好各自的责任，不仅对媒体自身，也对社会大环境提出很高的要求。便捷、高速、碎片化的新媒体信息传输模式对广大受众来说，在甄别信息真假和感知媒介环境方面具有重要意义。传统媒体长期占据价值观与社会责任的制高点，舆论监督与宣传主流价值观是它们作为把关人的首要职责。网络自媒体正处于蓬勃发展期，限制与规则还不够完善，尽管完备的措施还未面世，但是社会公认的真实原则与弘扬的价值导向是无可辩驳的。

第一，情感自媒体应减少过度情绪化表达，严守谨慎、理性、真实的写作态度。在情感类微信公众号的著文技巧中，“讲故事”作为一种文风和创作手段被内容创作者积极运用并发展壮大。自媒体文学从不枯燥说理，也不会毫无目的地讲故事，情节丰富且具有深远意味的故事被一篇又一篇地生产出来，形成了与传统文学在叙事伦理、文学观念、生产机制和审美范式等方面纷纷相异的新文章类型。只要情感渲染得当，即使部分文章虚构痕迹严重，也能收获不少读者。如若公众号在发布文章前，能够更加严谨、仔细地

① 周葆华、范佳秋、田宇：《新媒体社会责任表现的实证研究——以腾讯网为个案的量化评估》，《新闻大学》2017 年第 6 期。

关注重要细节，那么也不会遭遇一夜之间口碑的极速扭转，也不会因此亲手毁掉积攒下来的受众资本。所以，无论是新媒体从业者还是传统媒体工作者，都必须本着尊重事实真相的原则，保持审慎的态度，拓宽新闻资源引进渠道，并尽最大可能，切切实实地将事件真实面貌展现在人们面前，方可保持媒体公信力。

第二，情感自媒体虚构创作应警惕虚拟现实弊端倒逼主流价值转向。M曾被许多自媒体人所诟病的一点，便是她引以为傲的污秽化女性言论体。以出格大胆的话语风格为鲜明特质，她为提升内容产品贴近性，过多使用市井化语言与偏激女性观点，完全忽视了在网络虚拟环境中被网民所热议的话题、价值观念以及思想特点，也完全不考虑互联网舆论会对整个现实社会的道德理念与价值取向造成何种程度的影响。戈夫曼的拟剧理论与李普曼的拟态环境论都为自媒体工作者敲响了警钟，也为他们提供了正确的道德准绳。因此，要想拥有良好的社会现实环境与网络空间环境，一方面需保证舆论环境中多模态话语建构；另一方面要警惕人格化语言限制了观众的感知，歪曲甚至妨害主流价值观的传播。

## 参考文献

陈洋、韩长玲、韦艳莎：《从微信公众号咪蒙看自媒体的人格化传播》，《传播与版权》2017 年第 10 期。

滕乐：《移动互联时代的 IP 化运营策略》，《新闻战线》2018 年第 7 期。

庄永志：《非虚构写作教学：模块构建与实践路径》，《新闻与写作》2018 年第8 期。

孙立伟：《新媒体视域下社会主义核心价值观的传播主体研究》，《中国青年社会科学》2018 年第 5 期。

张涛甫：《非虚构写作：对抗速朽》，《新闻记者》2018 年第 9 期。

张军辉：《新媒体社会责任研究的回顾与断想》，《新闻战线》2015 年第 5 期。

徐峰：《新媒体社会责任评价尚有提升空间——钟瑛教授访谈录》，《新闻论坛》2015 年第 4 期。

钟瑛、李秋华：《新媒体社会责任的行业践行与现状考察》，《新闻大学》2017 年第

1 期。

曾润喜、王倩：《从传统特稿到非虚构写作：新媒体时代特稿的发展现状与未来》，《新闻界》2017 年第 2 期。

曲哲：《新媒体应承担的社会责任探讨》，《新媒体研究》2017 年第 7 期。

范以锦、匡骏：《新闻领域非虚构写作：新闻文体创新发展的探索》，《新闻大学》2017 年第 3 期。

许苗苗：《毒鸡汤：速朽媒体中的时代景观——以“咪蒙”为例》，《探索与争鸣》2017 年第 7 期。

汪凯：《从刻奇到戏谑：“反鸡汤”作为一种感觉结构》，《新闻与传播研究》2017 年第 10 期。

钟瑛、肖瑶、李秋华：《移动新媒体社会责任的现实困境与破解路径——以湖北省微信公众号的实证考察为例》，《新媒体与社会》2018 年第 1 期。

李建宏、沈彤、李雪铭：《拟态环境的形成及其与现实环境的关系》，《辽宁师范大学学报》（社会科学版）2013 年第 1 期。

朱婧：《简论拟态环境》，《新闻爱好者》2009 年第 19 期。

翟玉婷：《不做标题党——浅析微信公众号标题》，《新闻研究导刊》2016 年第 13 期。

帅庆：《新发展理念下城市女性情感消费研究》，《江西社会科学》2016 年第 9 期。

程姝：《自媒体时代新闻作者审美表达能力的新要求——以微信公众号为例》，《新媒体研究》2016 年第 21 期。

陈航：《新媒体与“拟态环境”》，《南京政治学院学报》2010 年第 6 期。

石依敏：《情感的媒介生产与消费》，武汉大学博士学位论文，2017 年 4 月。

〔美〕乔纳森·特纳、〔美〕简·斯戴兹：《情感社会学》，孙俊才、文军译，上海人民出版社，2007。

叶黎明：《虚构写作：写作教学的另一个向度》，《语文学习》2012 年第 10 期。

徐明华、江可凡：《自媒体公众号的情感卷入策略与责任问题研究——以“江歌案”和“红黄蓝幼儿园虐童事件”为例》，载钟瑛等主编《中国新媒体社会责任研究报告（2018）》，社会科学文献出版社，2018。

B.21

# 传播学视域下的社交媒体版权问题与对策研究

## ——以“两微一抖”为例

于婷婷　龚倩倩*

**摘　要：** 随着新媒体的发展，社交媒体被广泛普及和应用。与此同时，传播方式也发生了翻天覆地的变化，现代传播技术给现存的版权保护制度带来了巨大的挑战，如何在新媒体环境下加强对版权保护的治理成为社会发展的重要议题。本文采用文献分析法、案例分析法，并以传播学理论作为基础，以国内最为火热的社交平台——“两微一抖”（即微信、微博、抖音）为案例，从传播学角度分析在新媒体时代下社交媒体的版权侵权的现状并分析其原因，分析社交媒体上版权保护的现状和问题，并为社交媒体的版权保护提出了相应的策略。

**关键词：** 社交媒体　网络版权　版权

## 一　研究背景

随着互联网的发展和新媒体技术的变革，信息的传播方式发生翻天覆地

* 于婷婷，博士，华中科技大学新闻与信息传播学院副教授，硕士研究生导师，研究方向：品牌传播，新媒体与社会；龚倩倩，华中科技大学新闻与信息传播学院 2018 级硕士研究生。

的变化，一大批社交媒体平台涌现。在社交平台上，每个人都是信息的传播者，可以自由地在社交平台将自己创作的信息进行上传、分享、转发和评论。资料显示，中国社交媒体渗透率达 84%，远高于全球社交媒体渗透率 58%[①]，社交媒体已经融入我们生活的方方面面。

然而，在社交媒体日益火爆的同时，其背后的版权问题也值得深思。在新媒体时代，社交媒体 UGC 的运营模式使得社交平台上的信息呈“裂变式”增长与扩散，由于其传播范围广、影响大，一旦有涉及侵权的信息在社交媒体上传播，出品方的损失将非常严重。2019 年春节期间，《流浪地球》《飞驰人生》《疯狂的外星人》等多部春节贺岁片盗版资源链接在多个社交平台上传播扩散，涉案金额达 2.3 亿元，不仅损害了出版方利益，而且严重影响了我国影视行业的发展，对社会造成了不良的影响。2019 年 4 月，人类首张黑洞照片版权归属视觉中国引发网友对“图片版权”的热议，共青团中央发文质问视觉中国，天津网信办连夜约谈视觉中国，责令整改。视觉中国的这一图片版权问题迅速发酵，引发了大众对于版权问题的关注（见图 1）。

**图 1　视觉中国版权风波词云**

资料来源：清博大数据。

此外，随着新媒体的发展，以微信为代表的自媒体洗稿屡禁不止、以微博为代表的影视盗版泛滥、以抖音为代表的短视频版权侵权等问题都非常突出，国家版权局多次出台政策要求平台整改。在新媒体时代下，信息传

① We are social：Digital around the World in 2019，http：//www.199it.com/archives/829519.html，最后检索时间：2019 年 5 月 23 日。

播速度快、传播范围广，一旦发生侵权，影响范围将非常广泛。各类社交媒体平台如何在新媒体环境下加强对版权保护的治理成为社会发展中的重要议题。

本文将以当下最火热的社交媒体平台“两微一抖”（即微信、微博、抖音）为案例，从传播学角度分析在新媒体时代下社交媒体的版权保护现状和问题，探究社交媒体版权保护的出路，在保护原创者的知识产权的同时，营造良好的信息传播环境，激发用户创作出更优质的作品，让社交媒体良性有序地发展，营造健康和谐的网络传播环境。

## 二 研究综述

### （一）版权

版权（copyright）是法律上的概念，根据《中华人民共和国著作权法》，版权又称“著作权”，是指作者或其他著作权公民、法人或其他组织依法对某一著作物享受的权利。版权分为人身权和财产权，是作者的无形资产。

1856年第一部保护版权的国际公约《伯尼尔公约》问世，明确保护作者不依赖于财产权利而独立存在的人身权利。此时，版权已完全与著作权的概念等同。至今，《伯尼尔公约》仍是国际版权事件的判决依据。在我国，目前“版权”的概念和“著作权”可等同。在法律层面上，目前已经形成一套以《中华人民共和国著作权法》为中心，以各项部门规章制度或国际公约为补充的制度保障。

版权侵权指的是一切违反《中华人民共和国著作权法》，侵害著作权人依法享有的人身权和财产权的行为。未经版权所有人同意而擅自使用版权作品的行为都可以称为版权侵权。

笔者在中国知网以“版权”为关键词，搜索到67382篇文献，大多聚焦于法理层面的研究。但与此同时，版权保护的跨学科发展迅猛，已经深入计算机、法学、新闻传播学、情报档案与管理等多个学科，而且延伸出多个交叉学科主题。

### （二）网络版权

网络版权，即在网络环境下的版权。随着互联网的发展，我国网民数量不断攀升，网络信息也呈爆炸式增长，海量信息在网络上公开传播的同时也带来了版权隐患。与传统媒体相比，互联网具有匿名性、公开性、交互性强及传播范围广等特点。因此，网络侵权与传统意义上的侵权行为有明显的区别。

国外最早对网络版权的研究始于 1996 年，Frisse，M. E. 与 Tolva，J. N. 在“The Commerce of Ideas：Copyright in the Digital Era”一文中着重探讨了技术发展对版权法及作者、出版商、读者等多方产生的影响，并对随技术发展完善版权法进行了展望[①]。Michael Seadle 旨在研究技术对版权侵权的影响，并提出独创性、价值和技术长期以来被视为导致版权侵权的关键因素[②]。Lee Edwards、Bethany Klein、David Lee 等结合数字媒体及版权侵权的历史特征，探讨了媒体行业对版权的创新与监管[③]。

而我国对于网络版权的研究最早可追溯到 1995 年学者冯刚等的《微机的应用与开发：计算机应用基础》一书，书中首次提及产权与计算机软件[④]。进入 21 世纪后，随着互联网的发展，对于网络版权的研究已经不再局限在软件的保护方面，开始向更为开放、复杂的互联网拓展。目前我国学界公认的网络版权认定标准是四要件说。即要有不法行为、侵权人主观过

① Frisse，M. E.，Tolva，J. N.：“The Commerce of Ideas：Copyright in the Digital Era”，*Academic Medicine*，71（1996）：pp. 45 – 53.

② Seadle，Michael，“Copyright in the Networked World：Gray Copyright”，*Library Hi Tech*，26（2008）：pp. 325 – 332。

③ Edwards，L.，Klein，B.，Lee，D.，et al.，“Discourse，Justification and Critique：Towards a Legitimate Digital Copyright Regime?”*International Journal of Cultural Policy*，21（2014）：pp. 1 – 18.

④ 冯刚、李邦畿：《微机的应用和开发：计算机应用基础》，武汉大学出版社，1995。

错、版权人利益损失和不法事情与损害结果间的因果关系。我国《信息网络传播权保护条例》第十八条明确规定了侵犯网络著作权的五种情形，并指出要“根据情况承担停止侵害、消除影响、赔礼道歉、赔偿损失等民事责任”①。

从网络版权侵权的类型来看，形式多样且隐蔽。学者李义菲认为常见的网络版权侵权类型主要有：转载而不署名，直接复制原作者发布的内容；稍加改动或将内容改头换面却不署原作者名称；非法转载②。也有论者指出，“网络版权侵权已经进入3.0时代，3.0时代网络视频盗版的四种模式分别是盗链聚合、网盘分享、广告联盟支持下的小网站、自媒体批量上传短视频内容”③。

笔者在CNKI上就关键词“网络版权”进行检索，显示有3502条结果，研究方向多集中于法理层面的研究。比较有代表性的有中国政法大学李祖明的《互联网上的版权保护与限制》④、从立先的《网络版权问题研究》⑤。学者宋海燕的《中国版权新问题：网络侵权责任、Google图书馆案、比赛转播权》⑥探讨了网络版权的相应责任。学者薛妮、孙鹏在《网络版权侵权立法现状及解决建议》⑦中对网络版权立法现状及法律保护中存在的问题一一进行剖析，最后针对我国网络版权侵权问题，提出了相应建议。

综上所述，学界对网络版权比较关注，但研究多集中于法理层面。在现实网络环境下，现存版权制度对版权保护有一定的滞后性。此外，

---

① 中华人民共和国国务院：《信息网络传播权保护条例》，国务院令第634号，http://www.gov.cn/zhengce/content/2013-02/08/content_3325.htm，最后检索时间：2019年5月30日。

② 李义菲：《社交媒体中UGC版权保护策略的传播学分析》，硕士学位论文，北京邮电大学，2017。

③ 刘璐：《新媒体传播中影视作品的版权管理》，《青年记者》2017年第23期，第12~13页。

④ 李祖明：《互联网上的版权保护与限制》，博士学位论文，中国社会科学院研究生院，2002。

⑤ 从立先：《网络版权问题研究》，武汉大学出版社，2007。

⑥ 宋海燕：《中国版权新问题：网络侵权责任、Google图书馆案、比赛转播权》，商务印书馆，2011。

⑦ 薛妮、孙鹏：《网络版权侵权立法现状及解决建议》，《新闻战线》2018年第20期。

网络版权问题层出不穷，除了法律层面的问题外，还需从多个角度来探讨。

### （三）社交媒体网络版权

随着新媒体的发展，尤其是社交媒体的发展，传播技术已经打破传统的版权所有者、传播者和使用者之间的利益格局。当下的社交是一个以互联网为基础，以用户为中心，以社交关系为纽带，强调分享、交流、互动的一种社会活动。在社交媒体时代，人人都是信息的生产者、接收者和传播者，可复制的信息在社交媒体上自由传播，也随之出现了网络版权的问题。

社交媒体的核心理念在于“用户创造内容”（UGC）。Antony Mayfield在“What is Social Media”中提及社交媒体具有参与、公开、交流、对话、社区化、连通性等数个基本特征。学者王晓光和郭淑娟在《社会性媒体初论》中认为社交媒体具有平民性、对话性、匿名性、社交性和涌现性这五种本质特征[①]。

正是因为社交媒体具有公开性、匿名性，人们对版权处于集体无意识状态。不法分子大量在社交媒体平台上传播未经授权的作品。一方面，每一个用户都是信息传播的节点，网络信息呈现裂变式增长，传播范围广，一旦有版权问题产生，版权损失将非常严重；另一方面，社交媒体的信息源比较难确定，给版权保护也带来了一定的困难。社交媒体上的信息共享营造了一种免费的网络生态和社交化的功能，给不法分子可乘之机。

目前，针对社交媒体版权问题的研究比较火热，但大多是对某一社交媒体平台进行分析。学者邹举分析了微博上的版权冲突问题及对策，认为微博自由分享的游戏规则很容易造成用户对其版权的忽略[②]。靖鸣、祁丽婷认为，微博侵权的特性：一是其传播特点放大了侵权的危害；二是构成微博侵权的博文往往指向性更强且更直接；三是侵权主体具有广泛性并难以识别；

① 王晓光、郭淑娟：《社会性媒体初论》，http://news.163.com/08/1217/14/4TCEO1DH000131UN.html，最后检索时间：2019年5月31日。

② 邹举：《微博版权冲突及其治理》，《国际新闻界》2012年第3期。

四是侵权具有即时性等①。陈昶屹通过对微博的版权问题分析，建议将“间接侵权”引入被侵权人诉讼路径②。王维嘉对微信的侵权与版权保护问题进行探讨③，范玉吉等则对微信上的公众号转载侵权这一问题进行分析，提出了微信转载的认定④。

通过以上分析可以看出，目前我国对于社交媒体版权的研究大多集中在法律制度及传播层面，研究角度大多集中在原因与对策研究上。

## 三　社交媒体的传播模式及版权侵权问题分析

国家版权局网络版权产业研究基地发布的《中国网络版权产业发展报告（2018）》显示，2017 年中国网络版权产业的市场规模为 6365 亿元，较 2016 年增长 27.2%。其中，中国网络版权产业用户付费规模为 3184 亿元，占比突破 50%⑤。版权产业对我国经济发展的重要性凸显。

世界知识产权组织曾在《版权相关产业经济贡献调查指南（2003）》中专门强调互联网的特殊地位，称其为“一种新兴的、变动中的、颇具潜力与前途的产业，将来可能有资格成为核心版权产业的一部分”。而伴随着互联网的发展，社交平台也呈现井喷之势，用户在社交媒体上创作、分享、转发信息，由于社交媒体大多是用户生成内容（UGC），平台上信息量巨大，信息往往是自由生产和传播的，海量的内容让版权记录、确权、维权举证等困难突出，这也让社交媒体在不知不觉中陷入了版权侵权的困境。2011 年 3 月，贾平凹、韩寒等国内知名作家公开发布《中国作家声讨百度书》，掀起了“百度文库侵权门”。此次事件堪称中国互联网版权保护史的里程碑，亦

① 靖鸣、祁丽婷：《我国微博侵权现象、特性及其对策》，《现代传播（中国传媒大学学报）》2013 年第 2 期。

② 陈昶屹：《微博语境下侵权责任诉讼救济的困境与完善对策》，《法律适用》2012 年第 1 期。

③ 王维嘉：《微信悖结：新信息生产逻辑下版权保护的挑战与应对》，《社会科学研究》2018 年第 6 期。

④ 范玉吉、张晨：《微信公众号转载侵权问题探析》，《青年记者》2015 年第 13 期。

⑤ 史竞男、周圆：《我国网络版权产值突破 6000 亿元》，《今传媒》2018 年第 4 期。

是国内互联网版权保护与侵权问题研究的新开端。

随着互联网的发展，社交媒体日益渗透到人们的生活中。海量信息在社交媒体上进行广泛传播。由于社交媒体上的信息可复制且易传播，用户在生产、接收甚至是传播信息的时候，很容易忽略信息的来源及归属问题，版权问题随之产生。维权骑士《2018 内容行业版权报告》数据显示，2018 年内容传播总量高达 6910600 次，其中合规转载量仅仅 100634 次，整体合规转载率不足 2%。新浪博客成为付费内容侵权问题最为高发的平台[①]。由此可见我国版权问题非常突出。版权侵权问题会打击社交媒体平台内容创作者的热情和信心，对于很多 UGC 的社交平台来说，长此以往不利于社交平台的良性健康发展。带着这一问题，笔者将探究目前我国社交媒体的版权现状及存在问题。

### （一）社交媒体概况

微信，是目前我国用户群体最大的社交媒体平台。2019 年 1 月 9 日，腾讯发布的《2018 微信年度数据报告》显示，微信月活跃用户已经达到 10.82 亿。微信用户每天发送消息 450 亿次，同比增长 18%。每日音视频通话 4.1 亿次，同比增长 100%。其中，视频通话用户相比 2015 年增长 570%[②]。作为一个即时通信的社交类平台，微信的庞大用户群带来了海量的信息传递，与此同时，一些涉及版权侵权的信息也如“杂草”一样悄悄在平台上蔓延。

微博，是一个基于用户弱关系的社交互动平台。随时随地可发现新鲜事儿，具有互动性强、信息碎片化的特点。2019 年 3 月 15 日，新浪微博数据中心发布的《2018 微博用户发展报告》显示，截至 2018 年第四季度，新浪微博月活跃用户达 4.62 亿，日活跃用户达 2 亿[③]。微博流量大，用户可以

① 维权骑士：《2018 内容行业版权报告》，https：//www.useit.com.cn/thread－22583－1－1.html，最后检索时间：2019 年 6 月 13 日。

② 腾讯：《2018 微信年度数据报告》，https：//support.weixin.qq.com/cgi－bin/mmsupport－bin/getopendays，最后检索时间：2019 年 6 月 13 日。

③ 新浪：《2018 微博用户发展报告》，http：//data.weibo.com/report/reportDetail？id＝433，最后检索时间：2019 年 6 月 13 日。

在微博上自行编辑文字、图片或者视频，并且可以自由随意地评论并传播扩散。微博上的信息往往依赖于用户弱关系的裂变式传播，影响力大。但由于微博信息的可复制性和信息传播的广泛性，这也时常会引发版权纠纷。

抖音短视频是当下最为火爆的短视频之一，它是一款主打15秒音乐创意短视频的社交软件，其定位是旨在帮助大众用户表达自我、记录美好生活的短视频分享平台。用户可以通过这款软件选择歌曲，拍摄音乐短视频，形成自己的作品。抖音上线后一跃成为当下国内最为火热的社交短视频平台，它如“一匹黑马”般出现在人们的生活中，并在国内迅速掀起了短视频社交的浪潮。2019年1月29日，抖音发布《2018抖音大数据报告》，截至2018年12月，抖音国内日活跃用户突破2.5亿，国内月活跃用户突破5亿[①]。由此可见其火爆程度。然而，抖音短视频在火爆后也带来了许多问题，版权问题就是其中之一。

### （二）“两微一抖”的传播模式分析

1.“两微一抖”的信息生产模式

首先，“两微一抖”都是“用户生成内容”（UGC）的运营模式，用户可以自由地在“两微一抖”平台上生产内容并进行传播。但与此同时也出现了社交分享和版权保护的冲突。社交媒体平台鼓励用户自由地沟通、分享和交流，但信息在分享的过程中一旦被不法分子随意转载或者修改，甚至进行二次或多次传播，将对版权方造成极大影响，破坏原有的社交网络环境。

2.“两微一抖”的传播模式

“两微一抖”具有三种传播模式，即点对点的传播模式、点对面的传播模式和面对面的传播模式。

微信，是一款基于用户强关系的社交平台，其传播模式主要有以上三种。一是点对点的传播方式，即微信上的私人聊天。私聊的传播范围相对来

---

① 梅花网：《2018抖音大数据报告》，http://www.meihua.info/a/73296，最后检索时间：2019年6月13日。

说较小，但由于用户之间具有强关系，用户之间的信任度和关联度大，影响力较大。二是点对面的传播方式，即微信上的群聊或者朋友圈，往往是一对多的传播，传播范围相对于私聊来说更广。三是面对面的传播方式，即依托于微信公众号的传播。微信公众号的 slogan 是“再小的个体也有自己的品牌”，因此微信平台带有一定的品牌效应，影响范围相对来说更广。

微博和抖音则是基于用户弱关系的社交互动平台，其信息传播范围更广。微博和抖音主要有点对点的传播和点对面的传播。点对点的传播包括私信、评论等形式，点对面的传播则包括群组或者借助于 KOL 的传播。一般来说，点对面的传播模式在弱关系的连接下会放大传播效果。因此，一旦有版权侵权问题产生，出版方将损失惨重。

### （三）社交媒体版权侵权表现形式

从传播内容来看，“两微一抖”（微信、微博、抖音）的版权侵权形式不尽相同，总体来说，包括以下几种形式。

1. 文字侵权

文字是社交媒体上最常见的形式，它可以随意被复制或转载，版权侵权成本低。用户有意或无意地对有价信息进行任意复制和粘贴，甚至是无所顾忌的二次传播，会给出版方带来极大的损失。在“两微一抖”中，经常发生文字抄袭或未授权转载文章的现象。比较有代表性的是微信公众号文章的非法转载和“洗稿”，即未经原创作者的同意私自对其原创文章进行加工和篡改，从而形成自己署名的独立文章。但由于社交媒体本身就具有开放属性，个人转载并不构成版权侵权，这是因为认定版权侵权需要两个环节：一是对营利性质的认定，二是对转载授权的认定[①]。

2. 图片侵权

不论是在微信、微博还是在抖音平台上，用户都有发布图片的场景需求，图片版权侵权问题也容易发生。例如在微博上分享图片的时候，首发作

① 范玉吉、张晨：《微信公众号转载侵权问题探析》，《青年记者》2015 年第 13 期。

者的图片一般会被打上自己的水印，但由于图片可以被裁剪，很多图片在传播时可能并不显示原创作者标识，若涉及原创作者独立创作的图片作品（如原创漫画、摄影图片等），很容易形成侵权。比如，知名明星林志颖的微博照片是因未经原创作者同意而被分享，一张配图被原作者索赔 34.5 万元。2013 年 8 月，林志颖在其新浪微博账号上发布一条图文来庆祝微博粉丝达到 2100 万人，配图是篡改后的图片作品，林志颖被原作者朱庆福起诉并索赔 110 万元，2017 年 9 月，北京市海淀区人民法院一审判定：林志颖的行为已经构成对朱庆福涉案作品署名权、修改权、保护作品完整权和信息网络传播权的侵犯，需向原告赔礼道歉并赔偿经济损失 34.5 万元。林志颖之后便在微博账号上赔礼道歉并呼吁大家尊重知识产权。但在该微博评论中出现了许多“摄影师穷疯了”之类的评论，由此可见目前我国民众还未形成正确的版权保护意识。

3. 视频侵权

在“两微一抖”的社交平台上，视频经常出现。视频版权侵权主要是未经过原创作者的同意重新剪辑或者转载原创作者创作的视频。如 2019 年 4 月的国内首例短视频侵权案，知名自媒体“一条”因擅自转载刘先生创作的短视频用于某品牌汽车宣传，被北京市海淀区人民法院判处侵权并赔偿 50 万元，这是全国首例广告使用短视频侵害著作权案，也是目前为止短视频判赔金额最高的案件。目前，国内外对短视频行业的法律保护均处于探索期，此案件对于短视频的传播、转载侵权案件处理有一定的借鉴意义。

4. 音乐侵权

音乐版权又称音乐著作权，音乐著作权是指音乐作品的创作者对其创作的作品依法享有的权利。主要包括：音乐作品的表演权、复制权、广播权、网络传输权等财产权利和署名权、保护作品完整权等精神权利。我国著作权法规定，网络服务提供者以有线或无线的方式，通过信息网络向用户提供音乐作品，应当经过音乐权利人的许可并支付报酬。在社交平台上擅自传播付费音乐作品将构成侵权。目前，微博和微信对于付费音乐的分享和收听都有相应的屏蔽措施，但在抖音上，由于抖音用户可以上传本地音乐，因此会有用户从本地上传付费音乐进行二次传播的情况，抖音上的用户进行分享和二次传播会给版权方带来极大的损失。

5. “外链”侵权

此种形式主要是非法用户在社交平台上传播盗版资源外部链接。外部链接主要有两种形式，一种是无偿或有偿分享百度网盘链接将相关“资源”分享给粉丝；另一种则是传播小型网站链接，这些小型网站链接大多是非法的，一般有自己开发或者是盗用版权方的服务器两种形式。此种“外链”侵权主要传播的是影视资源或者课程资料等。不法分子通过非法手段获取资源并加以传播，给出版方带来极大损失。

当然，随着我国版权保护意识的增强，百度网盘也针对盗版资源进行自审和删除，但许多用户较为隐蔽地使用拼音以规避百度网盘的审核（如将“流浪地球”文件夹命名为“LL 地球”）；此外，许多非法小网站也被“清理”，但小网站总是不断更换 IP 地址，无法被“清理”干净。因此，对于网络版权的保护还有很长的路要走。

6. 小程序侵权

社交媒体的小程序侵权主要发生在微信上。主要有两种形式：一方面是小程序的昵称、头像和功能简介侵权；另一方面则是小程序的内容侵权。腾讯公司曾对外公布，2018 年全年关于微信小程序侵权的投诉就有近 4000 件。2019 年 2 月 27 日，国内第一起小程序侵权案件在杭州互联网法院拉开了序幕。被告方是百赞公司，它未经版权方许可，在其所经营的微信小程序“在线听阅”“咯咯呜”“回播”上提供了《武志红的心理学课》的在线播放服务。受版权方委托，原告刀豆公司将百赞公司与腾讯公司告上了法庭。经过法院的审理，杭州互联网法院最终下达判决，百赞公司需赔偿刀豆公司 15000 元的经济损失。

通过以上分析，可以发现在社交媒体平台上，不论是哪种版权侵权形式，都是利用社交媒体的公开性特点，未经原创方授权进行非法转载、修改作品的行为。这种行为不仅与社交媒体平台“鼓励原创和分享”的初衷背道而驰，还会给版权方带来极大的损失。

## （四）从传播学角度分析版权侵权的原因

社交媒体上，每个人都是信息的生产者和把关者，海量信息在社交平台上传播扩散。经过上文对社交媒体版权侵权现状的梳理，可发现目前我国以“两微一抖”为代表的社交媒体版权侵权问题如“杂草丛生”。而在信息传播的各个环节都有可能出现版权侵权，本文将从以下几个方面来具体分析版权侵权产生的原因。

1. 从传播主体来看，传播者维权意识不足且维权困难

信息的原创者作为信息生产的首要环节，是版权侵权的源头。虽然目前原创作者的版权意识正在觉醒，但大部分原创作者的维权意识并不强。原创作者将作品分享到社交平台后，由于互联网的匿名性和广泛性，一旦发生被他人转载、下载或利用，原创作者难以知晓侵权者的身份。除此之外，版权侵权维权成本高，调查取证难。原创作者在维权确权期间，版权作品依然在传播，而且传播效果强，影响广泛，对于个人来说维权金钱成本高，一般情况下原创作者会优先选择沟通协商并删除侵权作品或者是借助舆论发声，很多人最后才会选择用法律维权。在信息传播的首要环节，版权保护和维权意识不足是版权侵权的重要原因之一。

2. 从传播内容来看，UGC 的信息生产模式下，侵权形式多变且隐蔽

一般在社交平台上传播的侵权内容有文字、图片、音乐、视频等，由于社交平台上大部分是用户生成内容（UGC），庞大的用户群生产了海量的信息内容，这也给社交平台信息审核增加了难度。此外，有时侵权者为了规避平台方的审核，往往利用拼音代称或者外部小网站链接等吸引用户，这无疑增强了侵权的隐蔽性，让社交平台在进行内容审查时更加艰难。

3. 从传播渠道来看，平台重共享轻版权，借助社交关系跨平台裂变传播

目前社交平台 UGC 的内容生产模式，在鼓励用户积极生产原创内容的同时，为了增强信息共享性和互动性，还可以转发扩散，在信息大范围传播的同时也忽略了对于版权的保护。除此之外，不论是微信、微博还是抖音上的内容，不仅会在自有平台上进行传播，还会借助于或强或弱的社交关系跨

多个平台传播。这样一来传播范围广，追溯举证困难。比如微博上有对于影视剧的讨论，讨论时会出现“我有资源，私我”之类的评论，然后用户会被引导到微信上，引导者会借助百度云链接进行传播。此外，为了规避百度云的版权侵权条例，这些用户会将影视剧名称用拼音缩写改名（如将“流浪地球”改成“LL 地球”），以免百度云网盘进行内容审核时发现。无独有偶，2018 年 12 月，抖音将百度告上了法庭，起诉百度旗下的“伙拍小视频”擅自转载抖音上的知名博主“黑脸 V”独立创作完成的短视频《5・12，我想对你说》并提供下载服务，抖音认为这是侵犯其短视频的信息网络传播权，并索赔 105 万元。目前，国内对于短视频的版权保护还处于探索期，作为“短视频侵权第一案”，这个案件的审判结果对短视频维权提供了参考，是短视频保护的重要一步。

4. 从传播受众来看，受众目前版权保护意识不足

在传统媒体时代，媒体和受众的关系是自上而下的线性传播关系。而在新媒体时代，每个人都是信息的发布者、接收者和传播者。在版权保护的过程中，不仅平台是重要的把关者，受众同样也是。但目前大部分受众并未形成版权保护的意识，长期习惯了互联网“免费”思维，尤其在社交媒体上，信息自由流通和传播，更容易忽视对原创者的版权。2017 年《欢乐颂 2》热播时，提前流出带有“样片审查”字样的全集并被不法者传播，且备受大家追捧，给版权方造成了极大的损失。可以看出，除了盗版方难以逃脱的责任之外，受众还未形成良好的版权保护意识也是造成侵权的重要原因之一。在自己感兴趣的版权影视、音乐等作品有“免费”的资源时，大多数人还是难以抵挡住“诱惑”。笔者在微信上以“资源”为关键词，搜索出了众多电影资源的公众号，阅读量大多在 1000 人次左右，小范围传播，但也不乏广泛传播的，其中有一篇 2017 年介绍《摔跤吧！爸爸》等电影的文章阅读量达到 1.1 万人次，这 1.1 万受众中还有一大部分获得了免费的电影资源，对版权方造成了很大的损失。

5. 从传播效果来看，流量经济下商业利益的驱动

在新媒体时代，传播影响力大的社交媒体博主获得了高流量就有可能获

得商业品牌推广合作的机会。因此在社交媒体上一批博主为了抓住受众的眼球、获得高流量而又想以低成本来创作，会不惜抄袭、改编他人的原创作品，这实际上是对原创作品的侵犯。

除此之外，侵权成本低也是重要的原因。在社交媒体上，信息可被复制后再进行传播，往往在发生侵权后，平台根据国际上通用的“避风港”原则，即“通知”加“移除”的方式，对涉及侵权的作品进行删除处理，并很少有实质性的处罚。侵权成本低，而版权方维权成本高，使得版权侵权问题更容易发生。

## 四　社交媒体中版权保护现状及问题

### （一）法律政策层面：法律法规日益丰富，但不够健全

目前，国家层面已经出台版权保护的相关政策法规（见表1），其中自2005年起连续14年开展的“剑网”行动更是针对网络版权保护的专项计划，每年都根据不同主题重拳出击，保护版权环境。其中，2019年“剑网”专项计划开展5项重点整治：一是深化媒体融合发展版权专题保护；二是严格院线电影网络版权专项整治；三是加强流媒体软硬件版权重点监管；四是规范图片市场版权保护运营秩序；五是巩固网络重点领域版权治理成果。对于院线电影、图片、短视频等热点侵权事件都重点打击，规范我国的版权秩序。

**表1　1991～2019年颁布的与网络版权相关的政策**

| 序号 | 发布时间 | 文件名称 | 发布主体 | 要点 |
|---|---|---|---|---|
| 1 | 1991年 | 《中华人民共和国著作权法实施条例》 | 国家版权局 | 结束了我国在版权保护方面没有专门法律法规的状况 |
| 2 | 1991年 | 《计算机软件保护条例》 | 国务院 | 对软件著作权的许可和转让等做出了相关规定 |
| 3 | 2001年 | 《中华人民共和国著作权法》 | 国务院 | 网络传播权第一次进入国家的法律体系，在法律上得到承认 |

续表

| 序号 | 发布时间 | 文件名称 | 发布主体 | 要点 |
| --- | --- | --- | --- | --- |
| 4 | 2005 年 | 《互联网著作权行政保护办法》 | 国家版权局、原信息产业部 | 这是互联网领域版权保护的第一个法律性文件 |
| 5 | 2005 年 | 《关于开展打击网络侵权盗版行为专项行动的通知》 | 国家版权局、公安部、原信息产业部等 | 国家版权局重拳打击网络侵权盗版行为 |
| 6 | 2006 年 | 《信息网络传播权保护条例》 | 国家版权局起草、国务院发布 | 明确了“合理使用”“法定许可”的范围并首次引入避风港原则 |
| 7 | 2010 年 | 《中华人民共和国著作权法》第二次修订 | 国家版权局 | 将第四条修改为:“著作权人行使著作权,不得违反宪法和法律,不得损害公共利益。国家对作品的出版、传播依法进行监督管理。”<br>增加一条:“以著作权出质的,由出质人和质权人向国务院著作权行政管理部门办理出质登记。” |
| 8 | 2012 年 | 《中华人民共和国著作权法》启动第三次修订 | 国家版权局 | 侵犯著作权的赔偿标准从原来的 50 万元上限提高到 100 万元,并明确了著作权集体管理组织的功能 |
| 9 | 2013 年 | 《信息网络传播权保护条例》修订 | 国家版权局 | 进一步明确了互联网空间中版权的内涵,是目前我国处理社交媒体中用户生成内容版权侵权案件的主要依据 |
| 10 | 2015 年 | 《关于责令网络音乐服务商停止未经授权传播音乐作品的通知》 | 国家版权局 | 加强对音乐作品著作权人权利的保护,规范网络传播音乐作品版权秩序 |
| 11 | 2015 年 | 《关于规范网络转载版权秩序的通知》 | 国家版权局 | 明确规定互联网媒体转载他人作品必须先获授权,并对转载内容支付报酬。这意味着互联网媒体免费使用传统媒体内容的时代将结束 |
| 12 | 2015 年 | 《关于规范网盘服务版权秩序的通知》 | 国家版权局 | 要求网盘服务商应当建立必要的管理机制,运用有效技术措施,主动屏蔽、移除侵权作品,防止用户违法上传、存储并分享他人作品 |

续表

| 序号 | 发布时间 | 文件名称 | 发布主体 | 要点 |
|---|---|---|---|---|
| 13 | 2016年 | 《关于加强网络文学作品版权管理的通知》 | 国家版权局 | 明确了通过信息网络提供文学作品以及提供相关网络服务的网络服务商在版权管理方面的责任义务，细化了著作权法律法规的相关规定，是国家版权局加强网络文学版权保护的一项重要举措，对规范网络文学版权秩序具有重要的意义 |
| 14 | 2017年 | 《“十三五”国家知识产权保护和运用规则》 | 国务院 | 知识产权首次被列入国家重点专项计划 |
| 15 | 2017年 | 《版权工作“十三五”规划》 | 国家版权局 | 明确“十三五”版权工作的目标和重点任务，提出了26项重点任务 |
| 16 | 2017年 | 《关于规范电子版作品登记证书的通知》 | 国家版权局 | 旨在妥善解决当前电子版作品登记证书出具、制发过程中的不规范问题 |
| 17 | 2017年 | 党的十九大报告 | 国务院 | 倡导创新文化，强化知识产权创造、保护、运用 |
| 18 | 2018年 | 《中共中央　国务院关于支持海南全面深化改革开放的指导意见》 | 新华社 | 鼓励海南探索知识产权证券化，完善知识产权信用担保机制 |
| 19 | 2005～2019年 | “剑网”专项行动 | 国家版权局 | 连续14年开展“剑网”专项行动，每一年主题不同，但都打击版权侵权行为，成效显著，维护了良好的版权保护环境 |

资料来源：根据国家版权局、人民网等网站综合整理。

但与此同时，由于新媒体发展较快，与短视频、自媒体等新媒介平台相关的法律具有滞后性。现有的法律不能适应新媒体时代短视频及自媒体等新作品形式的版权保护，在相关侵权案件判决时缺乏相应的判决依据。另外，在涉及自媒体侵权问题时，很多情况下平台方都会采取法律上“通知＋移除”的避风港原则，对涉及侵权的作品进行核查后通知相关博主删除处理，从而规避法律责任，因此侵权成本低。

## （二）平台层面：保护措施被动，缺乏平台之间的合作

1. “两微一抖”平台版权保护的相关措施

第一，微信。针对微信上的文字侵权，设置了侵权投诉菜单，用户可向对象明确的微信个人账号用户发起侵权投诉，其中包括版权/著作权、商标权及专利权等知识产权侵权行为。用户投诉后微信团队会根据《腾讯微信软件许可及服务协议》《微信个人账号使用规范》及相关法律对用户的投诉资料进行审核并及时反馈给投诉方和被投诉方。

针对微信的“洗稿”，微信2015年1月22日上线原创声明功能是微信公众平台开始保护原创的第一步。在原创文章成功发表原创声明后，微信公众平台会对该文章添加“原创”标识，当其他用户在微信公众平台转载已进行原创声明的文章时，内容会自动替换成原文章，并会自动注明转载来源。2018年12月3日起，微信公众平台针对“洗稿”问题试运行洗稿投诉合议机制。成立后的小组将对相关争议内容（如涉嫌洗稿、抄袭）进行审核。若小组认定为“洗稿”，则洗稿号也会受到相应惩处。

针对小程序侵权——实际上，腾讯公司对于微信小程序的侵权行为以及其他乱象通过《服务条款》、《运营规范》、《常见拒绝情形》和《开放的服务类目》建立起了四大运营规则，进行整治。

第二，微博。2014年，新浪微博发布了《微博自媒体作者版权保护计划草案》，提出了新浪微博自媒体作者对于著作权保护的探讨，此草案大致分为两个部分。第一部分主要叙述了创建自媒体维权组织新浪微博自媒体作者群及其加入的条件；第二部分则阐明了该组织的执行规则，即关于如何维权。

此外，微博设置了举报链接，用户可在刷微博时对微博内容进行“内容抄袭”举报，微博平台会对用户提交的举报信息进行核实并反馈。

第三，抖音。首先，在管理制度方面，抖音平台在《“抖音”用户服务协议》及《抖音社区自律公约》中对用户的权利和义务进行规定。其次，在内容审核机制上，抖音主要是通过自查和用户举报的方式来对侵权内容进

行查处。自查方面，抖音有自己的内容审核团队，对于违规账号，抖音会根据情况严重程度，给予内容不推荐、审核不通过、删除违规内容、后台警示、限制上传视频、永久封禁、报警等处理。在用户举报方面，抖音内置举报系统和邮箱，用户可以对相关内容进行举报，此外还成立了抖音社区自律委员会（以下称“委员会”）。委员会成员需经过抖音官方平台的培训，可主动举报侵权内容，也可以参与判定。2018 年 8 月，抖音积极响应国家版权局和相关部门的“剑网”2018 专项行动，通过自查、用户举报等方式，共下架版权相关音频 433 个、视频 3318 个，永久封禁严重侵权用户 3641 个。

此外，抖音还扶持原创音乐，积极购买音乐版权。作为一款音乐短视频平台，抖音一直对原创音乐大力扶持，支持用户创作优质的短视频，不仅启动“2019 看见音乐计划”等活动大力扶持抖音原创音乐人，而且与环球音乐、华纳音乐等多家唱片及歌曲版权公司达成合作，获得了全球超千万首歌曲的正版音乐版权资源。可以看出抖音对原创歌手和音乐版权的尊重和保护。

2. 平台在版权保护方面存在的问题

通过对“两微一抖”平台保护版权的梳理可以发现以下特点。

平台对于版权保护处于被动地位。对于版权的保护，平台方往往在版权侵权问题发生之后，才会针对问题提出相应的措施，这样平台方给了很多侵权者“钻空子”的机会。缺乏相应的预警机制，平台显得比较被动。

平台与平台之间缺乏合作。由于在社交平台上传播的信息很多时候是跨平台传播的，社交裂变的环节在每一个平台上都会呈现不同的特点，每个平台也都成为社交裂变的节点，在对信息内容的把关上面，平台除了自查之外，还缺乏相应的合作机制。2016 年初，知乎与微信达成合作，双方合力打击内容抄袭、侵权现象。对于涉嫌抄袭的微信公众号，用户在知乎平台上即可直接参与投诉。这是平台之间版权保护重要的一步，但社交平台上版权侵权问题严重的远远不只这两个平台，应该有更多的平台参与进来，共同维持良好的版权保护环境。

## （三）用户层面：用户版权意识尚未普及，媒介素养有待提高

站在用户的角度来说，目前国内用户还未形成成熟的版权保护意识。社交媒体时代用户自由地在社交平台上生产、传播信息，但也缺乏对原创作品的尊重。学者彭兰认为，对于公众而言，社交媒体时代的媒介素养主要应体现在媒介使用素养、信息消费素养、信息生产素养、社会交往素养、社会协作素养、社会参与素养六个方面。其中的信息消费素养和信息生产素养在用户接收和传播信息的过程中起到非常重要的作用[①]。信息消费素养指的是对于信息的获取、筛选和处理的能力，信息生产素养则是负责任地发布和传播信息素养。在社交媒体时代，用户生产的海量内容中，可以看出内容的同质化还是非常严重的，抄袭、“洗稿”普遍存在甚至愈演愈烈，用户对于社交媒体上的信息生产、传播把关不严，还未形成良好的版权保护意识。

## （四）第三方版权机构：版权交易平台出现，仍需规范和完善

随着新媒体的发展以及国家对于知识产权的保护，越来越多的企业已经开始投入版权管理服务中来，版权保护的第三方机构开始出现。这些公司主要致力于对版权的保护、交易和开发方面。比如“维权骑士”“版权印”等版权保护第三方机构如雨后春笋般出现，但与此同时这些公司的管理还不够规范，此外宣传力度也不够大，用户群比较小。

## （五）技术：机器自动采集增加管理难度

随着信息技术的发展，目前已经出现一些自动抓取网页数据信息的采集器，这些采集器通过设定其他网站的链接，自动抓取、采集其他网站上的内容，再把采集到的免费内容发布在自己的网站上，并且通过采集器及时对网站上的内容进行更新。社交媒体上的版权侵权就有很大一

① 彭兰：《社会化媒体时代的三种媒介素养及其关系》，《上海师范大学学报》（哲学社会科学版）2013 年第 3 期。

部分借助这些小网站的链接进行传播，从而构成侵权。这些采集器往往比较隐蔽，因此管理起来比较困难。平台方对诸如此类的外链也要加强内容审核。

## 五　多元合力，助力版权保护

通过以上对于社交媒体版权侵权现状和版权保护现状的分析，可以看出版权侵权和版权保护之间的错位，目前我国以“两微一抖”为代表的社交媒体版权侵权问题如“杂草丛生”，那么在现在的版权保护环境之下，如何才能营造良好的版权保护环境，实现创作者、平台和用户三方共赢呢？

### （一）法律层面：顺应时代的发展，推动版权的立法和更新

首先，从立法层面来说，要不断建立健全版权保护的法律法规。此外，对于新兴的侵权形式（如短视频侵权），要及时地建立相关规章制度进行规范管理，并且要联合平台加大对社交平台上版权侵权的处罚程度，让用户引以为戒。其次，从版权侵权的法律维权流程来说，要提升维权的效率。在新媒体时代，尤其是在社交媒体上，信息传播速度快，传播范围广，根据目前的法律程序，维权时间跨度长，维权期间内版权内容的传播往往会对版权方造成一定损害。

### （二）行业层面：平台和用户共同把关，第三方版权机构助力版权保护

1. 平台：规范用户服务协议，加强内容审核及宣传引导

社交媒体平台作为一种传播渠道，是版权侵权问题的重要环节之一，应当承担起相应的社会责任。首先，社交媒体平台应该进一步规范用户服务协议，比如网络实名制，对于用户侵犯版权的行为零容忍，并根据侵权的不同程度做出相应的处罚。除此之外，更应该加强对内容的把关和审核，在对一些关键词进行屏蔽的同时，也要加强对隐蔽性侵权内容的审核和处罚。当

然，更重要的是通过相应的活动，加强版权保护意识的宣传与引导，逐步培养用户的版权保护习惯。

2. 用户：提升用户的版权意识和媒介素养

社交媒体时代的用户，人人都是信息的生产者、传播者和把关者，良好的版权保护环境离不开用户较强的版权保护意识。首先要培养用户良好的媒介素养，使其在信息的生产、传播环节，都能够对信息进行识别和筛选。此外，还要加强宣传教育，进行社交媒体上版权侵权行为的范围划定，提升用户对侵权后如何维权等相关版权保护知识的了解程度。让用户了解版权知识，尊重版权，维护版权。

此外，还要发挥意见领袖的作用。社交媒体上的大 V 和明星博主要自觉遵守版权保护规则，尊重原创，并自动成为版权保护的“领头羊”，自觉宣传版权保护知识，并及时举报版权侵权行为。

3. 第三方版权机构：健全版权保护规则，提升服务水平

对于版权保护的第三方机构而言，要进一步提升服务水平。建立健全版权记录、确权、维权等全方位的版权保护机制，并根据用户的需求不断提升版权管理和服务水平，助力版权保护，提升服务质量。

### （三）技术层面：借助技术遏制版权侵权

面对社交媒体上浩如烟海的信息，社交媒体想要突破版权管理困境离不开技术的支持。首先，要加强数字版权的技术管理，借助水印加载技术、CA 认证技术、区块链技术等，对原创内容在源头上进行保护；其次，在版权侵权后，可以利用区块链版权监测技术实时了解版权侵权传播扩散的范围，借助技术打击版权侵权行为。

## 六 结语

随着互联网的发展，信息在极大丰富的同时也带来了版权问题。通过以上研究可以发现，目前我国以“两微一抖”为代表的社交平台上的版权侵

权问题还比较复杂。新媒体时代，传播方式发生了翻天覆地的变化，打破了以往传统媒体时代媒体与用户之间自上而下的信息传播模式，用户不仅是信息的生产者、传播者，还是把关者，尤其在社交媒体时代这一表现更为突出。随之也出现了各种各样的版权侵权行为，这些侵权行为借助社交平台进行传播扩散，传播效果显著，影响范围广，在给版权方造成极大损失的同时也给我国的版权管理带来了一定的挑战。在新媒体时代下，社交媒体的版权保护，从宏观上需要国家和法律的制度保障，从微观上需要平台、第三方机构甚至是每一位用户的共同维护。此外，面对社交平台上浩如烟海的信息，还需要技术的加持为版权保护助力。希望在多方的努力之下社交媒体的版权保护环境能够不断优化。

## 参考文献


曹博林：《社交媒体：概念、发展历程、特征与未来——兼谈当下对社交媒体认识的模糊之处》，《湖南广播电视大学学报》2011 年第 3 期。

中国互联网络信息中心：第 43 次《中国互联网络发展状况统计报告》，http：//www. cac. gov. cn/2019 - 02/28/c_ 1124175677. htm，最后检索时间：2019 年 6 月 30 日。

王晓光、郭淑娟：《社会性媒体初论》，http：/ /news. 163. com/08/1217/14/4TCEO1DH000131UN. html，最后检索时间：2019 年 5 月 31 日。

张用江：《浅谈版权和著作权》，《法律适用》1988 年第 1 期。

刘璐：《新媒体传播中影视作品的版权管理》，《青年记者》2017 年第 23 期。

吴雨辉：《新媒体版权产业推动下的版权规则重构》，《知识产权》2016 年第 7 期。

朱鸿军、蒲晓：《2017 年中国新媒体版权保护报告》，《新闻与写作》2018 年第 8 期。

王莉：《自媒体时代“社交化阅读”的版权保护》，《新闻知识》2015 年第 11 期。

王瑞奇：《Web2. 0 语境下的 UGC 版权保护》，《新媒体研究》2015 年第 19 期。

Antony Mayfield. *What is Social Media*. Icrossing. co. uk /ebooks，最后检索日期：2019 年 5 月 25 日。

Kaplan，Andreas M. ，Michael Haenlein，“Users of the World，Unite！The Challenges and Opportunities of Social Media”. *Business Horizons* 53（2010）：pp. 59 - 68.

Frisse，M. E. ，Tolva，J. N. ，“The Commerce of Ideas：Copyright in the Digital era，”

*Academic Medicine*, 71 (1996): pp. 45 - 53.

Edwards, L., Klein, B., Lee, D., et al., "Discourse, Justification and Critique: Towards a Legitimate Digital Copyright Regime?" *International Journal of Cultural Policy*, 21 (2014): pp. 1 - 18.

# Abstract

This report is the 2019 annual analysis report of " new media social responsibility" research group of Huazhong University of Science and Technology.

With the theme of " new media social responsibility", this report takes a comprehensive investigation on the main domestic new media platforms in 2019 through "New Media Social Responsibility Evaluation Index System 3. 0" . The research objects of this report are relatively balanced, not only focusing on the cutting-edge issues such as VR news, Blockchain, algorithm monitoring, scientific communication, but also involving the traditional research fields such as health communication, reverse news and the social responsibility of audio-visual new media, which could fully present the development status and social responsibility of the whole new media in 2019.

Data indicates that the performance of social responsibility of new media is at a medium level in 2019. In terms of the micro performance of the three-level indicators, the performance of the target platforms is better than before.

The general report analyzes the new trends, new phenomena and new problems of China's new media development in 2019. Meanwhile, through platform evaluation, thematic discussion and case analysis presents the project team's overall thinking on social responsibility of new media.

The evaluation section uses " New Media Social Responsibility Evaluation Index System 3. 0" to evaluate 7 typical new media platforms for the first time. The evaluation objects include: national news websites, provincial mainstream news websites, news apps, VR news channels, media microblogs, online video live platforms, mobile short video platforms including 121 websites, apps, news channels, microblog accounts. The sample size of texts and pictures reaches 39656, and the sample size of video reaches 5376 hours. The evaluation results show the performance of social responsibility of typical domestic new media platforms in 2019, and propose solutions to the problems.

The thematic section analyzes the typical phenomena, hot topics and focus groups in the new media industry in 2019. In terms of typical phenomena, the relevant discussions mainly analysis the traditional hot topics from a new perspective: it analyzes the impact of technology background on journalism from a macro perspective, summarizes the impact of new media on social actions and national policies from a meso perspective and analyzes the content and text of social responsibility of typical new media platforms from a micro perspective. In terms of hot topics, it focuses on cutting-edge topics, including algorithm recommendation, algorithm monitoring, data governance, information ethics and science communication, etc. In terms of focus groups, this report selects two types of typical Internet communities—Weibo opinion leaders and short video app users for analysis.

The case study section consists of six typical case studies, involving user's personal information security, fictional writing boundaries and responsibilities, new media communication ethics, copyright protection, health risks, news reversal and other issues. The case section mainly contains two analytical dimensions: one is focusing on the network platforms as a typical case of the middle dimension, such as mobile reading class Apps, we-media Subions and "Weibo-WeChat-Douyin" social media platforms; the second is focusing on emergencies as a typical case of micro dimensions, such as "gene editing baby" incident, hazard vaccine risk event and "10. 28" Wanzhou car accidents.

**Keywords**: New Media; Social Responsibility; Evaluation Index System; Empirical Study

# Contents

## I General Report



**Abstract**: With the rapid development of new media technology, the social responsibility of new media is facing new situation and new challenges: technical ethics is embedded in the production and distribution process of media content, the responsibility boundary of new media is eliminated and reconstructed and the problems of user data and privacy are emerging as new technology advancing. Facing the challenges, state, industry, platforms and users should exert fully subjective initiative and promote new media to better fulfill their social responsibilities from their own perspectives. In 2019, the performance of social responsibility of new media is at a medium level, with an average score of 2. 496563 (scoring rate of 49. 93% ) for the seven types of platforms. With the evaluation index system has been adjusted in 2019, the performance of the target object platforms are better than previous in the third-level indicators

**Keywords**: New Technology; New Media; Multiple Governance; Social Responsibility; Practical Performance

# Ⅱ The Evaluation Part

## B. 2 Empirical Investigation of Social Responsibility of National News Websites

*Zhang Junhui, Song Wei, Shen Yu and Wang Rui* / 028

**Abstract**: 25 national news portals in China were used as observation objects in this study. Based on the general evaluation index 2. 0 system of the pandect, 7235 samples were statistically measured and analyzed through continuous observation. The results show that the overall performance of social responsibility of national news websites is fine, and it has played a demonstration and leading role. However there are differences in the composition of specific indicators. For example, the advantages of information production are evident, but the in-depthdisplay of information resources needs to be improved; the value-oriented text production needs to be improved, and the consensus modeling also needs to be strengthened. Cultural educations are valued, but media technologies still need to be strengthened; convergences and differences exist in coordination and communication simultaneously, and the quality of interaction needs to be improved. New communication and social patterns require national news websites to maintain their advantages and develop creatively; giving play to new media integration capabilities and increasing the depth of information production; exploring the "sinking" strategy of the issue and improving the value-leading effectiveness; integrating resource advantages, making coordinated development of service technologies and culture; changing the concept of communication and clearing communicative channels.

**Keywords**: News Website; Social Responsibility; Evaluation Analysis; Communication Management

## B. 3 Research on Social Responsibility Performance and Risk Countermeasures of News Application

*Yan Yan, Fan Mengjuan and He Aizhu* / 047

**Abstract**: With the rapid development of new media platforms such as social media, short video, Live WebCast, the users of News Application show explosive growth. The development pattern of News Application tends to be stable, and the characteristics of them are prominent. This paper mainly selects some representative News Applications as research object whose monthly activity users are above Millions, and evaluates their performances of social responsibility in information production, value guidance, culture and education, coordination and communication with the Content analysis. The study found that all News applications' scores of social responsibility has a positive trend, but we should be alert to the polarization, People's Daily Application is the highest and Qutoutiao Application is the lowest. Each News application emphasis the different points of social responsibility, and they will exist different risk problems in the process of development.

**Keywords**: News Application; Social Responsibility; Risk

## B. 4 On the Study of Social Responsibility Analysis and Evaluation of VR News Channels

*Li Qingqing, Hu Yi and Wang Congyu* / 060

**Abstract**: VR news channel is an information dissemination channel accompanied by the development of VR/AR technology. Through the overall research and analysis of VR news channel in China, we find that the development of VR news channel in China is uneven, and the performance of the main social responsibility is poor, among which the responsibility of "information production" and "cultural education" are in the middle. The responsibility of "value guidance" and "coordination communication" are poorly fulfilled. The research holds that the sustainable development of VR news channels should be shaped from four aspects: creating a long information board and strict process management; guiding the shaping of social consensus and make up the gap of social supervision; inheriting multi-culture and enriching the content of science, education and entertainment; coordinating diverse information and building interactive platform and user experiences.

**Keywords**: VR News; Social Responsibility; Information Production; Culture Education; Value Guidance; Coordination Communication

## B. 5 AnEmpirical Analysis on the Performance of Social Responsibility of News Columns in Provincial Portal Websites



**Abstract**: This study takes 10 provincial mainstream news portals in China as the research object。 According to the evaluation index system constructed by the general theory, we makes quantitative statistics and Analysis on the front page news columns of these 10 websites. The results show that the social responsibility performance of provincial mainstream news portals is in good condition as a whole, and the main problems are as follows: the ability to control the agenda setting and public opinion guidance is insufficient, there is a large space for improvement in the leading way of mainstream value, the quality control behavior of current political headlines needs to be optimized, and the user behavior needs to be further subdivided In order to form a good interactive atmosphere. Therefore, this study proposes to improve from the following aspects: the portal news website needs to strengthen the sense of responsibility, actively integrate into the new communication ecology, improve the content production mechanism, focus on the local social service function, actively carry out internal and external cultural communication, and improve the breadth of social responsibility while enhancing the cultural thickness.

**Keywords**: Local News Sites; Social Responsibility; Quantitative Evaluation



**Abstract**: This article focuses on the social responsibility of media microblogs in the era of media convergence, focusing on media website microblogs, newspaper microblogs and broadcast microblogs, and selects 30 representative microblog accounts as evaluation targets. This paper discusses the status quo, existing problems and coping strategies of social responsibilities of media microblogs in 2019. The study found that the overall level of social responsibilities of China's media microblogs still needs to be further improved. The performance of media microblogs in four dimensions is from good to bad: information production, coordination and communication, cultural education and value guidance. Among the three types of media microblogs, the overall level of social responsibility for media website microblogs is the highest, followed by newspaper microblogs and broadcast microblogs. Compared with local-level media, the central-level media has a stronger sense of responsibility. Media microblog should continuously enhance the pertinence and irreplaceability of information production, establish the concept of "information sharing" and "collaborative communication", establish the mission awareness and orientation awareness of public opinion positions, balance the proportion of positive and negative reports, and create positive and healthy Public opinion ecology.

**Keywords**: Media Micro-blog; Social Responsibility; Media Convergence

## B. 7 Social Responsibility and Evaluation of Network Live Video Streaming Platform in China

*Liu Qiong, Li Yonggang and Wen Tingting* / 110

**Abstract**: As an emerging communication channel with extensive and far-reaching influence, network video broadcasting platform should take corresponding social responsibilities. This report takes 16 representative network video broadcasting platforms in China as research objects to evaluate their social responsibility performances. The research results show that, except for some platforms, the social responsibility performances of China's webcast platforms are unsatisfactory. Platform social responsibilities are measured by four first-level indicators, and the fulfillment level of them from high to low are: information production, coordination and communication, cultural education, and value guidance. In view of the existing problems, this study proposes that the government should perfect the laws and regulations and establish a long-term policy system; establish a technical supervision system, combining code regulation with algorithm regulation; establish platform strategic alliances and improve platform self-regulation system; make good use of mass governance, arouse users'sense of participation and responsibility; platforms should upgrade content, perform the function of cultural education; cooperate with brokerage companies to strengthen operations management and ensure the content quality of live streaming rooms.

**Keywords**: Network Live Video Streaming Platform; Social Responsibility; Evaluation

## B. 8 The Social Responsibility of Mobile Video Clips Platforms and Its Evaluation

*Zhu Xue, Rao Simin and Zhou Yinuo* / 133

**Abstract**: Video clips as a prevalence type of new media, after two years'

development the video industry tends to be stable, thus report first considers Video clips as research objects. This research selected 15 short video platforms as subjects and analyzed 2100 Video clips as samples. As a result, the social responsibility of platforms emerges Matthew Effect that head platforms score better and tail platforms score have the poor score. Generally, the short video platforms do not perform well in each first level indicators, with an overall score rate of 41.34%, reflecting the industry's unsatisfactory performance of social responsibility. Referring to video content, the short video industry scores higher on controlling infringement and content health, reflecting that after nearly two years of centralizing regulation by the regulatory authorities, it has made great achievements on platform content. At the same time, the short video platforms are dominated by entertainment content, and there is still space for progress in establishing and guiding the mainstream value and fulfilling social responsibility. In terms of management, regulatory authorities, platforms and users should all face new situations and problems from their own perspectives.

**Keywords**: Mobile Video Clips; Social Responsibility; Comparative Analysis

## Ⅲ The Thematic Part



**Abstract**: The blockchain technology has reformed the traditional Internet, promoted the disruptive upgrading of new generation Internet, rebuilt the Internet of democracy, the Internet of value, and the Internet of order. While blockchain applied to journalism, the below links of value chain would be reconstructed: news'production, content review, distribution, marketing and communicating effect evaluation. At the same time, we must maintain technical rationality in the context of risk society, keep vigilance in potential risks of blockchain applications in journalism, and strengthen the risk governance by using the multi-stakeholder model.

**Keywords**: Blockchain; Journalism; Value Chain; Risk Governances

## B. 10 The Study on the Information Ethical Cognition, Attitude and Behavior of Video Clips App Users

*Niu Jing*, *Huang Caili* / 171

**Abstract**: There are some ethical anomie problems in the short video app recently, and users are responsible for this. To standardize the orderly development of the short video industry, the key step is that users should be vigilant about ethical anomie. This paper uses the questionnaire survey method to explore the short-video App users' perceptions, attitudes and behavioral responses to ethical anomie. The research found that: (1) short video App users believe that false information, copyright infringement, privacy violation, and bad information are common in short video App, and have high tolerance for these four types of problems, and the probability of adopting positive avoidance behavior is low. (2) When users think that the ethical anomie is more common, its tolerance is higher. (3) When users think that the ethical anomie is more common, it is more likely to adopt avoidance behavior. (4) However, attitude does not affect the user's avoidance behavior of ethical anomie. (5) Video Clips App users' attitude towards ethical anomie does not play a mediating role in the influence mechanism of ethical cognition on avoidance behavior

**Keywords**: Video Clips; Information Ethics; Cognition; Attitudes; Behavior

**Abstract:** In order to accurately recommend users the mobile videos that interest them, recommendation algorithm is widely used by mobile video platforms. While providing convenience for users, recommendation algorithm also brings a series of ethical problems. What are the ethical issues? What are the negative effects of these problems? How should mobile video platform take social responsibility and solve these problems? Through qualitative research and logical analysis, combined with specific cases, this paper explains the ethical issues caused by mobile video platform recommendation algorithm, and provides relevant suggestions for short video platform. In order to solve the problems caused by the recommendation algorithm used by the mobile video platform, such as obtaining users' privacy, limiting user information access channels, forcing users to become free labour, vulgar content and unclear intellectual property rights, the platform should protect users' personal information, break the information cocoons, respect users' value, and increase high-quality content.

**Keywords:** Mobile Video; Recommendation Algorithm; Information Ethics; Social Responsibility



**Abstract:** New media is a dynamic force in the anti-poverty campaign. We will build a four-dimensional path for the new media to fulfill their social responsibilities in the anti-poverty campaign and a framework of nine secondary indicators. We will evaluate the above news as a case study. The study found that the new media has good performance under the two major paths of "reporting-conducting" and "guiding-stimulating", and there is much room for improvement under the two major paths of "connecting-building" and "action-reconstructing". This study has established a media social responsibility framework with commonness and individuality, and revealed the mechanism of new media social responsibility in the anti-poverty campaign, which is helpful to clarify the responsibility of new media in different scenes.

**Keywords**: New Media; New Media Social Responsibility; Poverty Alleviation; Upstream News

## B. 13 Social Responsibility Evaluation and Governance of Weibo Opinion Leaders



**Abstract**: This study takes 18 typical microblog opinion leaders in different fields as the research object, and conducts quantitative statistical analysis on 2308 microblog information published to investigate the social responsibility performance of Weibo opinion leaders. The research shows that there is still room for improvement in the social responsibility performance of Weibo opinion leaders. The average score of the social leaders' evaluation scores of the opinion leaders is 2.59356 (score rate is 51.87%), and the score is more than half of the full score. Weibo opinion leader "Information Production A1" scores are above average, but the performance of social responsibility in "value guidance A2", "cultural education A3" and "coordination communication A4" needs to be further improved.

**Keywords**: Weibo; Weibo Opinion Leader; Social Responsibility

**Abstract**: With the development of the WeChat social new media, the healthy WeChat official accounts have emerged as a new way of healthy communication, which meets people's needs and desires for health information, and gradually becomes the main channel of health information dissemination. In order to tap the information dissemination potential of the healthy WeChat official accounts and improve the construction of the WeChat public platform for healthy communication, this paper takes a total of the twelve healthy WeChat official accounts represented by traditional media, medical institutions, Internet and grassroots as examples. For one thing, it expounds the present situation and effect of communication of the healthy WeChat official accounts by analyzing the relevant questionnaire survey data. For another, this thesis summarizes the advantages and disadvantages of communication of the healthy WeChat official accounts after combining the related theories with the results of an investigationwhich the purpose is to provide experience and reference for the effective application of the healthy WeChat official accounts in health communication.

**Keywords**: The Wechat Official Accounts; Health Communication; Knowledge; Attitude and Practice Model



**Abstract**: Science communication activities on social media have become more extensive. This paper takes Sina Weibo accounts @ *Voice of CAS*, @ *Guokr*, and @ *Nature History Magazine* as the objects. This study made quantitative statistics on all content published by three Weibo accounts in 2018, and compared the topics, characteristics of the content, interaction, and the performance in social responsibility of three accounts. The study found that the content of @ *Voice of CAS* was of higher scientificalness, lack of fun, and using scientific context mostly. Its communication model is more inclined to one-way model. The @ *Nature History Magazine* and @ *Guokr* tended to use daily context in science communication. Their communication models were closer to the model of public engagement with science. At the same time, this study also adjusted the evaluation system of social responsibility of new media in a context of science communication, and analyzed the performance of the objects in social responsibility.

**Keywords**: Science Communication; Social Responsibility; Sina Weibo; @Voice of CAS, @Guokr, @ *Nature History Magazine*

# Ⅳ The Case Part

## B. 16 Research on Personal Information Security of Mobile Reading App Users

*—Survey and Analysis Based on 10 Mobile Reading AppS*

*Li Weidong*, *Li Ning* / 281

**Abstract**: It takes 10 mobile reading apps as the main research object, and examines the security status of its users' personal information in detail. founding that the information collection behavior of App platforms, the opening, and sharing behavior of personal information and the security status of the platform itself are the important factors that endanger the security of users' personal information. Further more, Insufficient social norms, prominent data value attributes, unclear data ownership, low cost of corporate violations, and poor supervision by relevant departments are the deep-seated reasons for the current state of personal information security.

**Keywords**: Mobile Reading App; User; Personal Information; Information Safety

## B. 17 New Media Presentation and Responsibility in Science Communication

### —*Taking the "Gene Editing Baby" Event as an Example*



**Abstract**: With the rapid development of information technology and new media, new opportunities and challenges have emerged inscience communication. As a key subject in science communication and an important bridge for communication between the scientific community and the public, the media plays an important role in the dissemination and popularization of scientific knowledge, the regulation and supervision of scientific development, and influencethe public's attitude towards science. Especially in controversial scientific event, the open, diverse and interactive features of the new media space provide a platform for public participation in scientific event discussion. The rapid dissemination of information and the mobilization and aggregation of opinions promote the formation of public issues from cyberspace to real space, and put forward higher requirements for new media in the information, communication and value aspect. In the new media context, we need to re-examine the responsibilityof new media in science communication, in order to better play the value of media and realize public service. This article takes the "Gene Editing Baby" event as an example, analyzes the role of new media in this controversial scientific event, the construction of issues and the guidance of public opinion, and discusses the responsibility of new media in science communication.

**Keywords**: Science Communication; Risk Perception; Public Issues; New Media Responsibility

## B. 18 Characteristics of Online Participation of Public in Health Risk Event

*Zhang Wen* / 312

**Abstract**: Understanding the public in risk communication is important. Considering the particularity of the risk and the democratic nature of online comment in China, this study analyzed 615 news and 1473 online comments of vaccine problem in 2008. The study finds that in face of risk event, the mainstream media has not changed. Although the public accepts the official scientific discourse, they still suspect the risk event may recurring. How to re-establish public trust is an important issue.

**Keywords**: Risk Communication; The Public; Online comments; Risk Amplification; Vaccine

## B. 19 Reflection on Social Responsibility of "We Media" in Reversal News

*—A Case Study of "10. 28" Bus Crash in Wanzhou*

*Xu Jinghong, You Xinyang, Guo Jingyu and Hu Shiming* / 333

**Abstract**: In the age of "the economy of attention", The "we media" industry is in chaos, and there are news anomie phenomena such as Reversal News. The frequent occurrence of "Reverse News" will lead to the crisis of social credibility and the image crisis of media. This paper take "10. 28 bus crash in Wanzhou" as the research object, Content analysis is adopted to study the news production process and reporting process of "we media". Studies have shown that "we media" cannot guarantee the truth of news in the reporting process, and adopts emotional narrative strategy to label the news, leading to the emergence of "Reverse News". To correct the industry chaos and maintain a clean and healthy media environment requires the joint efforts of the media, government departments and the public.

**Keywords**: We Media; Reversal News; Social Responsibility



**Abstract**: In 2018, WeChat's daily activity has reached 1. 01 billion people. Naturally, the huge flow pool formed has attracted We-Media practitioners to settle in. Compared with logical schools, people's common desire for emotional resonance is more favored by the public. so the writing method of "moving people with emotion" has become a highly sought-after communication strategy. Among them, phenomenal emotional We-Media M emerging from thousands of homogeneous We-Media platforms successfully attracted audiences' attention. The reason is that they conform to the framework of "dramatic theory", depending on the seven dimensions of it, such as the form of conversation, Using rituals and key boundaries, and explore a unique way of Internet writing etc. This study takes the articles published by We-Media M in four years (2015 – 2019) as the research samples, by analyzing the characteristics of its fictional writing models and emotional operation models, to explore the boundary consciousness and social responsibility of We-Media fictional writing. Finally, The article points out that as We-Media practitioners should take the social responsibility of guaranteeing the quality of information and guarding ideology.

**Keywords**: We-Media; Fictional Writing; Social Responsibility

B. 21 Research on Social Media Copyright Problems and Countermeasures under the Field of Communication

*Yu Tingting*, *Gong Qianqian* / 383

**Abstract**: With the development of new media, social media is widely popularized and applied. At the same time, communication methods have also undergone tremendous changes. Modern communication technologies have brought huge challenges to the existing copyright protection system. How to strengthen the governance of copyright protection in the new media environment has become an important issue for social development. This article uses the literature analysis method, case analysis method, and combination of communication theory as the basis. The most popular social platform in WeChat, Weibo, Tiktok as a case study, from communication science Analyze the current situation of copyright infringement of social media in the new media era and analyze its causes, analyze the status and problems of copyright protection on social media, and propose corresponding strategies for the protection of copyright in social media.

**Keywords**: Social Media; Online Copyright; Copyright

# S 基本子库
## UB DATABASE

### 中国社会发展数据库（下设 12 个子库）

整合国内外中国社会发展研究成果，汇聚独家统计数据、深度分析报告，涉及社会、人口、政治、教育、法律等 12 个领域，为了解中国社会发展动态、跟踪社会核心热点、分析社会发展趋势提供一站式资源搜索和数据服务。

### 中国经济发展数据库（下设 12 个子库）

围绕国内外中国经济发展主题研究报告、学术资讯、基础数据等资料构建，内容涵盖宏观经济、农业经济、工业经济、产业经济等 12 个重点经济领域，为实时掌控经济运行态势、把握经济发展规律、洞察经济形势、进行经济决策提供参考和依据。

### 中国行业发展数据库（下设 17 个子库）

以中国国民经济行业分类为依据，覆盖金融业、旅游、医疗卫生、交通运输、能源矿产等 100 多个行业，跟踪分析国民经济相关行业市场运行状况和政策导向，汇集行业发展前沿资讯，为投资、从业及各种经济决策提供理论基础和实践指导。

### 中国区域发展数据库（下设 6 个子库）

对中国特定区域内的经济、社会、文化等领域现状与发展情况进行深度分析和预测，研究层级至县及县以下行政区，涉及地区、区域经济体、城市、农村等不同维度，为地方经济社会宏观态势研究、发展经验研究、案例分析提供数据服务。

### 中国文化传媒数据库（下设 18 个子库）

汇聚文化传媒领域专家观点、热点资讯，梳理国内外中国文化发展相关学术研究成果、一手统计数据，涵盖文化产业、新闻传播、电影娱乐、文学艺术、群众文化等 18 个重点研究领域。为文化传媒研究提供相关数据、研究报告和综合分析服务。

### 世界经济与国际关系数据库（下设 6 个子库）

立足“皮书系列”世界经济、国际关系相关学术资源，整合世界经济、国际政治、世界文化与科技、全球性问题、国际组织与国际法、区域研究 6 大领域研究成果，为世界经济与国际关系研究提供全方位数据分析，为决策和形势研判提供参考。